敬　启

尊敬的各位老师：

感谢您多年来对中国政法大学出版社的支持与厚爱，我们将定期举办答谢教师回馈活动，详情见我社网址：www. cuplpress. com中的教师专区或拨打咨询热线：010 – 58908302。

我们期待各位老师与我们联系

·高等政法院校法学系列教材·

证据法学教程

主　编　魏　虹

副主编　张处社　侯智武

撰稿人　（以姓氏笔画为序）

　　　　刘雅玲　张处社　宋志军

　　　　陈建萍　杨旺年　罗长证

　　　　侯智武　焦悦勤　靳　欣

　　　　魏　虹

中国政法大学出版社

说 明

证据法学是法学教育的重要课程,也是必修课程。根据学校的组织和安排,由刑事诉讼法教研室负责编写本教材。本教材由主编提出编写体例,经集体讨论确定后分工撰写。作者所写内容主要体现了自己对学科内容的理解和把握。本教材后面的附录(即相关法律)由主编收集、整理。

本书具体撰写分工如下:

魏 虹 第一至四、十九、二十一章

杨旺年 第五、十五、二十章

侯智武 第六、七、十六章

张处社 第八至十章

罗长征 第十一、十二章

靳 欣 第十三章

焦悦勤 第十四、二十二章

陈建萍 第十七章

宋志军 第十八章

刘雅玲 第二十三章

编 者

2008 年 8 月

|目 录|

第一编 绪 论

第二编 证据论

第三编　证明论

第一编　绪　论　≪≪

第1章
证据法学概述

> **学习目的与要求：**
>
> 　　通过本章的学习，掌握证据法学的概念、性质和意义；理解证据法学的研究对象；认识证据法学的体系以及各种研究方法；领会证据法学与相邻学科的关系。

第一节　证据法学的概念、性质和意义

一、证据法学的概念

（一）证据法的概念

在《现代汉语词典》里，对证据的解释为能够证明某事物的真实性的有关事实和材料。可见，证据是一个中性词，它不仅仅存在于法律领域，在我们的日常生活中，证据和运用证据的证明活动都是随处可见的。

在法律领域，一般认为，证据法有广义和狭义两种不同的理解。广义的证据法，是指所有涉及证据及其取得、运用的有关法律规范的总称。具体而言，就是关于证据的定义和分类、证据的收集与提供、证据的运用与采信、证据规则、证明责任和证明标准等的法律规范的总和。它包括诉讼证据法和非诉讼证据法。其中，诉讼证据法又依案件性质可分为刑事诉讼证据法、民事诉讼证据法、行政诉讼证据法；非诉讼证据法包括行政证据法、仲裁证据法、公证证据法和监察证据法等。

狭义的证据法，通常仅指诉讼证据法，也即是专门订立的证据法典以及诉讼法中与证据有关的各种具体规定。由于证据在诉讼活动中的运用最为广泛，也最具有代表性，同时，各种证据规则大多产生于诉讼制度的发展进程之中。因此，一般所说的证据法主要是在狭义的基础上进行界定的，而不包括非诉讼证据法。

（二）证据法学的概念

证据法学，是研究关于证据的法律规范和诉讼或非诉讼法律事务处理过程中运用证据认定案件事实或其他法律事实的规律、方法和规则的学科，是现代法学体系中的一个组成部分。

证据法学可分为狭义证据法学和广义证据法学。所谓狭义证据法学，又称诉讼证据法学，是专门研究诉讼法律中有关证据的规定和诉讼过程中运用证据的实践的学科。广义证据法学，也称为法律证据学，除研究诉讼证据外，还研究在处理其他法律事务如行政执法、仲裁、公证、监察等活动中如何运用证据的问题。

由于证据在各种诉讼活动中运用最为广泛、要求最为严格，各种有关证据运用的规则也大都产生于诉讼程序的发展进化中，而且有关诉讼证据的法律规范和司法实践对处理其他非诉讼法律事务中的证据运用有重要的参照和借鉴作用，因此，诉讼证据法学应当是证据法学的核心部分，本教材在章节安排和行文释义上也以诉讼证据法学为基本内容。根据现代程序法的分类和不同诉讼中证据运用的特点，诉讼证据法学还可以进一步细分为刑事证据法学、民事证据法学和行政证据法学。

二、证据法学的性质

证据法学的性质，是指证据法学所具有的基本属性及其在整个法学体系中的地位和功能。

证据法学的性质是由证据法的性质所决定的，而由于证据法内容的复杂性和特殊性，使其很难简单归属为实体法或程序法的范畴。正因为如此，也就有了关于证据法性质的各种争论。目前，关于证据法的性质，中外法学界主要有三种观点：

第一种观点认为证据法既不属于程序法学，又不属于实体法学，而是独立于程序法学和实体法学的一个部门法学——证据法学。[1] 国外一些学者主张建立实体法、程序法、证据法三足鼎立的立法体制和法律结构形式。例如，美国学者亚拿说："证据法是研究事实真伪的，它应当同规定权利和义务的实体法，以及标明诉讼手续的程序法鼎足而立。"

第二种观点认为证据法兼有实体法和程序法的属性，即具有双重属性。理由在于：①证据形成于案件过程之中，而取得于诉讼过程中，这种情况决定了

---

[1] 参见刘金友主编：《证据理论与实务》，法律出版社1992年版，第2页。另参见裴苍龄：《证据法学新论》，法律出版社1989年版，第8页。

证据法既具有实体法意义，又有程序法意义。从发现证据的过程来看，它具有程序法的意义；但从证据的效能来看，它又具有实体法的色彩。[1] ②证据法兼有程序法和实体法这两个方面的意义，这种情况使它成了联结程序法和实体法的纽带，程序法服务于实体法主要也是通过证据法的作用实现的。

第三种观点认为证据法的基本性质是程序性的，即认为证据法属于程序法的组成部分。如我国台湾证据法学者陈朴生就明确指出："刑事证据法，乃刑事程序法之一部。"[2] 目前，认为证据法具有程序属性是学界的通说。其主要理由为：①从证据法的作用上看，它具有程序性的意义。证据法主要涉及对案情的认定，即从审判上确认法律事实的规则。英美法系国家的学理上也认为证据法是论述法院在确定争执中的事实时所遵守的程序。②从证据法的内容来看，应将其归入程序法范畴。证据法作为程序法的重要组成部分，是诉讼程序所固有的既成的程序和规则，如果失去了证据法则，那么诉讼程序便失去了存在的基础和形式。

我们认为，证据法的规定和某些规则的确包含了实体法的内容，因而证据法与实体法之间存在着某些特殊的、必然的联系；也正是由于这种特殊的关系，使得证据法在程序法中居于特殊的地位，成为在程序中实现法律实体目的的"手段"。但是，必须明确的是，证据法学是一门应用范围广泛的综合性学科。它不仅适用于三大诉讼活动，也适用于多种非诉讼的行政执法活动；不仅适用于检察官、法官等司法人员的工作，也适用于律师、公证员、仲裁员等法律工作者的工作，还适用于工商、税务、海关等行政执法人员以及调解、监察人员的工作。因此，证据法不能仅限于诉讼的范围，证据法学也不能仅限于诉讼活动研究的领域，而应当成为法学体系中一个独立的法学学科。

三、证据法学的意义

证据法学作为一个综合性的法学学科，它不仅对案件实体问题的解决具有重要的意义，而且对规范运用证据过程的正当性、合理性以及社会秩序的稳定、立法的推动等，也具有十分重要的意义。具体来讲，证据法学的意义主要体现在以下几方面：

1. 研究证据法学有助于查明案情，准确地处理案件，维护社会的稳定。在司法实践中，处理刑事、民事及行政诉讼案件，解决各种纠纷，都要查明案情，而查明案情都要依靠证据。因此，必须重视对证据法学的学习和研究，这样，

---

[1] 参见毕玉谦：《民事证据法及其程序功能》，法律出版社 1997 年版，第 13～14 页。
[2] 陈朴生：《刑事证据法》，台湾三民书局 1979 年版，第 1 页。

对于查明案情，依法合理、准确地处理各类案件及纠纷，维护社会的稳定和安定团结等，均具有重要的意义和作用。

2. 研究证据法学可以提高立法和司法的自觉性及规范性。通过证据法学的研究的不断深入，能够使立法及司法部门对证据及其运用更加重视，从而能够推动证据立法的不断发展完善，使证据运用更加有法可依；使司法人员能够充分认识证据的精神实质，掌握正确的运用证据的方法和规律，在收集证据、固定保全证据、审查证据时更具规范性、正当性及合理性。这样，不仅能够促进证据的立法，还可以提高办案质量和证据的运作水平及效果，增强司法实践中证据运用的自觉性、规范性。

3. 研究证据法学对于改造犯罪、预防犯罪具有重要的作用。学习和研究证据法学，不仅可以使刑事犯罪者在证据面前认罪伏法，接受改造，还可以使民事、行政诉讼当事人在证据面前化解矛盾，解决纠纷，同时还能够激励人民群众同犯罪作斗争的积极性、主动性。这对于预防犯罪、促进社会主义精神文明的建设、促进社会主义事业的发展等，也具有十分重要的意义和作用。

4. 研究证据法学有助于提高证据法学的研究水平，丰富和发展我国的法学学科体系。证据法学是专门研究证据及证据运用的法学学科，具有明显的交叉性和综合性。因此，学习和研究证据法学，不仅能进一步完善我国的证据制度，促进诉讼民主化、科学化，而且还有助于激发学习者和研究者的积极性，并拓展其视野，集中有关证据研究的材料，从而提高我国对证据法学的整体研究水平。可以肯定地说，证据法学的学习和研究，不仅对于其作为一个法学学科的自身发展具有重要意义，而且还可以促进诉讼法学以及其他相关学科的发展，进而使我国的法学学科体系更加丰富、发展和完善。

第二节　证据法学的研究对象

证据法学，作为现代法学体系中的一个重要部门法学，和其他法学一样，有其自己特定的研究对象。具体而言，证据法学的研究对象包括以下几个方面：

一、证据法及其有关的法律规范

作为法学体系中一个重要部门法学的证据法学，是主要研究诉讼证据和证据运用的专门法学学科，其首要的研究对象应当是证据法及其有关的法律规范。

众所周知，证据是诉讼活动的基础。在诉讼活动中，不仅要运用证据准确地对诉讼中争议的实体问题作出认定，而且还要依证据之理念及其应用完成诉讼程序，并实现程序正义。因此，诉讼中的证据以及运用证据的证明活动，相对于自然科学或其他社会事务中的证据和证明而言，其显著的特点之一就是法律对作为诉讼证明根据的证据和在诉讼中如何运用证据作了明确的规定，有着严格的要求和限制，例如，法律对证据的形式、证据的收集、证据的审查、证明责任、证明标准、证明程序等，均有明确的规定和限制。诉讼中证明主体必须依照法律的有关规定及要求进行证据的收集和运用，以完成其证明任务或责任。

尽管迄今为止我国还没有独立的证据法典，证据法也没有成为我国法律体系中的一个单独的法律部门，但绝不能因此就认为我国目前没有证据法。由于历史传统和法律文化的影响，我国有关证据的法律规定分散在各相关的单行法律、法规中，在先后制定的《刑事诉讼法》、《民事诉讼法》和《行政诉讼法》中，均以专章对诉讼中证据的有关内容作出了明确的规定。同时，在《人民法院组织法》、《人民检察院组织法》、《律师法》、《仲裁法》、《行政处罚法》、《治安管理处罚法》等法律、法规中，也有关于证据的规定。这些规定都是在总结了我国长期以来的司法及执法工作经验的基础上作出的，对证据和对证据运用作了具体规定，初步确立了不同诉讼中证据运用的方法与程序，为司法实践中证据的运用提供了基本的法律依据。此外，最高人民法院、最高人民检察院发布的与证据有关的司法解释，也构成了现行证据法的重要内容。

应当明确的是，我国目前关于证据的各种法律规定，已远远不能适应建立现代法治国家的需要，也远远不能适应司法实践的需要。我国应当抓紧制定专门的证据法律、法规，以符合时代的要求和呼唤。至于是制定一部统一的证据法典，还是针对不同诉讼的特点和发展状况，先分别制定刑事证据法、民事证据法、行政证据法，待条件成熟再制定统一的证据法，抑或为解决司法中某些突出的问题，如证人出庭问题，先制定单行的证据法规，这些都是我国证据法学目前迫切需要加强研究的重要课题。

二、证据运用的司法实践

在诉讼活动中，运用证据查明案件事实或其他争议事实，从来都是各国诉讼中的重要实践活动。因此，证据运用的司法实践，就当然成为证据法学的重要研究对象。

证据立法是在总结诉讼实践经验的基础上产生和制定的，当然，在贯彻实施法律的过程中也会出现许多新的情况、新的问题，还需要不断从理论上去研究和解决。因此可以说，诉讼实践是证据立法和证据法学发展的动力和源泉。证据及其运用的司法实践，既为证据立法和证据理论研究提供了丰富的素材，也对证据立法和证据理论研究提出了新的要求，更是检验证据立法是否完善、证据理论研究是否科学的标准。美国一位著名的大法官霍姆斯曾经说过："法律的生命不在于逻辑，而在于经验。"由此可见，司法实践经验对于法律的重要性。

在证据运用的司法实践中，不仅可以从证据运用过程的角度，分别研究证据的收集、保全、审查判断、运用证据认定案件事实的方法等；还可以从运用证据主体的角度，研究取证、举证、质证、认证的方法等；还可以从逻辑证明的角度，研究演绎与归纳、直接证明与间接推理、司法认知与法律推定等。另外，在证据运用的过程中，还可以对诉讼证明的规律进行多方面、多层次的研究，既包括诉讼中运用证据证明案件事实的一般规律，也包括在诉讼的不同阶段运用证据的特殊规律，还包括不同形式的证据（如物证、书证、人证）或不同分类的证据（如直接证据、间接证据、原始证据等）各自的运用规律。需要指出的是，司法实践中证据的运用本身就是生动具体、复杂多样的。有的是证据立法已经有了规定，但由于过于原则和粗疏，在司法实践中难以把握和操作，如修改后的《刑事诉讼法》关于"主要证据"的规定；也有的在证据理论上已有所概括和总结，但却远远不能满足司法实践的需要，如关于间接证据的运用规则；而更多的是司法实践中出现的新情况、新问题，迫切需要在理论上加以研究，如刑事法人被告人及其代表人的陈述是否属于"被告人供述和辩解"这种证据的问题。

因此，证据法学应当在总结司法实践经验的基础上，研究并揭示证据运用的方法及规律，以便能够从理论上指导证明实践。而且，研究证据运用的司法实践，不仅对指导司法实践有重要的价值，而且对完善证据立法也具有重要的意义，尤其在我国证据立法和证据理论还不完善的情况下，对与证据取得和证据运用有关的司法实践的研究就显得格外引人注目。

三、证据规则

在诉讼活动中，运用证据证明案件事实或者其他相关的事实，都必须遵循一定的规则。由此，证据规则也应当成为证据法学研究对象的重要内容。

从广义上讲，证据规则就是规定证据收集、运用和判断的法律准则；从狭义上说，证据规则就是确认某一证据材料是否具备证据能力的法律要求。作为证据法学研究对象的证据规则，主要包括两大类：一类是诉讼证据规则，包括刑事诉讼、民事诉讼、行政诉讼中运用证据的规则；另一类是非诉讼证据规则，包括各种行政执法、仲裁、公证、监察等活动中运用证据的规则。这些证据规则中不仅有为保障人们对案件事实的认识尽量符合或接近客观事实真相，将诉讼证明带有规律性的东西以法律或判例的形式加以固定的规则，如证据关联性规则、实质性规则、传闻证据规则、最佳证据规则等，还有为了保护其他法律利益或顾及法律上的其他政策而确立的证据规则，如非法证据排除规则、反对被迫自我归罪规则、证人拒绝作证特权规则等。

当今世界英美法系国家的证据规则最为发达。由于英美法系国家在诉讼上采用当事人主义的模式和陪审团制度，证据的收集、提出、质证均由当事人自己负责。在诉讼证明活动中，为了规范当事人的举证、质证活动，防止其对陪审团产生误导，在司法实践中通过判例形成了一套相对完备、系统的证据规则，主要集中在证据能力方面，如传闻证据规则、意见证据规则、任意自白规则等。后来，为了规范侦查权力的运作，加强诉讼中的人权保障，维护程序正义，又进一步确立了非法证据排除规则。而在大陆法系国家，由于实行的是职权主义诉讼模式，对证据的取舍以及证明力的大小均由法官凭借自己的经验和理性进行判断，对证据能力很少给予限制。尽管如此，现在的大陆法系国家，如法国、德国、日本等的证据法也确立了一些证据规则对证据的收集和运用进行规范，在诉讼理论上形成了证据禁止的学说。事实上，无论是英美法系国家还是大陆法系国家，刑事证据法主要限制的是证据的证据能力。

我国三大诉讼法中虽有关于证据的专章规定，但显然不存在系统的证据规则体系。实践中基于职权主义和客观真实的要求，一般对司法人员调查证据的权力也不给予太多的限制。对于证据的可采性，对于证据能力与证明力，对于证据的取证、举证、质证、认证等，均缺乏明确的证据规则指南。这种状况已远远不能适应我国诉讼法制发展以及审判方式改革实践的现实需要。因此，证据法学迫切需要加强对证据规则的研究。不仅要研究外国各种证据规则的内容和要求，还要研究其功能、利弊与合理性、科学性；不仅要对我国现有的证据规则进行注释，也要为修改和完善这些证据规则提供建议和理论依据。

四、证据法基本理论

证据法基本理论是与证据有关的立法、司法经验的概括和总结，是人类司法证明的智慧结晶，而科学的理论又能正确指导司法实践。证据法学本身就是证据法的理论形态，因此，证据法学当然要研究证据法的基本理论。

随着人类社会的进步，法学理论包括证据理论也有了明显的发展和变化，也形成了一些证据法学的基本理论。例如，证据及其证据力、证明力等问题，就是证据法学重要的理论问题。研究证据法学，除了要明确证据的法律规定，重要的就是要明确证据力和证明力这两个基本和核心的内容。在诉讼证明活动中，只有对这个基本问题弄懂、掌握以后，才能查明案件的事实真相。因为，证据力是证据的形式要件，而证明力是证据的实质要件。诉讼活动中所有的证据，只有形式合法，内容具有对案件事实的证明价值，才能被采纳为定案的根据。应当说，有关证据法学的基本理论是不同国家和地区、不同时代的证据法学者们对证据立法和司法实践等活动的经验概括和总结。它们是证据和证据运用的现象及规律的反映，也是我们继续对证据法学研究的前提和起点。证据法学的基本理论作为人类文明的丰富和宝贵的文化财富，需要我们认真地思考和分析，同时还要鉴别和吸收。而且，对证据法学基本理论的研究，不仅可以指导司法实践中的诉讼证明活动，而且还能够促进证据立法的修改和完善。

另外，证据法学在研究一些证据基本理论的同时，还要研究一些证据的学说和流派，例如：关于证据概念的原因说，事实说，材料说，信息说，统一说等；关于证明责任的待证事实分类说，法规分类说，法律要件分类说，危险领域说，盖然性说等；关于证明标准的法律真实说，客观真实说，实质真实说等。研究这些证据法学的不同学说和流派，不仅可以丰富证据法学理论的内容，而且还能够促进并推动证据法学的进步和发展。

五、证据制度

证据制度是一个国家各种法律法规中与证据有关的规定和规则的总称。作为国家法律制度的重要组成部分，证据制度应当作为证据法学研究对象的范畴。

在人类社会发展的历史上，不同时期、不同的国家形态曾经建立了不同类型的证据制度，例如，欧洲古代实行的神示证据制度、中世纪实行的法定证据制度、近现代实行的自由心证制度等。通过对古今中外证据制度的比较和研究，可以认识到，各国证据制度的内容和特征必然要受到法律制度乃至政治制度的影响，并不可避免地根植于特定国家的法律文化之中。因此，证据制度的发展不是孤立地的，它与各国的政治、经济以及文化传统、历史发展、法律传承等密切相关。证据法学应当对历史上先后出现的这些证据制度的产生背景、发展状况和特点进行回顾和比较，仔细分析和探讨其演进的过程，客观、公正地评析其优劣，汲取其教训，总结其经验。

必须强调的是，证据法学的各个研究对象并非孤立地存在着，而是相互交融。因此，在诉讼证明过程中，我们既要注意各个研究对象之间的差别，也要注意把握它们之间内在的联系。只有这样，才能较系统、全面地认识和掌握证据法学的整个体系。

第三节　证据法学体系

证据法学体系，是指针对证据法学研究对象之间的相互关联和内在联系进行研究和阐述的理论系统。也有人认为证据法学的体系，就是将证据法学研究对象具体化之后，按照一定的结构排列组合而成的科学系统。

证据法学作为一门独立的法学学科，应当有其自身的体系。关于如何科学地构建我国证据法学的体系，是目前证据法学界所面临的重要课题之一。对于这一问题，众说纷纭，没有统一的认识。有人认为，建立证据法学的科学体系，应当使其具有系统性、完整性、逻辑性，科学地反映所研究内容的内在联系，体现证据法学的核心和实质，并有利于人们学习、领会和自觉运用。也有人主张，应当区分学科体系与教材体系。学科体系是指本学科的基本内容构成及其内部的关系，必须具有科学性、完整性、严密性和开放性，不仅能容纳本学科的既有成果，而且可以容纳新的科研成果和符合本学科发展方向的新课题。教材体系则是根据教学的需要，对本学科的内容进行选择和编撰，根据适用的对象可浅可深，可详可略，可繁可简。由于不同国家、不同的诉讼制度以及具体适用的诉讼理论不同，因而证据法学体系也就有着明显的差异。

一、英美法系国家证据法学体系示例

英美法系国家的证据法学具有注重实用性的特点。从美国著名证据法学家华尔兹教授撰写的《刑事证据大全》一书中，可以初步了解英美法系国家证据法学的体系及有关内容。

《刑事证据大全》一书的内容共分为 19 章。第一章是公开发表的法律渊源。包括：法律渊源概述；公开法院意见的方法；公开法院意见的引证方法；证据法的渊源等。第二章是审判程序和证据的种类。包括：对抗式审判制度；审判法官的角色；律师的角色；法律问题和事实问题；有关证据的两个关键性问题；证据可采性问题；证据的基本类型；证据的三种基本形式；证据的分量；刑事审判的结构等。第三章是审判记录。包括：审判记录的功能；审判记录内容；审判记录制作；对证人的盘问；对证人的交叉盘问；提出实物证据；文字材料；采用证据的异议；证明的提供等。第四章是再论相关性。包括：证据的定义和检验；经常出现的相关性难题等。第五章是排除传闻的规则。包括：传闻的定义；不受排除传闻规则限制的庭外陈述；有关心理状态的问题；非人证据；"直接来源于马嘴"等。第六章是排除传闻规则的例外。包括：已被记录的证言；临终陈述；承认；有损利益的陈述；心理状态（精神或感情状态）；心理状态；

激愤言词；当时感觉印象的陈述；身体情况；审前辨认；过去记录的回忆；业务档案；公共档案；传闻规则其他例外等。第七章是证人可靠性的质疑。包括：质疑的层次、方法；交叉盘问中的质疑；使用外部证据的质疑；以前曾提供相同陈述的证明等。第八章是反对强迫性自我归罪的宪法特免权。包括：《第五修正案》；依据判例和法典的反对强迫自我归罪特免权等。第九章是用不恰当方法获得之辨认证据的排除。包括：排除规则的事实背景；排除规则的产生；韦德和吉尔伯特案的双重解释；韦德和吉尔伯特案的剖析；斯多瓦尔案中正当程序的解释；审前不适当辨认后之当庭辨认的可采性；制定审前辨认规则的努力等。第十章是无理搜查与证据扣押、隐私权的证据保护。包括：宪法的历史背景；可以起用排除规则的程序；排除规则对州政府人员不正当获得并用于联邦刑事诉讼之证据的可适用性；排除规则对私人不正当获得并用于联邦刑事诉讼之证据的可适用性；"搜查和扣押"的含义；合理性要求：搜查证的一般要求；搜查证一般要求的例外；拘捕（逮捕）人之后的即时搜查与扣押；阻留和搜身；为现场讯问和提取指纹等的扣留；经同意后的搜查；无证搜查的法律规定；电子监控；"毒树之果"原则；排除规则的松动；反对非法获得之证据的根据等。第十一章是供述。包括：供述的定义；普通法和宪法背景；自愿性要求的产生；内在性强迫环境；间接性逼迫影响；有认罪倾向和暗含默认的供述；私人获取之供述；程序性保障措施等。第十二章是普通法和制定法的证言特免权。包括：证言特免权的理由；律师－当事人的特免权；医生－病人的特免权；夫－妻特免权；神职人员－忏悔者的特免权；记者信息来源的特免权；政治选举；军事和政府秘密；情报员的身份；证言特免权的放弃；援引证言特免权的评论与推论等。第十三章是证明责任和推定。包括：证明责任；推定等。第十四章是司法认知。包括：判决事实的司法认知；立法事实的司法认知；法律的司法认知等。第十五章是证人能力。包括：证人能力的含义；能力的一般标准；能力降低的影响；有关程序等。第十六章是文字材料。包括：最佳证据规则；文字材料的鉴定等。第十七章是意见、专业知识和专家。包括：意见规则；专家和专业知识等。第十八章是科学证据。包括：概述；精神病学和心理学；毒物学和化学；法医病理学；照相证据、动作照片和录像；显微分析；中子活化分析；指纹法；DNA 检验法；枪弹证据；声纹；可疑文书证据；多电图仪测谎审查；车速检测等。第十九章是示意证据。包括：历史背景；对示意证据提出异议的根据等。[1]

---

[1] [美] 乔恩·R. 华尔兹：《刑事证据大全》，何家弘等译，中国人民公安大学出版社 1993 年版。

二、大陆法系国家证据法学体系示例

由于大陆法系国家一般都没有制定统一的证据法典，所以其证据法学的内容往往包括在诉讼法等相关的法学体系之中，但是具有相对的独立性。

法国达鲁兹出版社于 1999 年出版的让·拉尔给耶编著的《刑事诉讼法》的第五编为"刑事诉讼中的证据"，内容分为两大部分。

第一部分是基本原则，下设两章：第一章是证明责任的原则，作者首先在无罪推定的原则下阐述了刑事诉讼被告人的权利，如被判无罪的被告人可以要求法庭公开宣布其无罪的权利，可以在新闻媒体上就指控事实公开答辩的权利，以及可以对新闻媒体缺乏依据的报道提出起诉的权利等；然后阐述了无罪推定的两个衍生规则：①"谁主张谁举证"的规则，即刑事诉讼的公诉人和附带民事诉讼的原告人负有证明所控犯罪存在和被告人参与了该犯罪的责任，当然被告人也有举证反驳的权利；②"疑罪从无"的规则，即证据中存有疑点时便应作出有利于被告人之解释的规则。第二章是法官权力的原则，包括法官应该积极参与案件调查和收集证据的原则，以及法官在评断证据的证明力时享有自由裁量权的原则。在第二项原则下，作者首先阐述了"内心确信"的基本涵义；然后介绍了"内心确信"原则的两个例外：①警方所作的正式口供笔录有绝对效力，只要没有可靠的相反证据法官就必须采用；②在确认某些民事关系时，合同等特定形式的文书具有法定证据的效力。最后论述了对法官"内心确信"原则的三项限制：一是法官在判决中必须写明判决的理由；二是法官采用的证据必须经合法手段取得；三是法官采用的证据必须经过双方的质证，即"对立审查原则"。

第二部分是各种证据手段，下设五章，分别阐述了被告人口供、证人证言、书面证据、专家证词、法律推定和司法推定等五类证据的涵义、特点及其有关的规则。被告人口供是刑事诉讼中法定的证据形式，但是它已不再具有"证据之王"的效力，法官可以在没有口供的情况下判定被告人有罪，也可以在被告人承认有罪的情况下判定其无罪。关于证人资格问题，法律规定证人应该是亲自感知案件事实的人，因而传闻证据应该排除；法律还规定，证人作证时必须年满 16 岁，证人不能有诈骗等犯罪前科，证人不能与本案有重要的利害关系等，不符合上述条件者提供的证言只能用作线索，不能在审判中采用。根据法律规定，证人有出庭以口头方式作证和在陈述前宣誓的义务，誓词为："我宣誓所说全部属实，除事实外无他。"书面证据包括合同等文书，在民事诉讼中常见，在刑事诉讼中使用较少。根据法律规定，诉讼双方一般都可以邀请自己的专家证人。在刑事诉讼中，法官也可以指定专家证人。专家证人不必在法庭上

接受对方的质证，但是对方可以对专家证词提出疑问，法官也没有在判决中必须采纳专家证词的义务。法律推定是依据法律规定可以从一个事实推出的结论，分为可以推翻的和不可以推翻的两种，前者如无刑事责任能力的推定，后者如无罪推定。司法推定指法官可以根据犯罪现场的痕迹物证推出结论。在司法推定中，法官往往要听取有关专家的意见。[1]

三、我国的证据法学体系

1983 年，由法学教材编辑部组织编审的高等学校法学试用教材《证据学》，是我国恢复法制建设之后的第一部具有广泛影响的证据法学著作。[2] 该书由绪论和 17 章组成：绪论阐述了证据学的对象、体系、学科关系、指导思想和研究方法；第一章：外国几种主要的证据制度和证据理论概述；第二章：旧中国的证据制度和理论简介；第三章：新中国证据制度的确立和发展；第四章：证据的概念和意义；第五章：证明；第六章：证据的分类；第七章：运用证据的指导原则；第八章：收集证据；第九章：审查判断证据；第十章：物证；第十一章：书证；第十二章：鉴定结论；第十三章：勘验、检查笔录；第十四章：证人证言；第十五章：刑事被害人陈述；第十六章：刑事被告人供述和辩解；第十七章：民事当事人陈述。尽管该教材存在许多的缺陷，如：在篇章结构上没有区分证据论与证明论，不重视证明责任，许多观点具有明显的片面性，等等。但该教材开辟了专门研究证据法学、证据制度的先河，其篇章结构及其内容等都对我国后来的证据法学教材和专著产生了一定的影响。此后，我国的证据法学教材和专著逐渐增多，证据法学以及证据制度的研究也不断发展，并形成了百花齐放的局面。

然而，目前我国证据法学理论研究的状况还不尽如人意，研究的深度和广度也明显不足，在此种状况下，科学构建我国的证据法学体系的确是比较困难的事，但是，我们应当进行不懈的努力，使其尽快地建立、发展、完善起来。应当说，构建一个具有科学性、系统性、完整性、严密性甚至开放性的证据法学体系，是我们的目标，尽管其在很大程度上取决于对证据法学研究对象的认识和证据法学研究的成果，也取决于我们对国外证据制度及证据法学的学习和借鉴。

---

[1]　参见何家弘主编：《新编证据法学》，法律出版社 2000 年版，第 11～12 页。
[2]　参见巫宇甦主编：《证据学》，群众出版社 1983 年版。

四、本书的编写体系

本书的结构在借鉴其他教材体例的基础上分为三编：第一编绪论；第二编证据论；第三编证明论。

1. 第一编绪论主要是对证据法学的概念、性质等作基本的介绍，并对证据法学的研究对象、体系、方法、与相关学科的关系、证据制度的历史沿革、证据法学的基本理论等进行阐述。通过本章学习，使学习者能够对证据法学有初步的了解，为进入实质性学习和研究奠定一定的基础。本编分为四章。第一章是证据法学概述，简要阐述证据法学的概念、研究对象、体系和研究方法等；第二章是外国证据制度的历史沿革，分别介绍了国外证据制度发展至今先后出现的几种主要证据制度形态；第三章是中国证据制度的历史发展，简要考察了我国古代证据制度、近现代证据制度、当代证据制度等；第四章是证据法学的基本理论，概括阐述了证据法学的理论基础、证据法的基本原则。

2. 第二编证据论主要是对什么是证据、证据的种类、分类等进行具体阐述，使学习者对证据本身有所认识，并在此基础上把握相关的法律规定。本编分为11章，即第五章至第十五章。第五章是证据概述，探讨了证据的概念，介绍了我国法律规定的证据种类，分析了证据的特性和意义；第六章至第十四章分别对我国法律规定的证据形式，即物证、书证、证人证言、当事人陈述、犯罪嫌疑人、被告人供述和辩解、视听资料、鉴定结论、勘验、检查和现场笔录，就其概念、意义和特点作了分析探讨，并对相应的外国立法和理论作了扼要介绍；第十五章是证据的分类，介绍了证据分类的概念和几种常见的证据分类。

3. 第三编证明论主要阐明什么是证明、证明对象、证明标准、证明责任、证明程序等问题，使学习者懂得怎样运用证据查明案件，作出科学的判断和结论。本编分为九章，即第十六章至第二十三章。第十六章是证明概述，着重对我国诉讼证明的概念和特点进行了探讨，与传统理论关于证明的概念表述有所区别；第十七章是证明对象，在阐述证明对象的概念和意义后，分别对刑事诉讼、民事诉讼、行政诉讼和非诉讼中的证明对象以及免证事实进行了分析；第十八章是证明责任，首先探讨了诉讼中证明责任的概念，然后分别阐述了刑事诉讼、民事诉讼、行政诉讼中的证明责任及其承担，对法院是否承担证明责任的问题进行了探索；第十九章是证明标准，首先从认识论和比较研究的角度对诉讼中证明标准的概念及其理论意义重新进行了探讨，随后分别对刑事诉讼、民事诉讼和行政诉讼中的证明标准作了阐述；第二十章是推定与司法认知，对推定的概念、意义及其在诉讼中的作用作了阐述，对刑事诉讼中重要的无罪推定作了重点分析，对司法认知作了介绍；第二十一、二十二章分别对证据的收集、保全、审查判断和如何运用证据认定案情作了论述；第二十三章对国外证据规则予以介绍，并对我国建立证据规则的必要性进行了思考，提出了建立我国证据规则的基本构想。

第四节 证据法学的研究方法

证据法学是一门交叉性较强的学科。具体表现在：其一，法学与哲学的交叉。证据法学研究如何收集证据、运用证据认定案件客观事实，研究主观与客观、存在与意识的关系，因此，必须坚持辩证唯物主义的世界观和方法论，特别是遵循辩证唯物主义的认识论原理和强调实践第一的观点。但是，又不能仅仅停留在哲学一般原理运用的层面上，证据法学还要从诉讼法律的角度和程序正义的理念来研究诉讼中的证据和证据的运用，研究建立反映诉讼特色和正当程序的证据法律规则。其二，各个诉讼法学学科的交叉。证据法学处于刑事诉讼法学、民事诉讼法学和行政诉讼法学关于证据制度研究的结合点上，因而，它不仅要研究各类诉讼法中关于证据的规定、运用证据的规律及其相关制度，而且要在更高的层次上概括其存在的共性，并总结、提炼出具有普遍指导意义的原理与规则。其三，实体法与程序法的交叉。在证据运用过程中，解决案件实体问题或争议问题的主要依据是刑法、民法、行政法等实体法律规范。而证据的收集、运用则是在诉讼程序之中，证据法学既要依据实体法的规范来处理案件，又要依据程序法的规则进行证据运用。其四，理论与实践的交叉。证据法学作为一个独立的法学学科，不仅具有明显的理论性，还具有很强的实践应用性，并且其发展动力源自诉讼实践。证据法学的研究就是要以科学的理论来指导司法实践，同时在实践中接受检验，修正和完善证据理论。因此，证据法学的研究和学习不仅要以法律规定为前提和依据，还必须紧密联系司法实践，从证据制度的实际运作中总结经验，发现问题并加以研究解决。应当说，离开了诉讼实践，证据法学便成为无源之水、无本之木，更谈不上繁荣与发展。其五，证据法学还与社会学、历史学、心理学等人文科学和自然科学有着密切的关系，而且，这些学科的发展在某种程度上也影响并决定着证据法学的发展和完善。

目前，关于证据法学的研究方法，有多种不同的表述。其中较为流行的研究方法有：融合研究的方法，即把对证据法学的研究与对相关学科的研究结合起来，如诉讼法学、哲学、自然科学；系统研究的方法，即把证据法学作为一个整体进行研究，而不是孤立地研究证据法学的各个要素；比较研究的方法，即在两种或多种证据法制度之间进行比较，并从其中探寻诉讼证据的发展规律；

实证研究的方法，即通过实际调查和对实际经验的具体分析，得出认识和结论；分析研究的方法，即把证据法学的整体分解为若干的部分进行研究，或者把证据学的某一内容的个别特征、个别方面分解出来进行审查的方法。[1]

我们认为，证据法学既然是一门具有交叉性及综合性的学科，因而在进行证据法学学习和研究时，不仅需要坚实的哲学和法学基础，具备丰富的自然科学知识，而且要理论研究与实证分析紧密结合，同时还要运用比较、借鉴等多种方法。具体来讲，在学习和研究证据法学时，应当重点把握以下几个方面的结合：

一、证据立法与司法实践相结合

进行证据法学的学习和研究，应当正确认识现行证据立法的具体规定，准确理解和领会其具体内容。对于比较原则、抽象的法律规定，还应当掌握相关的司法解释；对于法律规定比较粗疏或模糊的，应当了解和研究立法的背景以及立法过程中存在的不同意见。研究的目的是为了准确阐释立法的本意，并充分认识现行法律规定中可能存在的问题与不足，以期提出立法完善的建议。

同时，由于证据法学是一门实践性很强的学科，因而必须密切联系司法实践，对于司法实践中出现的新情况、面临的新问题，要深入开展研究，在总结诉讼实践经验的基础上，对证据运用等问题在理论上作出回答。特别是在我国目前证据立法尚不够完善、各项司法改革正在进行的形势下，证据理论研究更要密切结合有关证据的立法与司法实践，了解情况，掌握动态，及时研究和解决证据制度运作中出现的新情况、新问题，并将司法改革经验进行总结，使其升华为理论，并推动证据立法，最终用于指导司法实践。

二、理论研究与实证分析相结合

进行证据法学的学习和研究，必须将证据理论研究与实证分析相结合。证据法学中有许多理论性很强的问题，因而要进行深入的理论研究，即要从反映客观事物的概念、原理或定律出发，通过事物之间存在的相互关联和逻辑联系，经过严谨的逻辑分析和推理从而得出认识结论。而且，证据法学具有很强的实践性、应用性，因此，还需要结合运用实证分析的方法。实证分析方法主要是抽样调查、个案分析，取样的方法有问卷法和访问法等。即通过对收集到的各种实证资料、数据的分析、处理从而得出认识结论。

理论研究与实证分析相结合，就是要求证据法的理论研究与诉讼实践紧密

---

[1] 参见樊崇义主编：《证据法学》，法律出版社 2003 年版，第 15~17 页。

结合。由于证据法律规范大多是在总结诉讼实践经验的基础上制定的。所以在研究诉讼证据理论时一定要注意结合司法实践，只有这样，才能真正了解证据司法的实践，从而才能研究并制定出符合司法实际需要、具有可操作性的证据规则。

三、定性分析与定量分析相结合

运用定性分析可以确定事物质的规定性，运用定量分析可以确定事物量的规定性。简单的说，前者研究的是事物的性质，而后者研究的是其为何具有该性质。比如，对于非法证据排除规则的定性分析是研究该规则的好与坏；而对它的定量分析则要研究该规则的证明作用的相对值、利弊分析和成败概率，解决它为什么好或为什么坏的问题。应当说，定量分析可以提高证据法学研究方法的科学性和准确性，对于增强证据理论成果的可操作性和说服力，都是具有重要作用的。

在我国，对证据进行定性分析比较普遍，而且比较熟练。而对证据进行定量分析，过去做得比较少，也比较陌生，因而对此更应注意和加强。在今后的证据法学的研究中，要将定性分析与定量分析有机地结合起来，只有这样，才能真正把握证据运用的规律。

四、比较研究与借鉴相结合

证据法学的比较研究方法主要有两种：其一，纵向比较，主要是对不同时期的证据制度进行比较；其二，横向比较，主要是对同一时期的证据制度进行比较，既包括不同类型的诉讼中证据制度的比较研究，如刑事证据制度、民事证据制度、行政证据制度等，也包括不同国家的证据制度、证据理论的比较。通过比较，可以发现不同诉讼证据制度的相同点和不同点，并明确是什么原因导致了这种异同，从而促进不同诉讼证据制度的自身完善，也可以更好地总结、完善证据法的一般原理与共同规律。因此，通过比较研究，可以使我们更好地理解和评价现行的证据制度，更好地发现现行证据制度可能存在的不足或问题，更好地找出解决问题的途径或办法。

进行比较的最终目的应当是为了总结经验和借鉴，而不是单纯的、无目标的简单比较。因此，在进行纵向比较研究时，应当做到兼顾过去，重视现在，注意继承与创新的结合。在进行横向比较研究时，应当立足于国情，以我为主，适当借鉴外国证据制度、证据理论和诉讼实践。总之，通过比较研究，能够开拓我们的视野，了解国外的立法及司法情况，了解不同诉讼活动中证据问题的不同特点。这对于完善我国的证据制度是有积极意义的。

第五节　证据法学与相邻学科的关系

证据法学作为法学的一个重要部门学科，与其相邻的学科既有联系，也有区别。概括地讲，证据法学受宪法指导并将有关证据及证据运用（即证明）的宪法规范具体化为证据法律规范和规则，在一定程度上保证了宪法价值的实现。同时，由于证据法在宗旨和内容上受制于诉讼法和实体法，并在很大程度上帮助诉讼法和实体法实现其目的和价值，因此，证据法学与诉讼法学和实体法学有着非常密切的联系。除此以外，证据法学还与有关的学科，如犯罪学、法医学等有着一定的联系。具体来讲，证据法学与相邻学科的关系表现为：

一、证据法学与宪法的关系

证据法学要受宪法的指导，而且是宪法内容的具体化及实现。具体表现在，证据法学目的的设定要受宪法所确立的目的的限制，即证据法要保障宪法所确立的目的及法的价值的实现。

宪法在强调国家权力的同时，要保障公民的生存权、政治权利、人身自由权、诉讼权及财产权等基本权利，而证据法就是通过具体的证据制度及证据规则在其能力范围内竭力保障上述基本权利的实现的。正是在宪法的指导下，证据法学把宪法中关于证据和证据运用的内容具体化为证据法中的具体规则。例如，我国《宪法》第33条规定，公民在法律面前一律平等。在证据法中就具体表现为当事人依法享有平等地提供证据权和辩论权，以及保障这些权利实现的具体规则。日本宪法第38条、美国宪法修正案第5条都规定，不得强制任何人作不利于自己的供述，禁止以强迫、拷问、威胁等非法手段或程序收集证据，这些内容都相应地规定在其证据规则之中。

二、证据法学与诉讼法学的关系

诉讼法学是以刑事诉讼法、民事诉讼法和行政诉讼法等为研究对象的一个部门法学。诉讼程序是它的主要内容，而诉讼任务的完成，则依赖于证据的运用。我国刑事诉讼法、民事诉讼法以及行政诉讼法中都有专章对证据问题进行规定。可见，证据法学是诉讼法学的重要组成部分，在诉讼法学中占有极其重要的地位。

通常认为，从总体上讲，证据法学是诉讼法学的一部分。因为，证据法的具体运作环境是诉讼，其立足点和宗旨直接在于为诉讼裁判提供事实根据。也就是说，诉讼的实质内容是运用证据证明案件中待证事实或争议事实的活动。

由此，证据法在宗旨和内容上受制于诉讼法或诉讼机理。如果证据法与诉讼法相违背，证据法的有效性就得不到保证。当然，离开了证据，诉讼活动就不能正常运行，其目的也不能得以实现。

尽管通常人们认为证据法与诉讼法的关系是部分与整体的关系，但是不能说证据法完全依赖于诉讼法，它有其自身相对的独立性。其实，从广义上讲，证据法中也确实存在一些与诉讼法无关联的问题，如行政程序中的证明问题等。为此，也有学者提出证据法学应与诉讼法学互不隶属、各自独立的主张。

三、证据法学与实体法学的关系

证据法学与实体法学的联系表现在，证据法学的作用之一就是证明案件事实，确认实体权利义务关系；而实体法学为确定具体证明对象和衡量证据的关联性提供一定的标准。

证据法学与实体法学的联系可以从以下两方面表现出来：首先，证据法学与刑法学有着密切的联系。这是由于刑法学是专门研究犯罪与刑罚的法学学科，其主要任务是研究犯罪构成的要件以及如何运用刑罚与犯罪作斗争。而证据法学研究的主要内容之一是如何收集和运用证据查明犯罪事实、证实犯罪，为正确地定罪量刑提供事实基础。可见它们两者之间有密切的联系。其次，证据法学与民法学也有着密切的联系。因为民法学的调整对象是一定范围内民事主体的财产关系和人身关系，在确立这种关系时，都离不开证据的收集、判断和运用，离开证据，就不能查明案件事实。而且，许多证据规则的运行可以产生实体法上的效力。例如证据法中的不可反驳的推定，既然能设定或消灭某种实体权利或义务，就可以产生实体法上的效力。还有，根据证明责任制度，在某些案件真伪不明的情况下，应由证明责任的主体承担不利后果。这一后果直接导致证明责任主体所主张的权利在司法上得不到承认，原有的实体权利义务关系也将维持原状。另外，实体法上的有关规定也直接影响着证明责任的具体分配。由此可见，证据法中的某些规则同实体法的内容具有一致性。

四、证据法学与其他法学学科的关系

证据法学与其他法学学科也有着较为密切的关系，具体表现在它与犯罪学、侦查学、法医学等的关系上。

犯罪学是专门研究犯罪心理、犯罪斗争的方法、对策的法学学科，因而它必然涉及有关犯罪证据的收集、认定，并发挥其揭露、证实犯罪的证明作用。侦查学是研究如何发现、收集和固定证据用以揭露犯罪的学科，它的研究对象主要是侦查的技术、手段、策略和方法等，其中必然涉及证据的发现、收集、

证明、认定等问题。由此可见，证据法学与犯罪学、侦查学研究的问题和对象有着重合的部分，具有共同性，即它们都涉及证据及其运用。当然，也应看到它们研究的角度和出发点不同，因而它们之间也是有所区别的。比如证据法学不但要研究刑事诉讼证据，还要研究民事诉讼、行政诉讼方面的证据，其范围较侦查学要宽。此外，证据法学还与法医学以及其他部门法学有一定的关系。因为任何部门法学几乎都要用证据来查明案件事实，有的部门法学本身就是研究如何运用科学技术发现证据及其原因的科学。诉讼证据法学应该把一切学科涉及到的证据收集、判断和运用放在自己研究的范围之内。

本章思考题

1. 如何理解证据法学及其性质？
2. 简述研究证据法学的意义。
3. 如何理解证据法学的研究对象？
4. 如何理解证据法学是一门综合性学科？
5. 如何认识证据法学的体系？
6. 如何理解和运用证据法学的研究方法？
7. 简述证据法学与诉讼法学的关系。
8. 简述证据法学与实体法学的关系。

第2章
外国证据制度的历史沿革

学习目的与要求:

　　通过本章的学习,了解外国证据制度的历史沿革;掌握神示证据制度、法定证据制度、自由心证证据制度的含义和特征;认识神示证据制度、法定证据制度及自由心证证据制度产生的历史背景;能够认识并客观评价这些证据制度。

第一节　神示证据制度

一、神示证据制度的概念和产生的背景

　　神示证据制度,也称神明裁判证据制度,是指司法办案人员根据神意的各种启示来判断诉讼中是非曲直的一种证据制度。

　　神示证据制度产生于奴隶社会时期,是人类证据制度发展史上最原始的一种证据制度。其本质特征是以获取神的启示作为断案的方法。神示证据制度曾普遍存在于亚欧各国的奴隶社会,甚至在欧洲封建社会早期还保留有神示证据制度的残余,具有比较广泛的影响力。

　　神示证据制度的产生,有着多种原因:

　　首先,它与奴隶制社会当时极其低下的生产力发展水平有着密切的关系。当时,生产力极不发达,文化落后,人们缺乏战胜自然的力量,并且普遍愚昧无知。人们认为神是无所不知、无所不能的主宰者,可以洞察一切,而且也是最公正的,人们常常把神视为正义的主持者和化身,因此,在面对难以查明的案情、难以决断的争议,或者出现利益冲突和纠纷时,便求助于神意的启示来判明是非、解决争议,并以此为基础对案件作出判决,以达到惩恶扬善的目的。

　　其次,神示证据制度与当时的弹劾式诉讼制度相适应。奴隶社会时期采用

弹劾式诉讼形式，起诉权由私人掌握，诉讼进程完全由双方当事人控制，而且，原告与被告的诉讼地位平等，法官在审判过程中处于消极的仲裁地位，只是起到主持审理过程的作用。在案件审理过程中，双方当事人往往争执不下，在是非曲直难以判断的情况下，法官便利用人们对神的信奉和崇拜以及神灵自身所谓的全知全能来甄别争议事实的真伪，进而解决纠纷。

最后，神示证据制度也是统治阶级在政治上实行神权统治的需要。神权统治起源于原始社会人们对自然的崇拜。自然崇拜是原始社会盛行的一种宗教信仰。原始人对大自然的威力感到束手无策，又无法理解，因而很早就产生了对自然界和自然力量的崇拜。崇拜的对象包括土地、水、火、太阳、月亮、巨石、森林等。到了奴隶社会，神权统治达到了极盛。比如说，古巴比伦的《汉谟拉比法典》就宣扬君权神授，扬言汉谟拉比受命于神，"发扬正义于世，灭除不法邪恶之人"。

贝卡利亚在他的《论犯罪与刑罚》中这样写道："在野蛮的古代法制中，烈火和沸水的考验以及其他一些捉摸不定的械斗曾被称作神明裁判，似乎上帝手中永恒链条的环节在任何时候都会被人类轻率的手段所瓦解和脱节。"然而，由于不同国家、不同民族在风俗习惯、历史传统等方面存在的差异，因而，神示证据制度的各种神示方式在实际运用中又有一定差异。

二、神示证据制度的内容和证明方法

在神示证据制度下，主要通过两种方式来显示神意，即神誓法和神判法[1]。

（一）神誓法

神誓法，也称对神宣誓法，是指在诉讼双方的陈述发生冲突时，裁判者要求诉讼当事人或证人等以向神灵发誓来证明自己所作陈述为真实的方法。它在神示证据制度中应用最为广泛。

在当时，人们普遍认为神灵是最公正的，欺骗了神灵必定会遭到惩罚。因而，他们相信神的力量，确认对神宣誓具有法律效力。在诉讼中，当双方陈述的事实不一致而且真伪难辨时，裁判者就要求当事人一方或双方在庄严的宗教仪式下对神灵发誓，以证明其陈述是真实的。如果当事人不敢对神发誓，或者在发誓过程中神态慌乱或者显示出某种神灵报应的迹象，裁判者就可以认定其说的是假话并判其败诉。究其实质是对宣誓者的一种心理强制，出于其对信仰的强大压力或是恐惧以及道德的制约而形成内心矛盾的外化。神誓法在许多奴隶制国家以及欧洲封建制国家早期的法典中都有明确规定。具体来讲，神誓法

---

〔1〕　参见何家弘主编：《新编证据法学》，法律出版社 2000 年版，第 46 页。

的使用主要有两种方式：

1. 不敢宣誓的一方败诉。例如，《汉谟拉比法典》第 20 条规定："倘奴隶从拘捕者之手脱逃，则此自由民应对奴隶主指神为誓，不负责任。"第 126 条规定："设若某人并没有失落什么而声称自己失落了某物，并诬陷自己的邻居，则他的邻居应在神前发誓来揭穿他并没有失落什么，而他则应加倍偿还他的邻居自己所贪图的物品。"第 226、227 条规定，如理发师不告知奴隶的主人而为奴隶剃落奴隶印记，则此理发师应断指。但是如果理发师因被自由民欺骗而剃落奴隶印记，则此理发师应宣誓"我非有意剃之"，从而就可免负刑事责任。第 249 条规定："设若某人租用牡牛，而神击中它以致倒毙，则租牛的人应凭神发誓并免除责任。"第 131 条规定："倘自由民之妻被其夫发誓诬陷而她并未被破获有与其他男人同寝之事，则她应对神宣誓，并得回其家。"另外，西欧中世纪初期的《萨利克法典》还对宣誓的方式、姿势及后果等都作了明确的规定，即在法庭上一方必须一丝不苟地按正确形式和姿势对神宣誓并提出指控。另一方按同样严格的方式对神宣誓并作出反驳。若一方出现形式上的错误，或陈述中出现口吃，则判其败诉。

2. 如果双方都敢宣誓，则需要助誓人的帮助。在那些罪行特别严重的案件中，如果诉讼双方都信誓旦旦，就无法裁判案件。这时，神的"旨意"就还需要其他人的辅助宣誓。这些人成为"助誓人"或"旁证人"。他们要宣誓保证当事人的品质纯正，不会犯被指控的罪行或证明当事人的誓言是真实的。如果一方的"助誓人"也顺利通过宣誓，裁判者就可以判该当事人胜诉。关于辅助宣誓的规则在各国有不同的规定，但大致上来讲，其数量是由案件争议事实性质的严重程度来决定的，争议事实的性质越严重，法律所要求的"助誓人"数量也就越多。另外，许多国家的法律中还规定了各种誓词的内容，例如，《萨利克法典》第 58 条规定："如果有人杀了人而交出自己的所有财产，但还是不够偿付依法所该付的罚款，那么他必须提出 12 个共同宣誓人，他们将宣誓说'在地上、在地下，除已交出的东西外，并没有其他任何财产。'"[1] 9 世纪英国"盎格鲁－萨克逊法律"规定：①原告宣誓：我在上帝面前宣誓我指控他就是盗窃我财物的人。这既不是出于仇恨、妒忌或其他非法目的；也不是基于不实传言或信念。②被告宣誓：我在上帝面前宣誓，对于他对我的指控，我在行为和意图上都是无罪的。③助誓人宣誓：我在上帝面前宣誓，他的誓词是清白的和真实的。古日耳曼法也有类似规定，当事人对自己的陈述必须宣誓："我的陈述是真实的，毫无虚伪之处。"采用这种辅助宣誓的原因，是考虑到当事人的亲友多

---

[1] 参见卞建林主编：《证据法学》，中国政法大学出版社 2007 年版，第 23～24 页。

少了解案件事实，或者了解当事人的品德，相信他不会作出虚伪的陈述。否则，这些亲友会因怕神的惩罚而不敢作辅助宣誓。此外，"助誓人"无须了解案件争议事实，他们唯一需要了解的则是当事人的品行，并通过宣誓的方法予以证明。

（二）神判法

神判法，又称神明裁判法或折磨考验法，是指通过让当事人接受某种肉体折磨或考验来证明案件事实的方法。这种折磨或考验通常是在由神职人员主持的宗教仪式下进行的。

神判法是神示证据制度的主要内容和代表形式。在世界各国的历史上，神明裁判的方法可以说是五花八门，主要有以下几种：

1. 水审法，是指通过一定的方式使当事人接受水的考验，显示神（河神）意，并以此判定当事人对案情的陈述是否真实，或者刑事被告人是否有罪的方法。它主要用于盗窃案或者杀人案等重大案件的检验。水审法又分为冷水审与沸水审两种方式。

（1）冷水审，是指将原、被告双方当事人或被告人一方投入河水，看其是否沉没，以检验其陈述是否真实或者是否有罪。由于各民族传统不同，在具体的判断标准上存在着一些区别，如在古巴比伦王国，被告人被投入河中，如果沉没则表明神要对他进行惩罚，因而其陈述是虚伪的，或者被认定有罪；如果被告人浮出水面，则认为他是诚实的，无罪的。《汉谟拉比法典》第 2 条规定："设某人控他人行妖术，而又不能证实此事，则被控行妖术的人应走进河中。如果他能被河水制服，则揭发者可取得他的房屋；反之，如果河水为他剖白，使之安然无恙，则控他行妖术的人应被处死，而投河者取得揭发者的房屋。"《汉谟拉比法典》第 132 条规定，如果自由民的妻子被人告发有通奸行为，但是她自己不承认，那么法官就会命令把该女子扔到河里去。如果该女子沉到水里去，证明有罪；浮在水面，证明她无罪。但是古代日耳曼民族水审法的判断标准与之相反。古日耳曼人认为，水是世界上最洁净的东西，不接纳任何污秽的东西。因此，如果他沉入水中，则证明水神接纳了他，因而认定他的陈述是真实的或者他是无罪的；相反，如果被告人入水而不沉，则认为他受到水神的唾弃，从而说明他的陈述是虚假的，或者他是有罪的。

（2）沸水审，是指让被告人用手从沸水或沸油锅中捞出某种物品，接着包扎好他烫伤的手臂，同时由他向神祈祷，过一段时间后再根据其烫伤是否日渐愈合来判定其陈述是否真实以及其是否有罪。如果手上的烫伤逐渐好转，法官则认为是神意所致，因而他便是诚实的或无罪的；相反，如果伤口日渐溃烂，甚至无法愈合，则会被认为是神对他的惩罚，由此断定他的陈述是虚假的，或者他是有罪的。

2. 火审法，是指让被告人接受火或烧红的铁器的考验，显示神意，借以判定当事人的陈述是否真实或刑事被告人是否有罪的方法。

火审与水审一样，是神判法的主要方式，一般用在大案、要案中。中世纪欧洲国家盛行"热铁审"。在一起刑事案件的审判中，担任法官的牧师给烧红的铁块洒一些"圣水"，大声说道："上帝保佑，圣父、圣子和圣灵，请降临这块铁，显示上帝的正确裁判吧。"然后，他让被告人手持那块热铁走过9英尺的距离。最后，被告人的手被密封包扎起来，三天后查验。如果有溃烂的脓血，则其被判有罪；否则就被证明是清白无辜的。

公元9世纪法兰克的《麦玛威法》中规定："凡犯盗窃罪必须交付审判。如在审判中为火所灼伤，即认为不能经受火的考验，处以死刑。反之，不为火所灼伤，则可允许其主人代付罚金，免处死刑。"14世纪古塞尔维亚的《都商法典》第152条也规定，被告人想证明自己的清白，就应该接受烧红的铁的考验，即他必须从教堂门口燃起的火堆中，取出烧红的铁，用手拿到祭坛上去。如果经过一段时间，他手上的灼伤愈合了，则被认为是无罪的；如果伤口溃烂，不能愈合，则被认为是有罪的。

3. 决斗法，是指让诉讼中争讼的双方当事人进行搏击，以搏击的胜负结果来显示神意，并据以判断当事人的陈述是否真实，刑事被告人是否有罪，从而认定案件事实的方法。因为人们相信在司法决斗中，神灵总是站在正义的一边的。决斗是盛行于欧洲中世纪的一种习俗，这种习俗也被用于诉讼中，而且在许多国家的习惯法中都有明确的规定。

在决斗中的胜败通常就是判断是非的标准，即凡是在决斗中获胜的一方，便认为是神使得他取胜，因而他的陈述是真实的，或者他本人是无罪的；如果一方不敢决斗或者在决斗中失败，则认定他败诉，或者他是有罪的。决斗通常也有一定的规则，许多国家的习惯法还有明确的规定，例如，在决斗前，双方要对神宣誓，如果一方在宣誓时，神情恍惚，读错了誓词，则认为是神显示了旨意，不必进行决斗，法官直接确定他有罪。在决斗的时候只允许休息三次，每次一小时，决斗的时候要进行到把一方杀死为止，活着的一方就是胜利者，任何人不得对其报复。凡是对胜诉的一方进行报复的，被认为是违抗神意，要处死刑。

决斗是一种典型的"双方证明方法"，也是最受人尊重的"神明裁判"方法，一般只有贵族和自由民才有资格选用。在古代捷克法律中明确规定，决斗只是在同属一个阶级或者一个等级的当事人之间进行，而且决斗中所使用的器具也要视双方的社会地位而定。若当事人均是绅士或领主，则让他们穿着长外衣和下装，带着剑和盾进行厮杀；如果当事人是农民或市民，则无权带剑，只能够拿着交给他们的棍子进行厮打。在刑事案件中，这种决斗往往是指控人和被指控人之间的生与死的决定，因为决斗的负者会被送上绞刑架。在民事案件中，当事人不必自己决斗，可以雇佣职业剑手去决斗。无论在哪种情况下，决斗都要在法庭安排的宗教仪式下进行，而且决斗的结果就是最终的裁决。这种司法证明方式在法国延续的时间最长。直到 1818 年，一位被指控的自由民要求与对方决斗，但是国会认为这种方法所证明的事实不可靠，才决定废除"司法决斗"。

4．其他方法：

（1）卜筮法，也称抽签审，是指当事人就双方争议的事实向神祷告，然后进行占卜，法官根据卦象或签牌的内容判断何者胜诉的神示证明方法。

（2）十字形证明法，是指让当事人双方对面站立，双腿并拢，手臂左右伸直，使身体呈十字形，保持这种姿势时间最久者胜诉的神示证明方法，它主要为信仰基督教的民族所采用。

（3）面包奶酪法，这是法兰克国家的一种神判方法。具体是指在严格的宗教仪式下，法官命令被告人要在一定时间内，把一定数量的大麦面包和干奶酪吃下去。如果他能够顺利地把它吃下去，法官就会裁定神告诉我们，被告人是清白的；如果他吃不下去，发生吞咽的困难，甚至有干呕的生理反应，法官就会说神已经告诉我们，他是有罪的，被告人应该受到刑罚。

三、神示证据制度的消亡

随着人类社会的发展，神示证据制度大约在 12 世纪末开始走向衰落，最终以神明裁判为代表的神示证据制度逐渐退出了司法证明的历史舞台。导致神示证据制度消亡的因素主要有以下几个：

1．人类认识能力的提高。随着人类社会的发展和进步，人们认识自然与社会的能力不断提高，人们对于神的信仰已经开始变化，也逐渐对神示证据制度的合理性和可靠性产生了怀疑，于是神示证据制度在人们心中的权威性开始丧失。因此，人类认识能力的提高是神示证据制度最终被废止的主要原因。

2．国家权力的膨胀。公元 11 世纪，欧洲一些国家开始建立了比较稳定的政府，他们开始寻找能够保护其利益的各种措施、手段，包括司法手段。而且，统治阶级已开始对那些结果难以预料的非理性的司法证明方法感到不满，要求司法人员在审判中行使更大的决定权。因此，人证的作用自然越来越重要了，并逐渐由人证取代神证成为主要的司法证明手段。

3．社会环境的变迁。在 1215 年，神明裁判首先受到了欧洲天主教拉特兰大教会的致命打击，该教会明令禁止使用神明裁判。随后，荷兰、法国、罗马帝国、英国等欧洲各国都先后在司法实践中废除了神明裁判。到 13 世纪末，神明裁判基本退出了欧洲司法证明的历史舞台。

四、对神示证据制度的评价

神示证据制度是特定历史时期下生产力发展水平低下的产物，其荒谬、愚昧和落后性是显而易见的，因此，神示证据制度是一种残忍的、不人道的、非科学的司法证明制度。然而，神示证据制度的出现和长期存在，不仅符合当时的历史条件，而且具有其积极的意义和作用。

首先，神示证据制度在一定程度上有利于树立司法的权威。神示证据制度在一定程度上使法庭审判具有了宗教性的特点，可以说它是司法与宗教相结合的典型。在当时的社会，权威性的判决比科学性或合理性的判决更为重要。当时人们对合理和正义观念的理解都屈从于对神的信仰和崇拜。基于对神灵的信奉和崇拜，人们对于法官根据神的意志作出的判决自然心服口服，从而使司法判决获得崇高的地位，司法的权威逐渐得以确立。

其次，神示证据制度对于查明案件事实、正确断狱息讼也有一定的价值。一般而言，当事人的有罪心理可能影响其宣誓时的神态，有时甚至会使人在接受神明考验时心神不定或丧失意志。而且，神示证据制度强调以全知全能的神灵的各种启示作为解决各种纠纷的依据，这对于当时认识能力低下的人们所产生的心理强制作用是巨大的，唯恐作不真实的陈述会遭到神的惩罚。正是有了这种对神的敬畏和恐惧，因而在一定程度上保障了人们陈述的真实性，从而有利于法官正确断案。应当说，神示证据制度在一定情况下可以起到查明案件事实的作用。

最后，神示证据制度有助于维护统治阶级的利益和社会秩序的稳定。统治阶级利用人们对神的敬畏，按照自己的意志确定显示神意的方式，并以神意作为判断证据证明力的标准，这有利于统治阶级维护其统治的需要而灵活地适用法律。同时，在神示证据制度下，强调以神示证据作为法官解决各种纠纷的根据，相对于原始社会初期简单地以复仇方式解决纠纷，无疑也是一个重大的进步。

第二节　法定证据制度

一、法定证据制度的概念和产生的背景

法定证据制度，是指法律根据各种证据的不同形式，预先规定各种证据的

证明力以及审查判断和运用证据的规则，法官必须据此作出裁判的一种证据制度。由于法定证据制度预先规定了各种证据的证明力，只要求法官机械地运用法律规定的各项规则认定案情，而无须考虑案件的真实情况，只是依靠法定的模式认定案件事实，因此，法定证据制度又被称为"形式证据制度"。

法定证据制度形成于 13 世纪的欧洲大陆国家。在欧洲社会进入封建君主专制时期之后，一种适应当时政治需要的新的证据制度即法定证据制度由此而产生，并在欧洲于 16 世纪至 18 世纪之间发展到了全盛时期。直至 19 世纪后期，德国、奥地利、俄国等国家依旧实行法定证据制度。法定证据制度在欧洲大陆各国的诉讼法典中得到普遍规定，其中最有代表性的是 1532 年德国的《加洛林纳法典》、1853 年的《奥地利刑事诉讼法》等。欧洲大陆除英国外，大多数国家都实行这种证据制度。当然，应该指出的是，法定证据制度只是当时主要的证据制度，有的国家则还保留着神示证据制度的残余。当时的英国，由于其地理位置、历史传统的特殊性，虽然其证据制度中含有形式主义的因素，但并没有形成严格意义上的法定证据制度。

法定证据制度产生的历史原因，概括地讲，有以下几方面：

首先，它是封建君主专制政治体制的必然产物。法定证据制度与当时的政治斗争形势联系在一起，是中央集权君主制的产物。在君主专制时代，王权至上，一切法律均围绕王权，为其服务，证据制度也不例外。为了避免司法权脱离王权的控制，充分实现中央集权，这就要求法官必须绝对依照法律对证据证明力的规定，机械地计算各种证据的价值，并据以认定案情。而且，在 13 世纪至 15 世纪，欧洲大陆国家的司法证明实践相当的混乱，缺乏统一的证明标准。在司法实践中，相同的案情和相同证据在不同法官面前通常会得到不同的处理。然而，随着欧洲大陆各国政权的稳定，统一规范的司法活动就成为政府的一项重要任务，而内容之一就是要统一规范法官在审判中运用证据的活动，限制法官在运用证据认定案件事实上的自由裁量权。这就使得封建君主得以通过这种证据制度强有力地控制司法权，以适应君主专制政治中央集权的需要。

其次，它与纠问式的诉讼结构密切联系。欧洲大陆各国进入封建专制时期后，诉讼结构形式也由原来的弹劾式诉讼变为纠问式诉讼。在纠问式诉讼中，法官主动调查，不告也理，当事人等不享有诉讼权利，尤其是被告人只是被拷问的对象，没有任何的诉讼权利，成为诉讼的客体，对其刑讯逼供是法定的程序。在当时，刑事案件已不再被视为当事人之间的纠纷，犯罪行为也不仅被视为是对被害人的侵害，而是被视为对国家权力和社会秩序的威胁。因此，在这样的社会背景下，纠问式诉讼中的法官成为集起诉权与审判权于一身的国家追诉者，审判也不再需要借助于神的力量来判断案件事实的真伪。

　　最后，崇拜权威的思潮和封建等级制度是法定证据制度产生的社会及文化原因。从13世纪开始，在当时的社会生活中，权威包括学术研究特别重要，引经据典成为当时社会文化的一种时尚。人们普遍接受的观念是：与那些需要查明的事实有关的知识必须依赖于一定的权威。对于诉讼机制，人们通常寄希望于立法者对各种证据的具体运用作出权威的规定，而不是由法官对案件进行自主的、自由的判断。而且，在当时的欧洲大陆，等级制度已经是社会的基石。无论是世俗的封建等级制度，还是教会僧侣等级制度，都是社会的基本组织形式，因而很大程度上影响人们的思想观念，既然人有等级差别，那么司法活动中的证据也应有等级区分。因此，崇尚权威，就要由法律的明确规定代替司法官员的个人认识；尊重等级，就是要明确规定各种证据的等级。其实质是要限制法官在运用证据问题上的自由裁量的权力。

二、法定证据制度的基本内容

　　法定证据制度理论认为，每一种证据证明力的大小，在所有的案件中都是相同或不变的。因此，可以不考虑各个具体案件本身和各个证据材料的特点，只是根据证据的形式，预先在法律上规定各种证据的证明力和判断、运用证据的规则，法官只需机械地依照法律规定认定案情、处理案件。法官在办理各类案件时，只要严格按照法律的规定运用证据，就能够准确地查明案情和正确地裁断案件，这样做有利于防止法官主观擅断。因此，在法定证据制度下，法官在审理案件过程中，不必分析和判断个案中各种证据的真实程度和它的证明力大小，他们唯一的职责就是按照法律预先规定的各种证据可靠性的百分比，机械地计算和评价本案的各种证据，并且据此认定案件事实。

　　在当时欧洲各封建专制国家的诉讼法典中，对于司法实践中经常运用的几种主要证据都有规定，包括当事人陈述（包括口供）、证人证言，其中人证是最主要的证明手段。另外，还比较重视书证，而对物证则较为轻视，这是由于就当时的科学发展水平来说，对物证进行科学分析并以此来证明案件真相是十分困难的。具体而言，法定证据制度明文规定的证据主要种类及其内容如下：

　　（一）被告人的自白

　　对于被告人的自白，不管是被告人自己主动供认的，还是刑讯逼供获得的，几乎所有国家的法典都认为是最完全的证据，是所有证据中的"证据之王"，而从不考虑被告人口供是否符合案件的客观实际。加之当时推崇有罪推定的思想，导致刑讯逼供泛滥（刑讯逼供合法化）。因此，只要有被告人的自白，无论是否存在其他证据，法官都可以直接定罪。至于这口供是真是假，法官无须判断。

　　由于被告人的口供被视为法定证据制度的基础，因此，如何运用这种证据，法律作了许多具体的形式上的要求和规定。例如，1853 年的《奥地利刑事诉讼法》和 1857 年的《俄罗斯帝国法规全书》对被告人的自白都规定了必须具备的条件：①必须是确定的、明晰的、表达透彻的，不是出于含糊不明的手势和符号；②必须是在健全的理智下自动作出的陈述；③必须在法庭上向法官当面作出明确陈述；④陈述的内容和过去的行为完全相符；⑤必须是独立的、详尽的陈述，不是只根据所提问题作出的肯定答复。只有符合以上条件，被告人的自白才被认为是完全的证据。另外，被告人在法庭外所作的自白，如经具有信用的证人加以证明，可以成为有一半效力的证据。同时，为获取被告人口供这个"证据之王"，许多国家的法典都确认刑讯逼供为合法方法。为适应刑讯逼供的需要，制造了种种野蛮、残酷的刑具。当时，刑讯逼供已成为各国审判程序的一个组成部分，它是纠问式诉讼和法定证据制度的重要特征。法定证据制度的产生，导致了刑讯逼供的泛滥，也不可避免地产生了大量的冤假错案。

（二）证人证言

关于证人证言的证明力，法律作了形式主义的规定，主要是：两个典型证人的证言可以认作是完全可靠的证据，一个可靠证人的证言，只能算半个完全的证据。例如，《奥地利刑事诉讼法》明文规定，必须有两个相同的证人证言对某种事实加以证实，某种事实才能得到完全的证明。而且这两个证人还必须具备一定的条件，即证人的陈述是其亲自感受到的，证人是完全善意的，证言是证人宣誓后陈述的。

另外，有些欧洲大陆国家的法律对不同等级的人提供的证言规定了不同的效力，体现了封建等级特权观念。例如，贵族证言的效力高于平民的证言；僧侣证言的效力高于世俗证人的证言；基督徒证言的效力高于犹太人的证言；男子证言的效力高于女子的证言（女子证言仅及男子的一半并且由至少一名男子的证言加以补充）等。

（三）书证

法律对书证证明力的大小也作了具体的规定，如认为书证的副本没有原本的证明力大，公文书的证明力大于私人写作的文书的证明力等。法定证据制度对书证的重视，其原因在于，在中世纪的欧洲，除神职人员外，普通人基本上是文盲。对大多数人而言，伪造书证很困难，所以书证的可信度高。

除此以外，法定证据制度不仅规定了各种证据的证明力，而且还具体规定了某类案件如何运用证据定案。《俄罗斯帝国法规全书》第 312 条规定，审理强奸案件按照法律所定的刑罚量刑时，必须具备下列情况：①切实证明确有强暴行为；②证人证明被强奸人曾呼喊旁人救助；③她的身上或被告人身上或者两人身上，显出血迹、青斑或衣服被撕破，能够证明有过抗拒；④立刻或在当日报告。另外，法定证据制度在规定证据和证据证明力的同时，也规定了法官在审查判断证据问题上的职责。法律限制法官分析研究证据的证明力，也不要求其判断证据是否能够证明案件的真实性，只要求法官机械地按照法律的规定，识别各种证据的证明力，计算证据证明力的大小或证据数量的多少，而不能按照自己的见解审查、判断证据。在审查判断证据的过程中，法官毫无主观能动性。

三、法定证据制度的特点

1. 法律预先明确规定了各种证据的证明力和判断证据的规则，法官不得自由裁量。根据当时各国法典的有关规定以及证据理论，证据被划分为完善的和不完善的，或完全的和不完全的两大类。前者是指法律规定的能够据以定案的充分、确实的证据；后者则指证明力尚不充分、不足以认定案情的证据。例如，1857 年的《俄罗斯帝国法规全书》把下列几种证据列入完全或完善的证据之内：受审人的坦白是全部证据中最好的证据；书面证据；亲自的勘验；具有专门知识的人的证明；与案件无关的人的证明。同时，把下列几种证据列为不完全或不完善证据之内：受审人相互间的攀供；询问四邻所得知的关于犯罪嫌疑人的个人情况和行为；实施犯罪行为的要件；表白自己的宣誓。而且对于不完全或不完善证据的证明力，又进一步划分为不太完全的、多一半完全的、少一半完全的。还规定两个或两个以上的不完全证据可构成一个完全证据。例如，两个善意证人在宣誓后提供的证言是完全证据，一个证人证言则是不完全证据。法官在判断证据证明力时，没有任何主观能动性，只能机械地按照法律规定对证据证明力进行计算，或者将几个不完善的证据相加成一个完善的证据。可见，法官在法定证据制度中的形象是"立法者所设计和建造的机器的操作者，法官本身的作用也是机械的"。[1]

2. 证据的形式化和等级性色彩明显。在法定证据制度中，法律对于证据证明力和判断证据规则的规定，主要是根据证据的外在形式，而不是根据证据的实质内容。例如：被告人自白被视为最完善、最有价值的证据，被封为"证据之王"；两个典型证人的证言构成完全的证据，而一个可靠证人的证言不具有完全的证明力，只能算作半个证据。当几个可靠证人的证言相互矛盾时，则按多数证人的证言来判断案情。关于书证的规定是只有公文书和原本等才具有较大的证明力。可见，法定证据制度是根据证据的形式确定其效力的。而且，在法定证据制度下，由于封建等级特权极为盛行，因而证据的等级性常常体现为根

---

〔1〕 〔美〕梅里曼：《大陆法系》，西南政法学院 1983 年印行，第 39 页。

据提供证据的人的社会地位等级来确定其提供证据的效力。例如，1871 年的《俄罗斯帝国法规全书》规定，当几个地位或性别不同的证人的证言发生矛盾时，要依照下列原则处理："①男人的证言优于妇女的证言；②学者的证言优于非学者的证言；③显贵者的证言优于普通人的证言；④僧侣的证言优于世俗人的证言。"因此，在法定证据制度中，证据效力的高低取决于证据的形式，而证据的形式化和等级性又是紧密相关的。

3. 刑讯逼供是收集证据的合法手段。在法定证据制度下，被告人的自白被认为是最有价值的和最完善的证据，即"证据之王"，它对案件的判决和被告人的命运起着决定性的作用，所以在司法实践中侦查人员和法官就会千方百计或不择手段地获取被告人的自白。而在纠问式诉讼中，被告人不享有任何的诉讼权利，因而刑讯逼供便成为法定证据制度下各国刑事诉讼中广泛采用的、合法的取证方法。当时的许多法典对于讯问被告人的内容、步骤、方式等都有明确的规定。例如，《加洛林纳法典》第 31 条规定："假如某人被怀疑对他人有损害行为，而嫌疑犯被发觉在被害人面前躲躲闪闪、行迹可疑，同时嫌疑犯又可能是犯这类罪的人时，那么这就是足以适用刑讯的证据。"正是由于法定证据制度将通过刑讯所取得的证据作为定案的主要依据，因而直接导致了中世纪的欧洲冤狱遍地，大量无辜者蒙冤受罚，司法以黑暗与专横而著称，刑讯逼供由此成为以后资产阶级革命在司法领域指向的对象。许多资产阶级法学家曾对此作过猛烈的抨击，例如，法国的资产阶级启蒙思想家孟德斯鸠将刑讯逼供与封建专制政体联系起来，指出："拷问可能适合专制国家，因为凡是能够引起恐怖的任何东西都是专制政体最好的动力。"

4. 具有明显的有罪推定思想。在法定证据制度下，许多国家的法律还规定，不完全的证据虽然不能成为认定被告人有罪的根据，但却可以成为对被告人进行刑讯的根据。如果经过刑讯，仍然不能取得被告人的自白，则可以根据不完全证据作出"存疑判决"，可见，在法定证据制度中存在着有罪推定的思想和做法。其实，当时刑讯逼供的合法化和盛行也在另一个角度上体现了法定证据制度深受有罪推定思想的影响。

四、对法定证据制度的评价

法定证据制度因应封建君主专制政治的需要而建立，它取代神示证据制度具有历史必然性。法定证据制度与具有浓厚宗教迷信色彩的神示证据制度相比，尽管其本身显然并不科学，但它毕竟更多地体现了人类理性的作用，这是人类社会进步的结果，这种合理性主要体现在：

（1）法定证据制度体现了人类的进步和理性。法定证据制度是在对神示证据制度否定的基础上建立起来的，它的产生是人类文化科学发展的结果，是人们运用证据的经验在法律上的反映。法定证据制度的有些规定，例如，关于书证的原本、副本证明力的规定，在一定程度上反映了书证的某些特征和运用书证的经验。因此，与神示证据制度相比，法定证据制度要求法官从法律中寻求判断证据证明力的答案，在运用证据上摆脱了宗教迷信，使之服从法律，是人类进步和理性的表现。

（2）法定证据制度有助于提高司法裁决的规范性。法定证据制度要求法官必须按照法律对证据证明力、判断证据规则的预先规定来审理案件，这就使法官在审查判断证据和运用证据时必须遵守统一的规则，不能行使自由裁量权，从而防止法官的擅断和司法专横，消除在运用证据中的混乱状态，使相同的案件得到相同的处理，最终体现司法裁决的规范性和统一性。

（3）法定证据制度还有助于提高司法裁决的可预见性和权威性。由于在法定证据制度中证据的证明力和运用规则是明确规定的，所以人们能事前预见到结果。而且，按照统一规范的证据规则认定案件事实并在此基础上作出判决，比较容易获得社会大众的接受和认可，从而可以提升司法判决的权威性。[1]

然而，从本质上讲，法定证据制度是反科学的，是具有浓厚的封建性、残酷性和反动性的一种证据制度。因此，法定证据制度的缺陷也是明显的，表现在：

（1）法定证据制度违背了认识论的基本法则。法定证据制度从唯心主义和形而上学的理论出发，完全从形式化的因素来考量和确定证据的证明力，把证据的外在形式特征视为其内在的、具有普遍性的规律，因而不符合认识论的原理。尽管在法定证据制度的具体内容中，也包含一些有价值的实践经验，具有一定的合理性，然而法定证据制度却把这些具体的经验无条件地奉为一般性准则，运用于一切情况，这就使得真理在形而上学的思维方式中转化为谬论了。

（2）法定证据制度束缚了法官的理性，限制了法官的主观能动性的发挥。由于法定证据制度预先规定了各种证据的证明力，并以法律的形式详细、具体地规定了法官必须遵守的运用证据的规则，使法官无法从实际出发裁量和取舍证据，从而束缚了法官的手脚，使他们难以从客观实际出发，揭露和查明案件事实真相。正是法定证据制度忽视了法官在审查判断证据中的主观能动性，使法官在运用证据的时候，只需机械地认定证据的证明力，然后进行简单的加减，因而把法官变成了一台简单的计算器。在随后的反封建、反专制的资产阶级革命过程中，资产阶级法学家尖锐地批判了法定证据制度，认为它束缚了法官的

---

〔1〕 参见何家弘、刘品新：《证据法学》，法律出版社 2004 年版，第 25 页。

理性、窒息了他们的良心、毁灭了他们的意识。

（3）法定证据制度容易导致刑讯逼供的泛滥。在法定证据制度下，由于法律规定被告人的口供是最好的证据，而且法律对获取口供的方法和途径没有限制，所以刑讯逼供就成为合法的、常规的取证手段。另外，法定证据制度从有罪推定出发，从而导致了刑讯逼供的泛滥和盛行，这就使得法定证据制度打上了野蛮的烙印。因此，法定证据制度从根本上而言具有浓厚的封建性、残酷性和非科学性。

第三节　自由心证证据制度

一、自由心证证据制度的概念和产生背景

自由心证证据制度，是指一切证据证明力的大小和证据的取舍与运用以及案件事实的认定，均由法官根据自己的良心、理性进行自由判断，并根据其形成的内心确信认定案件事实的一种证据制度。自由心证证据制度是伴随着资产阶级革命的胜利，在与法定证据制度的斗争过程中建立起来的。

首先，资产阶级启蒙思想家最早提出的"自由"、"平等"、"人生而自由"等观念，为自由心证证据制度的产生提供了理论基础。在17世纪以后，随着资产阶级革命和启蒙运动在欧洲大陆的兴起，以英国洛克和法国卢梭为代表的资产阶级启蒙思想家提出了"天赋人权论"。他们主张人生而具有生存、自由、平等的权利，他们倡导"理性"和"良心"，并提出了"法律面前人人平等"的口号。在这些思想观念的影响下，人们对以刑讯逼供为特征的法定证据制度展开了猛烈的抨击。可以说，资产阶级革命和启蒙运动从政治和文化的层面推动了司法制度的改革，也包括证据制度方面的改革。

其次，诉讼形式的变化，也直接促进了证据制度的发展。在18世纪末19世纪初，欧洲资产阶级革命战胜了封建社会，资本主义制度确立。资产阶级掌握政权以后，人们迫切要求将裁判者从僵化呆板的法定证据规则下解放出来，并最终导致了诉讼制度的改革。许多国家先后用混合式（辩论式）的诉讼形式代替了纠问式的诉讼形式，诉讼中当事人双方地位平等、权利对等，各自通过举证、辩论证明自己的主张，尤其是被告人的基本尊严和自由得到了应有的尊重。自由心证证据制度正好与这种诉讼形式相吻合，法官居中听证，根据证据的实际情况并结合自己的法律经验和职业良知对证据作出判断和取舍，满足了司法独立的要求，体现了"自由"、"理性"、"良心"等资本主义精神。

最后，资产阶级需要掌握更大的权力以维护其政权，并追究和惩罚犯罪。

资产阶级法学家认为，法定证据制度将审查判断证据的权力赋予法律而非法官，法官只能机械地按照法律预先对证据所作的各种规定来判断和运用证据，认定案情，其结果只能达到法律规定的形式真实，而难以符合案件的客观真实，而只有采用自由心证制度才能使法官拥有审查判断证据极大的自由权，法官完全可以凭借自己的理性、良心，根据自己的内心确信灵活地、有效地运用证据和认定案情，公正地处理案件，并最终追究危害其统治的犯罪。而且，在法定证据制度中体现的封建等级特权，如不同身份的证人所提供的证言具有不同的证明力，被告人只是被追究刑事责任的对象，没有任何的诉讼权利等，与资产阶级的主张也是相矛盾的。特别是法定证据制度所公开确认的不尊重人格、不尊重人权、不人道的刑讯逼供与资产阶级宣扬的"人道主义"、"人权"思想更是直接对立的。

因此，资产阶级革命的结果必然要废除封建的法定证据制度，建立起符合资本主义时代精神的，适应资产阶级政治、经济需要的，维护资产阶级统治利益的自由心证证据制度。

二、自由心证证据制度的主要内容

自由心证证据制度的立法最早产生于法国。1790 年 12 月 26 日，法国资产阶级国会议员杜波尔在宪法会议上提交了一项革新草案，第一次提出自由心证的原则。他认为，在法定证据制度下，不顾法官内心是否确信，而强迫其根据法律预先对证据所作的各项规定来认定案件事实、作出判决是荒谬的，对被告人以及社会都是有危害的。只有采取自由心证制度，赋予法官自由判断证据的权力，才能保证法官有最大可能性查清案情。杜波尔的草案经过辩论之后，于1791 年 1 月 18 日得到法国宪法会议的通过，并于同年 9 月 29 日由法国宪法会议颁布训令正式宣布：法官必须根据自己的内心确信作为裁判的唯一根据。至此，法定证据制度走到了历史的尽头，典型的自由心证制度正式确立。

随后，在世界上第一部刑事诉讼法典——1808 年《法国刑事诉讼法典》中明确规定了自由心证证据制度。其中，第 342 条作了这样明确的规定："法律不要求陪审法官报告他们建立确信的方法，法律不给他们预定一些规则，使他们必须按照这些规则来决定证据是不是完全和充分；法律可规定的是要他们集中精神，在自己良心的深处探求对所提出的反对被告人的证据和被告人的辩护手段在自己的理性里发生了什么印象。法律不向他们说：你们应当把多少证人所证明的每一个事实认为是真实的。法律也不对他们说：你们不要把那些未经某种口头证言、某种文件、某些证人或其他证据支持的证据视为充分的证明。法律只是向他们提出一个能够概括他们职务上全部尺度的问题：'你们真诚的确信么？'"这条规定被认为是法官自由心证的古典公式。

继法国之后，欧洲大陆各国的诉讼立法，如 1877 年《德国刑事诉讼法》、1892 年沙皇俄国的《刑事诉讼条例》等，也都将自由心证制度确立下来。由法国最先提出的自由心证制度，对欧洲各资产阶级国家有深刻的影响，其后这一制度也传到了亚洲。日本明治初年还实行"断定有罪应根据口供定案"的法定证据制度，明治九年以后则改为自由心证制度。

尽管《法国刑事诉讼法典》几经修改，但自由心证的原则依然保留了下来。现行《法国刑事诉讼法典》第 353 条规定："重罪法庭退庭之前，庭长应当宣读以下训言，并用大号字体书写张贴在评议室最明显的地点：法律不责问法官形成确信的理由，也不规定他们应当特别依据全部足够证据的规则；法律仅规定法官必须平心静气、集中精神、自行思考、自行决定，本着诚实、本着良心、依其理智，寻找针对被告及其辩护理由所提出之证据产生的印象。法律只向法官提出一个概括了法官全部职责范围的问题：你们已有内心确信之决定吗？这是他们的全部职责所在。"这被称为自由心证的现代公式。当今的《德国刑事诉讼法典》第 261 条规定："对证据调查的结果，由法庭根据它在审理的全过程中建立起来的内心确信而决定。"现行《日本刑事诉讼法》第 318 条规定："证据的证明力由审判官自由判断。"

从各国关于自由心证证据制度的具体规定来看，它主要包括两方面的内容：一是法官判断证据证明力并决定证据取舍的依据是法官的良心和理性；二是法官在认定案情时必须达到内心确信的程度。有学者提出，自由心证理论有两根支柱和一个中心。两根支柱一是抽象的理性，一是抽象的良心。理性是判断证据的依据，良心则是真诚地按照理性的启示判断证据的道德保障。其中心则是"自由"，即法官根据理性和良心自由地判断，在内心达到真诚确信的程度。当然，自由心证理论也明确指出，"确信"必须是产生于证据材料在理性中的印象。[1]

自由心证并不意味着法官享有绝对的自由，法官对案情的认定必须以证据为前提和基础，而对证据证明力的判断又必须达到内心深处确实相信是真实的程度。然而必须承认，"内心确信"实际上是证据材料在主体意识中的一种印象，这使自由心证证据制度不可避免地带上了主观唯心主义的色彩。因此，为了避免从一个极端走向另一个极端，以防止法官权力的绝对自由化和主观擅断，资产阶级统治者又在立法上、理论上对法官运用证据裁判案件作出一定的限制。例如，《日本刑事诉讼法》在规定法官具有自由判断证据证明力的同时，又规定当被告人的自白成为对他不利的唯一证据时，不得认定其有罪。英美法系国家

---

〔1〕　樊崇义主编：《证据法学》，法律出版社 2003 年版，第 28 页。

还在立法上设立了一些规范法官审判行为的规则，如自白规则、非法取证规则等。

考虑到法官有利用权力主观擅断的可能，一些国家在立法上对法官运用证据裁判案件作出了一定限制，包括：①内心确信必须是从本案情况中得出的结论；②确信必须是基于一切情况的酌量和判断；③所考察的情况必须不是彼此孤立的，而是它们的全部总和；④内心确信的形成必须是对每一证据"依据证据的固有性质和它与案件的关联"加以判断的结果。法官必须在证据调查和辩论的基础上，按照经验法则和逻辑要求合理地进行判断，否则，可以视为上诉的理由而被提出上诉。由此可见，自由心证中的"自由"是有限制的。

大陆法系国家是自由心证证据制度的发源地，对证据的证明力和取舍、运用等限制很少。20世纪中期以来，以法国为代表的大陆法系国家的证据制度也发生了一些变化。在保持自由心证传统的同时，也开始吸收英美法系国家证据制度的特点，采用了诸如非法证据排除规则和被告人口供补强规则等带有法定证明色彩的规定。另外，法律对法官的自由心证也加以限制，确立了所谓的"心证公开"规则。例如，现行《德国刑事诉讼法》第267条规定，对公诉被告人定罪判刑或宣布无罪都要说明判决的理由。因此，20世纪后，自由心证的含义已有所变化，它不但保障法官心证的自由，而且主张"心证公开"，以维护当事人的合法权益，保证社会公众和新闻媒体旁听的自由和对审判结果（心证结果）公正评论的自由。

由此可以看到，在大陆法系国家，早期的自由心证和现代的自由心证制度并不完全相同。早期的自由心证是绝对的，法官几乎不受任何限制，而现代的自由心证则是有限制的；早期的自由心证是秘密的，法官无须公开自己的心证过程，而现代的自由心证法官必须公开自己形成心证的经过。

三、对自由心证证据制度的评价

自由心证证据制度在资产阶级与封建阶级斗争的过程中逐渐确立并广泛适用至今，其优越性和进步性主要体现在以下方面：

（1）自由心证证据制度具有一定的历史进步性，符合诉讼文明和民主的发展趋势。自由心证证据制度是对法定证据制度的彻底摒弃，它的确立推动了诉讼制度的民主化，引起了诉讼结构的变革；它废除了刑讯逼供的证明方法和封建等级特权；确定了举证责任由控诉方承担的原则；还使被告人获得了辩护权；并在诉讼中确定了当事人平等对抗、举证辩论原则，使公民的基本权利在法律上得到一定程度的尊重。所有这些都体现出自由心证证据制度的进步性和时代要求。

（2）自由心证制度具有较大的灵活性，可以更好地在个案中实现司法公正。自由心证证据制度否定了法定证据制度的形而上学的形式主义，将法官从法律对证据证明力的僵化规定中解放出来，使其可以依据自己的经验和良心对证据的证明力进行自由判断，保证了法官在运用证据认定案件事实上的自由裁量权，使其可以根据案件的具体情况审查证据和运用证据，为查明案情和正确处理案件提供了可能性。

（3）自由心证制度对司法制度的发展也有一定的推动作用。自由心证制度以对法官的理性和良知的信赖为基础，使现代社会的司法权威获得了新的内容，同时自由心证制度的确立，对法官的资格和素养提出了更多的限制和要求，这对于推动现代法官制度的建设乃至司法制度的发展无疑具有重大的意义。

尽管自由心证制度较之法定证据制度，有其历史进步性，但同时也有其内在的局限性，表现在：

（1）自由心证制度缺乏统一的认证标准或尺度，容易受司法者个人因素的影响，从而造成司法认证实践中的混乱。自由心证制度给法官和陪审团过大的自由裁量权，排斥判断证据时遵守一切规则，为法官的主观擅断打开了方便之门。由于自由心证制度很大程度上依赖于法官个人的专业素质和道德素质，所以在一些情况下就会为法官的专断或者恣意提供可乘之机。即使是正直的法官，也会因为个人素质或兴趣的不同而导致认证结果的差异。从另一个角度来说，自由心证制度对法官的个人要求很高，而且要求在社会上有制约法官行为的有效机制，因此推广起来比较困难。

（2）自由心证证据制度以纯主观的"内心确信"真实为依据，而不是以特定的客观实在性为依据，缺乏主观认识与客观事实真相的统一，因而在认识论上存在一定的缺陷。

（3）自由心证证据制度可能滋生法官的主观擅断和司法腐败现象。法官在自由心证时以良心和理性作为出发点，而每一个法官的法律经验、职业操守以及情感好恶是有差异的，如果与自由心证证据制度配套的其他法律制度（包括法官制度、回避制度、正当程序制度等）不健全，将很难保证司法公正的实现。

目前，无论是大陆法系国家还是英美法系国家，在实行自由心证的同时都建立了一些证据规则对心证来加以限制，避免自由心证的主观随意性，防止法官心证的滥用，因此，两大法系证据制度出现了融和和趋同的趋势。

第四节　内心确信证据制度

一、内心确信证据制度形成的历史条件

沙俄在 18 世纪初实行的是法定证据制度，在 19 世纪末随着司法制度和诉讼程序的变革，确立了依据自己的内心确信判断证据的自由心证证据制度。

俄国十月革命胜利诞生了苏维埃政权。作为世界上第一个社会主义国家，在新政权建立后，在应当建立什么样的证据制度及如何对待自由心证制度的问题上，前苏联的法学家之间发生了激烈的争论。一些法学家认为，包括"内心确信"原则在内的整个自由心证制度都必须彻底否定；也有一些法学家则认为，可以利用自由心证制度的形式，但赋予它新的阶级内容。持这种观点的典型代表是安·扬·维辛斯基，他指出："当根据资产阶级法院的法官的内心确信来揭穿所谓自由判断证据原则的资产阶级性质时，我们不应该而且也不能不分好歹一律加以抨击。我们不但不能否定这一原则，而且只有在社会主义条件下，这一原则才会得到完全发展，才会成为真正的审判的源泉。"在这两种意见的激烈斗争中，最终后一种意见被立法所采纳。因此，前苏联从建立苏维埃政权时起便确立了内心确信的证据制度。

二、内心确信证据制度的概念和有关内容

内心确信的证据制度，主要是指前苏联所适用的一种证据制度，又称为社会主义的自由心证证据制度。内心确信具体是指审判员心理上对案件结论的正确性和可靠性的信念。这种信念是审判员通过对各种证据调查研究、分析综合以后产生的复杂心理思维活动的结果，它使审判员内心深处深信其对案件的认定和裁判是正确的。审判员的内心确信是由主、客观两方面因素形成的。客观因素即证据是形成内心确信的根据和基础。主观因素是审判人员的社会生活经验、业务能力、世界观、法律意识。内心确信的形成是主、客观因素相互作用的结果。

前苏联内心确信的证据制度是在废除法定证据制度之后，在批判地改造、利用自由心证证据制度的基础上形成的。它与自由心证证据制度的最大区别在于以社会主义的法律意识和"社会主义良心"取代资产阶级法律意识和良心。有关内心确信的立法规定及其内容是：1922 年颁布的《苏俄刑事诉讼法典》规定，法院不受任何形式证据的约束，对于案内一切证据所作的判断，一律由审判员根据建立在综合考虑案件一切情况的基础上的内心确信来进行。1923 年颁

布的《苏俄民事诉讼法典》也规定，证据由法院根据自由的内心确信进行判断。此后，内心确信证据制度不断被补充和修改。1958 年《苏联和各加盟共和国刑事诉讼纲要》第 17 条和 1961 年《苏俄刑事诉讼法典》第 71 条分别规定："法院、检察长、侦查员和调查员依照法律和社会主义法律意识，根据自己在全面、充分和客观地综合审查全部案情的基础上形成的内心确信，对证据进行判断。任何证据对于法院、检察长、侦查员和调查人员都没有预定的效力。"

从前苏联内心确信证据制度的法律规定的内容可以看出：内心确信证据制度是对证据的判断，或者是对证据效力问题决定的制度的本质特征的概括。在苏维埃刑事诉讼中，法院依据案件一切情节的总和，对证据加以审查，在进行证据的判断及决定哪些证据是符合其见解、哪些证据不得采纳甚至不视为证据时，由审判员自由加以评定，并根据由此形成的确信对案件进行判断。可见，内心确信证据制度的基础其实是审判员的自由心证，不过这种自由心证并不是任意产生的，这种心证的产生在于审判员所具有的社会主义世界观与高度的政治觉悟，这被认为是审判员能深深理解到社会生活的一切现象的基础。[1]

三、对内心确信证据制度的评价

前苏联的内心确信证据制度，是在彻底废除法定证据制度并深刻地批判自由心证制度政治上的反动性和法学上的不科学性的基础上建立起来的，它以辩证唯物主义为指导，以社会主义法律意识为依据，无疑具有历史的进步性，而且，前苏联的法学家关于证据制度的理论阐述，例如：内心确信必须符合客观事实，它本身不能成为判断证据的标准；对证据的全面、客观的调查对司法人员形成内心确信有决定性作用等，对于证据学理论的发展，都具有不可忽视的重要意义。

然而，前苏联的内心确信证据制度也具有不可克服的局限性。因为无论是内心确信证据制度，还是自由心证制度，都未超越主观意识的范畴，都是在强调办案人员主观认识对证据审查判断的作用。内心确信证据制度把办案人员在运用证据时所固有的社会主义法律意识以及办案人员的素质强调到一个不适当的高度，这就为主观擅断开了绿灯。因此，内心确信证据制度及其理论在前苏联已受到了不少权威的批判。例如：N. B. 蒂里切夫等在 1980 年版的《苏维埃刑事诉讼》一书中指出："但是就内心确信本身而言，不能认为它是真实的标准，不能把它看作是所得到的认识是否正确的判断者，否则，我们就会把侦查

员或者审判员的主观结论和主观确信看成是这种标准。"[1] 在上世纪60年代经过批判内心确信制度与对理论中的擅断主义倾向的反思，立法上曾作出努力尽力限制或防止证据制度与理论中的擅断倾向，如在刑事诉讼、民事诉讼立法纲要及诉讼法典中，都强调要依照法律，综合全案证据，全面、充分、客观地判断证据等。然而这种努力最终却未能成功。

本章思考题

1. 简述神示证据制度及其证明方法。
2. 如何认识和评价神示证据制度？
3. 简述法定证据制度的含义及其特点。
4. 如何客观评价法定证据制度？
5. 简述自由心证证据制度及其产生的历史条件。
6. 怎样正确认识自由心证的证据制度？
7. 试比较法定证据制度和自由心证的证据制度。
8. 如何认识内心确信的证据制度？

[1] 卞建林主编：《证据法学》，中国政法大学出版社2007年版，第32页。

第3章
中国证据制度的历史发展

学习目的与要求：

通过本章的学习，了解中国古代的证据制度；中国近现代的证据制度；中国当代的证据制度。掌握中国奴隶制时期、封建时期证据制度的基本特点；客观地认识和评价中国近现代、当代证据制度；理解中国证据制度发展、演变的成因，及其与西方证据制度的差异。

第一节　中国古代证据制度

一、奴隶制时期的证据制度

古代中国在公元前21世纪，随着生产力的发展、私有制的产生，逐渐解体。部落联盟首领禹之子启继位后建立了中国历史上第一个奴隶制国家——夏王朝，自此中国进入了奴隶制时期。由于奴隶社会是从原始社会脱胎而来的，因此，在奴隶社会初期，统治阶级处理财产纠纷和犯罪案件仍然是依靠习惯法，后来逐渐出现了奴隶主阶级的成文法，如我国周时期的《周礼》、《吕刑》等。在这些法律中，都有某些关于诉讼制度和证据制度的规定和记载，并从中可以概括出中国古代奴隶社会证据制度的几个基本特点：

1. 未能形成与西方奴隶制国家一样的神示证据制度，并且消失比较早。在国家和诉讼出现的早期，由于当时的生产力发展水平低下，科学文化落后，宗教迷信盛行，某些地方曾经实行过神判方法。例如，在古代传说中，有一独角神兽（廌），"古者决狱令触不直"。据史书记载，"皋陶治狱用神羊"（即独角兽，是一种传说中的动物，头上长有独角，能识别善恶）。皋陶，是舜帝时期的司法官。他在审理案件的时候，如果遇到疑难的案件，就会把被告人带到神羊的面前。如果神羊用独角顶他的话，说明他就是有罪的；如果神羊对他很友善，不用独角顶他，则说明他是无罪的。这也可以说是中国历史上带有神明裁判色彩的一种断案方法。另外，在有关周代法律制度的《周礼·秋官·司盟》中记载"有狱讼者，则使盟诅"（即对神宣誓）。这说明当时进行刑、民事诉讼，有要求当事人盟誓之类的制度和做法。这些只是根据中国古代的传说和记载，推测当时可能实行过某些神判的方法。但由于中国古代文明发达得较早，神判的方法适用较少，始终未形成像古罗马等其他奴隶制国家那样的神示证据制度，而且消失得也比较早，在周朝时就已基本上不实行了。因此它并不是中国古代奴隶制时期所盛行的一种证据制度。

2. 法官主要依据审判经验审查证据和认定案情，"以五声听狱讼"。据《尚书·吕刑》记载，"两造具备，师听五辞；五辞简孚，正于五刑"。即当时的司法机关"断狱息讼"时，都要求原、被告双方当事人到齐后进行陈述，由司法官以察听五辞的方法审查判断其陈述的真伪，并以其供词作为定罪判刑的主要根据。在《周礼·秋官·小司寇》中则有"以五声听狱讼，求民情"的记载。"五辞"也即"五听"，即：辞听、色听、气听、耳听、目听。"以五声听狱讼"就是要求司法官吏在审理案件时，要注意受审人讲话是否合理，声色是否从容，气息是否平和，精神是否恍惚，眼睛是否有神，并据此推断其陈述之真假和案件之是非。这种审案的方法，是统治阶级在长期的审判实践中积累的经验总结，尽管与神示证据制度相比，有一定的进步性，但由于其对案件事实的认定是根据受审人的表情确定的，因而有明显的主观臆断色彩。这种以"五听"断狱讼的主观唯心主义的审判方法直到封建社会仍然受到推崇。

3. 以人证为主要证明手段，并以刑讯的方式获得。在中国古代社会中，司法官吏审理刑、民事案件，就已比较注意和重视听取当事人的陈述和获取口供。因此，当时司法证明的主要手段是人证，包括当事人陈述和证人证言。而最主要的人证都是当事人的陈述，在刑事案件中，就是被告人的供述。由于审判中重视口供的作用，即认为当事人的陈述是最有力的证据，如果当事人不招认，就得实行刑讯。刑讯逼供在我国起源很早，据《礼记·月令》记载："仲春之月……命有司省囹圄，去桎梏，毋肆掠，止狱讼。"肆掠即为刑讯。仲春之月严禁刑讯，可见，在其他时节无疑是允许刑讯的。而且刑讯是获取被告人口供的法定手段，因此，法律对刑讯的条件、方法、用具和程度往往都有明确的规定。

4. 证据种类繁多，除人证外，还有多种证据可参照进行审判。中国古代的证据种类早在周朝时就已有多种形式，除当事人陈述、证人证言等人证外，还有物证、书证以及勘验检查笔录等。司法长官在处理案件时，常参照其他证据进行审判。如《周礼》记载："凡民讼，以地比正之；地讼，以图正之。""凡以财狱入讼者，正之以傅别约剂。""凡有责者，有判书以治……凡属责者，以其地傅而听其辞。"即民间发生诉讼，是非难辨，以地方了解案情的邻里作证解决；凡是为争土地疆界而涉讼，则以官府所藏地图为证解决；凡是以财货争讼的，应以契约合同与券书为证裁判；凡债务纠纷者，由借债时双方各自持有的借债券书为证；凡是因受委托向债务人讨取债发生争讼的，应由居住在附近的知情人来证明。另外，据《礼记·月令》记载："孟秋之月……命理瞻伤，察创，视折，审断。决狱讼，必端平。"即要求治狱之官应认真勘验检查伤皮、伤肉、骨折及截肢等情形大小以证犯罪之轻重。可见，奴隶制时期中国的司法官在处理案件时，不只是依靠人证，已注意到与案件有关的其他证据材料，这与单纯依靠神意裁决案件的神示证据制度相比，无疑也是我国古代司法制度进步性的表现。

5. 对于处断难明的疑罪，实行"疑罪惟轻"的原则。对于在诉讼中遇到定罪或不定罪都有一定理由的"疑罪"案件的处理，在夏朝时采取的是"与其杀不辜，宁失不经"的处理原则，即与其错杀无辜，不如对疑罪不予定罪处刑。在商朝时，对于疑罪，要求广泛听取意见，众疑则免于处罚。例如，《礼记·王制》记载，"疑狱，氾与众共之，众疑赦之"。到了周朝，据《尚书·吕刑》记载，周穆王时采取"墨辟疑赦，其罚百锾"，即犯了墨刑之罪而有可疑，难以断定是否有罪时，可以采取以铜赎罪的办法处理。这充分体现了西周时期"明德慎刑"的思想。然而，"疑罪惟轻"原则的基础毕竟是疑罪从有，因此，"疑罪惟轻"在实质上是有罪推定的表现。

总之，中国奴隶制时期的证据制度主要由司法官吏以"五听"之法结合其他审判实践经验审查证据、认定案情。相对于同一时期其他各国的证据制度是较为进步的，它虽然具有某些神示证据制度的因素，但并不能称为神示证据制度。

二、封建制时期的证据制度

公元前 475 年，中国社会由春秋进入战国，自此开始了漫长的封建社会。随着封建经济的发展，地主阶级的力量逐渐强大起来，经过一系列的改革措施，进一步完成了地主阶级的政治革命，奠定了封建制国家的基础，并逐步建立了封建社会的政治、经济和法律制度。在这一时期，中国的诉讼活动依旧是刑民不分，在诉讼制度上与大陆法系国家有许多相似之处，具有纠问式诉讼的特点，即被告人无任何诉讼权利，被告人的口供被视为"证据之王"，刑讯逼供和法官专断，具有鲜明的专制工具的特征。但在证据制度上，却与中世纪欧洲国家实行的法定证据制度有所不同。尽管在一定程度上也受到法定证据制度的影响，在法律中规定了个别形式主义的证据规则，如"断罪必取输服供词"；被告人不合拷讯时"据众证定罪"等，但这只是个别情形，在整个封建社会时期并未形成真正意义上的法定证据制度，法官并非按照法律规定的证据证明力规则机械适用证据，而是主要以"五听"方式辨别证据真伪，评判证据证明力。可以说，在中国两千多年的封建社会的证据制度中，占主要地位的是法官的个人决断。并且，封建制时期中国历代的法律都将讯囚和刑讯规定为主要内容。具体来讲，中国封建时期的证据制度主要有以下几个方面的特点：

1. 以有罪推定为基本原则，实行"疑罪惟轻"。在封建制时期，为了维护封建专制统治，司法活动的基本原则一直是有罪推定。在"疑罪"问题的处理上尽管有"从去"或"惟轻"、"从赎"的不同见解，但主要还是沿袭了奴隶制时期"罪疑从铜赎"的精神，即疑罪以有罪论，但处罚从轻。如《唐律》规定"诸疑罪各依所犯以赎论"，该条疏议为："疑罪，谓事有疑似，处断难明。各依所犯以赎论，谓依所疑之罪用赎法收赎。"就是说，对疑罪，不处其所控之罪的真刑，而改处该罪的赎刑。意即如一个人涉嫌犯罪，即使没有确实的证据证明，也要对其按所控罪行论处，只是对其处以该罪的赎刑以示从轻处罚。元朝的《大元通制》则规定："诸疑狱在禁五年之上不能明者，遇赦释免。""遇赦释免"较之"各依所犯以赎论"有所进步和发展，但"释免"的条件是监禁五年以上，且有皇帝招赦，这在司法实践中是难以实现的。到了明、清时期，为了进一步加强封建专制主义的统治，甚至从法律上取消了疑罪从轻处理的规定。由此可见，尽管在封建制的某些历史时期，法律中也有"疑罪惟轻"、"疑罪从赎"等规定，但这些规定的本质还是有罪推定。在这一原则下，被告人在面对犯罪指控时就必须证明自己无罪，否则，则将被判有罪。中国封建时期之所以将有罪推定作为其司法活动的基本原则，是因为这样既赋予了封建司法官吏不以事实为根据而主观擅断的权力，又给达官贵人提供了以钱赎罪的保障。但对于广大的贫苦百姓而言，若不能在诉讼中证明自己的清白，就只能被判有罪而含冤受罚。

2. 重视被告人口供，坚持"断罪必取输服供词"。中国封建社会的法律十分崇尚口供，把被告人的认罪口供视为最重要和最有力的定罪证据。一般情况下，必须取得被告人口供才能定罪处刑。由此，封建法律规定"断罪必取输服供词"，"罪从供定，犯供最关紧要"。之所以如此，《资治通鉴》的解释是"狱辞之于囚口者为款。款，诚也，言所吐者皆诚实也"。即狱囚在受审时供述的犯罪供词是真实可信的，是最好的证据，必须"罪从供定"。因此，除了少数案件法律规定可以"据众证定罪"，"据状科断"外，一般的案件都必须有囚犯的供词才能定罪判刑。于是，"断罪必取输服供词"便成为封建法律中的重要的一个审判原则，并遵从所谓的"无供不录案"的诉讼规则。当然，"断罪必取输服供词"只是一个原则，司法实践中无供定案的情况也有，如南宋岳飞父子酷刑之下也未招供，最后依旧以"莫须有"的罪名被杀害。

3. 刑讯是获取被告人口供的合法手段。正是由于封建法律的"无供不录案"，"无供不定罪"的规定，从而导致司法官吏为获取口供而想方设法，不择手段，刑讯逼供也就应运而生。从秦汉到明清的历代封建王朝，都将刑讯逼供明确规定在法律中，使刑讯成为合法的程序。如按《汉律》规定，对犯重罪的被告人，如果有充分的证据足以证明，而他不服狡辩的，即可拷打，但应把已予查证清楚和抵隐的情况在汇报材料中注明。南北朝时对刑讯的方法、用具及用刑限度等有了具体的规定，至唐朝刑讯制度已相当完备，不仅规定了刑讯的条件、方法、适用对象和用刑限度，还规定了拷讯违律者的责任。例如，妇女怀孕缓拷；证人也可拷打；若刑讯逼不出供词，告发者就有诬告之嫌，同样应对其刑讯等。而且，封建法律是诸法合体、民刑不分，因此，法律关于刑讯的规定，不仅适用于刑事被告人，还可以适用于控告人、证人以及民事当事人。除此之外，还有许多名目繁多、手段残酷的法外用刑，以致司法实践中依法刑讯和法外用刑相互交织，使嫌疑人在严刑拷打之下只得屈招乱供，从而造成了无数的冤假错案。尽管从唐朝开始，《唐律》明文禁止法外施刑，违法者应负刑事责任，但在历史文献中有关法外刑讯的记载很多，而因法外刑讯被追究刑事责任遭到惩罚的司法官吏却不多见，事实上法外刑讯屡见不鲜。可见，只要法律不消除刑讯逼供，禁止法外刑讯的规定只会是一纸空文。因此，为了获取口供而将刑讯制度化，并且刑讯与法外用刑长期并存，互相交织，成为我国封建时期证据制度的重要特征。

4. 诬告者反坐，伪证者罚。证人证言是中国封建时期司法官吏认定案情的主要根据，特别是"据众证定罪"的案件，证人证言就有着更为重大的意义。同时封建时期的法律对伪证、诬告行为严加禁止，并规定要予以处罚。早在《秦律》中就已有诬告罪的规定，实行"诬告反坐"制度。汉朝法律也实行诬告反坐，甚至把诬告作为一种严重的罪行进行追究。在《唐律》中也明确规定了证人伪证的责任，如《断狱律》规定："诸鞫狱者，皆须依所告状鞫之。若于本状之外别求他罪者，以故入人罪论。"即如果证人作证故意不言实情，以致造成罪有出入的，则应按被证人所出入之罪减等处刑。到了明、清时期，法律对诬告的处罚规定得更加严厉了，其法律明确规定，对诬告者按所诬告之罪加重处罚，以达到"省刑息讼"之目的。因此，在封建时期，法律要求控告他人犯罪的人必须指陈实事，不得称疑，禁止捏造事实进行陷害。然而，诬告、伪证作为封建社会不可避免的社会现象，在司法实践中仍然不断发生。

5. 采用以五声听狱讼、主观臆断的司法证明方法。奴隶制度时期"以五声听狱讼，求民情"的主观唯心主义的审判方法，在封建社会时期继续受到推崇，并得到法律的充分肯定。"以五声听狱讼"虽然在一定程度上反映了古代封建时期司法官吏注意到被讯问人的心理和表情，但是，仅凭察言观色来猜测、推断案件事实，实际上就是主观臆断。当然，《唐律》还规定，在审讯时除了必须根据情理审查供词的内容，还要参照其他根据进行比较和检验，即"诸应讯囚者，必先以情审查辞理，反复参验"，《疏议》又注解说，"依狱官令，察狱之官，先备五听，又验诸证言"。尽管封建时期的"断罪必取输服供词"和"据众证定罪"等规定带有一定的法定证明色彩，但是这只是个别性的规定，一般情况下，司法官员对证据的采信和案件事实的认定基本不受法律的限制，享有很大的自由裁量权，即他们可以根据案件的具体情况和个人的经验进行自由的判断。

6. 比较重视勘验及物证检验技术。古代中国的文明相对西方比较发达。在秦朝时，物证就已经得到了司法官员的重视，成为认定案件事实的重要证据。据《睡虎地秦墓竹简·封诊式·治狱》记载：甲、乙二人捕获丙、丁并将他们私铸的钱币与器物送交官府作为定罪的物证。而且，秦朝的官员还很重视案件的现场勘验，在"经死"、"贼死"、"穴盗"等案件的现场勘验记录中就有了关于绳索、衣物和痕迹等物证的详细描述，还有关于法医检验的纪录。汉唐以后，勘验及物证检验技术得到了很大发展，特别是在宋代，勘验制度的发展达到高峰时期。南宋孝宗发布的《检验格目》标志着勘验制度的规范化。而最具代表性的是宋慈的《洗冤集录》，它从法医学的角度，通过大量的鉴定实例，对许多容易混淆的伤亡现象和死亡现象的原因作出了比较科学的鉴定结论，如关于暴力死与非暴力死，自杀与他杀，生前伤与死后伤，真伤与假伤，中毒与急死等，并提出了许多关于如何检验、取证和审查判断证据方面的意见。《洗冤集录》作为中国古代出现的首部法医学专著，也是世界上最早的一部系统的法医学著作，它使中国古代的勘验制度在经验的基础上向理论化方向发展。不仅被后来的元、明、清各代所承传，且还刊版印刷流传到亚洲、欧洲等地。虽然其中的一些勘验手段在今天看起来存在许多错误与不足，但其仍不失为一部极有价值和影响力的专著。

总之，中国封建社会由于受当时生产力发展水平和文化科学技术不发达的局限，唯心主义世界观在统治阶级的认识能力中占主导地位。他们不懂得只有通过深入实际，调查研究，收集确实充分的证据，才能查清案情，而总是从本阶级利益出发，受唯心主义和形而上学世界观支配，视狱囚的口供为"证据之王"，视刑讯逼供为合法方法，从而导致了司法实践中的无数冤狱。因此，中国封建社会的证据制度，尽管在证据理论方面，积累、概括了一些司法实践经验，反映了某些诉讼规律，在今天看来仍然有一定的参考价值，但从总体上讲，它与欧洲封建社会的证据制度在阶级本质上是一致的，它的产生和存在是封建地主阶级实行统治的需要，是维护封建专制统治的工具，并且还是一种十分野蛮、残酷的证据制度。

第二节 中国近现代证据制度

一、半殖民地半封建时期

自 1840 年鸦片战争之后，中国沦为半殖民地半封建社会。从清朝末年开始，西方国家的政治思潮和法律制度开始大量进入，使中国的政治、经济结构发生了重大变化，封建社会相应的稳定状态受到了破坏，在法律领域也产生了深刻的影响。为了变法图存，晚清政府开展了大规模的修律运动，1906 年由沈家本组织编撰了我国历史上第一部诉讼法草案《大清刑事民事诉讼法草案》，又于 1910 年编撰了《大清刑事诉讼律草案》和《大清民事诉讼律草案》，从而第一次实现了实体法和程序法之间以及刑事诉讼与民事诉讼之间的区分。随着清末刑事、民事诉讼律的独立成篇，中国的证据制度逐步完备起来。尤其是在刑事诉讼律中注重被告人诉讼权利的保障，它明确规定禁止刑讯逼供，若有违反，追究其责任，并规定诉讼中负责起诉的检察官对指控被告的犯罪事实承担主要的举证责任，被告人及其辩护人无需举证证明其无罪，并强调证据的证明力由法官自由判断。在民事诉讼律中规定，当事人应力证有利于自己之事实上的主张。尽管这三部诉讼法均未正式颁行，但从制度建设的意义而言，其所包含的证据制度的内容却是中国证据制度近代化之开端。

二、辛亥革命时期

1911 年 10 月，孙中山领导的资产阶级民主主义革命推翻了清王朝，结束了中国延续两千多年的封建君主专制制度，宣告中华民国成立。辛亥革命后，南京临时政府即开始进行法律制度的改革，于 1912 年 3 月 2 日颁布《大总统令内务、司法两部通饬所属禁止刑讯文》，明确规定："不论行政司法官署，及何种案件，一概不准刑讯。鞫狱当视证据之充实与否，不当偏重口供。"并命令各级官府将"从前不法刑具，悉令焚毁"。从而首次在法律上否定了刑讯制度，实现了中国证据制度史上的重大进步。

三、北洋政府时期

辛亥革命并没有改变中国半殖民地半封建社会的性质。随后的北洋政府时期，是外国资本主义、帝国主义对中国的侵略不断加剧的时期，这就决定了这一时期的基本特征即为过渡与转型。因此，在法律制度方面，北洋政府既援用了清末改革时制定但尚未颁行的法律，也颁布了新的章程和条例。其中涉及到证据制度方面的有：1914 年公布施行的《县知事审理诉讼暂行章程》第 27 条规定，县知事办理刑、民事案件的"审判方法，由县知事或承审员相机为之，但不得非法凌辱"。1922 年颁行的《刑事诉讼条例》第 305、306 条规定，"犯罪事实，应依证据认定之"，而"证据，由法院判断之"。这表明，受资产阶级法律观点的影响，此后的中国在形式上吸收了资本主义法律制度的先进之处，已开始实行自由心证制度。

总之，中国近代的证据制度处于转型时期，它一方面受西方国家法律文化的影响，在证据制度的立法中移植了资本主义国家的一些法律概念、原则和观念，从形式上割断了与传统证据制度一脉相承的联系；但同时由于当时的社会制度现实，法律规定没有得到真正的贯彻落实，封建、野蛮的审讯、取证方式依旧是当时证据制度的主要内容，而这也恰恰构成了中国近代证据制度的一个重要特征，即近代中国的证据制度在立法层面上不断向西方国家靠拢，但立法上的证据制度与司法实践中的证据制度相去甚远。

四、国民党政府时期

与国民党反动政权的本质相适应，国民党的法律也是地主、买办、官僚资产阶级意志的集中体现，是维护半殖民地半封建的经济制度和政治统治的重要工具。国民党政府在制定、颁布和施行刑事、民事诉讼法时，极力仿效德、日等资本主义国家的诉讼法典，于 1928 年制定公布了《刑事诉讼法》，并在 1935年和 1945 年两次修正公布施行；1930 年颁布了《民事诉讼法》，同样于 1935年和 1945 年两次修正公布施行。由于西方诉讼法律文化的继续冲击和渗透，在国民党政府时期中国近现代诉讼法律体系在形式上完备起来，并最终全面确立了资产阶级的证据制度。从其法律条文来看，关于证据制度的主要原则有：

1. 无罪推定。《刑事诉讼法》第 154 条规定，犯罪事实应以证据认定之，无证据不得推定其犯罪事实。第 301 条规定，不能证明被告犯罪或其行为不法者，应谕知无罪之判决。

2. 自由心证。《刑事诉讼法》第 268 条规定，犯罪事实，应依证据认定之，证据之证明力，由法院自由判断之。《民事诉讼法》第 222 条也规定，法院为判决时，应斟酌辩论意旨及调查证据之结果，依自由心证，判断事实之真伪。

3. 言词辩论。《刑事诉讼法》第 221 条规定，判决，除有特别规定外，应经当事人之言词辩论为主。并要求法院给予当事人、代理人或辅助人，以辩论证据证明力之适当机会。《民事诉讼法》第221条规定，判决，除别有特别规定外，应本于当事人之言词辩论为主，推事非参与判决基础之辩论者，不得参与判决。

4. 禁止刑讯逼供。《刑事诉讼法》第98、270条规定，讯问被告，应出以恳切之态度，不得用强暴、胁迫、利诱、诈骗及其他不正之方法。被告之自白，非出于强暴、胁迫、利诱、诈欺及其他不正当之方法且与事实相符者，得为证据。被告经自白，仍应调查其他必要之证据，以察其是否与事实相符。

5. 举证责任。《刑事诉讼法》第161条规定，检察官就被告犯罪事实，有举证责任。法院因发现真实之必要，应以职权调查证据。《民事诉讼法》第277条规定，当事人主张有利于己之事实者，就其事实有举证之责任。

尽管国民党时期已有了一些较为进步的证据规定及原则，但其立法上的证据制度和司法实践中的证据制度相差甚远，诸多的法律规定很少付诸实践，诸如无罪推定和禁止刑讯逼供等规定都不过是一纸空文。尤其是国民党政府针对广大人民和共产党人提出"宁可错杀一千，不可错放一个"的口号，采用绑架、殴打、暗杀等各种血腥手段实行法外制裁，在审讯中则残酷刑讯，无所不用其极，充分暴露出国民党统治及其法律制度的虚伪性和恐怖性。因此国民党时期的证据制度只是表面采用了资本主义民主法制的形式，实质上实行的却是历史上最野蛮的一些做法。可以说，国民党政府时期的证据制度是形式上的自由心证与实质上的口供主义、刑讯逼供相结合的混合体和大杂烩。

五、新民主主义时期

第一次国内革命战争失败后，中国人民在中国共产党的领导下相继在全国十几个省份建立了革命根据地和工农民主政权。为了巩固根据地，保障人民群众的利益，各地各级政府着手创立新的人民司法制度，制定了一系列法规。关于诉讼方面的法规主要有：1931年12月13日中央执行委员会非常会议通过的《中华苏维埃共和国中央执行委员会训令（第六号）——处理反革命案件和建立司法机关的暂行程序》，1932年制定的《中华苏维埃共和国裁判部暂行组织及裁判条例》，还有1934年制定的《中华苏维埃共和国司法程序》。这些诉讼法规中虽然关于证据制度的规范还尚欠系统和完整，但是人民政权证据制度的基本原则得以初步确立。其中，《中华苏维埃共和国中央执行委员会训令》明确规定，在审讯方法上，为彻底肃清反革命组织及正确地判决反革命案件，必须坚决废除肉刑，而采用收集确实证据及各种有效方法。并且，该训令在严禁肉刑的同时，还规定不得仅凭口供捉人，要求"收集确实证据"、"充分的证据"等。应当说，在中国工农民主政权时期，尽管有关证据的法律规范不系统、不完整，但是它所确立的证据制度的基本原则，为中国当代证据制度的形成和发展奠定了重要的基础。

抗日战争时期，新民主主义法制进一步发展，证据制度也相对更为系统和完善，并形成了一些重要的原则和规定，主要有：

1. 重调查研究，实事求是。当时还十分强调调查研究、实事求是的工作作风，将"调查研究，分清是非轻重"作为审判的方针之一。因此，《晋冀鲁豫边区太岳区暂行司法制度》与《苏中区处理诉讼案件暂行办法》都设专章规定了调查研究的方法和程序。另外，马锡五创造了携卷下乡，深入群众，了解案情，就地审判的审理方式，并得到广泛推广。这种方式解决了大量积压多时的疑难案件，减少了讼争，促进了团结，保证了抗战，为新民主主义司法制度增添了宝贵的内容，为新中国证据制度的创立提供了宝贵的经验。

2. 严禁刑讯逼供，重证据不轻信口供。这一原则在当时的诸多法规中都有体现，对司法实践有极其重要的指导意义。例如：1940 年 8 月 13 日公布的《晋察冀边区目前施政纲领》第 17 条规定："对汉奸审判须依确实证据。"1941 年 5 月 1 日公布的《陕甘宁边区施政纲领》规定，改进司法制度，坚决废止肉刑，重证据不重口供。1942 年 2 月公布的《陕甘宁边区保障人权财权条例》规定，逮捕人犯不准施以侮辱、殴打及刑讯逼供、强迫自首，审判采取证据主义，不重口供。这些规定都要求司法机关办理案件必须彻底废除刑讯逼供，认定案情、处理案件必须依靠确实、充分的证据，而不能轻信被告人的口供。"重证据而不轻信口供"原则的提出，在司法实践中具有十分重要的意义，至今，它仍然是我们在诉讼中所必须遵循的一项运用证据的基本原则。

3. 明确规定当事人等提供证据的责任以及收集、审查、判断各种证据的程序。《苏中区处理诉讼案件暂行办法》规定，原被告主张有利于己之事实，就其事实，有举证之责任。同时规定，证人"有到场作证，忠实陈述之义务"。

解放战争时期，基本沿用了抗日战争时期的一些法律规定，并有所发展，并颁布了一系列的法律和文件，进一步丰富和充实了中国证据制度的内容。强调定罪的证据必须确实、充分，否则被告应予释放或宣告无罪。例如：在 1948 年 11 月 30 日华北人民政府及苏北行政公署《关于县市公安机关处理刑事案件权责的规定》中指出，刑事案件"侦查的责任，在于公安机关"，侦查的主要任务是：收集罪犯的犯罪事实及证据，拟以起诉，案件经公安机关向司法机关起诉后，司法机关即有权责审判该案，对于被告的犯罪事实和证据，加以审理研究，并规定，若被告仅有嫌疑没有积极的证据可以证明被告确系犯罪时，即不能论罪科刑。关于如何解决民事纠纷，在《东北行政委员会关于建设司法工作的几项具体指示》中强调，解决民事纠纷应本着实事求是之精神。这些规定，再次强调了办案依靠证据，实事求是，调查研究的审判工作作风。而且，1949年1月13日华北人民政府在《为清理已决及未决案犯的训令》中还具体规定了由于证据失实、不充分等原因造成判决缺乏客观依据而应予改判的各种情况。

总之，在新民主主义革命时期，我国的证据制度尽管还存在许多不健全、不完善之处，但人民民主政权的证据制度已具雏形，并且其证据制度和实践为中华人民共和国证据制度的创建与发展奠定了坚实的基础。

第三节　新中国证据制度

一、新中国证据制度的发展

新中国的证据制度，是从中华人民共和国成立前开始到现在，主要是在"文革"结束之后，随着中国社会全面的改革开放，新中国的证据制度有了进一步的发展和完善。应当说，新中国的证据制度伴随着新中国的历史发展进程也经历了一个艰难曲折的发展过程。概括地讲，中国当代证据制度的发展过程可以分为以下几个阶段：

（一）1949 年～1966 年的创建及发展期

1949 年 2 月中共中央颁布《关于废除国民党六法全书与确定解放区的司法原则的指示》，并明确提出，司法人员必须从思想上划清新旧法律观点和司法作风的原则界限。由此宣告彻底废除旧法统，为新中国证据制度的建立和发展指明了方向。中华人民共和国成立以后，中央人民政府在废除国民党旧法统和总结革命根据地司法工作经验的基础上，建立了新的证据法律制度。1950 年 7 月14 日，为了保障革命秩序和土地改革政策法令的实施，政务院通过的《人民法庭组织通则》规定，法庭受理案件后，应认真地调查证据，研究案情，严禁刑讯。1952 年，开展了司法改革运动，批判了旧法观点和坐堂问案、不依靠群众、不调查研究、不从实际出发的旧的审判作风，进一步清算了旧法残余。1954 年《宪法》以及《人民法院组织法》、《人民检察院组织法》的颁布实施，标志着我国社会主义法制进入了一个新的发展阶段，也表明我国证据制度在新的社会形势下正逐步发展和健全。1956 年最高人民法院根据宪法和两院组织法的规定并结合司法实践经验所作的《各级人民法院刑、民事案件审判程序总结》，系统地总结了法庭审理调查证据的原则、方法和程序，这对于健全我国当代的证据制度、树立实事求是的审判作风发挥了重要作用。然而，在 1958 年以后，我国司法制度受"左"倾思潮的影响和干扰，证据制度的发展偏离了健康发展轨道。已确立的重调查研究，实事求是，重证据不轻信口供等证据原则受到了冲击，一些司法人员也滋生出主观臆断、先入为主的习气。同时，不调查研究，轻视证据，轻信口供，非法逼供的主观主义思想方法和工作作风又有所抬头。党和国家及时发现了这种错误，并很快加以纠正，从而保证了中国的司法工作乃至证据制度能够沿着正确的方向发展。

（二）1966 年~1976 年的停滞、瘫痪期

"文化大革命"十年，是我国的社会主义民主和法制遭到破坏的十年。在这十年浩劫中，林彪、江青反革命集团利用他们手中的权力，为了达到篡党夺权的目的，砸烂了公、检、法，对广大干部和人民群众实行封建法西斯手段。他们公然提出办案要着眼于先定性质，再找材料，从而在全国范围内出现了大批的冤假错案。这种随意诬陷、罗织罪名、伪造证据、私设公堂、滥施刑讯的封建证据制度中的沉渣纷纷泛起，使中国社会主义的证据制度惨遭践踏。因此，自 1966 年文化大革命开始，中国的社会主义民主法制遭到了肆意践踏，证据制度也受到了全面重创，遭受了重大损害，处于停滞甚至瘫痪、倒退的状态。

（三）从 1976 年至今的发展、完善期

粉碎"四人帮"以后，我国的社会主义民主和法制建设进入了全面复苏和发展的阶段。尤其是党的十一届三中全会以后，我国的法律制度以及证据制度逐步恢复、发展和完善，进入了一个新的发展时期。

1979 年 7 月 1 日第五届全国人民代表大会第二次会议通过了《中华人民共和国刑事诉讼法》，修改了《中华人民共和国人民法院组织法》、《中华人民共和国人民检察院组织法》。1982 年至 1991 年期间先后通过了《中华人民共和国民事诉讼法（试行）》、《中华人民共和国行政诉讼法》及《中华人民共和国民事诉讼法》。1996 年 3 月第八届全国人民代表大会第四次会议又修改通过了《中华人民共和国刑事诉讼法》。这些法律、法令中有关证据的规定，是根据公安司法机关长期积累的运用证据的丰富经验，并结合新时期的具体情况制定的。尽管由于历史的传统和法律文化的原因，我国没有统一的证据法典，但是《刑事诉讼法》、《民事诉讼法》和《行政诉讼法》中都有证据制度的专章规定，并集中体现了我国当代证据制度的根本性质和特点。

随着诉讼理论与实践的日趋成熟，人们越来越深刻地认识到证据的重要性，但我国目前还没有统一的证据法典或单行的证据规则，证据制度的有关内容主要散见于三大诉讼法中，这在一定程度上造成了司法实践运用证据规则的混乱。因此，最高人民法院于 2001 年 12 月 21 日作出了《关于民事诉讼证据的若干规定》并于 2002 年 7 月 24 日颁布《关于行政诉讼证据若干问题的规定》（分别于 2002 年 4 月 1 日、10 月 1 日施行）。这些有关证据的司法解释，是最高人民法院在总结了各级各地人民法院施行的证据规则的经验基础上，以弥补现行的《民

事诉讼法》、《行政诉讼法》有关证据制度的缺陷而作出的。这些司法解释强调了司法公正与效率的主题，确立了举证时限、庭前交换证据、自认等规则，而且实际上赋予了法官对证据的证明力进行自由判断的权力，并且加以说明理由的制约。应当说，上述关于证据的司法解释的制定，形成了与市场经济相符合的证据制度的新体系，是对证据制度的一个集大成式的解释，也反映了日益复杂的审判实践对完善证据规则的迫切需要。它们的实施，标志着我国证据制度发展到了一个新的历史阶段。相信在证据理论界和司法实务界的共同探讨和推动下，我国证据制度将会得到进一步健全和完善。

二、新中国证据制度的命名与模式选择

（一）新中国证据制度的命名

关于我国的证据制度应当如何命名，法学界曾展开过广泛的讨论，提出了各种不同的见解。其中有代表性的主张有以下几种：

1. 实事求是的证据制度。这是法学界多数学者的主张。他们认为，审查判断证据的原则是"实事求是"，"以事实为根据，以法律为准绳"，认定案件必须达到的要求是：案件事实清楚，证据确实充分。因此，以"实事求是"来命名，不仅简练、明确、通俗易懂，而且能够反映出我国证据制度的根本特点。

2. 据实确信的证据制度。这种观点认为，我国诉讼中法官审查判断证据的任务是为了发现客观事实，因为法律要求认定案件事实必须做到证据确实充分，作出判决"必须忠实于事实真相"，即要求法官判断证据认定事实要达到主客观的完全统一，不允许有任何的疏忽与差错，只要是法官确认的事实，在任何环节上都必须持之有据，并且达到确信无疑的程度。因此，将我国法官判断证据认定事实的准则名之为"据实确信"应是比较确切的。

3. 法定确信的证据制度。这种观点认为，法定确信是对证据的概念、种类、证明力、证据的收集判断和应用，用法律加以原则规定，并将证据的审查判断权、综合运用权赋予司法工作人员，使其依法取舍证据，据以形成内心确信，从而客观、全面、科学地认定案件事实。因此我国的证据制度应当定名为"法定确信"的证据制度。

4. 以证求实的证据制度。这种观点认为，从我国的法律规定中可以看出我国证据制度的明显特征和基本内容是：重证据，并突出证据必须经过查证属实；重调查研究，并强调必须依照法定程序全面客观收集和调查证据；不轻信口供，并严禁刑讯逼供；必须忠于案件事实真相。据此认为我国证据制度应定名为"以证求实"。

5. 查证属实的证据制度。这种观点认为，证据必须经过查证属实，才能作

为定案的根据。因此，我国的证据制度应为"查证属实"的证据制度。

除此之外，还有综合证据制度、循法求实证据制度等主张。至于我国证据制度的名称应当如何界定才更加科学、准确，才能更全面地反映我国证据制度的特点，还有待于法学界做进一步的研究和探讨。[1]

（二）新中国证据制度的模式选择

纵观当今世界各国的证据法的立法模式，主要有两大类：英美法系立法例和大陆法系立法例。在英美法系，证据法的立法模式是制定独立的证据法典，与诉讼法典相分立。其中又有两种情况：一种是以《美国联邦证据规则》为代表的大统一的证据法典，不分民事与刑事，一律以证据法（规则）称之，但各州又有相关的州证据法；另一种是以英国为代表的分别证据法，即分别制定刑事证据法和民事证据法。如英国于 1968 年制定的《民事证据法》，1984 年制定的《警察与刑事证据法》。而在大陆法系国家（地区），如德国、日本、法国和我国的台湾地区，把证据法规定在相关的程序法中，证据法和诉讼法合一，也有的是散见于一些实体法之中，没有独立的证据法典。

关于我国的证据立法究竟应当采用何种模式，法学界存在多种不同的意见，概括起来，主要有以下几种观点：

1. 应当制定统一的证据法。其主要理由有：

（1）诉讼法和证据法的区别之一是诉讼具有不可回转性，而证据却不具有这一特性，可以随时进行证据的调查与收集。所以，证据法如刑事证据法的内容，只调整检察院或当事人向法院递交诉状时起的证据活动，没有必要担心诉讼法的内容会被证据法掏空。

（2）如果各证据法单独立法，不便处理三大证据法中的共同性问题，如证据方法、证据调查法则、证据评价法则等共同内容；而且，单独制定各自独立的诉讼证据法，不利于法律体系的完整统一和司法操作，如刑事附带民事案件，要用刑事证据法和民事证据法两套规则来处理，对当事人和法官而言都是麻烦的事，这样根本不利于法制的统一和司法的操作。

（3）从国外的立法体例来看，在有证据法的国家，以美国的影响最大，它就是一部统一的《美国联邦证据规则》，印度、以色列等都是统一的立法，而英国之所以有单独的刑事证据法和民事证据法，这是因为立法时学者之争，立法无法统一各自的观点，最后妥协的结果，今天他们也在检讨这一失误。

（4）制定统一的证据法典具有前瞻性。即使现在不统一，将来也肯定会统一的，如果等到将来再统一，我们必然要为这一错误的决定付出昂贵的纠错成

---

[1]　参见卞建林主编：《证据法学》，中国政法大学出版社 2007 年版，第 46 页。

本。所以，从长远看，应当一步到位，制定统一的证据法。目前，由中国诉讼法学会名誉会长、中国人民大学法学院江伟教授主持的《中国证据法草案（建议稿）及立法理由书》已经于 2004 年由中国人民大学出版社出版。

2. 修改诉讼法，完善证据法的内容。主要理由有：

（1）大陆法系国家都没有单独的证据立法，而是在诉讼法中规定单独的证据编，只有英美法系国家中才有单独的证据法。由于英美法系国家都是判例法，而且有陪审团的参与，所以有制定单独证据法的必要。而我国属于大陆法系，有成文法的传统，所以不应效仿英美法系制定单独的证据法。

（2）虽然三大证据法都是证据问题，而且有一定的共性，但是三大诉讼的性质不同，解决的实体问题不同，难以融和，比如书证和物证的收集、检验、鉴定等内容在不同的诉讼中都是不同的。另外，民事证据法与刑事证据法虽有共性，但各自的个性大于共性。例如，刑事证据规则一般不采用推定规则，但在民事证据中则常常可以采用一种推定的方式，也就是从一定的事实状态中推知某种法律事实或确认某种权利、意思表示的存在。

（3）如果把诉讼法中的证据内容单独制定证据法，势必会把诉讼法掏空，导致诉讼法无法存在的恶果。诉讼证据是诉讼制度、诉讼规则的问题，诉讼证据离开了诉讼制度就不成其为证据，诉讼证据的收集、运用都是由诉讼法加以规定的。如果将证据部分从诉讼法中剥离出来，证据法将成为"第二诉讼法"，诉讼法将成为没有证据的诉讼法。然而证据问题不是仅仅靠证据法就能够解决的，它也离不开诉讼法的基本规定。所以，不应当制定统一的证据法，也不应当将证据法从诉讼法中剥离出来。

3. 应制定单独的民事证据法、刑事证据法、行政证据法。主要理由有：

（1）诉讼法和证据法具有不可兼容的性质，不应当制定统一的证据法，应分别制定刑事证据法、民事证据法和行政证据法。他们认为，虽然三大证据法都是证据问题，而且有一定的共性，但是三大诉讼的性质不同，解决的实体问题不同，难以融和，比如书证和物证的收集、检验、鉴定等内容在不同的诉讼中都是不同的，所以，不应当制定统一的证据法，应分别制定刑事证据法、民事证据法和行政证据法。

（2）从立法技术上看，制定统一的证据法典也有它的困难之处。因为民事诉讼证据和行政诉讼证据比较接近，相关的原则、制度和程序可以融合，但是民事证据和刑事证据则差异较大，刑事证据中的一些基本原则比如无罪推定原则，沉默权制度，公检法三机关互相配合、互相制约的原则等许多方面都很难在近期内有所突破，这就决定了刑事证据和民事证据的个性要大于共性，它们的共性也仅仅表现为证据的概念、种类等很少的方面，至于举证责任的承担、职权调查，当事人收集证据的权利、证据交换、证据时效以及举证、质证、认证和证明的标准都有所不同。制定刑事证据法所面临的障碍要比民事证据法多，因此很可能民事证据法要首先出台。

（3）条件尚不成熟，待条件成熟时再制定统一的证据法。他们认为，就目前的情况而言，制定统一的证据法是非常困难的，甚至可以说是不可能的，这里面有多方面的障碍。如果等到制定统一证据法的机会成熟时再制定证据法，那么势必妨碍民事审判的完善和发展。因此，目前，应当以单独制定民事证据法为妥，施行一段时间后，再制定统一的证据法。这一方面是考虑到我国目前证据法总体研究水平不够理想与均衡，特别是刑事证据法研究尚不够发达，甚至还有一些"盲点"或"禁区"，如刑事证据中的传闻证据之警讯笔录问题、非法搜查扣押所得证据的排除问题、非法监听证据排除问题、非任意性供述证据的排除问题等，都涉及到宪法的修改与完善，制定一部统一的证据法难度很大。另一方面，目前严重的治安问题使人们在保障人权与打击犯罪间很难作出一个理性的、超然的抉择，在这种情况下，很难做到"刑民（证据法）合一"。而民事证据法更多地以私人间纠纷的公正与效率的解决为关注点，更能体现民法所倡导的平等原则，加之公民对法院平等解决纠纷有强烈的需求，制定一个具有时代感的、超前的、大胆引进国外先进立法经验的、更能反映民事诉讼规律的民事证据法，既有现实需求，又有广泛的群众基础，制定后更容易全面贯彻执行。

综上，我国证据法的立法模式仍然是我国学界要加强研究的重要课题。从目前的情况来看，制定统一的证据法典是不现实的，恐怕也是不可能的。或许在以修改三大诉讼法，补充、完善有关证据法内容的方式进行证据立法和制定单独的刑事证据法、民事证据法之间会有所选择。如果选择了后者，制定刑事证据法所面临的障碍要比民事证据法多很多，因此很可能是以民事证据法首先出台为一种选择，其实，最高人民法院的司法解释就是采用的这种方式。

三、新中国证据制度的特点

根据刑事、民事、行政诉讼法的规定，我国证据制度的基本任务是保证准确、及时地惩罚犯罪，正确处理民事纠纷和行政争议，保护无辜的人不受法律追究，保护公民的人身、财产、民主权利，维护社会秩序，保障社会主义建设事业的顺利进行。因此，从总体上讲，我国现行的证据制度坚持以追求客观真实作为立法的指导思想；在实践中的证明模式上，我国现行的证据法律制度基本上属于自由证明的范畴，司法人员在运用证据认定案件事实时享有很大的自由裁量权。具体而言，新中国证据制度的特点主要表现在以下几个方面：

1. 以查明案件的事实真相为国家专门机关运用证据的主要目的。由于我国证据制度的理论基础之一是辩证唯物主义认识论，因而就要求国家专门机关在处理刑事、民事以及行政案件时必须以事实为依据，公安司法人员所认定的案件事实必须准确反映案件的客观情况。因此，根据我国三大诉讼法的有关规定，司法人员办理案件都必须以事实为根据，实事求是，主观认识要符合客观实际。尽管现行的三大诉讼法关于证据的条文并不多，但综观这些条文，无不能得出这样的结论：强调公安司法机关运用证据的目的就是要追求案件的实质真实。例如，明文规定"证明案件真实情况的一切事实，都是证据"，证据"必须经过查证属实，才能作为定案的根据"等。这些法律规定与历史上强调"神示真实"、"法定真实"、"内心确信真实"的证据制度比较起来显然是不同的。应当肯定的是，客观真实相对于主观真实无疑是一种科学进步，但主观与客观绝对一致的"真实"只是一种理想化的追求，在司法实践中是难以实现的。

2. 国家专门机关有权收集证据，并应当重证据、不轻信口供，严禁以非法的方式收集证据。在刑事诉讼中，公安机关、人民检察院、人民法院有责任收集证据以查明案情。根据《刑事诉讼法》第43条规定："审判人员、检察人员、侦查人员必须依照法定程序，收集能够证实犯罪嫌疑人、被告人有罪或者无罪、犯罪情节轻重的各种证据。严禁刑讯逼供和以威胁、引诱、欺骗以及其他非法的方法收集证据。"《刑事诉讼法》第46条规定："对一切案件的判处都要重证据，重调查研究，不轻信口供。只有被告人供述，没有其他证据的，不能认定被告人有罪和处以刑罚；没有被告人供述，证据充分确实的，可以认定被告人有罪和处以刑罚。"《民事诉讼法》第64条第2款规定："当事人及其诉讼代理人因客观原因不能自行收集的证据，或者人民法院认为审理案件需要的证据，人民法院应当调查收集。"《行政诉讼法》第34条第2款规定："人民法院有权向有行政机关以及其他组织、公民调取证据。"可见，收集证据是法律赋予专门机关的职权。因此，司法人员在办案过程中应全面、客观地收集证据，特别是注重对被告人口供以外其他证据的收集，对犯罪嫌疑人、被告人口供应当慎重，禁止以刑讯逼供、威胁、欺骗、引诱等非法方法收集证据。另外，最高人民法院在《关于民事诉讼证据的若干规定》及《关于行政诉讼证据若干问题的规定》中都规定，以侵害他人合法权益或者违反法律禁止性规定的方法取得的证据，不能作为认定案件事实的依据。最高人民法院《关于执行〈中华人民共和国刑事诉讼法〉若干问题的解释》中也规定，以刑讯逼供等非法方法取得的证人证言、被告人供述、被害人陈述，不能作为定案的根据。

3. 贯彻无罪推定精神，确立"疑罪从无"的人权保障理念。我国现行的《刑事诉讼法》第12条明确规定"未经人民法院依法判决，对任何人都不得确定有罪"。这是在吸收了国际上通行的无罪推定原则的合理内核之后，结合我国的具体情况而制定的一项刑事诉讼原则。根据无罪推定原则的内在要求，在刑事证明过程中，应当由控诉方负举证责任；在审查起诉阶段，如果没有足够的证据证明犯罪嫌疑人的罪行，检察机关认为证据不足，不符合起诉条件的，就应当作不起诉的处理；而在审判阶段，对于证据不足、不能认定被告人有罪的，人民法院应当作出证据不足、指控罪名不能成立的无罪判决。由此，在我国的刑事诉讼中，对于"疑罪"应按无罪处理，以保障犯罪嫌疑人、被告人的基本权益。

4. 司法证明的标准是"案件事实清楚，证据确实、充分"。我国《刑事诉讼法》第129、137、141、162条对证明标准进行了明确的规定，即"犯罪事实清楚，证据确实、充分"。即侦查机关对侦查终结移送人民检察院审查起诉，人民检察院对犯罪嫌疑人提起公诉，人民法院对被告人作出有罪判决，都必须做到"犯罪事实清楚，证据确实、充分"。尽管在《民事诉讼法》中没有对证明标准进作出明确的规定，但是从《民事诉讼法》第63、64、153条的规定中可以看出，我国民事诉讼中适用的证明标准是"事实清楚、证据充足"。虽然在民事诉讼中，证明标准在实际贯彻时略低于刑事标准，但基本上还是"客观真实"证明标准的表述。在我国的《行政诉讼法》中，同样没有明确规定证明标准问题，但从《行政诉讼法》第4、54、61条等的规定可以看出，我国行政诉讼证明标准的法律表述是"案件事实清楚，证据确凿"，这与刑事诉讼中的"案件事实清楚，证据确实、充分"应当是相当近似的。在这里需要说明的是，随着最高人民法院《关于民事诉讼证据的若干规定》以及《关于行政诉讼证据若干问题的规定》等相关司法解释的出台，在司法实践中，有关民事诉讼、行政诉讼的证明标准已经与刑事诉讼法的规定有了明显的不同，也有了明显的可操作性。[1]

本章思考题

1. 简述中国古代奴隶制社会证据制度的基本特点。
2. 如何认识中国封建时期证据制度的基本特征？
3. 简述中国近现代时期证据制度的发展概况。
4. 简述中国当代证据制度的发展过程。
5. 如何理解中国当代证据制度的命名及立法模式问题？
6. 简述中国当代证据制度的特点。

---

〔1〕 参见卞建林主编：《证据法学》，中国政法大学出版社2007年版，第48页。

第4章
证据法学的基本理论

第四章

学习目的与要求：

　　通过本章的学习，领会作为证据法学理论基础的辩证唯物主义认识论和程序正义理论；理解并掌握证据法学基本原则的概念和具体内容，对证据裁判原则、自由心证原则、直接言词原则有一个较为全面的认识。

第一节　证据法学的理论基础

　　证据法学的理论基础，是进行证据立法和证据运用的司法实践以及证据法学研究的最基本的理论指导和原理依据，在证据法学体系中占有十分重要的地位。证据法学的理论基础，是一国证据法学体系的基点和核心问题。对于证据法学理论基础的研究，在一定意义上决定着我国证据法学体系的建立和证据法治建设发展的方向。我国证据立法的粗疏和证据法实践中产生的诸多问题，最终都与证据法理论基础研究的薄弱有着直接的关系。因此，加强证据法学理论基础的研究，不仅是证据立法、证据司法实践的迫切需求，也是我国证据法学研究逐渐走向成熟的表现。

　　关于我国证据法学的理论基础，近年来学界展开了热烈的讨论，出现了百家争鸣的景象，也形成了多种不同的观点。其中，比较有代表性的观点认为，证据法学的理论基础是二元的，包括辩证唯物主义认识论和程序正义理论。我们赞同这种观点。因为，现代意义上的证据法学与传统证据理论上的证据法学已有了明显的发展和变化，它已不再是仅仅研究运用证据、查明案件事实客观真相的认识活动，而是不仅要研究运用证据查明案件事实或争议事实真相的方法和规律，还要研究借以发现事实真相的手段、途径和方法是否符合法律的规定和程序正义的要求。也就是说，在诉讼证明过程中，案件事实的认定已不是绝对重要或者唯一重要的问题，出于各种因素的考虑，有时候诉讼的合法性或正当性问题可能会显得更加重要。因此，诉讼中的证明活动不仅要符合人类认识客观的一般规律，而且还要强调用于发现事实真相的手段和方法的合法性、正当性、合理性、公平性。由此可见，指导我国证据法学的理论基础应当是辩证唯物主义认识论的原理和程序正义的理论。

一、辩证唯物主义认识论

从本质上讲，诉讼活动是一种认识活动，而且是一种特殊的认识活动，其首要任务在于查明案件事实，所以要受认识规律即认识论的制约，办案人员应当按照辩证唯物主义认识论这一普遍规律，查明案件事实，保证主观符合客观，达到客观真实的程度。诉讼中的认识活动是判决的基础，并构成了诉讼活动的主要内容，其中，在审判阶段进行的证明活动就是通过举证、质证、辩论等达到说服裁判者使之形成特定认识的活动。毕竟，发现案件事实是诉讼证明乃至诉讼活动存在的基础，也是实现诉讼目的以及其他目的的重要前提。因此，我们必须明确辩证唯物主义认识论对诉讼证明活动的指导意义以及作为证据法学的理论基础的重要性。

辩证唯物主义认识论主要由以下几个基本要素构成：一是物质论，即认为物质（或存在）是第一性的，意识（或思维）是第二性的，物质（或存在）决定意识（或思维）；二是反映论，即认为思维（意识）是大脑的技能，是对存在（物质）的反映；三是可知论，即认为思维与存在之间具有同一性，人的认识可以正确地反映客观世界；四是坚持认识论的辩证法，即认为主观与客观、认识与实践是对立统一的，而且人的认识是一个无限发展的过程，但人的认识能力是有限的。应当说，辩证唯物主义认识论的原理科学地解决了认识的本质，提出了能动的反映论，认为认识是主体对客体的能动反映；把实践引入认识论，认为必须从主体和客体、主观和客观的对立统一关系中去把握实践；提出了认识的辩证运动，认识不单是从感性认识到理性认识的飞跃过程，也是从实践到认识，再由认识到实践的不断反复的过程；揭示了真理的客观性，论述了真理的绝对性和相对性的关系，真理和价值的关系。[1]

根据辩证唯物主义认识论的基本原理，我们在理解证据法学的理论基础时，必须明确以下几个问题：

首先，从认识本身讲，它必须具有客观性，即主体对客体的反映应当符合客观世界的本来面目，换言之，正确的认识应当是主观与客观相统一。同时，认识的主观性与客观性还存在着复杂的辩证关系，也就是说，主观与客观是相对应的两极，认识的客观性是由实践统一起来的。马克思曾指出："人的思维是

---

[1] 参见樊崇义主编：《证据法学》，法律出版社 2003 年版，第 59 页。

否具有客观的真理性，这并不是一个理论的问题，而是一个实践的问题，人应该在实践中证明自己思维的真理性，即自己思维的现实性和力量，亦即自己思维的此岸性。离开实践的思维是否具有现实性的争论，是一个纯粹经济哲学的问题。"马克思主义的实践观认为，如果思维或认识能够用来改变世界，则就具有真理性。而且辩证唯物主义认为，世界是可知的，从总体而言，人类是有能力认识一切客观真理的。具体到刑事诉讼的证明活动中，案件事实是客观存在的，不管犯罪分子多么狡猾，在犯罪现场一般总会留下一些蛛丝马迹，这些犯罪的线索虽然以不同的载体形式存在，但它们是客观存在的，司法人员在诉讼中的证明活动就是要去发掘这些客观存在，因而案件事实是完全可以被人们认识的。尽管这种诉讼证明的对象是已经发生的具体案件，由于时间的不可逆性，使得这种回溯性的证明活动相当困难。但是，通过案发时遗留的痕迹——证据，重建现场仍然是可能的。只要司法人员充分发挥主观能动性，重视调查研究、收集证据，案件事实真相是完全可以被发现的，并能最终达到"案件事实清楚、证据确实、充分"的程度。在刑事诉讼活动中，我们并不否认司法人员在案件的认识过程中，需要运用逻辑推理、办案经验、法律规定等，但这一切都应当是建立在证据材料的客观基础之上而进行的活动。

其次，就认识过程而言，存在着感性认识与理性认识的辩证关系。在认识的某个环节上，可能感性认识、理性认识和实践都会密切地交织在一起。正如毛泽东所说："实践、认识、再实践、再认识，这种形式，循环往复以至无穷，而实践和认识之每一环节的内容，都比较地进到了高一级的程度。"注意认识的主观性和客观性在于说明，认识的客观性内容，是通过主观的人的活动表现出来的，是感性活动，必须从主观的方面去理解。而注意感性认识、理性认识与实践密切交织的复杂状态在于说明，在认识的某一具体阶段，并不能保证我们的认识就是最终的认识，并且是绝对正确的认识。因此，我们必须把认识看作是一个不断发展的过程，人们对事物的终极认识有无限接近客观真理的可能性。人们应当从主观与客观、认识与实践的对立统一运动中去认识客观世界，人的认识是在实践基础上能动地把感性材料加工为理性知识，并将个别性认识上升到规律性的理解，然后以得到印证的理论能动地去指导社会实践。从这一观点出发，人们认为诉讼中的案件事实或争议事实在被认定之前是一种外在于认识主体的客观实在，不过这种客观实在最终会被认识主体所认知。具体到刑事、民事和行政诉讼中的证明活动，其实都是一种认识活动，其目标在于运用证据尽可能地查明案件事实的客观真相，为正确使用实体法律奠定基础。司法人员必须首先查明这种过去发生并且难以再现的曾经客观存在的事实，然后才能对具体案件作出准确的认定和裁判。

最后，从认识的结果来看，人的认识存在着绝对性与相对性的辩证关系。也就是说，人的认识能力存在着无限性与有限性的关系。恩格斯在《反杜林论》中曾精辟地指出："一方面，人的思维的性质必然被看作是绝对的，另一方面，人的思维又是完全在有限地思维着的个人中实现的。这个矛盾只有在无限的前进过程中，在至少对我们来说实际上是无止境的人类世代更迭中才能得到解决。从这个意义上说，人的思维是至上的，同样又是不至上的。它的认识能力是无限的，同样又是有限的。按它的本性、使命、可能和历史的终极目的来说，是至上的和无限的；按它的个别实现和每次的现实来说，又是不至上的和有限的。"列宁在恩格斯论述的基础上，明确提出了绝对真理和相对真理的辩证关系，并明确指出："认识是思维对客体的永远的、没有止境的接近。"我们知道，刑事、民事以及行政诉讼的证明，实质上是一种多方主体所进行的运用各种证据推求已经发生之事实的回溯性认识活动，而这种认识就不可避免地受到人的主观能力和客观条件的限制。按照辩证唯物主义认识论的原理，只有主观的认识结果完全符合客观情况，认识才具有绝对的真理性。但是，在现实生活中，不管从理论上还是从经验上，我们都做不到这一点，因为，主观和客观的两极对立是永远无法消除的，而且受自然条件、经济条件和科学条件等客观因素和人们的心理倾向、认识水平等主观因素的限制和影响，作为主观的人的认识与客观世界或者客观发生的事情不可能完全吻合，而是只能达到最大限度的一致性。也就是说，在诉讼证明领域，证明结果的真理性只能达到一种相对的真实性，而不可能达到一种毋庸置疑的绝对真实性。人们对案件事实的认识都属于认识的"个别实现"，都是"完全在有限地思维着的个人中实现的"，都是不可能无止境、无限期地进行下去的。而且，人们对案件事实的认识还受到诸多主客观因素和条件的限制。因此，人们在具体案件中对案件事实的认识，在能力上只能是不至上的和有限的，在目标上只能是追求"相对真理"，而不是"绝对真理"。

二、程序正义理论

程序正义理论是研究诉讼程序如何体现正义的原则和方法的理论。从证据法学的角度，程序正义理论就是研究诉讼认识的过程如何体现正义的原则和方法的理论。

程序正义理论之所以成为证据法学重要的理论基础，是因为现代诉讼中的证据运用过程已不是一种单纯的认识活动，而是一种极为特殊的并受程序法严格限制的认识活动。虽然认识活动是诉讼证明活动中的重要内容，但绝不是诉讼证明活动的全部。因而证据法学所要考虑的问题不应仅仅是案件事实真相能否得到准确地揭示，而更重要的是发现事实真相的方式和手段的正当性问题。也就是说，诉讼的证明活动，除了要发现、证明案件事实外，还应包含一系列的价值实现和选择过程。

程序正义理论是诉讼价值论的重要内容。我们知道，诉讼程序不仅仅具有为实体法服务的工具价值，更重要的是诉讼程序应有其独立的价值，即诉讼程序的设计要以符合正义的方式（法官独立，控辩平衡，程序参与，程序公开等）来解决争端。而证据法作为程序法的重要内容，除了具有重要的工具价值外，也应具有其独立的内在价值，即它本身必须具有内在的优秀品质和公正标准。具体而言，证据法的工具价值，主要解决的是如何保障司法人员正确认识案件事实的问题，这其实就是辩证唯物主义认识论所解决的问题；证据法的独立价值，则主要解决如何在保障人权的前提下正当地、合法地认识案件事实，这就是程序正义理论所要解决的问题。随着法治的发展，现在的程序正义论主要是以人权保障为其核心内容的。

按照程序正义理论的要求，诉讼中的认识活动（证明活动）不仅必须遵循辩证唯物主义关于认识的原理，运用逻辑和经验的法则知识来查明案件事实或争议事实，还要受到程序法律的规范，体现程序正义的理念。例如，在证据的收集上，司法人员必须严格按照法律要求，遵循法律程序。如果司法人员违反法律规定，采取刑讯逼供或以威胁、引诱、欺骗及其他非法方法收集证据，即使这些证据从内容上看能够起到证明案件真实情况的作用，但由于其取证手段违法，也不能用来作为定案的根据。另外，尽管有时诉讼中的认识活动由于某种原因未能完成或并无明确结果，但显然案件不能没完没了地拖下去，犯罪嫌疑人、被告人也不能长期被羁押，这时对案件的解决，更多地可能出于其他法律价值的考虑，如诉讼经济、人权保障、社会安定等。

在国外，关于程序正义的理论有英国的自然公平原则、美国的正当法律程序理论、国际法准则中的最低限度程序公正标准等。英国在 18 世纪发展出了自然公平原则，它的第一个原则是，任何人都不得在与自己有关的案件中担任法官；第二个原则是，必须给予诉讼当事人各方充分的机会来陈述本方的理由。美国将正当程序分为实质性正当程序和程序性正当程序。实质性正当程序在于防止政府出现专横和不合理的行为，并保证其制定的法律符合正义的要求。程序性正当程序的核心意思是权利受到损害的当事人有权得到审理，并在审理过程中享有各种诉讼权利。国际法准则中的最低限度程序公正标准集中体现在《公民权利和政治权利国际公约》第 14 条中，该条第 3 项规定了刑事被告人在审判中所应享有的"最低限度程序保障"：①获知被控的罪名及案由；②获有充分的时间与便利准备辩护并与辩护人联络；③获得迅速审判；④有权委托辩护人，并获得公设辩护人的协助；⑤有权与对方证人对质，并申请法院传唤他所提出的证人出庭作证；⑥有权获得翻译帮助；⑦不得强迫被告人自证其罪。虽然这些是针对刑事案件的最低标准，但其精神适用于所有性质的案件。

在我国，对程序正义理论的内涵或内容，有不同的理解。有学者认为，正当司法程序的原则至少包括以下五项：合法性原则；平等对待（公平审判）原则；公开听证（审判）原则；中立性原则；上诉原则。也有学者认为，诉讼程序的最低限度公正标准的主要内容是：程序参与原则，即受裁判直接影响的人应充分而富有意义地参与裁判制作过程；中立原则，即裁判者应在控辩双方之间保持中立；对等原则，即诉讼双方应受到平等对待；理性原则，即审判程序的运作应符合理性的要求；程序自治原则，即法官的裁判应从法庭审判过程中形成；程序及时原则，即程序应当及时地产生裁判结果，并使案件得到最终的解决。

我们比较赞同有学者提出的，诉讼程序是诉讼主体围绕诉讼客体进行诉讼行为遵守的程序规范。因此，关于诉讼程序正义的原则，可以分为关于诉讼主体的原则、关于诉讼行为的原则和关于诉讼客体的原则。具体而言，关于诉讼主体的原则主要有：①司法独立原则和裁判中立原则，即司法机关要保持独立和中立的地位；②不告不理原则，即诉讼必须有人告诉才能开始，诉讼的范围应当在告诉的范围之内；③对等原则，即诉讼双方的法律地位平等；④救济原则，即当事人对司法裁决可以寻求上级司法机关的救济。

关于诉讼行为的原则主要有：①直接言词原则，即诉讼应当以口头的方式进行，并且裁判者必须直接审理案件；②公开原则，即诉讼过程和结果应当公开；③及时原则和集中原则，即诉讼应当及时进行和终结，诉讼过程应当不间断进行。

关于诉讼客体的原则主要有：①谁主张谁举证原则，即提出诉讼主张的人应当提出证据证明其主张成立；②证据裁判原则，即司法机关认定案件事实应当依据证据；③自由心证原则，即对于证据的证明力和通过证据认定案件事实，应当由司法机关自由判断，不设置外在的法律限制。[1]

总之，现代诉讼的目的是要正确解决事实争议和法律争议，而要实现这一目的，不仅必须依靠辩证唯物主义认识论为我们提供的认识客观世界的武器与方法，以查明案件事实或争议事实，还要遵循现代程序正义理论的要求，或基于其他法律政策的考量，使诉讼证明的途径、方法和程序符合现代司法民主和文明的理念，具有正义性、合理性、公平性。因此，辩证唯物主义认识论为我

---

[1]　参见樊崇义主编：《证据法学》，法律出版社 2003 年版，第 80～81 页。

们提供了正确认识客观世界的方法和途径，而程序正义理论则为我们从法律上规范和制约这些认识方法和途径奠定了基础，二者对立统一，共同成为指导我们证据法学研究的重要理论基础。

第二节　证据法的基本原则

一、证据法基本原则概述

（一）证据法基本原则的概念和意义

在《现代汉语词典》中，原则是指"观察问题、处理问题的准绳"。据权威的《布莱克法律辞典》的解释，法律原则是指"法律的基本原理或规则；作为其他原理或规则的基础和源泉的综合性的原理或者规则；关于行为、秩序或者法律决定的已经固定的原理。原则是被清楚地规定的，除非一个更加清楚的原则的规定，不能加以证明或者推翻。原则是某一门学科的核心部分"。

证据法的基本原则作为法律原则的重要部分，其含义是指国家在制定与证据有关的法律规定时应当确立的基本原理或规则。它贯穿于整个的证据立法与司法活动中，是司法实践中运用证据证明案件事实时应当遵守的基本行为规范或基本行为准则。证据法的基本原则不仅是国家制定证据法及与证据有关的法律规范时应当确立的原则，也是司法及执法人员在实践中运用证据证明案件事实时应当遵守的原则和行为规范。因此，证据法的基本原则在证据法律规范和证据法学中具有重要的基础地位，是整个证据运行机制的指导思想。对证据法基本原则的研究不但直接影响到证据法学的繁荣与发展，而且对证据立法、司法也有着极为重要和深远的影响。

虽然我国目前尚无统一、规范的证据法，对证据法的基本原则也没有明确的规定和表述，但这一重要的问题已引起法学界及立法部门的高度重视，并形成了一致的看法，即要解决好证据方面的问题，应当首先确立证据法的基本原则。

（二）国外状况及学界的观点

各国关于证据法基本原则在立法体例和理论研究上都存在较大的差异。具体来讲，在英美法系国家，其传统上的立法体例属于判例法，但是在证据立法方面也出现了成文化的趋势。由于这些成文法是以判例为基础而制定的，因而缺乏大陆法系法典所具有的完整性和逻辑性，因此，英美法系国家一般没有关于证据法基本原则的专门规定。但这并不等于说，英美法系的证据法不存在基本原则，相反，英美法系国家具体的证据法条文仍然体现了证据法基本原则的精神和理念。如澳大利亚《1995 年证据法》对证据法的基本原则作了较为明确、系统的规定，即确立了保障法院发现真实、民事诉讼与刑事诉讼区别对待、程序公正、程序可预测性、程序经济五项原则。

在大陆法系国家，法学家们习惯于通过理论的研究，抽象演绎出经典的概念、原理，并以这些概念、原理为基础构筑本国的证据法学体系结构。而法学家在大陆法系国家法律进程中的重要影响又使基本原则在立法、司法上受到高度的重视。但是，由于大陆法系国家将证据问题在相应的诉讼法中予以规定，因此，对证据法基本原则的规定系统性、完整性不足，并且往往局限于与诉讼密切相关的证据问题。但也有学者将德国刑事诉讼证据法的基本原则概括为直接原则、自由心证原则、无罪推定原则和有利于被告人原则。[1]

我国长期以来秉承大陆法系的传统，把证据制度作为诉讼法的一部分并分别规定在刑事诉讼法、民事诉讼法和行政诉讼法中，对证据制度的研究也没有突破诉讼法的范畴而未将证据法学作为一门独立的学科，因此证据制度的基础理论研究在我国极为薄弱，证据法的基本原则也少为学者系统论及。近年来，随着证据法学的发展和繁荣，多数学者都肯定了证据法应该有基本原则这一部分，但具体意见不同：①有学者认为证据法学的基本原则为：国际法优先原则、以证据为根据原则、无罪推定原则。[2] ②有学者将证据法学的基本原则概括为：证据裁判原则、证据辩论原则、及时公开原则、直接言词原则和自由心证原则。[3] ③有学者将证据法基本原则确定为：证据裁判原则、自由心证原则、直接言词原则、诚实信用原则。[4] ④有学者将证据法的基本原则归纳为：客观真实原则、证据裁判原则、自由心证原则、直接原则、利益衡量原则。[5]

由上可见，目前证据法学基本原则的研究，是诉讼法学界及证据法学界的热点问题之一，然而，学者们对此问题的观点不同，争论较大，尚未达成一致的看法。我们从证据法的内容实质及作用出发，选择其中几个较为主要并具有代表性的原则予以阐述。

---

〔1〕 参见宋英辉、汤维建主编：《证据法学研究述评》，中国人民公安大学出版社 2006 年版，第 101 页。

〔2〕 参见陈光中主编：《中华人民共和国刑事证据法专家拟制稿》，中国法制出版社 2004 年版，第125～129 页。

〔3〕 参见毕玉谦等：《中国证据法草案建议稿及论证》，法律出版社 2003 年版，第 2～3 页。

〔4〕 参见江伟主编：《中国证据法草案（建议稿）及立法理由书》，中国人民大学出版社 2004 年版，第541 页。

〔5〕 参见高家伟、邵明、王万华：《证据法原理》，中国人民大学出版社 2004 年版，第 173～193 页。

二、证据裁判原则

（一）证据裁判原则的含义

证据裁判原则，又称证据裁判主义，是指对案件事实的认定，必须依据有关的证据作出；没有证据不能认定案件事实。

目前，证据裁判原则作为一项重要的法律原则在各国法律中得到普遍地确立。例如，在大陆法系国家，由于采取职权主义模式，因而为了既保障案件事实的查明，同时又规范法官权力的行使，法律大都明文规定了证据裁判原则，较典型的是日本《刑事诉讼法》第317条规定，认定事实应当根据证据。另外，我国台湾地区现行"刑事诉讼法"第154条也规定："犯罪事实，应以证据认定之，无证据不得推定其犯罪事实。"也有一些国家，如德国、法国，在刑事诉讼法中尽管未对证据裁判原则作出明确的规定，但其中有关证据制度的规定，充分体现了证据裁判主义的精神。在当事人主义模式下的英美法系国家，虽然其法律和诉讼理论中没有直接明确证据裁判原则，但是在其诉讼和证据法律中存在大量的关于证据关联性、可采性的规范以及关于证据的出示、认定等的规定，这些规范和规定与证据裁判原则在基本精神上是一致的。当然，在有的英美法系国家中存在有罪答辩及辩诉交易的情况，使证据裁判只在经过正式的庭审程序的案件中才得以体现。

需要指出的是，作为一种事实认定的方法，证据裁判原则也并非完美无缺。恰恰相反，由于人类认识能力和认识活动的自身规律的限制和制约，依据证据所证明的事实与客观事实之间总会存在一定的差异，这正是证据裁判原则的不足之处。然而，在现代诉讼活动中，从人类理性所及的范围和维护司法裁决的正当性、合理性、科学性等角度出发，证据裁判主义应当是解决诉讼争议和裁判争议的一种最为理想的选择。

因此，证据裁判原则在现代诉讼制度中有着十分重要的地位，是所有证据法和诉讼法律制度的核心原则，是文明、理性的诉讼理念与原则的体现和要求，而且，证据裁判原则在贯彻无罪推定原则、防止法官的恣意擅断、发现案件真实、增强司法裁判的确定性和权威性等方面也有着积极的意义。

（二）证据裁判原则的主要内容

1. 事实的认定必须以证据为基础，没有证据不得认定，除非法律另有规定。证据裁判原则的这一内容可以从两个方面去理解：①从肯定的角度来看，证据是事实认定的基础，是裁判的必要依据；而且，无论是实体法事实还是程序法事实，都必须依靠证据加以证明。②从否定的角度来看，如果没有证据，就不能对事实予以认定，否则就是违法。这里所谓的没有证据，既包括没有任何证据，也包括证据不充分的各种情形，还包括那些在证据记载等程序性事项上或者说形式上未满足法律要求的情形，主要有：不依证据而为裁判者，即裁判理由因遗漏未记载其认定事实所凭之证据；裁判书中叙明其认定事实所凭之证据与认定事实不相适合；卷宗内无可查考之证据。[1]

另外，需要指出的是，证据裁判原则强调认定事实必须以证据为前提和基础，并不意味着证据是认定案件事实的唯一途径，也不意味着所有的案件事实都需要以证据来证明。也就是说，证据裁判原则并不排斥法律规定的一些特殊的证明方法，如推定、司法认知等。在现代诉讼制度中，出于实现诉讼目的、节约诉讼资源等方面的考虑，对于诉讼中有的事项如众所周知的案件事实、民事诉讼中当事人自认的案件事实、预决的案件事实等，由于其真实性已经得到了确认或者当事人双方对此没有争议，无须再以证据来证明而可以直接作为裁判的根据。这种情形应当理解为证据裁判原则的特殊或例外。

2. 作为认定案件事实的证据必须是具有证据能力或可采性的证据。证据裁判原则不仅注重裁判对证据的依赖关系，而且注重对证据本身的资格要求。证据能力，也称证据资格、证据条件，是指作为事实认定或裁判根据的证据必须具备的资格或条件。作为证明依据的证据应当具有证据能力，是现代诉讼制度的统一要求，然而在不同法系却有着不同的规定。总体而言，关于证据能力，在英美法系国家，是由证据的可采性规则进行调整；而在大陆法系国家，则是由关于证据能力的规范予以调整。具体来讲，在英美法系国家，对于证据的可采性，法律一般是从消极的角度就无证据能力或其能力受限制的情形加以规定。因此，不可采的证据成为英美法系证据可采性问题的重心。通常不可采的证据包括两种情况：①缺乏关联性的证据；②应排除的证据。相比之下，大陆法系国家关于证据能力却很少加以限制。一般来讲，对证据能力的要求主要包括两方面：①证据材料不被法律禁止；②证据应当经过法定的调查程序。

目前，在现代西方国家，证据能力已成为一个极为复杂的规则体系。在不同的证据规则的规范下，证据能力有着不同的表现。这也就使证据裁判原则具有了现行实在法的基础。如，在传闻证据排除规则下，未出庭的证人证言就不具有证据能力；在非法证据排除规则下，刑讯逼供获得的口供也不具有证据能力而不被采用。

在我国，按照通说理论，一般而言，具有证据能力的证据必须同时具备客观性、相关性和合法性。这些条件或要求，是具有证据能力的证据所应具有的必要条件，但非充分条件。因为，有些证据虽然具备了客观性、相关性和合法

---

[1] 刁荣华主编：《比较刑事证据法各论》，台湾汉林出版社 1984 年版，第 41 页。

性，但是出于其他价值因素的考虑，法律仍否认其具有证据能力或可采性，如在调解、和解中当事人所作的陈述、自认等在以后的诉讼中不得作为对其不利的证据使用。尽管随着证据制度的发展，我国已初步建立了一些证据规则，并开始注重证据能力的研究和运用，但总体而言，我国的证据制度比较重视证据的证明力规则，而对证明能力的规制则相对较少。

3. 裁判所依据的证据必须经过法庭的查证属实。证据裁判原则不仅要求裁判要依靠具有法定资格的证据，还要求事实认定的形成过程具有法定调查程序的保障，即用于定案的证据必须是在法庭上查证属实的证据。由于证据裁判原则的核心是要求裁判者对事实的认定必须依靠证据，但由于对事实的认识是一个无法为外人所知的内心活动，因而只能通过强调认识的形成过程来约束裁判者。在现代诉讼活动中，只有事实认定的过程和结果公开，当事人的参与权、举证权、知情权等得到了充分的保障，才能有效地防止执法人员的个人缺陷影响事实认定的准确性。基于此，作为裁判依据的证据，都必须经过法庭调查，在公开的法庭上出示，并经过诉讼双方的充分辩论、质证，才能作为认定案件事实及裁判的依据。

在司法实践中，证据裁判原则作为一种事实的认定方法，需要通过裁判者的自由心证方式来实现其目的。可见，证据裁判原则与自由心证原则有着极为密切的关系。因此，在世界各国普遍采用自由心证制度的现代诉讼中，为了使裁判者的心证建立在正当、合理的基础上，也为了赋予和增强裁判的说服力和正当性，在理解和贯彻证据裁判原则时，应当遵循的一项基本要求就是：没有经过法庭调查和查证属实的证据不得作为裁判的依据，即使该项证据确实具有证明价值或对案件有证明作用。

（三）证据裁判原则在我国的实现

我国《刑事诉讼法》第 46、162 条体现了证据裁判原则的精神。例如：第 46 条规定："对一切案件的判处都要重证据，重调查研究，不轻信口供。只有被告人供述，没有其他证据的，不能认定被告人有罪和处以刑罚；没有被告人供述，证据充分确实的，可以认定被告人有罪和处以刑罚。"这是证据裁判原则在刑事诉讼法中的明确规定，尽管民事诉讼法以及行政诉讼法没有对证据裁判原则作出直接规定，但是最高人民法院的司法解释则鲜明地体现了证据裁判原则的要求。例如：最高人民法院《关于民事诉讼证据的若干规定》第 63 条规定："人民法院应当以证据能够证明的案件事实为依据依法作出裁判。"最高人民法院《关于行政诉讼证据若干问题的规定》第 53 条规定："人民法院裁判行政案件，应当以证据证明的案件事实为依据。"

尽管证据裁判原则在我国的刑事诉讼法及司法解释中已有明确地体现，然而，要使证据裁判原则在我国真正得到实现，还有许多需要改进之处。主要有：①改变查明事实的诉讼观，转向证明事实的诉讼观。在证明事实的观念的指导下，在诉讼过程中应该认真地按照法定的要求和标准去收集能够充分证明案件事实的证据，仅查明事实而无证据加以证明就认定事实，是与证据裁判原则相违背的。②进一步完善现有立法关于证据裁判原则的规定。主要是：在民事诉讼法和行政诉讼法中明确规定证据裁判原则，提升立法层次；对与该原则有关的证据能力、待证事实等问题进一步加以明确；对证据裁判原则发挥作用的范围、证据裁判原则的具体适用等问题进一步加以明确。③证据裁判原则能否得到真正实行，与一国的其他证据制度包括证明模式、证明标准、证明责任、判决理由公开制度等的发达与否存在很大关系，因此，必须将证据裁判原则的完善置于我国整个证据制度背景下加以系统设计。[1]

三、自由心证原则

(一) 自由心证原则的含义

自由心证原则，是指对于各种证据证明力的大小以及案件事实如何认定，法律不预先作硬性的规定，而是由法官本着理性和良心，根据调查和辩论中形成的内心确信予以认定，从而对案件事实作出结论。作为证据制度的一项重要原则，自由心证原则其实就是法官自由评价证据证明力的原则，其要点主要有两方面：一是自由判断，即对证据的证明力由法官进行自由判断，法律不作预先规定，法官也不受外部的任何影响；二是内心确信，即法官依据证据，在内心"真诚地确信"，从而形成心证，由此来判定案件事实。

关于自由心证的含义，一般认为有广义和狭义之分。广义的自由心证是从制度层面上讲的，是指包含诸项原则和规则的制度体系。在自由心证制度的诸项原则中，自由心证原则是其中一项基本原则和核心原则。而狭义的自由心证则是从证明方法的角度讲的，即法官自由评价证据证明力的原则，是指证据的取舍及证明力的大小及其如何运用，法律不作预先规定，而由法官秉诸"良心"、"理性"自由判断，形成内心确信，从而对案件事实作出结论。它是与法定证据相对应的证据法原则。

自由心证从诞生到现在，经历了否定之否定的发展过程。第一次否定是针对封建社会的法定证据制度的形式主义、机械主义和绝对主义的非理性缺陷，而注重司法及执法人员的事实判断理性，要求法律对证据的取舍和案件事实的

---

〔1〕 宋英辉、汤维建主编：《证据法学研究述评》，中国人民公安大学出版社 2006 年版，第 105 ~ 106 页。

认定不作限制，完全由司法及执法人员本着良心和理性自由判断，形成内心确信。第二次否定是从证据资格、证明标准、证明程序、心证公开等方面限制自由心证，防止证据取舍和事实认定方面的恣意行为。应当说，自由心证原则确立以后，证据法发展的一个主线就是如何在确保心证自由的基础上防止心证自由的滥用，即一方面要尊重司法及执法人员的理性，另一方面要设立防范机制，防止非理性的倾向。可见，现代的自由心证保留了传统自由心证的合理成分，并彻底摒弃了传统自由心证的非理性和非民主因素。与传统自由心证相比，现代自由心证否定了法官单方面的自由而强调对等的自由，否定了秘密心证而强调心证的公开，否定了绝对的自由而强调法律的规范作用，因此更具科学性。[1]当然，自由心证原则不可避免地存在一些缺陷，但就目前人类的认识能力而言，自由心证却是人们能力所及的最好选择。也有学者认为，现代证据法上复杂的证据排除规则已经使司法及执法人员取舍证据的心证自由丧失殆尽，有关证据证明力和全案证据事实认定的心证自由也受到良心、职业道德、证明力规则、经验法则、证明标准和认证程序的多重限制。[2]

（二）自由心证原则的主要内容

1. 对证据的自由评价。对证据的自由评价，主要包括：在证明方法上的不受限制；在证明力上的自由评价；在证据能力上的限制。

（1）在证明方法上的不受限制。基于自由心证原则，法律对于法官运用证据进行证明的方法，在原则上不作任何限制。也就是说，法官运用证据证明案件在方法的选择上是自由的，可以根据其自身的需要，进行自由的判断，从而对待定事实形成心证。

（2）在证明力上的自由评价。证明力，又称证据价值、证明能力，是指证据对待证事实的证明作用以及证明价值或效用。对证据证明力的自由评价是自由心证原则的核心，是自由心证原则与法定证据制度的根本区别所在，也是世界各国诉讼制度与证据制度的共同追求和必然结果。对此，我国台湾学者陈朴生曾指出，"自由心证主义，乃许裁判官依其心证自由判断证据之价值（即证明力）并不受法律之拘束之谓……"，"裁判官所自由判断者，乃证据之证明力，并非证据能力"。

（3）在证据能力上的限制。自由心证原则不仅与证据裁判原则有着密切的关系，而且以证据裁判原则为其基础。因为自由心证的前提必须是有证据存在，

---

[1] 叶自强："从传统自由心证到现代自由心证"，载陈光中、江伟主编：《诉讼法论丛》（第3卷），法律出版社1999年版，第383~386页。

[2] 高家伟、邵明、王万华：《证据法原理》，中国人民大学出版社2004年版，第181页。

而且作为自由心证前提的证据必须是具有证据资格并经过法庭调查和充分辩论之后的证据。因此，各国通过各种规定对证据能力加以限制，如英美法系规定了大量的证据规则以制约法官对证据能力的判断。由于大陆法系比较强调经过合法的证据调查程序，因而其范围相对较窄。但近年来，大陆法系国家正在逐步借鉴英美法系的合理做法，逐步加大对证据能力的规定和限制。

2. 根据内心确信作出裁判。根据内心确信作出裁判，是指裁判者根据对案件事实形成的内心确信来认定事实。所谓内心确信，是指法官通过对证据的审查判断所形成的内心信念——即心证达到了深信不疑的程度。一般来讲，法官"内心确信"的形成必须符合以下要素：一是法官必须站在客观、中立的立场上；二是法官必须直接接触证据；三是法官必须斟酌本案的全部证据和辩论的全部意旨认定事实；四是法官必须从案件的情况中得出内心确信的结论。

需要明确的是，在自由心证原则下，无论是"自由判断"还是"内心确信"都带有极为浓厚的主观色彩。因此，无论是当今大陆法系国家还是英美法系国家，均规定了种种制度和原则以确保法官形成心证时享有的"自由"不被滥用，同时使"确信"的结果最大程度上与客观事实相接近。具体表现在对影响自由心证的某些内在及外在因素作出限制或要求，主要有：①在自由心证适用范围上作出限制，规定自由心证的客体限于审理事项，而不适用于证据调查。而且，对众所周知的事实、民事诉讼中当事人自认的事实、民事诉讼中已形成的裁判事实、对用了心证仍无法查明的事实，不能用自由心证来强行认定。②对证据裁判原则的限制，即规定裁判者心证的形成必须遵循一定的要求。③建立或规定一系列程序化制约制度和制约程序，如心证公开制度，法庭调查程序，言词辩论程序，合议程序，事后审查制度，证据规则之限制等。另外，为了使法官较好地使用自由裁量权，许多国家建立了法官资格制度以保证法官的精英化，如法律对法官的伦理道德素质、法律素养、职业背景等都作出了很高的要求。此外，还以法律的形式明确规定法官必须遵守纪律以及对法官的弹劾和惩戒程序等。

（三）自由心证原则在我国的确立和实现

自由心证原则在我国经历了较为曲折的过程。自从清末沈家本先生主持修订法律引进自由心证原则以来，自由心证曾经一度被北洋政府和中华民国政府所肯认。但在新中国成立以后，由于种种原因，自由心证原则被实事求是原则所取代。随着近年来文化交流的频繁和法学研究的日趋繁荣，人们逐渐对自由心证原则有了较为全面、客观的认识。在这种背景下，2001年最高人民法院《关于民事诉讼证据的若干规定》第64条第一次对自由心证原则作了较为明确的规定："审判人员应当依照法定程序，全面、客观地审核证据，依据法律的规定，遵循法官职业道德，运用逻辑推理和日常生活经验，对证据有无证明力和证明力大小独立进行判断，并公开判断的理由和结果。"

我们认为，无论是在理论上，还是从我国证据法的规定上，都应当并且有必要合理地吸收自由心证原则。因为：①如前所述，自由心证原则有其科学性和合理性；②就我国目前的诉讼模式来看，基本上是混合式诉讼模式，并且我国的诉讼结构正从职权主义向当事人主义发展，这种诉讼模式必然要求自由心证原则与其相适应；③任何一项诉讼原则的产生和发展都不是孤立的，自由心证原则的确立与无罪推定、禁止刑讯逼供、辩护等原则是紧密相连的，而这些原则已为我国的诉讼活动所认可；④是我国推进"以人为本"司法制度改革的现实需要。而且，在我国要切实贯彻自由心证原则，还需从以下几个方面不断加以改革和完善：①在立法上将自由心证原则明确规定。虽然最高人民法院司法解释对自由心证原则作了初步规定，但还需在正式的法典中予以明确、详细的规定；②建立健全与自由心证原则相配套的原则，如司法独立原则、证据裁判原则、直接言词原则等；③完善我国的证据规则体系，即主要是建立并完善关于证据能力的证据规则；④建立健全其他相关制度，如建立心证公开程序、建立心证监督机制、健全法官素质提高制度等。

四、直接言词原则

（一）直接言词原则的含义

直接言词原则是直接原则和言词原则的合称。直接原则又称直接审理原则，是与间接审理原则相对而言的，具体是指法官必须亲自接触案件材料、审查证据，然后据以对案件事实作出裁判。言词原则又称言词审理原则，是与书面审理原则相对而言的，具体是指法庭审判过程中的举证、质证等都必须以言词或口头陈述的方式进行。由于直接原则与言词原则在目的和内容上有许多相通之处，直接审理必然要求以口头辩论方式调查证据，而口头辩论调查证据的目的需要通过直接审理来实现，故常将两者并列，称为直接言词原则。但是，直接原则和言词原则又有所不同。直接原则强调的是法官的亲历性和证据的原始性，而言词原则强调的则是与书面原则相对的证据的提供方式。

直接言词原则是针对大陆法系国家封建时期的纠问式诉讼制度而逐步确定下来的一项重要原则。由于其出发点在于保障法官对证据的直接审查和采信，因而又称为直接采证原则。英美法系国家虽然不使用直接言词原则的说法，但其传闻证据规则却常常被作为与直接言词原则相互对应的概念而提出。按照传闻证据规则，各种证言都必须以口头的方式在法庭上直接提出，并接受对方律师的交叉询问，以便法官和陪审团审查证据。证人在法庭之外所作的陈述笔录或者审判之前提供的书面证言都属于传闻，一般应予以排除。传闻证据规则的目的在于确保控辩双方与提供证言的证人直接接触，获得询问、质证和当面听取陈述的机会。由此可见，尽管大陆法系国家的直接言词原则与英美法系国家的传闻证据规则在表述的方式、适用的范围等方面存在差异，但在本质上却是相同的，即两者都是基于公正审判的要求和发现真实的需要而建立的证据原则或规则。

（二）直接言词原则的主要内容

1. 直接审理原则。一般认为，直接审理原则有三方面的含义：①在法官开庭审理时，被告人、检察官以及其他诉讼参与人必须亲自到场参加审判，除非法律另有规定，即"在场原则"。②从事法庭审判的法官必须亲自进行法庭调查和采纳证据，证据只有经过法官以直接采证的方式获得，才可以作为定案的证据，即"直接采证原则"。在审理中，未经法官本人直接查证的证据，不能成为定案依据，即使在侦查、预审中经过警察、检察官、预审法官调查的证据，也不能例外。法官对证据的调查和认定，必须亲自、直接进行，不得委托其他法院或其他法官进行。③法官认定案件事实或制作判决时，必须以原始证据为依据，除非法律有明确规定，不得采纳传来证据或者二手证据，即"采纳原始证据原则"。

2. 言词审理原则。言词审理原则有两个方面的含义：①参加审判的各方应以言词陈述的方式从事审理、攻击、防御等各种诉讼行为，所有未在法庭审判过程中以言词或者口头方式进行的诉讼行为均不应当具有程序上的效力；②在法庭上提出任何证据材料均应以言词陈述的方式进行，如以口头方式询问证人、鉴定人、被害人等，以口头方式对实物证据发表意见，任何未经在法庭上以言词方式提出和调查的证据均不得作为法庭裁判的根据，除非法律有特别的规定。

（三）直接言词原则在我国的适用

虽然我国的诉讼法及相关的司法解释在一定程度上体现了直接言词原则的要求，但由于立法规定的不明确，从而使直接言词原则没有得到很好地贯彻。例如，我国法律规定证据必须经当庭质证才能作为定案的根据，但实践中证人不出庭的现象十分普遍，这使证人证言无法被当庭质证。还有，审判委员会依法对"重大、疑难、复杂"案件的讨论和决定，基本上采用的是书面审理的方式，仅仅是听取办案人员对案件的汇报，并不直接与当事人及其他诉讼参与人接触，造成"审者不判、判者不审"的局面。这些做法都是与直接言词原则的基本要求相违背的。

因此，我们认为，在诉讼证明中要贯彻直接言词原则，不仅应当在证据法等相关法律中明文规定直接言词原则，还应明确直接言词原则的适用范围。具体为：①直接言词原则一般只适用于一审法院证据的收集、审查、判断（二审事实审也应包括在内）。如果一审法院仅就程序事项作出裁定或决定，以及复审法院仅就一审判决所适用的法律进行审查和判决，则一般不应适用该项原则。②直接言词原则一般只适用于普通程序，而不适用于简易程序。③法律有特殊规定或属特殊情况的可以不适用该原则。如最高人民法院《关于民事诉讼证据的若干规定》第56条规定："《民事诉讼法》第70条规定的'证人确有困难不能出庭'，是指下列情形：①年迈体弱或者行动不便无法出庭的；②特殊岗位确实无法离开的；③路途特别遥远，交通不便难以出庭的；④因自然灾害等不可抗力的原因无法出庭的；⑤其他无法出庭的特殊情况。前款情形，经人民法院许可，证人可以提交书面证言或者视听资料或者通过双向视听传输技术手段作证。"

除此以外，要贯彻直接言词原则，还必须对一些司法制度和程序制度进行改革和完善，主要包括：①确立集中审理原则；②完善证人出庭制度；③强化合议庭功能；④保障被告人法庭上的公平质证权。

本章思考题

1. 如何理解证据法学的理论基础？
2. 简述证据法基本原则及其意义。
3. 如何理解证据裁判原则？
4. 简述证据裁判原则在我国适用的意义。
5. 简述自由心证原则的主要内容。
6. 贯彻自由心证原则应注意哪些问题？
7. 什么是直接言词原则？它有哪些主要内容？
8. 贯彻直接言词原则应注意哪些问题？

第四章

第二编 证据论 <<<

第5章

证据概述 ◀

学习目的与要求：

通过本章学习，领会证据、证据的采用标准、证据的采信标准以及证明力等基本概念；掌握证据的含义及基本特征；了解理论上关于证据的不同学说；认识证据的意义等。

第一节 证据的概念

一、证据的一般含义

在汉语中，证据一词很早就已出现，确切的起源时间已很难考证。但是，中国古代文献中的证据一词，与我们现今通常使用的证据一词的含义是不同的。中国古代文献中，证据往往是分开使用的，而且意义不同，"证"的意思相当于现今汉语中的证据，但大多数情况下指人证；"据"则相当于现今语言中的依据或根据。到了近代，随着白话文的推广，"证"和"据"才被合起来使用，并被赋予了与古代不同的含义。

在日常生活、工作和科学研究中，人们经常地、广泛地使用证据一词，并运用证据进行种种证明活动。对证据一词的使用和对证据的运用，一般都与证明活动相联系。诸如说某人好，就会罗列其好多的优点，这些优点就是证据；进行一项工作，事前要制定计划，计划是否可行，就要运用事实和数据进行论证，这些事实和数据就是证据；等等。由此可见，证据是指用以证明某一事物客观存在或某一主张成立的有关事实材料。[1] 或者说，证据就是证明的根据或

---

[1] 江伟主编：《证据法学》，法律出版社1999年版，第203页。

凭据。[1] 现在，对证据一词的使用和对证据的运用存在于社会生活的方方面面。许多时候，人们虽然没有刻意地去使用证据一词，但在潜意识里却在自觉地运用着证据。从这个角度看，证据就其本意而言，并没有特定的行业性特点。但是，证据在法律事务中却被频繁地运用着，而且，由于证据本身在法律事务中具有特别重要的作用，加上法律事务与当事人有着直接的利害关系，当言及证据一词时，人们就会首先联想到案件和诉讼活动。所以，有人认为证据首先或主要地是一个法律用语，就连《辞海》中对证据的解释也是"法律用语，据以认定案情的材料"。

就其基础含义而言，证据具有如下特点：①证据具有一定的存在形式，表现为一件物品、一纸文书、一段言论等；②证据应该具有能够证明待证事实存在或不存在的内容，否则便不是证据；③证据在证明过程中具有证明作用，这种作用的实现，取决于证据本身是否真实并与待证事实之间是否有联系。一般意义上的证据的这些特点，是所有证明活动中使用的证据都必须具备的基本点。

二、诉讼证据

从上述关于证据一般性含义的分析可见，证据本身并不是某个特定领域的专有名词，但在实际应用当中，除要求证据必须具备本身的特点外，有些领域还有特定的要求和限制。在这一方面最为突出的是在诉讼活动中所运用的证据，即诉讼证据。我们之所以将诉讼证据单列出来，是因为诉讼证据的表现形式和适用程序有着特定的限制和要求。按照我们的习惯和为了把握诉讼证据的关键问题，有必要先界定诉讼证据的概念。简单地说，诉讼证据就是诉讼过程中使用的证据。这种表述虽然无误，但不能反映诉讼证据的特点，因为这不是诉讼证据的概念性表述，作为概念应当反映其所描述的事实的本质和特征，或者应对其所描述的事实的本质和特征有一个总体的反映。对证据概念的表述，可以分为立法上的表述和理论上的表述。

需要特别说明的是，由于习惯和语境的关系，后文将不再使用诉讼证据一词，后文使用的证据实质上是指诉讼证据。

（一）证据的立法表述

对证据在立法上作出表述，在世界各国极为少见。我国的证据立法虽起步较晚，但却是试图从立法上对证据作出界定的极少数国家之一。新中国建立之后，国家极为重视证据在诉讼中的作用，强调证据的重要性，以保证办案质量。中共中央发布的一系列法律性的政策文件，在强调对案件的查处要重证据、重

---

[1] 刘金友主编：《证据法学》，中国政法大学出版社 2003 年版，第 83 页。

调查研究的同时，试图对证据作出界定，如中共中央在 1955 年作出的《关于展开斗争肃清暗藏的反革命分子的指示》中要求，不漏掉一个反革命分子和不冤枉一个好人，分别是非轻重，根本的办法是依靠证据。证据就是人证和物证。证据也有真假之分，所以要经过鉴定。在这一段文字表述中，"证据就是人证和物证"，单从文字句式上看，似乎是为证据作定义，但实质上并非如此，因为这里采用的是列举的方式，而且内容极不全面，也不是一个抽象出来的概括性用语，不符合概念的抽象性要求。但这一指示却显示出这么一种意向，即力图界定证据，并强调了证据的真实性。这为后来在立法上对证据的概念界定打下了基础。

1979 年我国制定了新中国第一部统一的《刑事诉讼法》，该法第 31 条规定，证明案件真实情况的一切事实，都是证据。该条第 2 款对证据的表现形式作了列举之后，规定："以上证据必须经过查证属实，才能作为定案的根据。"从句式表述上看，这无疑是对证据所作的概念，因为它符合作概念的基本要旨。在后来颁布的《民事诉讼法》和《行政诉讼法》中，都明确或默认了这一概念。多年来，这一概念成了我国学界对证据概念研究的重要依据，影响很大。但人们对其内容争议也颇大，争议主要集中在证据是事实，证据必须是真实的，具有真实性等诸方面（关于这些争论我们将在后文论及）。不过从严格意义上看，立法上关于证据的这一表述存在如下问题：①按照汉语思维模式，应当使用"证据是事实"这一表述模式，而不应当使用"事实是证据"这一表述模式。因为这里所要解释的是"证据是什么"，而不是"什么是证据"。②这一表述虽然将证据证明案件事实的属性体现出来，显示出诉讼证据与其他证据的区别之处，但没有将诉讼证据的其他一些特定要求诸如法律规定性、程序规定性体现出来，没有揭示出诉讼证据许多特殊的内涵，因而有其缺陷。不过，我们应当肯定从立法规定上对证据进行界定无疑是有积极意义的，可以防止实践中对证据运用时可能出现的混乱，防止将不具备证据能力的事实作为证据来运用。

（二）证据的理论表述

1. 证据在理论表述上的主要观点。与从立法上对证据进行界定为数极少的情况相比，理论上对证据进行界定的局面相当繁荣。古今中外的证据研究者对证据作出了种种不同的定义，综合观之，主要有以下观点：

（1）事实说。认为证据是能够证明案件真实情况的一切事实。这种观点具有非常久远的历史，英国著名法学家边沁认为："在最广泛意义上，把证据假设为一种真实的事实，成为相信另一种事实存在或不存在理由的当然事实。"美国证据法学家威格梅尔认为："证据是任何一件或一组可知的事实，而不是法律的或伦理的原理。"可能是受我国刑事诉讼法规定的影响，多年来事实说在我国证据法学界影响最大。

（2）根据说。认为证据是指证明案件事实的根据。我国台湾学者陈世雄等就持这种观点：“证据者，是使法院认定当事人之主张为真实之凭据者。”我国大陆也有学者持这一观点，认为“证据是指用来证明案件真实情况，正确处理案件的根据”。

（3）材料说。认为证据就是证明案件事实的材料。这种观点在中外都是存在的，如英国证据学家摩菲认为，证据是能够说服法官认定某个案件事实为真实或者可能的材料。我国有的学者也持材料说的观点，但在表述上却有差异，有人认为证据就是用来证明案件事实情况的材料，有人认为证据是指用来证明案件事实的一切材料和手段。

（4）统一说。认为证据是证据内容（事实材料）与证据形式（证明手段）的统一。典型的表述是：证据是以法律规定的形式表现出来的能够证明案件真实情况的事实。统一说实质上是综合事实说和根据说后得出的结论。例如有人认为：“诉讼证据是审判人员、检察人员、侦查人员等依照法定的程序收集并审查核实，能够证明案件真实情况的根据。”他们对这一表述作了如下解释：“从证据所反映的内容看，证据是客观存在的事实；从证明关系看，证据是证明案件事实的凭据，是用来认定案件的手段；从表现形式看，证据必须符合法律规定的表现形式，诉讼证据是客观事实与表现形式的统一。”[1]

（5）双重含义说。认为证据具有双重含义，它既可以指事实，即能够证明案件真实情况的一切事实都是证据；也可以指证据的表现形式，即证人证言、物证、书证等各个证据种类。[2]

（6）原因说。认为证据是确信某种事实存在或者不存在的原因。其具体表述是：凡是使法院确认当事人主张之某事实或某法则为真实之外部原因，都是证据。

（7）方法说。认为证据是认定某一特定事实的方法。英国、法国和前苏联的一些学者持这一观点。如英国法学家詹姆斯·菲利普认为：“证据即证明事实的方法。”法国《拉普大百科全书》的解释为：“证据就是为了确定某一法律事实的真实情况（或某一文件的存在）所使用的手段。”前苏联的克林曼教授对证据所作的定义是：“证据不是别的东西，而是确定真实情况的一种手段，……是借以确认对某案件有法律意义的事实存在或不存在的一种手段。”

（8）结果说。认为证据是对待证事实的认定结果。日本法学家松岗正义认

〔1〕　以上观点分别参见何家弘、刘品新：《证据法学》，法律出版社2004年版，第106～108页。
〔2〕　参见卞建林主编：《证据法学》，中国政法大学出版社2000年版，第70页。

为：“证据者，举证和证明之结果也。”

（9）证明说。认为证据是用已知事实为基础对待证事实的推测。我国台湾学者陈朴生的表述为："证据就是依据已知之资料以推理其事实之存在或不存在者。"

（10）综合说。认为证据是指那些可以被用作证明的事实和方法。英国学者菲普森就持这种观点："证据一是除辩论和推论外通过起诉和答辩向法院提供关于查明案件事实而凭借的方法，二是这种方法的标的。"[1]

2. 证据理论表述论证。除上述观点外，还有反映说，认为证据是对案件事实的反映；信息说，认为证据是与案件有关的信息；等等。这些均反映了人们对证据概念的不同认识，体现了人们对证据的理解的不同。在这些观点之中，综合说将证据归结为"用作证明的事实和方法"，将"方法"归为证据显然不当，因为方法是方式和办法的合称，用其来解释证据本身是不妥的；证明说将证据落脚于一种推测，而推测实质上表述了一种动作，这种动作是主体以思维的形式进行的，所以也是不妥的；结果说把证据解释为举证和对证据调查之结果，这不是对证据本身性能的说明，因为我们对证据界定概念就是要反映证据在发挥其作用时才显现出来的性能；方法说将证据揭示为认定某一待定事物的方法或手段，其与综合论中的"方法"用语如出一辙，实质上将程序性的事物按实体性的事物进行解释；原因说将证据解释成一种原因，其本身并不是对证据的说明，而是指出了证据与证明结果的关系；双重含义说将证据本身与证据的具体表现形式混杂在一起，因而也是不妥当的，因为我们要讨论的是如何解释证据的问题，而不是讨论证据的表现形式，证据的具体表现形式在特定的语言环境和场合下被称为证据是可以的，但它毕竟不是对证据的解释，证据的概念与具体的表现形式实际上是抽象与具体的关系；统一说将证据的内容与证明手段牵涉在一起，虽然在具体运用中两者都是有联系的，不可分离的，但对证据界定概念意在揭示证据自身的性能，应当与如何使用证据无关；材料说将证据看作是证明案件事实的材料，我们理解这里的材料实质上就是在我国较流行的事实论中的事实，只是用语不同而已，但持材料说的学者中有人将"手段"纳入对证据的解释显然不妥；根据说认为证据是认定案件事实的根据，这种提法在逻辑上是顺畅的，因为对案件事实的认定只能依靠证据，没有证据案件事实就不能认定，但根据说很抽象，还要进一步落实根据又是什么，这里的根据实质上是被用来证明案件事实的材料。如前推论，无论是材料说还是事实说，

---

[1] 上述（6）至（10）几种观点参见崔敏主编：《刑事证据理论研究综述》，中国人民公安大学出版社1990年版，第2~3页。

其所指实质上是一致的。

因此，我们认为，鉴于事实说已为我国立法所使用，并为人们所普遍接受，所以，我们主张用"事实"一词作证据概念的落脚词，即证据是指能够证明案件真实情况的事实。证明案件真实情况的事实，实质上是指能够证明案件事实的各种材料。

把证据界定为能够证明案件真实情况的事实，又引出了证据真实性的话题。有人从我国立法关于证据是事实的表述，推出了我国立法对证据的要求是"不属实者非证据"的立场，并且认为"不属实者非证据"的看法是不能成立的。其理由是：无论在何种诉讼中，"当事人提交司法机关的证据和司法机关自己收集的证据中是有真有假的，因此才需要认真地审查判断。"按照"不属实者非证据"的观点，当事人提交的和司法机关收集的证据显然就不能称为"证据"。因为它们都存在着不属实的"可能性"。实践中还存在有时法官采信的证据被后来的事实证明为假，有时不采信的证据又被后来的事实证明为真的情况。该观点还举例说：一审法官请笔迹专家对笔迹进行了鉴定，后综合全案认为其鉴定结论不符合案件真实情况，未予采信，但二审时，二审法官又予采信。在这种情况下，同一材料时而是证据，时而又不是证据。我们认为，上述推论过程中，显然是把证据材料与证据的概念相混淆，无论是当事人提交的，还是司法机关收集的，都是证据材料，只有经过审查判断，对其证据资格进行审查后，再对其真实性和是否具有证明力作出判断后，才能认定其是否是证据。所以，要把证据材料和证据的概念分清。另外，如果一审未采信某一证据而二审采用了，说明使用者对证据材料的真实性认识有分歧，与证据本身的真实性没有关系。至于实践中出现的先采信后否定或先否定后采信，实质上是把证据材料当成了证据或者把证据当成了证据材料。当事人提供的或司法机关收集的证据材料有可能是证据也有可能不是证据。至于实践中将其称为证据，原因有二：一是长期的习惯，这一点连对证据和证据材料划分得很清楚的人也是如此；二是将证据材料称为证据，并不是从严格定义上对证据概念的界定，而是一种省略性的称谓。我们主张证据以真实性为必要条件，因为证据是用来证明案件真实情况的，假的东西不能起到这一作用。

三、有关证据的基本概念

在证据法学上，还有几个常用的与证据概念有联系的基本概念，是学习证据法学必须弄清楚的，下面予以简要介绍。

(一) 证据的采用标准

证据的采用标准在近年来的不同文献中有着不同的称谓，如有人称之为

"证据资格"，有人称之为证据的"可采性"，有人称之为"证据能力"。之所以会出现这么多称谓，或者因为其来自不同的法域，如"证据资格"是大陆法系的常用表述，而英美法系通常用"可采性"，或者由于翻译时使用了不同的文字，如有人将其翻译为"证据能力"。而我国学者根据其含义又结合汉语的特点，将其称为证据的采用标准。所谓证据的采用标准，是指在诉讼中有关人员所提出的证据材料能否被采用所依据的标准，"是某一材料能够用于严格的证明的能力或者资格"。可以看出，证据的采用标准旨在解决什么样的证据材料可以进入诉讼程序中，如果有关方面提交的证据材料不符合法律规定的采用标准或者说证据资格，法官就不会接受其提交的证据资料。只有具备了这个标准或资格，才能使其进入诉讼流程，法官才会对其进行采信性审查。证据的采用标准解决的是证据的形式是否符合证据的要件的问题。证据的采用标准是每一个国家证据法都必须解决或加以规定的。不过，不同国家的证据采用标准并不完全相同，有的比较宽松，有的比较严格。

在过去，我国证据法学理论中，并没有证据的采用标准（证据资格）的提法，但是并不是说我国没有对这一问题的研究和实践。在我国证据法学上有着广泛研究的证据特征（证据属性）实质上就是这个问题，其实质上讲的是哪些证据资料有资格进入诉讼过程的问题。

（二）证据的采信标准

证据的采信标准在近年来的一些论著中时常出现。这是一个与证据的采用标准既有联系又有区别的证据学概念。证据的采信标准是指审判人员对进入诉讼程序、具备证据采用标准的证据材料进行审查后，认为其有证明力而决定采纳并用其来证明案件事实时所选用的标准。诸如实践中控辩双方向法庭所提供的证据（实质上是符合证据采用标准的证据材料）在定案时未被采用，即未被采信，之所以没有被采信就是因为其不符合证据的采信标准。可见，证据的采用标准与证据的采信标准是不同的。符合证据采信标准的，必然符合证据的采用标准，但符合证据采用标准的则不一定符合证据采信标准；符合采信标准的证据材料具有证明力，符合采用标准的证据材料不一定具有证明力；采用标准解决的是证据的形式要件问题，不具备这一形式的就不能进入诉讼程序，采信标准解决的是证据的实质问题，不符合采信标准的，不能用来证明案件事实，不能作为定案的依据。

（三）证明力

证明力是指证据材料对案件事实有无证明的效力，又称证据力。证明力是证据的最根本的属性，如果没有证明力，就不是证据，不能作为认定案件事实的根据。证据力是构成证据采信标准的重要条件。证明力的基础是证据材料与案件事实有联系并对案件事实有证明作用。没有联系或者有联系但对案件事实没有证明作用，就不具有证明力。所以证明力是证据的必备条件，法院对证据是否采信关键要看证据材料是否具有证明力。但是，在现代法制社会强调人权保障和程序法定的情况下，有证据力并不意味着证据能被法院采信，如有些非法证据会被排除。证明力亦有大小之分，不同的证据证明力的大小不同，如一般情况下，直接证据的证明力大于间接证据，原始证据的证明力大于传来证据。

证明力解决的是诉讼对立双方提交的证据材料有无证明作用及证明作用的大小问题。判断具体的证据材料有无证明力及证明力的大小就是要看证据材料能否对案件事实起到证明作用。对证明力有无及大小的判断由谁来进行，如何进行，这是立法和实践都必须解决的问题。在法定证据制度下，证明力是由法律规定的，在自由心证证据制度下，证明力是由法官依据理性判断的。我国法律没有规定证明力，实践中是由法院的审判人员自己审查判断的。

（四）证据资料与证据材料

在我国证据法学界，证据资料和证据材料的用语时常可见，但在不同的教科书中含义却不尽相同。有人认为，在我国证据法学中出现的证据资料一词"是国内某些学者为解决我国诉讼法中证据条款的内在矛盾而提出的一个概念"。例如，我国《刑事诉讼法》第42条第1款规定："证明案件真实情况的一切事实，都是证据。"该条第3款又规定："以上证据必须经过查证属实，才能作为定案的根据。"这样就存在着一种表述上的矛盾，即前款说证据是事实，后款却说其需要接受是否属实的审查。这种矛盾在《民事诉讼法》和《行政诉讼法》中亦不同程度地存在着。基于此，国内有学者解释说，"我国诉讼法关于证据定义条款中使用的是证据事实的概念，而关于证据需要查证属实的条款中使用的是证据材料的概念。……证据事实是已经查明的属实证据，而'证据材料'则是未经审判人员依法定程序加工提炼，不一定属实的证据"。[1] 另外有学者对证据材料的解释是："'证据材料'，指证据的法律载体，证据的表现形式，它表现为法定的物质实体。如证人证言，它必须是以物质实体加以固定的，如书面证据或证言笔录，物证、书证必须是可以附卷的物质实体，鉴定结论，也必须表现为特定的书面形式，证据材料的载体材料和载体形式必须符合法律规定。其基本条件是：一要适合附卷并可出示、宣读、演播；二要在形式上符合法律的规定，如证人证言必须有相应格式和相应形式要件，如证人要亲自书写或对笔录核对无误而签名盖章等。"[2] 上述两种观点对证据材料的解释相去甚远，

〔1〕 转引自何家弘、刘品新：《证据法学》，法律出版社2004年版，第109页。
〔2〕 参见刘金友主编：《证据法学》，中国政法大学出版社2003年版，第95页。

前一种解释符合"证据材料"一词产生的法律环境和背景，后一种观点符合"材料"一词的本来含义并具有科学性。但是在本书中，我们将证据材料按前一种解释进行使用，因为这是根据我国立法而提出来的一个概念，并且在逻辑上是讲得通的。另外，对未经查证的控辩双方向法庭提交的"证据"，即我们所说的证据材料，有些人称之为证据资料，如有人认为："……我们所说的证据，应当同定案的证据是同一个概念，凡是未经查证属实的物证、书证、证人证言等各种证据形式，统统称为证据资料，或曰证据材料，这些材料，在未经查证属实之前，也可能是不真实的。"[1] 但有些人对"证据资料"又有自己的解释："证据资料是通过证据方法获得的内容，如证人的证言，鉴定人的意见，书证的内容，勘验的结果等。"[2] 后一种观点所使用的"证据资料"一词是大陆法系在证据学上使用的专门术语，我国证据学中极少使用。对证据材料这一概念，还有人不予承认，其争议点在于证据是否必须以真实为条件。认为出现这一概念是对证据概念的界定不当造成的，最根本的办法是重塑证据的概念及重建证据采用制度，没有必要再生搬硬造一个"证据材料"概念，否则，会给本来误区重重的证据概念"乱上添乱"。[3] 鉴于我国证据法学的基本背景，在本书中，我们将证据材料和证据资料等作同一词语对待。

第五章

第二节　证据的基本特征

诉讼证据是人们在诉讼过程中所使用的证据，除了应具备一般证据的特征外，还要受诉讼法律规范的制约，二者共同组成了诉讼证据的特征。在我国证据法学中，对证据特征的把握与界定是非常重要的，因为它是解决证据采用标准（证据资格）问题的，如果不具备这些特征，便不符合证据的资格，不能为诉讼程序所采用。

关于诉讼证据的特征，学界观点颇多，至今也未能统一。现在绝大多数人倾向于认为诉讼证据具有客观性、关联性、法律性三大特征。

一、证据的客观性特征

（一）证据客观性的基本含义

证据的客观性，是指证据是伴随着案件的发生、发展过程而产生的，不以

---

[1] 参见刘金友主编：《证据法学》，中国政法大学出版社2003年版，第131~132页。

[2] 参见樊崇义主编：《证据法学》，法律出版社2004年版，第110页。

[3] 参见何家弘、刘品新：《证据法学》，法律出版社2004年版，第109页。

人的意志为转移的客观事实。

证据为什么会有客观性呢？从逻辑上看，不论是刑事案件、民事案件或者是行政案件，都是在一定的时空范围内发生的。在其发生的过程中，必然会对周围的环境产生影响，在现场遗留下与案件有关的物品或痕迹，对目击者或耳闻者造成刺激从而在其大脑中留下记忆。案件发生过程中所产生的物品或痕迹，在耳闻目睹者大脑中留下的记忆，都是客观的，真实存在的，是不以人的主观意识为转移的。对案件发生过程中所产生的证据，不论你是否看到、是否发现、是否收集到，它都是客观存在的，不能因为没有看到、没有被发现、没有收集到就认为其不存在。当然，案件在发生的过程中，对周围环境的影响有大有小，有多有少，但不会没有一点影响。只要客观上有案件发生，就必然会产生客观上存在的证据，而不论这些证据的表现形式如何。

（二）证据客观性的意义

客观性是证据的基本属性，不具备客观性就不能作为证据使用。所以，认识和把握证据的客观性对于查明案件事实，正确处理案件具有重要意义：①办理涉讼案件，要准确地发现和收集客观存在的各种证据，并对其进行固定和保全，切忌将虽然是客观存在但不是案件事实所产生的结果当作证据进行收集和使用。②要严格地掌握客观性，不能把个人的主观判断或者人们的想像、假设、推理、臆断、虚构以及梦幻中的情节甚至是迷信邪说、咒语等当作证据使用。③证据的客观性决定了证据本身的具体性，要收集和运用具体的证据来证明案件事实，不能抽象地进行估计，否则就容易出现错误，如在办理经济类案件中（包括刑事的、民事的），不能采用算总帐的办法，只要发现有短缺就认为是贪污或者挪用或者受贿抑或是其他情形，要用具体的证据来证明每一个具体的情况。④客观性决定了证据必须具有可靠的来源，如果来源不可靠，不能查证是否属实，就不能作为认定案件事实的根据，如匿名信、小道消息、马路传言、道听途说，等等。

（三）关于证据主观性的讨论

证据具有客观性，这在我国证据法学界已经达成了共识。但是，对于证据是否具有主观性的问题，人们的意见还有分歧。有人从主观与客观的含义入手进行了分析，认为主观与客观各自至少有两个含义：客观的含义之一是指意识之外，不依赖主观意识而存在；含义之二是指按照事物的本来面目去考察，不加个人偏见。主观的含义之一是属于自我意识方面的；含义之二是不依据实际情况，单纯依自己的偏见。在证据法学中，"主观性"如果是指不依据实际情况而单纯由偏见构成的，则证据当然不具有主观性；如果"主观性"是指属于自我意识方面的，则并非所有的证据都绝对地不具有主观性。依据这一分析，按照诉讼中收集或提供的证据与客观性的关系划分，可以将证据划分为三类：一是纯属于客观性的证据如物证、书证等实物证据；二是客观性与主观性间杂的证据，这种证据主要体现为人证，即言词证据，如证人证言中，既有证人对于自己所感知的与案件有关的事实的如实描述，有时也含有证人基于自己的感知加以判断而形成的具有主观性的内容等；三是主观性的证据，如鉴定人对于待证事实单纯提供的专家意见，这种意见有时便是专家个人的自主判断；鉴定结论虽然表现为书面形式，但其实质是鉴定人就需要鉴定的专门性问题表达的个人意见。此外，主观性"证据"还包括纯粹是证人主观想像或者幻听、幻视形成的对不存在的"事实"的描述。[1] 与上述观点不同的是，有人认为，实际上，所有的证据都是人的主观认识与客观事物相结合的产物。例如，当事人陈述和证人证言显然是有关人员主观上对客观存在的案件事实的认识结果，正因为如此，当事人陈述和证人证言等证据中才存在着不符合案件事实的可能性。严格地说，任何形式的证据中都包含有人的主观因素，例如有人说物证就是纯客观的证据，其中没有任何主观因素，但这种理解不无偏颇。物证自身固然可以说是客观的，没有主观因素，但物证自身不能证明案件中的任何问题。任何物证要想证明案件中的有关事实，必须与有关人员的行为联系起来，必须依赖于有关人员的活动。在对物证进行提取并进行检验或辨认过程中它也就不可避免地"染上"了有关人员的主观因素。由此可见，任何证据都在不同程度上包含着人的主观因素。[2] 与上述肯定或部分肯定证据有主观性的观点相对应，有人完全否定证据有主观性的看法，其理由是：决不能将客观和主观两个相区别的东西合二为一。什么是证据和怎样运用证据是两回事，前者是客观存在的事物，是第一性的；后者是人们对客观事物的认识和运用，是第二性的。绝不能将客观存在的事物与人们对客观事物的认识等同起来。因而也不能认为证据是主观与客观的统一体。否定说认为：将证据看做主、客观的统一体实际上是将证据视为主观性的东西，因为只有主观的东西，才能将主客观"统一起来"。这样变相强调证据的主观性，便容易导致在证据运用上的主观随意性。[3]

二、证据的关联性特征

（一）关联性的含义

客观性是证据的基本属性，不具有客观性的事实不能作为证据使用。同时，

---

〔1〕 参见卞建林主编：《证据法学》，中国政法大学出版社 2000 年版，第 79～81 页。

〔2〕 参见何家弘、刘品新：《证据法学》，法律出版社 2004 年版，第 114～115 页。

〔3〕 参见刘金友主编：《证据法学》，中国政法大学出版社 2003 年版，第 86 页。

即便某一事实是客观的，但与案件事实没有关联性，不能对案件事实起到证明作用，也就不是证据。关联性是我国证据法学界长期以来对证据的这一特征采用的简化的、习惯性称谓，后来人们发现仅表述为有联系还不足以概括证据的这一特征，在指出关联性的同时，还要强调其证明作用的属性。还有人称其为相关性，另有人为了突出证明作用的重要而称其为证明性。

关联性对于确定某一事实能否被作为证据使用至关重要，因为关联性决定了其是否具有证明力以及证明力的大小。理解关联性要注意下列方面：

1. 作为证据的事实必须与案件事实具有客观上的联系。也就是说，不具有客观上的联系，便不是证据，不能作为证据使用。表现在：

（1）作为证据的事实必须与案件事实有联系，如果没有联系，风马牛不相及，就不是证据，因为证据是在案件发生过程中在案件事实的作用或影响下形成的，有些是案件事实所产生的结果，如对财物造成损失的后果，有些是在案件事实的影响下形成的，如目击者受到感官刺激而留下的记忆。如果不是在案件事实的影响作用下形成的，便不能确定为有联系性，诸如在案发现场存在的与案件事实没有任何关系的物品，就不能说其与案件事实具有联系性。

（2）作为证据的事实与案件事实的联系是客观的联系，不能把与案件事实没有任何关系的事实想当然地、硬性地说成有联系性。这种主观强加上的"联系性"很可能形成错案，要防止主观想象的联系性。

（3）证据与案件事实联系的程度不同，有大有小，有强有弱，从而决定了证明力大小有异。

（4）证据与案件事实的联系性是多种多样的，主要可以归结为如下方面：①因果联系，即证据事实是案件事实的原因或结果；②条件上的联系，即有些证据事实与案件事实之间存在着条件依存关系；③时间上的联系，即证据事实与案件事实有着时间上的先后顺序上的联系；④空间上的联系，指有些证据事实在空间上、方位上有联系；⑤必然联系，即证据事实与案件事实之间的联系具有必然性；⑥偶然性的联系，即证据事实与案件事实的联系表现为偶然性。[1] 除上述联系外，我们认为证据与案件事实应当还有直接联系与间接联系的情形。

（5）证据与案件事实的联系性的表现程度不同，有时非常直接具体，如一般情况下在被害人心脏上的刀子就是致其死亡的凶器，是典型的物证；有时候则不明显，需要认真地甚至是艰苦地审查判断。在实践中，有时候联系性的确定是非常困难的，但是并不是说二者之间是否有联系性就无法查明。随着科学技术的发展，高科技在诉讼领域的运用，过去一些很难确定的事实在高科技的

---

〔1〕　参见刘金友主编：《证据法学》，中国政法大学出版社 2003 年版，第 88 页。

运用下变得很容易确定，例如 DNA 技术在身份确定方面的应用就是如此。所以，关联性是一定能为人们所认识的。当然，我们也应承认，人的认识能力是有限的，科技的应用在一定的时间内也是有限的，当遇到一定时间内难以解决的问题时，应按法律规定办理。

2. 作为证据的事实必须是能够证明案件的事实。证据事实必须与案件事实有联系，这是构成关联性的前提。但是某一事实即便与案件事实存在着客观上的联系，也不等于具备了证据学上的关联性。要把其作为证据使用，它还必须具有证明性，即对案件事实的全部或一部具有证明作用。

结合诉讼实务，在证据事实和待证事实这一对范畴之间，一方面待证事实需要人们用证据去证明它，否则证据事实是没有作用的。如在诉讼实践中，众所周知的事实、公理、推定的事实和司法认知等，就不需要去证明。另一方面，作为证据的事实，必须对待证事实具有证明作用，也就是要有证明力，否则，某一事实即便与待证事实有联系，但若没有证明力，也不能作为证据使用。根据这一原理，在确定关联性时应当注意：①确定关联性中的联系性时，要注意既要有联系性，又要有证明作用。联系性必须是一定范围内的联系性，不能漫无边际地看其联系性。联系性作为哲学上的术语，按照辩证唯物主义的观点，世间一切事物都是普遍联系的，在确定作为证据事实和待证事实的联系性时，不能放在哲学上的普遍联系性层面来考察，哲学上的联系性有近有远、有直接与间接、必然与偶然、形式性与实质性的联系等。根据证明性的要求，只能是一定范畴的、一定形式的联系，否则对我们所要解决的问题没有实际意义。②证明性必须是确定的、明确的，否则不能认定为具有证明性。实践中对那些证明力有无含糊不清的事实，不能确定为有证明力，如辨认人对某一辨认对象进行辨认后，不能肯定又不能否定其是否为特定的人，这种情况下就属于不能确定的情形，不能作为有证明力的证据使用。③一些看起来似有规律性但又没有最终确定下来的结论不能运用，如测谎结论。有些被确定下来的定律则可以运用，诸如指纹对比技术和 DNA 遗传鉴定结论。

（二）联系性与证明性的关系

从前述联系性与证明性的内容可以看出，联系性是证明性的前提和基础，有了联系性才可能具有证明性，有联系性则不一定必然就有证明性，但有证明性必然具有联系性。正是因为如此，有人主张将联系性更名为证明性。这种主张是准确的，但考虑到世界范围内都已约定俗成，故仍用关联性。

掌握了证据的关联性是由联系性和证明性构成的，对于把握关联性是非常重要的，对准确地收集和运用证据、正确办理案件也是必需的。

三、证据的法律性特征

(一) 法律性的含义

证据的法律性，是指证据的形式、收集、出示和查证只有符合法律的规定才能作为定案的依据的属性。如果说证据的客观性和关联性是揭示证据自身的特性，那么，法律性特征则是从证据自身之外来规范证据的使用的。法律性并不解决证据本身有无证据力的问题，而是基于诉讼活动本身的特点提出来的，这也是诉讼证据在使用时不同于其他领域的证据使用的一个特点。法律为什么要对诉讼证据作如此的规范？这是由诉讼活动所要解决的问题决定的。不论什么性质的诉讼活动，都是司法机关在当事人和其他诉讼参与人的参加下解决控辩双方争议事实的活动，目的在于公正地处理控辩双方的纠纷，如果不对证据的形式、收集、出示和查证进行规范，不但争议不能很好地得到解决，而且在这一过程中还可能发生侵犯、损害当事人合法权益的事情，这在各类诉讼中都是如此，在刑事诉讼领域表现得尤为明显。可以这样说，法律性是法律对证据的收集和运用进行干预所表现出来的特性。它是法制现代化、程序规范化在证据的收集和运用上的体现。

(二) 法律性特征的内容

证据合法性在世界各国的立法中都有规定，在大陆法系被称为证据能力，在英美法系则被称为可采性，具体是指证据必须为法律所允许。为保证法律性得到贯彻，各国在立法和实践中都确定了一系列的规则。在我国，证据的法律性主要表现为证据必须具有法律规定的形式和必须由法定人员依照法定程序收集、查证和运用。主要内容如下：

1. 证据必须符合法定的形式。每一事物既有其自身特定的内容，还必须具有承载这一内容的形式，只有内容没有存在形式的事物是不存在的，证据也是如此。那么，证据的形式为什么要由法律加以规定呢？这是因为形式是内容的载体，形式体现、表现着内容。为了把内容不符合证据要求、不具备证据力的事实排除在外，立法者将不具备客观性、关联性的事实排除在法定的证据种类之外，诸如主观想象、猜测、分析、推断，或者那些没有根据的流言、道听途说、卜卦、梦呓、诅咒、发誓及迷信邪论等。由法律明确地规定证据的形式是十分必要的，既可以避免证据运用时可能出现的混乱，也可防止将非证据的事实当作证据使用，这一点在世界各国已成惯例。

法定形式是法律根据证据事实的表现形式，在法律上对证据进行的分类，即人们所说的法定证据种类。我国《刑事诉讼法》根据证据的表现形式将证据分为七种，即物证、书证，证人证言，被害人陈述，犯罪嫌疑人、被告人的供述和辩解，鉴定结论，勘验、检查笔录，视听资料。《民事诉讼法》也将证据分为七种形式，即书证，物证，视听资料，证人证言，当事人陈述，鉴定结论，勘验笔录。《行政诉讼法》也将证据分为七种，即书证，物证，视听资料，证人证言，当事人陈述，鉴定结论，勘验笔录、现场笔录。这些都是法律依证据的外在表现形式所进行的划分，是具有法律效力的法定形式；对证据法定表现形式的规定，保证了证据的实质内容的客观性，在司法实践中应当严格遵守，不符合这些法定的证据种类的事实不得作为证据使用。

证据的法定形式除了立法者根据证据内容所进行的形式归类之外，还包括证据的结构形式。如前所述，内容决定形式，形式反映内容，如果形式不符合规定，其内容就值得怀疑，此点在以文字材料承载的证据上表现尤为突出，例如，证人证言，被害人陈述，犯罪嫌疑人、被告人的供述与辩解，民事诉讼和行政诉讼中的当事人陈述，虽然我国立法规定这些言词类证据既可以以口头方式表达出来，也可以以书面形式表达出来，但都必须以文字记录下来，而且在结构形式上有特别的要求，如必须有这些证据提供主体的签名或者盖章；鉴定结论必须以书面形式表现出来，结构上也有特定要求，鉴定人必须签名或盖章；再如勘验、检查笔录及现场笔录等都必须以文字记录下来，并有取证的司法人员和见证人的签名；等等。

2. 证据必须由法定人员依照法定程序和方法收集或者提供。诉讼必须在有序的状态下进行，否则会造成混乱，甚至影响到办案质量。作为诉讼程序重要部分的收集或者提供证据也是如此，证据必须由法定人员依照法定程序和方法收集或者提供，具体包括两个方面：①收集或者提供证据的主体要符合法律的规定。按照我国诉讼法的规定，办案人员、当事人及其辩护人、诉讼代理人有权利亦有义务收集或提供证据，他们是收集或提供证据的合法主体。对于上述人员之外的其他诉讼参与人提供证据也有规定，如对证人资格、鉴定人员资格的规定。这些都是收集或者提供证据主体法定化的体现。②收集或提供证据的方法、方式和程序要符合法律的规定，这在我国三大诉讼法中都有明确规定。

在刑事诉讼方面，《刑事诉讼法》第43条规定："……严禁刑讯逼供和以威胁、引诱、欺骗以及其他非法的方法收集证据……"对具体的收集证据的方式、方法和程序作出了系统的规定，如询问证人、被害人、讯问犯罪嫌疑人必须由侦查人员2人以上进行，对2名以上的证人、被害人、犯罪嫌疑人不能同时进行询问或讯问，在询问、讯问开始时要告知其权利与义务，等等。取证程序的规范化不仅适用于控方，对于辩护一方的取证行为也有规范性的要求，如《刑事诉讼法》第37条第2款规定："辩护律师经人民检察院或者人民法院许可，并且经被害人或者其近亲属、被害人提供的证人同意，可以向他们收集与本案有关的材料。"为了保证证据收集程序的合法性，最高人民法院《关于执行〈中华人民共和国刑事诉讼法〉若干问题的解释》第61条规定："严禁以非法的方法收集证据。凡经查证确实属于采用刑讯逼供或者威胁、引诱、欺骗等非法的方法取得的证人证言、被害人陈述、被告人供述，不能作为定案的根据。"《人民检察院刑事诉讼规则》第265条规定："严禁以非法的方法收集证据。以刑讯逼供或者威胁、引诱、欺骗等非法的方法收集的犯罪嫌疑人供述、被害人陈述、证人证言，不能作为指控犯罪的根据。"在民事诉讼方面，从法律规定和司法解释的精神上看，也是非常重视证据的收集程序的。以如何对待音像资料为例，1995年3月最高人民法院在《关于未经对方当事人同意私自录音取得的资料能否作为证据使用问题的批复》中指出，证据的取得首先要合法，只有经过合法途径取得的证据才能作为定案的根据。未经对方当事人同意私自录制其谈话，系不合法行为，以这种手段取得的录音资料，不能作为证据使用。2001年最高人民法院《关于民事诉讼证据的若干规定》对这一规定作了一些修正，其第68条规定："以侵害他人合法权益或者违反法律禁止性规定的方法取得的证据，不能作为认定案件事实的依据。"这一规定比1995年的规定要求宽松，但仍然要求证据取得的合法性。在行政诉讼方面，最高人民法院《关于行政诉讼证据若干问题的规定》第58条规定："以违反法律禁止性规定或者侵犯他人合法权益的方法取得的证据，不能作为认定案件事实的依据。"

以上情况说明，在我国，不但要求取证的合法性，而且对部分非法取得的证据不能作为定案的依据。这实质上涉及非法证据排除的问题。对非法证据及其排除规则，我们将在证据规则部分专门论述。

3. 证据必须经过法定程序查证属实。在诉讼中，对于控辩双方提交的证据，必须经过法定程序查证属实，才能作为定案的根据。这实质上属于证据的审查程序。设置审查程序十分必要，关系到证据的真实性、证明力等。我国各诉讼法都对证据的使用规定了法定的查证程序。在刑事诉讼中，证人证言必须在法庭上经过公诉人、被害人和被告人、辩护人双方询问、质证，由审判人员认证；物证必须当庭出示，让有关诉讼参与人辨认；未到庭的证人证言、鉴定结论、勘验检查笔录要当庭宣读，听取当事人及辩护人、诉讼代理人的意见，经查证属实后，才能作为定案的根据。《民事诉讼法》第63条和《行政诉讼法》第31条也都规定了对证据进行查证的法定程序。

（三）对证据法律性特征的争论

虽然证据的法律性特征已为绝大多数人所接受，但在认识上并没有完全统一。在我国证据法学界存在着两种认识，即肯定论和否定论。

肯定论认为：诉讼证据包括三大属性，法律性是其属性之一，是诉讼证据

第
五
章

区别于一般证据和其他证据的标志。其主要理由是：①诉讼证据的法律性，首先是由诉讼活动的特殊性决定的。在诉讼中，证据所证明的是一种不同于其他证明的事实，涉及当事人的权利与义务，是一项非常严肃的事，故不能允许把采取非法方法获取的事实用作证据，必须要受法律的约束，由法律授权的人员通过合法的程序收集和认定。②证据的客观性和关联性仅仅表明证据事实在事实上能够证明案件，这属于证据能力问题，但作为诉讼证据，仅具有证据能力还不够，还必须符合法律的要求，这是证据效力问题。凡不是依法收集的证据，不符合法律要求的证据资料，不能纳入诉讼程序。③古今中外的任何国家都有自己的证据制度，明确规定了证据的表现形式及其收集、认定、使用的原则和程序。可见，法律性是任何社会制度下都必须具备的要素。④我国诉讼法律所规定的一系列证据规则、制度都是为了保证客观、公正地进行诉讼活动的。因此，在我国，证据的法律性和客观性、关联性是一致的。客观性要求证据事实的内容真实可靠，关联性要求搞清证明关系，而法律性要求的是证据的形式和来源、取得程序等要符合法律规定。⑤坚持证据的法律性，不仅仅是一个单纯的理论性问题，更重要的是一个关系实际办理案件质量的实质性问题。运用不合法的证据更容易办错案件，这在历史上并非鲜见，可见坚持法律性，是保证办案质量的大问题。

否定论者认为，证据只具有两大特征，即客观性和关联性，不承认证据具有法律性，认为法律性是外加给证据的，而不是它本身固有的属性。其理由主要是：①法律性不是证据本身的特征，只是认定证据的诉讼程序问题，如果认为法律性也是证据的特征，那就是给证据本身强加了某种主观因素，势必会动摇和削弱证据的客观性。这在理论上是错误的，在实践上是有害的。②涉讼案件及伴随着案件而产生的证据是先于办案人员的思想而客观存在的，你认识它，它存在，你不认识它，它照样存在，这种存在是不以人的意志为转移的。如果认为离开诉讼程序就无所谓证据，在诉讼程序之外不存在证据，岂不是否认诉讼程序赖以产生的客观基础？这样还会否定那些我们尚未认识或由于各种条件限制暂时还不可能认识的各种证据的存在。③作为定案根据的证据具有法律效力，并不意味着证据本身具有"法律性"特征。因为这里所说的法律效力，实际上是指我们对证据的客观性和关联性的确认罢了。它不是证据本身所固有的，而是具有法律意识的人赋予它的。它是一种认识，一种判断，是办案人员在对证据的客观性和相关性确证之后产生的一种意志力。因此，它是诉讼程序中的问题，而不是证据本身的特性。④法律性是指证据必须由法定人员依法收集和认定，并具有法律规定的表现形式。不能把证据本身所具有的特征与表现形式混为一谈，也不能把证据本身所具有的特征与对证据的收集和审查判断混为一谈。⑤收集证据的手段是否合法与证据本身的真实性是两回事，不能因为取证手段是非法的，就把证据看成是非法的。如果收集手段是非法的，比如在一次非法搜查中，搜查出了走私物品等，搜查到的这些物品仍不失为认定案件事实的证据，不能因为搜查手段是非法的，明知是确实的证据而弃之不用，使犯罪分子逍遥法外。⑥如果在证据的本质特征即客观性和关联性之上再加上法律性，证据就变成了一个主客观相结合的混合体，结果往往是本质的东西成了次要的、被忽视的，而非本质的东西却成了主要的、被强调的，这样会影响办案质量。

　　到底应如何评价上述关于证据是否具有法律性特征的观点，是一个非常复杂的问题。否定论者认为合法性是外加给证据的，而不是它本身固有的特征。"收集证据与审查判断证据的程序与证据特征之间是有区别的"，[1]这些理由不能说没有道理。可以看出其与肯定论的分歧的基本出发点在于是从单纯的证据本身看其属性，还是将证据放在诉讼大背景下看其属性。我们认为，诉讼是一种社会活动，应当接受法律的调整，所以给诉讼中的证据外加一个法律性的要求是必要的，一是因为不合法的证据在有些情况下不能保证其客观性和关联性，实践中有些错案就是因此而形成的；二是因为诉讼是一种社会活动，必须遵守法律规定的正当程序原则。不能因为要弄清一个案件事实而损及其他社会利益。把合法性作为证据资格的一个重要条件，是诉讼中法律对证据运用进行调节的必要措施。

第三节　证据的意义

　　在各类诉讼中，证据的确定和运用是最重要的，无论是对作为当事人的控、辩双方，还是对裁判者而言都是如此。证据的重要性，主要体现在下列方面：

一、证据是查清案件事实的唯一手段

　　无论何种诉讼，其过程都分为两大部分，即先要查清涉讼案件的事实，在此基础上适用法律，对争议案件作出裁判。在这一过程中，查清案件事实是前提、是基础。而要查清案件事实，就必须运用证据来进行，证据是查清案件事实的唯一手段。

二、证据是推动诉讼前进的必要条件

　　诉讼的过程可以说是运用证据证明案件事实的过程，无论何种诉讼都要遵

---

〔1〕　刘金友主编：《证据法学》，中国政法大学出版社 2003 年版，第 102 页。

循这一规律。比如刑事诉讼，无论是立案、侦查、起诉和审判都离不开运用证据一步一步地进行证明，从而把诉讼活动不断地向前推进，没有证据证明有犯罪事实发生，就不能立案；证据不够确实、充分，就不能起诉和裁判。如果没有证据，诉讼就会停滞不前，更不要说查清案件事实，对案件作出处理了。可以说证据是推动诉讼前行的动力，是诉讼主体推进诉讼进程的必要条件。民事诉讼和行政诉讼亦是如此。

三、证据是揭露、证实违法犯罪的有力武器

在诉讼中，违法犯罪者往往会百般抵赖、强词夺理，企图掩盖事实真相，逃避法律责任。在这种情况下，只要有确实、充分的证据，就能揭露、证实违法犯罪行为，揭穿行为者的侥幸心理，迫其伏法，承担应当承担的法律责任。

四、证据是无辜者不受法律追究的保障

公安司法机关进行各种诉讼活动，既要准确、及时地查明案件事实，使违法犯罪的人受到法律追究，承担相应的法律责任，又要保障无辜的人不受法律追究，防止冤枉好人。因此，刑事诉讼法规定，侦查、检察、审判人员既要收集能够证实犯罪嫌疑人、被告人有罪、罪重的证据，又要收集能够证明犯罪嫌疑人、被告人无罪、罪轻的证据。对有罪证据、罪重证据与无罪证据、罪轻证据同等对待的科学态度，既能保证有罪的人受到应有的制裁，又可使无罪的人不受法律追究，只有证据才能使这一目标得以实现。

五、证据是当事人论证自己主张和要求的重要依据

参加诉讼的当事人，与案件事实和处理结果有着直接的利害关系，他们有着自己的主张和要求，如何才能使自己的主张和要求得到司法机关的认可，维护自己的合法权益，就得依靠证据来支持自己的主张和要求，为此，他们必须提供确实、充分的证据来证明自己的观点，这样才能得到司法机关的认同，采信其证据，支持其主张，从而保护其合法权益。

六、证据是进行法制宣传教育的生动教材

证据或多或少、或轻或重地反映着案件的事实。通过证据，人们可以看到哪些行为是合法的，哪些行为是违法的以及违法、犯罪行为的社会危害性，从而受到生动、具体的法制教育，提高自己遵守法律的积极性，无论是在刑事方面，还是在民事和行政方面，证据在教育公民自觉地遵守法律方面的作用，已被司法实践所证实。可见，证据是进行法制教育的生动教材。

本章思考题

1. 什么是证据？其基本特征有哪些？
2. 什么是证据的采用标准？什么是证据的采信标准？二者的区别是什么？
3. 什么是证据的客观性？如何把握证据的客观性？
4. 什么是证据的关联性？关联性应如何掌握？
5. 什么是证据的法律性？法律性有哪些要求？
6. 证据对诉讼活动有哪些意义？

第 6 章

物　证

学习目的与要求：

　　通过本章的学习，领会和掌握物证的概念和特征；了解物证的分类和表现形式；认识和理解物证的意义。

第一节　物证概述

一、物证的概念

　　物证，是指以其外部特征、物质属性和存在状况来证明案件真实情况的一切物品或者物质痕迹。

　　所谓外部特征，主要指物证的形状、大小、数量、颜色、新旧、损坏程度等特征。所谓物质属性，主要是指物证的质量、重量、材料、成分、结构、性能等特征。所谓存在状况，则是指物证所处的位置、环境、状态、与其他物体的相互关系等特征。

　　物证是我国刑事诉讼法、民事诉讼法和行政诉讼法都明确规定的一种十分重要的证据种类，它有广义和狭义之分。广义的物证，是指以实物形式表现出来的证据，包括书证，勘验、检查笔录，视听资料等；狭义的物证则不包括书证，勘验、检查笔录，视听资料。作为我国法定证据形式之一的物证属于狭义的物证。

　　在三大诉讼中，任何一种诉讼行为必然会导致或多或少的物证产生。中国有句俗话叫做"要想人不知，除非己莫为"，一旦人们从事了某种行为，就必然作用于相对的人或者周围的环境，而这些相对的人及周围环境就必然反作用于行为人，正因如此，就必然产生这样或那样的物品及物质痕迹，这就是物证。这些物证是独立于人的意识之外客观存在的，它是不以人的意志为转移的。物证作为客观存在的物质实体，必须与案件事实之间存在着联系，只有那些与案件中的待证事实和其他相关事实有联系的物品或者物质痕迹才能成为物证，而没有联系的物品或痕迹则不具有证据意义，同样不具有证据能力。如由犯罪行为产生的各种物证总是在某一方面、某种程度上能够反映案件的情况，有的反映犯罪的目的、手段，有的反映犯罪过程及后果等。在民事诉讼中，也只有与案件事实有联系，对查明案情有意义的物品和痕迹才能成为物证。

二、物证的特征

物证除了具备所有证据所必须具备的客观性、关联性、法律性的基本特征以外，还具有以下几个方面的特征：

1. 物证以其外部特征、物质属性及存在状况证明案件真实情况。这是物证的基本特征，也是物证与书证的重要区别。由于物证是一种客观实在物，物质特征是物证的特有属性，这些属性是通过物证的外部特征、物质属性及存在状况体现出来的，具体就是物品或者痕迹的外形、颜色、体积、数量、重量、质量、密度、化学成分及存在的场所和位置等。正是依靠物品或者痕迹的这些物质特征来发挥物证对案件事实的证明作用，如犯罪工具是以其外形、颜色及所处的位置等物品的特征和属性特点来证明案件事实的。例如，杀人案件中作案工具外部特征不同，在被害人身上就会留下不同的创伤口。物证的这些特征是其他证据所不具备的一个重要的区分点。例如，证人证言、当事人陈述等言词证据，都是以自然人的陈述内容来证明案件事实的，书证、勘验、检查笔录和视听资料等证据则是以其记载和反映的内容来证明案件事实的。

2. 物证具有较强的客观性和稳定性。这是物证的突出特征。由于物证是行为人作用于客观外界所形成的物品和痕迹，因此，其客观性、真实性较强，且不容易发生变化，不像证人证言、当事人陈述、犯罪嫌疑人、被告人供述和辩解那样受主观因素的影响较多，容易发生变化。因此，对物证只要及时用科学的方法收集、提取，妥善地加以固定、保全，一般具有较强的稳定性和可靠性。与此不同的是，各种言词证据通过人的陈述的形式表现出来，其形成必须经过反映（感受）、储存（记忆）、再现（陈述）的过程，中间介入了人的因素，因此其客观性、真实性往往受陈述者主客观条件的影响。例如，证人感受能力较差或道德品质低下等因素必然会影响其陈述的真实性或准确性；犯罪嫌疑人、被告人为了逃避制裁可能会隐瞒或作虚假陈述等。

3. 物证只能对案件事实起间接证明作用。由于物证不会说话，是哑巴证据，单独一个物证，不能直接、单独证明案件的主要事实，只能证明案件主要事实的某一方面。因此，在司法活动中，物证必须与其他证据相结合才能证明案件事实，即只能对案件事实起间接证明作用。而且，物证的使用往往要借助一定的科学技术手段，它与案件事实之间的联系常常还需要辅之以其他的证据形式或印证手段才能发挥作用。例如，在犯罪现场提取的指纹或者毛发、烟头等，首先需要经过司法鉴定认定为某人所留，但是该物证所提供的信息只能说明某人来过现场，而不能证明为该人作案时所留，更不能证明就是该人作案。要把这些证据和案件里的其他证据如鉴定结论等结合起来才能发挥证明作用。

4. 物证对案件证明的能动性不够。由于物证是客观存在物，属于无意识的证据，不能自明其义，而且物证的证明力在许多情况下需要借助科学技术、特殊设备等，只有经过人的能动作用去发现、识别、挖掘它同案件事实的客观联系，并进而将其纳入诉讼轨道，才能发挥其证明作用。因此，物证的证据意义不如人证明显，即能动性不够。

第二节　物证的分类和表现形式

一、物证的分类

（一）特征物证、属性物证、状况物证

根据物证证明案件的特征不同，可以将物证分为特征物证、属性物证、状况物证。

所谓特征物证，是指以其大小、形状、数量、颜色、光泽、图纹、新旧、损坏程度等外部特征来证明案件事实的物证。所谓属性物证，是指以其质量、重量、材料、成分、结构、性能等内在属性特征来证明案件事实的物证。所谓状况物证则是以物证所处的位置、环境、状态、与其他物体的相互关系等特征来证明案件事实的物证。

这种划分的意义在于明确物证有着多种不同的证明案件的特征或方式，从而更好地收集和运用物证，使物证的证明作用充分发挥。

（二）大型物证、一般物证、微形物证、无形物证

根据物证的体积和质量大小等不同，可以将物证分为大形物证、一般物证、微形物证、无形物证。

所谓大型物证，就是形状、体积较大，不便于直接提取原物，在法庭上通常只能以照片等方式出示的物证，如楼房、桥梁、火车和飞机等。所谓一般物证，就是体积一般，可以直接提取原物并在法庭上出示的物证，如衣物、钱币、弹壳等。所谓微形物证，就是体积微小，人的感官难以直接感知，往往需要借助一定的工具或仪器才能发现和提取的物证，如附在足迹上的金属粉末，沾附在衣服上的射击残留物，散落在现场的毛发、纤维等。所谓无形物证，是指与特征事实相关联的无固定形体的物质，主要有气味、声音、光、电等。

第六章

这种划分的意义在于明确不同物证的特点及其在取证、举证等方法和手段上的特殊性，以便在实践中对物证进行全面的认识和运用。

（三）实体物证、痕迹物证

根据物证的存在形式的不同，可以将物证分为实体物证、痕迹物证。

所谓实体物证，是指以实体物的存在形式来证明案件事实的物证。这类物证的特点是有比较完整的形体，而且一般能在法庭上出示。实体物证是物证构成中最为重要的一种类型。所谓痕迹物证，是指以痕迹的存在形式来证明案件事实的物证。物质痕迹是两种物相互作用的结果，例如，桌面上的指印是人的指头接触桌面的结果；尸体上的弹痕是枪弹打中或穿过人体的结果。痕迹的证据作用是很大的，如从脚印（鞋印）可以判断留下脚印者的身高、体重、大致年龄、行走习惯、职业特征等；还可以判断走动方向，进而搞清脚印的来龙去脉，为查明犯罪分子提供线索。随着科学技术的发展，人们认识痕迹物证的范围也在不断扩大。人们不仅成功地利用脚印、指印这样一些人体痕迹，也开始利用掌印、耳印、唇印等印迹。

这种划分的意义在于明确物证在司法实践中有着不同的存在形式，以便在实践中证明案件时能够对不同的物证采用不同的运用方法。

（四）固体物证、液体物证、气体物证

根据物证形态的不同，可以将物证分为固体物证、液体物证、气体物证。

所谓固体物证，是指以固体形态证明案件事实的物证，如杀人的刀枪、盗窃用的工具、诈骗的财物、抢劫的车辆等，这是司法实践中最常见的物证形态；所谓液体物证，是指以液体形态证明案件事实的物证，如行贿的名酒、投毒的饮料、纵火的汽油、涂改帐目的药水等；所谓气体物证，是指以气体形态证明案件事实的物证，如致人死亡的毒气、煤气等。

这种划分的意义在于准确认识不同形态的物证特点，以便公安司法人员在取证、举证等活动中采用不同的方法。

二、物证的表现形式

在司法实践中，物证的具体表现形式复杂多样，对此立法上无法一一列举，如果加以归纳，可总结为以下形式：

（一）刑事诉讼中物证的表现形式

（1）实施犯罪行为留下的痕迹。如遗留在现场的指纹、足迹，杀人、伤人的血迹，强奸案件中的精斑，盗窃案件中的撬压痕迹等。

（2）实施犯罪的工具。如杀人、伤人的刀枪，盗窃用的万能钥匙，与敌特机关联系的电台、收发报机，爆炸用的炸药，纵火用的引火物，走私用的运输工具等。

（3）犯罪嫌疑人在预备犯罪、实施犯罪的各个场所遗留的物品。如犯罪嫌疑人遗留在犯罪现场的衣服、纽扣、烟头、纸屑、毛发等。

（4）犯罪行为侵害的客体物。如经济犯罪中的赃款、赃物，杀人案件中的尸体，伤害案件中的伤情，被毁损的机器、设备、零部件等。

（5）犯罪行为所产生的物品或痕迹。如非法制造的枪支弹药、毒品，非法印制的出版物，伪造的国家货币，被破坏的门窗上遗留的撬压痕迹，被害人身体上的伤痕等。

（6）表现犯罪社会危害性后果的物品。如被毁坏的机器、仪器，被焚毁、炸毁的建筑物，被害人的尸体等。

（7）在犯罪过程中或者犯罪后，犯罪嫌疑人为掩盖罪行、对抗侦查而伪造的各种物品或痕迹。

（8）能够表明犯罪嫌疑人、被告人无罪的各种物品或痕迹。

（9）其他可供查明案件真实情况的物品或痕迹。

（二）民事诉讼中物证的表现形式

（1）在合同纠纷案件中，当事人之间争议的标的物。如在买卖合同纠纷中，当事人就合同标的物的质量、数量、外形、规格等存在争议，在这种情况下，该标的物本身就成为能够证明案件事实的物证。

（2）各类侵权案件中造成侵害后果的物品或者人身。如被损坏的家用电器、受损害的肢体或者侵权行为留下的物质痕迹等。

（3）所有权纠纷中所涉及的物品。如房屋、汽车、金银首饰等。

（三）行政诉讼中物证的表现形式

（1）行政机关在行政执法过程中依法收集的物品或者痕迹。如工业污染物、假冒伪劣产品、违禁品、变质食品、交通肇事的车辆及所形成的印痕等。

（2）公民、法人或者其他组织在行政管理过程中向行政机关提交的物品或者痕迹。如检测的样品、损坏的物品或者痕迹等。

第三节　物证的意义

物证是三大诉讼法中都有规定的一种重要证据。由于其客观性、稳定性的特点，同各种言词证据相比，特别是同一些可变性较大的证据比如犯罪嫌疑人、被告人的口供、双方当事人的陈述相比，其证明力更强。况且实践中，在大多数案件中都可以收集到不同数量的物证。因此，这些物证在各种诉讼证明活动中起着十分重要的作用。具体表现在：

一、物证是查明和认定案件事实的重要根据

任何违法犯罪行为、民事、行政行为在实施的过程中，必然要留下各种痕迹和映象，甚至留下各种物品。这些物品、痕迹是伴随着案件事实的发生而产生的，它必然同案件事实具有一定的关联性，反过来它对于查明案件事实又起着重要的证明作用。单独的物证虽然不能证明案件的主要事实，而只能反映案件事实的某一个方面、某一个环节。但依据物证，可以确定案件的部分事实。例如：在民事诉讼中，根据对物证的辨认和分析，可以查明当事人的诉讼请求和答辩是否有理有据，以确定当事人的权利义务关系；在行政诉讼中，根据一般违法行为所侵害的客体的轻重，可以认定行政处罚决定的正确性、合法性；在刑事诉讼中，根据现场勘验所扣押、提取的各种物品和痕迹，可以确定侦查方向，提供侦查线索，推断作案手段，判定作案性质，同其他证据相结合可以查获罪犯，确定犯罪嫌疑人，甚至可以判决被告人有罪、无罪或者罪行轻重。

二、物证是检验、鉴别其他证据真实性、可靠性的有效手段

由于物证是一种客观存在的具体物品或者痕迹，客观性较强，运用鉴定和其他方法，较易核实物证的真伪。案件中的各种言词证据，虚实并存，错综复杂。唯有物证的客观性较强，它可检验真假，衡量虚实，去伪存真。因而在司法实践中，物证往往是检验言词证据的一把尺子，办案人员通过物证与言词证据等其他证据相互印证的方法，便可以检验、鉴别言词证据的真伪。

三、物证是制服犯罪嫌疑人、被告人的有力武器，也是促使当事人如实陈述的有力根据

在刑事诉讼中，犯罪嫌疑人、被告人为了掩盖罪行、逃避法律制裁，总是千方百计地隐匿、毁灭罪证，或者伪造证据，制造假象。当罪行暴露后，又往往是百般抵赖，负隅顽抗。只有在确凿的物证面前，才不得不低头认罪，坦白交待。因此，正确收集和运用物证，可以起到促使犯罪分子认罪伏法，接受改造的作用。同时，公安司法机关进行刑事诉讼，既要保证准确地查明犯罪事实，使犯罪分子受到应有的法律制裁，又要保障无罪的人不受刑事追究，如果公安司法机关全面地掌握了物证及其他证据，就能保障无罪的人不受刑事追究，避免冤假错案的发生。在民事、行政诉讼中，当事人出于各种原因也会作虚伪的陈述，审判人员运用已经查证属实的物证可以查明事实真相，可以揭露其陈述的虚假性，以促使其如实陈述。

第六章

四、物证是进行法制宣传教育的重要工具

在诉讼过程中，通过物证，可以使公众了解作案的手段、方法、原因、结果，可以帮助公众充分认识双方当事人争议的关键所在，更加清楚地认识犯罪行为和违法行为对社会造成的危害性。通过反映犯罪行为或者民事违法行为实施过程的物证，可以使人们认识到，无论犯罪分子多么狡猾，违法行为多么隐蔽，终究逃不脱恢恢法网，以此激发公民同违法犯罪行为作斗争的积极性，提高其维护社会治安的自觉性。同时物证也能对社会上潜在的违法犯罪分子起到教育、威慑作用，从而有效地预防犯罪。

本章思考题

1. 什么是物证？物证有什么特征？
2. 什么是特征物证、属性物证和状况物证？
3. 什么是实体物证和痕迹物证？
4. 为什么物证只能对案件事实起间接证明作用？
5. 物证的表现形式有哪些？
6. 物证有什么意义？

第六章

第 7 章

书 证

学习目的与要求：

通过本章的学习，领会并掌握书证的概念和特征；理解书证与物证的关系；了解书证的分类和表现形式；认识和把握书证的意义等。

第一节 书证概述

一、书证的概念

书证，是指以文字、图画或者符号等形式所表达的思想或记载的内容来证明案件事实的书面文件或其他物品。

在诉讼活动中，能够作为书证必须同时具备以下条件：①书证必须是以文字、图画或者符号等方式记载或者表达了人的一定思想的文件或物品，并能够为一般人所认识和理解，可借以发现信息。反之，虽然其表现形式为特定的文字、符号和图画，但其所表现的并非特定的思想内容，而且不为常人所认识和理解，便不能作为书证加以使用。这是书证的最基本的条件，也是书证区别于物证的最本质的特征。②书证本身应当是真实的，是当事人或者书证提供者在案件发生之前或案件发生过程中制作的，是真实意思的反映。③书证所记载的内容或者表达的思想，必须与待证明的案件事实有关联，能够借以证明案件事实。如果某一物质资料记载的内容与案件的待证事实不具有关联性，即使是真实的，也不能作为书证使用。书证与案件事实之间的关联性通常情况下比较容易判断，但有时书证采用某些代表特定含义的符号或图画来表达思想内容，例如车船票、行李托运单等，它们与案件事实之间是否存在关联性，则往往需要根据有关的法律、规则、经验及习惯等才可能了解所要表达的确定含义，并在此基础上作出判断。

书证中记载的内容可以证明诉讼案件中争议或待证的事实，但是书证一般都不是为了特定的案件的诉讼活动而制作的，而是在诉讼活动开始前制作的，或者是在与诉讼活动没有联系的情况下制作的。这是书证与当事人、证人、鉴定人等诉讼参与人提供的书面证明材料的主要区别。当事人陈述、证人证言、鉴定结论也可以是书面形式，其内容也可以证明案件事实，但是它们不属于书证的范畴。另外，需要注意，书证不同于书面证据，书面证据不仅包括书证，还包括书面记录的所有言词证据。

二、书证的特征

书证是诉讼中较常见的一种证据，它除具有证据所具有的共同特征外，还有自己的一些独特的特征，具体表现如下：

1. 书证以其记载和表达的思想内容来证明案件事实。这是书证最本质的特征，也是书证区别于物证的根本标志。虽然书证与物证都是实物证据，然而书证是以物质载体所反映和表达的思想内容对一定的法律行为和案件事实起证明作用的；而物证则是通过客观实在物的外部特征等来发挥证明作用的。书证记载的内容和反映的思想必须同案件相联系，如果某书面材料的内容与案情无关，而是根据书写的字迹特征确定了该书面材料的书写人，并结合其他证据认定其为犯罪嫌疑人，则该书面材料在案件中仍具有证据意义，只是它对案件事实的证明作用是通过书面材料的外部特征即字迹特征体现的，因而该证据属于物证而非书证。

2. 书证具有直接证明性。书证由于有具体、明确的思想内容，所以通常情况下，能够依据其内容直接判明其与案件事实的联系。因此书证一般不需要通过任何媒介或中间环节来对其加以分析和判断，能够直接证明案件事实，这是它与物证的又一个重大区别。而后者在大多数情况下都要经专业鉴定人员进行鉴定，甚至通过特殊鉴定手段和方法来对其加以审查、分析和判断。书证依其本身所具有的形式和内容便可以直接进入认证过程，而不必像物证那样必须以鉴定或勘验等特殊环节来作为进入认证过程的必要前提。因此，在司法实践中，一旦能够收集到书证，便对认定案件事实具有积极的、显著的效果和证明价值。

3. 书证具有物质依赖性。书证所反映的内容必须通过一定的物质载体表现出来，否则就不能被人们所发现和认识其与案件事实的关系。书证的载体最为常见的是纸张，但也可能是其他物质材料，如布帛、皮革、金石、竹本等。因此，书证具有明显的物质依赖性。

4. 书证具有较强的稳定性。书证不仅内容明确，而且形式上也相对固定，稳定性较强，一般不受时间的影响，易于长期保存。只要作为书证载体的物质本身未遭毁损，即使是经历了很长时间，其特定的思想内容仍然能够借助有关的文字、符号或图画等起到应有的证明作用。

5. 书证的客观真实性较强。在司法实践中，有相当一部分书证形成于诉讼开始前的某种法律关系建立或者争议的过程中，以及特定行为的发生过程中，如当事人在实施民事法律行为的过程中会形成许多书面文件，这些书面文件是对民事权利和义务关系的记载，其客观真实性较强，倘若日后就此发生争议，这些书面文件就能够作为书证直接、客观地发挥证明案件事实的作用。

三、书证与物证的关系

在各种证据中，书证与物证的关系最为密切，它们既有联系又有本质上的差别。具体来讲，物证与书证的联系表现两个方面：①书证的外形载体是一种客观物质材料。因此，书证也属于广义上实物证据的范畴。②具有书面形式的材料既可能是书证，也可能是物证。即在有些情况下，一份书面材料可以同时具有书证和物证两种属性。例如某杀人案件的被害人在临死前用血在自己的衣服上写下的案件发生的主要经过及罪犯的情况，那么此血衣就既是物证又是书证。

物证与书证的区别主要表现在以下几方面：

1. 书证以客观物质材料作为载体，借助相关的文字、符号或图画等表达的思想内容来证明案件事实；而物证则以其存在的方式、外部特征和物质属性来证明案件事实。例如，在某杀人现场发现的一份打印文件，虽然其内容与该案件无关，但是经查是由犯罪嫌疑人专用的电脑打印机印制的，因此其存在的位置和外部形态等特征对案件事实仍然能起一定的证明作用。在该案件中，打印文件就属于物证，而不是书证。但如果该文件所记载的内容能够证明案件事实，那么它也是书证。

2. 书证是以其记载的内容反映或表达人的主观思想及其行为的物质材料；而物证并不反映人的主观思想。也就是说，书证在内容上有主观属性，而物证则属于主观意识之外的客观范畴。

3. 书证所表达、记载的内容和形式一般都能为人所理解，其反映的内容一般都较为明确、清楚；而物证在表现形式上则会受客观存在的特殊状态所影响，有些必须借助专门的技术手段，才能揭示其与案件事实的联系。

4. 书证在大多数情况下可证明案件主要事实或案件中的某一部分事实，且证明的案件事实情节一般较为完整；而物证往往只能证明案件事实的某些片段或情节。

5. 书证与物证的保存和固定方法不同。一般情况下，书证常以纸张、布帛等物质材料作为载体，所以，对书证通常可采用复印等方式予以保存和固定；而物证的保存与固定则因案件不同而不尽相同，可以提取原物或者制作模型等。

第七章

第二节 书证的分类和表现形式

一、书证的分类

书证的类型和表现形式多种多样，不同类型与形式的书证各有其特点。对书证进行分类，可以从不同角度把握不同书证的特点，进一步明确在诉讼中具体运用书证时需要注意的问题，从而有利于举证主体和裁判者审查判断各种书证的真实性及其法律效力。

书证的分类是一个比较复杂的问题，世界各国的分类标准也不尽相同，依据不同的划分标准，可将书证划分为不同的类别，不同类别的书证，其运用规则有所不同。

（一）文字书证、符号书证和图形书证

根据书证的表达方式不同，可以将书证分为文字书证、符号书证和图形书证。

所谓文字书证，是指以文字记载的内容来证明案件事实的证据，这是一种最常见的书证表达方式，如信函、合同、账册、票据、日记、传单等。通常情况下，采用文字书证所表达的思想内容较为明确、具体，具有一定文化程度的人通过直接阅读便能较容易地对之加以理解和认识。但是在一些文字书证中也会出现暗语、行业专门术语，甚至犯罪成员间的"隐语"、"黑话"等，对这些特殊的文字书证应当认真分析，以确定它们所表达的真正含义。所谓符号书证，是以符号所表达的特定思想内容来证明案件事实的证据，如路标、标记、标识、音符等。这其中可能涉及特殊行业以及具有专业技术性的符号，需要经过专业人员的识别与判断，才能确定其中所表达的思想内容。所谓图形书证，是指以图形、图案表达的思想内容证明案件事实的一种书证形式，如刑事案件中的淫秽图画、犯罪嫌疑人为实施犯罪而预先绘制的地图；民事案件中的房屋设计图纸、机械产品的结构图等。对于涉及一些专业技术知识的图形书证，有时也需要专门人员的分析和判断。

（二）公文性书证和非公文性书证

根据书证的制作主体是否为行使职权的国家职能部门，可以将书证分为公文性书证和非公文性书证。

所谓公文性书证，是指国家机关及其他职能部门在法定的权限范围内依职权所制作的文书，包括有关的命令、决议、决定、通告、指示、信函、证明文书等。如人民法院的判决书、裁定书或者调解书；婚姻登记机关制作和发给的

第七章

结婚证书、离婚证书；工商部门审查核发的经营许可证、营业执照；公安机关对违法行为人制作的行政拘留决定书；等等。如果在诉讼案件中这些文书被当作证据，便属于公文性书证。公文性书证必须由依照法律、法规和法令等授权而享有相应职能、职责的机关或社会团体在其职权范围内按照法定程序或方式作出，这样才具有法律上的效力。这是产生公文性书证的必要前提条件。因此，公文性书证在成为书证之前就具有法律上的效力，而非依职权制作的文书不能作为公文性书证来加以使用。如果国家法律、法规对某种文书规定了特定的格式和内容，该文书还必须具备法定的格式和内容，而不得随意加以改变。

公文性书证具有以下特点：①它是制作和发出该文书的职能机关或单位依法行使职权的意思表示，通常情况下会产生一定的法律后果。如结婚证书的颁发确定了双方当事人的婚姻关系的成立；人民法院的判决书和裁定书生效将产生既判力。②制作和发出该文书应当具备法定的条件，在法律明确授予的权限范围内依照法定程序和方式进行。正是由于公文性书证具有上述特点，凡是不享有法定权限的单位或国家机关公务人员所制作和发出的文书，或者虽然是公务人员，但所制作或发出的文书与其行使职权无任何联系的，都不能算作公文性书证。

所谓非公文性书证，是指公文性书证以外的其他书证，它不仅指具有民事行为能力和相应的责任能力的自然人所制作的私人文书，也包括国家机关、社会团体等所制作的与行使职权的行为无关的文书。例如，在民事活动和经济往来中，有关的法定职能部门作为平等的民事主体与其他的民事主体之间所签订的各种合同文书，如买卖合同、建房合同，或者国家机关发出的与职权无关的信函等，以上这些都是非公文性书证。依据最高人民法院《关于民事诉讼证据的若干规定》第77条第1项规定："国家机关、社会团体依职权制作的公文书证的证明力一般大于其他书证。"最高人民法院《关于行政诉讼证据若干问题的规定》第63条第1项规定："国家机关以及其他职能部门依职权制作的公文文书优于其他书证。"

（三）一般书证和特别书证

根据书证的制作是否有特别格式、要求的不同，可以将书证分为一般书证和特别书证。

所谓一般书证，是指法律不要求必须具备特定的形式、格式或必须履行特定程序，而只是具有明确的意思表示并由当事人签名、填写日期而形成的书证。例如，公民之间因借用钱款而出具的借据，某人领取有关物品的收据，以及民事主体间通常签订的买卖合同等。作为一般书证，法律并不要求特定的形式、格式或履行特定程序，但就其内容而言，一般仍需具备以下要件：①有明确的意思表示；②有当事人的签名；③有制作该书证的具体日期。凡缺乏上述任何一个要件的，便被视为有缺陷的一般书证。而这种缺陷，往往影响其证据效力。

所谓特别书证，是指依照法律规定必须具备特定形式、格式或必须履行特定程序的文书。例如，公安机关制作的行政拘留书，工商行政机关颁发的营业执照，人民法院依法制作的判决书、裁定书、调解书等。特别书证的形成必须具备法定条件、法定形式，并严格履行法定的制作手续。例如，有些合同根据法律规定或者当事人双方约定，在签订后还需经过公证才能发生法律效力，这些合同便是特别书证。

（四）处分性书证和报道性书证

根据书证内容的性质不同，可以将书证分为处分性书证和报道性书证。

所谓处分性书证，是指书证中所记载或表述的内容以设定、变更或消灭一定的法律关系为目的。例如，国家行政机关根据公民、法人的申请而依职权颁发的各种许可证、营业执照，人民法院制作的发生法律效力的判决书、裁定书，民事主体间签订的合同书，公民个人为处分其财产而制作的遗嘱书、遗赠书等，都属于处分性书证。处分性书证一般是以法律关系主体的处分权为基础的，法律关系的主体所具有的处分权是处分性书证得以产生的重要前提和基础。如果缺乏这一前提和基础，处分性书证就难以获得产生、变更和消灭相应的法律关系的后果。所谓报道性书证，是指书证中所记载或表述的内容不是以产生一定的法律后果为目的，而只是制作者对已发生的或者了解的具有法律意义的事实的记录或报道。例如，各种会议记录、各类会计和商业账簿、病历、日记、旅馆的住宿登记簿、信函等。这些书证仅记载某些客观事实的发生过程，其本身并不能引起相应的法律后果。报道性书证与处分性书证的区别在于，前者是对发生的事实加以表述或者予以保存，而后者的制作目的则是旨在产生、变更或消灭特定的法律关系。

把书证区分为处分性书证与报道性书证，可以更好地掌握书证在诉讼中的证明作用。处分性书证是相关主体实施一定法律行为的直接产物，对行为的目的有明确的意思表示，并能产生相应的法律效力。其特点在于它所记载或表达的内容与特定的法律后果相联系，即该处分性书证的启用将会导致一定的法律关系发生、变更或消灭。正是基于处分性书证的这一特点，当该文书所涉及的法律关系的权利义务发生争议或纠纷时，该文书就能确切地反映有关的案件事实，从而成为案件中的重要证据，并且具有较强的证明力。报道性书证由于不是实施某种法律行为的直接产物，只是对某种具有法律意义的事实进行报道和记载，因此报道性书证所表达的内容并不与特定的法律后果相联系，因而在案件中需要用它作为证据时，其证明力与处分性书证相比是有限的。但是，报道性书证能够成为发现和取得处分性书证的先导，也能对处分性书证起到印证作用，因此对报道性书证也不可忽视。报道性书证往往可以以间接证据的形式印证主要待证事实。

（五）原本、正本、副本、节录本、影印本和译本

根据书证的制作方法的不同，可以将书证分为原本、正本、副本、节录本、影印本及译本。

所谓原本，也叫底本，是指文书制作人将有关的内容加以记载而制作成的原始文本。原本是书证的初始状态，可以手写，也可以打印。如借款人亲笔书写的反映借款意愿的借条，合同当事人签字盖章的书面合同等。由于最初制作的原本书证能够最客观地反映文书所记载的内容，因此，实践中应尽量收集原本。

所谓正本，是依照原本采用全文抄录、印制等方法而制作成的内容与原本完全相同，对外与原本具有同等法律效力的文书。与原本所不同的是，正本需要发送给主受件人，而原本一般保留在制作人手中或者存档备查。

所谓副本，是依照原本全文抄录或者印制，但效力不同于正本的文书。制作副本书证的目的是使有关单位或个人了解、知悉原本文书的内容。副本通常发送给主受件人以外的其他有必要了解原本内容的相关单位或个人。

所谓节录本，是指从原本或正本文书中摘抄其主要内容而形成的文书。与原本相比，节录本是仅就需要了解的原本中某一相关部分而制作的，只反映了原本的部分内容，因此节录本在证据价值方面具有较大的局限性。

所谓影印本，是指采用影印技术将原本或正本通过摄影或复制而形成的文书。

所谓译本，是指采用原本或正本语言文字以外的语言文字翻译原本或正本而形成的文书。

对书证进行以上种类的划分，目的在于说明只有原本才是最初制作的文本，其他如正本、副本等都是源于原本的书证。因此最高人民法院《关于民事诉讼证据的若干规定》和最高人民法院《关于行政诉讼证据若干问题的规定》中要求当事人提供书证以优先提供原件为原则。但是在当事人提供原件确有困难时，在特殊情况下也允许当事人向人民法院提供书证原件的复印件、影印本或者节录本等复制件。最高人民法院《关于执行〈中华人民共和国刑事诉讼法〉若干问题的解释》中也要求当事人提供书证以提供原件为一般原则。例如：最高人民法院《关于民事诉讼证据的若干规定》第 10 条规定："当事人向人民法院提供证据，应当提供原件或者原物。如需自己保存证据原件、原物或者提供原件、原物确有困难的，可以提供经人民法院核对无异的复制件或者复制品。"第 20

第七章

条规定："调查人员调查收集的书证，可以是原件，也可以是经核对无误的副本或者复制件。是副本或者复制件的，应当在调查笔录中说明来源和取证情况。"第69条规定，无法与原件、原物核对的复印件、复制品不能单独作为认定案件事实的依据。此外，最高人民法院《关于行政诉讼证据若干问题的规定》第10条规定，当事人向人民法院提供书证的，应当符合下列要求：①提供书证的原件，原本、正本和副本均属于书证的原件。提供原件确有困难的，可以提供与原件核对无误的复印件、照片、节录本；②提供由有关部门保管的书证原件的复制件、影印件或者抄录件的，应当注明出处，经该部门核对无异后加盖其印章；③提供报表、图纸、会计账册、专业技术资料、科技文献等书证的，应当附有说明材料；④被告提供的被诉具体行政行为所依据的询问、陈述、谈话类笔录应当有行政执法人员、被询问人、陈述人、谈话人签名或者盖章。第40条规定："对书证、物证和视听资料进行质证时，当事人应当出示证据的原件或者原物。但有下列情况之一的除外：①出示原件或者原物确有困难并经法庭准许可以出示复制件或者复制品；②原件或者原物已不存在，可以出示证明复制件、复制品与原件、原物一致的其他证据。"第63条规定，在证明同一事实的数个证据存在矛盾的情况下，书证原件的证明效力要优于书证复制件，人民法院应当优先采用书证原件。第57条第6项规定，当事人无正当理由拒不提供原件、原物，又无其他证据印证，且对方当事人不予认可的证据的复制件或者复制品不能作为定案依据。

需要指出的是，与最高人民法院《关于民事诉讼证据的若干规定》相比，最高人民法院《关于行政诉讼证据若干问题的规定》关于书证原件范围的界定要广些，不仅包括原本和正本，而且还包括了副本。

二、书证的表现形式

书证必须为书面形式，但是书面形式多种多样，包括手写、打印、印刷的文件，证明身份的各种证件或介绍信，证明学历、资格的各种证书等，经济活动中的合同、票据、图标等。书证的载体，一般是纸张，但也可以是其他物体，如金属、石块、地面、竹木、石碑、布帛、墙壁上刻画的字迹内容若可以证明案件事实，也属于书证，因为它们具有书面形式。

在司法实践中，书证的具体表现形式和种类繁多。具体而言：

在民事诉讼中，书证是运用最为普遍的一种证据，常见的书证有：书信、文件、票据、商标、图画、书面遗嘱、传真及电报、文告、合同书、结婚证书、房地产证件、书面借条、欠条、领条、设计图纸、规划等。

在行政诉讼中，书证也是经常运用的一种证据形式，常见的书证有：罚款单据、处罚决定书、没收财产收据、各种许可证、营业执照以及非讼法律事务中的公证文书等。

在刑事诉讼中，常见的书证有：证件、文件、信件、标语、图纸、账册、单据、计划书、纲领等。

第三节 书证的意义

书证在诉讼证明中的运用十分广泛，在诉讼中发挥着广泛的证明作用，对于正确处理案件有着十分重要的意义。

一、书证是在各种诉讼活动中使用最为广泛的证据之一

书证大多数是以文书的形式出现的，而文书作为沟通、交流、传递信息的媒介在社会生活中被广泛使用。这些被广泛使用的文书一旦涉及诉讼案件，便可能作为书证使用，证明有关事实。另外，依照有关法律规定，许多法律行为必须以书面形式进行，如《合同法》第10条规定："法律、行政法规规定采用书面形式的，应当采用书面形式。"因此，对于那些应当依法采用书面形式订立的合同，只有在采用书面形式的条件下才具有法律效力。对于某些法律行为，法律要求必须经过公证才能产生应有的法律效力，除公证文书外，其他证据均不能证明该行为有效。这些都决定了书证使用的广泛性。

二、书证所记载的内容或者表达的思想往往能够直接证明有关的案件事实

书证的本质特征就是以其记载的内容和表达的思想来证明案件中的待证事实。书证是伴随着案件事实的发生而产生的，书证所反映的思想和记载的内容往往是案件事实的一部或全部，它同案件事实直接是一种重合关系，所以，对书证审查核实清楚了，案件事实也就真相大白了。由此可见书证在诉讼证明中的作用之大。

三、书证同其他证据相比，其证明力更强，证明作用发挥得更为充分

因为书证通常是以文字的形式来表现的，而书面文字相对于口头表述而言具有意思更为清楚、明确，表现的思想更具有逻辑性的特点。就此而言，书证往往能比较准确地反映出它所需证明的案件的有关事实，即书证反映待证事实的准确性比较强。另外，书证是以一定的物质材料作为载体，将一定的内容或思想固定下来的，同时书证的形成通常是在案件或纠纷发生之前，此时，当事人之间的关系并未直接发生冲突，对相关的事实并不存在争议，因此在书证中

第七章

所记载的内容或表达的思想，在通常情况下是符合当时的真实情况或当事人的思想状况的。而在案件或纠纷发生后，当事人之间往往有直接的利害冲突，基于趋利避害的心理，此时当事人主观上往往只愿承认案件中有利于自己的事实，而对案件中不利于自己的事实则不愿承认或是否认。基于上述原因，书证较当事人的陈述更具有真实性。

四、书证对审查案件中的其他证据也具有重要作用

由于大多数书证在进入诉讼之前就已经形成，是对案件事实的历史记载，只要确认其并非出自伪造，经核实未被篡改，其真实、可靠性就毋庸置疑。一般情况下，书证还多属于公文性书证和特别书证，这种书证的真实性一般是有保障的，具有较强的证明力，可以成为核实、印证其他证据材料，尤其是各类案件中当事人陈述是否可信、真实的依据。

五、书证易于长期保存

书证以一定的物质材料作为客观载体，只要文字、符号和图案等在特定的客观载体上生成和保存下来，其表述的特定思想内容也就固定下来。如果书证本身未遭毁损，它所记载和表达的内容就可以长期保存。即便有时其客观物质载体毁损，只要不影响到有关的文字、符号和图形，同样可据以了解其所载述的人的思想、行为、事件等有关事项，并不影响其证明力。在这一点上，与物证或人证会因时间的流逝、环境的变迁，或者基于其他主、客观原因而发生变化、异常或失真的情形相比，书证更具有显著的优越之处。

第七章

本章思考题

1. 什么是书证？书证有哪些特征？
2. 书证与物证的关系如何？
3. 书证与书面证据的异同有哪些？
4. 如何理解书证的分类？
5. 试述书证以优先提供原件为原则在我国法律中的体现。
6. 书证有什么意义？

第 8 章

证人证言

学习目的与要求：

　　通过本章学习，掌握证人的概念和特点；了解证人的分类；掌握证人的条件及与证人条件相关的几个问题；理解证人的诉讼权利、义务及证人拒绝作证的特权；掌握证人证言的概念及特点；了解证人证言的形成过程。

第一节　证　人

一、证人的概念和特点

　　在我国，证人是指知晓案件的有关情况，向公安司法机关作证的人。

　　根据我国相关法律的规定，诉讼法上的证人有如下几个特点：

　　1. 证人必须了解案件的相关情况。对诉讼案件的有关事实、情节和证据有一定程度和范围的了解和知晓，这是证人的首要特征。证人对案件情况的了解存在于证人的记忆之中，通过其语言、文字或特定符号等方式表达出来，并被外界知道和判断。证人对案件事实的了解是在案件事实发生的过程中或发生之后形成的，在诉讼中，证人把在此前形成的记忆通过其语言、文字或特定符号等方式再现出来，成为证人证言。

　　2. 证人只能是自然人。证人对案件的了解是通过自然人的五官和大脑而形成的，而法人单位和其他组织都不具备这些条件，同时，由于了解案件情况而产生的作证义务是公民个人的法定义务，故意作伪证要承担法律责任，而法人和非法人团体则无法承担这种法律责任，况且，在诉讼过程中，证人必须接受对方的质证和询问，而法人和非法人团体无法参与这一过程。所以，法人单位和其他组织不能作为证人。我国《民事诉讼法》第 70 条规定："凡是知道案件情况的单位和个人，都有义务出庭作证。"有学者据此认为，我国民事诉讼中的证人不仅包括自然人，而且包括单位。我们认为这种观点值得商榷，该法条的立法用语有失规范，我们在对法条进行解释时必须遵循基本的法理，而不应当背离法理机械地据此将单位理解为证人。

3. 证人具有不可替代性。在诉讼活动中，只有了解案件情况的人才能成为证人。因为证人的感知是其可以证明某个事实的根据，而个人的感知又是其神经系统的基本功能，不可能由他人所替代；并且出庭接受询问和质证时必须由其本人作出回答；同时证人要承担作伪证的责任，也不能由他人所替代。正是由于证人具有不可替代性，在诉讼活动中必须坚持"证人优先"的原则。

4. 证人与诉讼案件的审理结果没有法律上的利害关系。在我国，学者一般认为，在诉讼案件中，多数当事人之间不能互相作证，因为他们相互的诉讼立场和诉讼利益是一致的，实际上是一方当事人。与案件审理结果有法律上的利害关系的人不应该成为该案的证人，其陈述宜分别按犯罪嫌疑人、被告人供述与辩解、被害人陈述、当事人陈述等证据种类对待。

二、证人的分类

根据不同的标准，可以对证人进行不同的分类：

1. 目击证人和传闻证人。根据证人了解案件事实的信息来源或途径不同，可将证人分为目击证人和传闻证人。

所谓目击证人是直接亲身感知案件事实的证人，目击证人可以通过眼观、耳听、鼻嗅、舌舔等方式了解案件的相关情况；所谓传闻证人是指通过间接的途径了解案件情况，没有直接感知案件事实的证人。这种分类有利于确定目击证人和传闻证人不同证言的证明力。

2. 关系证人和无关证人。根据证人与案件或诉讼当事人的关系不同，可将证人分为关系证人和无关证人。

所谓关系证人是指与案件有某种利害关系或者与当事人有某种亲友关系的证人；所谓无关证人是指与案件没有某种利害关系或者与当事人没有某种亲友关系的证人。这种分类有利于审查关系证人和无关证人证言的证明力。

3. 健康证人和残障证人。根据证人的身体健康状况，可将证人分为健康证人和残障证人。

所谓健康证人是指生理或心理正常的证人；所谓残障证人主要是指聋哑人、盲人、弱智人、精神病人等。这种分类在于明确对于不同的证人应该采取不同的询问方法和手段，在审查这两类证人证言时也应当有所区别。

4. 清白证人和污点证人。根据证人本身有无罪错，可将证人分为清白证人和污点证人。

所谓清白证人是指本身没有违法、犯罪嫌疑的证人；所谓污点证人是指本身有违法、犯罪嫌疑的证人。这种分类有助于司法人员对这两类不同的证人证言的区别使用和对污点证人的特别保护。

5. 普通证人和特殊证人。根据证人的身份、职业等情况的不同，可将证人分为普通证人和特殊证人。

有的国家法律规定，国家元首或者政府首脑属于特殊证人，可以享受出庭豁免，或者可以用特殊的方式提供证言；还有一种是特殊职业，如执业律师、心理医生、神职人员等，有的国家法律对这些人的作证问题作出特殊规定，如规定有拒绝作证的特权。这种分类主要涉及证据立法时是否确立特殊证人拒绝作证特权的问题。

三、证人的条件

我国《刑事诉讼法》第48条规定："凡是知道案件情况的人，都有作证的义务。生理上、精神上有缺陷或者年幼，不能辨别是非、不能正确表达的人，不能作证人。"《民事诉讼法》第70条规定："凡是知道案件情况的单位和个人，都有义务出庭作证。有关单位的负责人应当支持证人作证。证人确有困难不能出庭的，经人民法院许可，可以提交书面证言。不能正确表达意志的人，不能作证。"最高人民法院《关于民事诉讼证据的若干规定》第53条规定："不能正确表达意志的人，不能作为证人。待证事实与其年龄、智力状况或者精神健康状况相适应的无民事行为能力人和限制民事行为能力人，可以作为证人。"最高人民法院《关于行政诉讼证据若干问题的规定》第41、42条也规定，凡是知道案件事实的人，都有出庭作证的义务，不能正确表达意志的人不能作证。基于这些规定，可以将证人的条件分为适格性条件和失格性条件。

（一）适格性条件

适格性条件是使公民能够作为证人的要求和资格。根据我国法律的相关规定，证人的适格性条件主要有三个方面：

1. 了解案情。这是作为证人最基本的条件。证人必须是凭借自己的眼、耳、鼻、舌、身等感觉器官实际感知案情的人。间接感知案情的人一般不宜作证人，只能作为寻找证人或其他证据的线索。证人在法庭上要接受询问，回答与案件事实有关的各种问题，因此，只有直接感知到案情的人，才能作为合格的证人出庭作证。

2. 能够辨别是非、正确表达意志。这主要指证人生理和心理健康并能控制自己的行为，能陈述感知的情况，准确地表达自己的意志。一定年龄的未成年人和处于健康状况中的间歇性精神病人只要能正确表达自己的意志，一般都可以充当证人。辨别是非和正确表达意志应当同时并存，缺一不可。

第八章

3. 能够认识作证的法律后果并有承担相应法律责任的能力。这实际上是要求证人具有一定的行为能力。一般而言，证人应当具备一定程度的行为能力。我国《刑事诉讼法》第98条和第156条规定，侦查人员和审判人员询问证人，应当告知他要如实地提供证据、证言和有意作伪证或者隐匿罪证要负的法律责任。《民事诉讼法》第124条也有类似的相关规定。这些规定说明，我国法律要求证人具有一定的行为能力，能够理解作证的法律意义，承担作证的法律后果。当然，在某些特殊情形下，无行为能力或限制行为能力的公民也可以有条件地作为证人向法庭提供某些证言。

（二）失格性条件

失格性条件是使公民不能够作为证人的要求和资格。根据我国法律的相关规定，证人的失格性条件主要有三种情形：

1. 生理上、精神上有缺陷或年幼，不能辨别是非、不能正确表达意志的人不能作为证人。对那些虽然在生理上、精神上有缺陷或者年幼，但仍能辨别是非、正确表达的人，法律不禁止他们作证，如盲人提供耳闻的证言、聋哑人提供目睹的事实、间歇性精神病人在精神正常期间提供证言等。最高人民法院《关于行政诉讼证据若干问题的规定》第42条规定，经当事人申请，人民法院可以就证人能否正确表达意志进行审查或者交由有关部门鉴定。必要时，人民法院也可以依职权交由有关部门鉴定。因此，生理上、精神上有缺陷或者年幼是丧失作证资格的相对条件，而不是绝对条件。在司法实践中，生理上、精神上有无缺陷，能否正确表达意志，应当由司法机关承办案件的人员予以鉴别，以确定其能否作为证人。

2. 为了保证案件处理的公正性，在具体的案件中，本案的侦查人员、检察人员、审判人员、陪审员、书记员、翻译人员不能同时充当本案的证人。

3. 刑事诉讼中当事人的辩护人、诉讼代理人和民事诉讼中当事人的委托代理人由于其诉讼职责所限定，其心理一般倾向于他所为之辩护或者为之代理的人，他们也不能作为本案的证人。但在其他案件中，他们完全可以以普通公民的身份出庭作证。

（三）与证人条件有关的几个问题

1. 儿童可否成为证人。国外法律对儿童证人的资格一般没有严格的限制，只要法庭审查认为他们具有感知、记忆能力，能够正确表达，任何年龄的儿童都允许作为证人。我国法律规定，不能正确表达意志的人不能作为证人。可见，我国目前立法与世界各国大致相同，儿童不会因年龄问题而不被允许作证。但是，因其年龄、智力、学识、社会生活经验以及心理承受能力等多方面的不足，加之儿童不知晓作伪证的危险，不承担伪证罪的刑事责任，其证言容易失真，为了保证儿童证言的真实性、可靠性，儿童可以在监护人的监护下作证；儿童的证言应当得到案件中其他证据的印证。可以不出庭作证。

2. 单位能否成为证人。该问题上已提及，单位能否成为证人只存在于我国的民事诉讼法中，在我国的刑事诉讼和行政诉讼理论上都持否定态度。《民事诉讼法》规定，凡是知道案件情况的单位和个人，都有义务出庭作证。在诉讼中，单位出具的证明书不是证言，不具备证言的特征，而是书证。在辩论式庭审方式下，证人要接受双方当事人及其律师的质证、询问，单位无法做到，单位提供的证明书的真实性无法审查核实，所以，单位不可以成为证人。

3. 刑事诉讼中的见证人能否成为证人。见证人，是指与案件无关，在刑事勘验、检查、搜查、扣押和侦查实验等侦查活动中，被司法人员邀请为该侦查活动作证的人。某人一旦被邀请成为见证人，他就成为了解有关诉讼活动的特定人，具有不可替代性。见证人与证人具有类似的诉讼权利和义务。基于此，应当将见证人视为一种特殊的证人。

4. 警察能否成为证人。警察有义务就其执行职务时直接了解的案件情况和就案件有关侦查和采取的侦查措施的情况出庭作证，各国规定警察应当出庭作证。由于我国长期以来对侦查人员特别信赖的传统，往往不要求警察出庭作证，但是从立法精神来看，侦查人员出庭作证是理所当然的。最高人民法院《关于执行〈中华人民共和国刑事诉讼法〉若干问题的解释》第138条规定："对指控的每一起案件事实，经审判长准许，公诉人可以提请审判长传唤证人、鉴定人和勘验、检查笔录制作人出庭作证，……被害人及其诉讼代理人和附带民事诉讼的原告人及其诉讼代理人经审判长准许，也可以分别提请传唤尚未出庭作证的证人、鉴定人和勘验、检查笔录制作人出庭作证……"《人民检察院刑事诉讼规则》第343条规定："公诉人对于搜查、勘验、检查等侦查活动中形成的笔录存在争议，需要负责侦查的人员以及搜查、勘验、检查等活动的见证人出庭陈述有关情况的，可以建议合议庭通知其出庭。"由此可见，我国的相关司法解释中已经肯定了警察出庭作证和见证人出庭作证的做法，只是司法实践中的执行方面还有缺陷。

四、证人的权利和义务

（一）证人的权利

根据我国法律的规定和相关司法解释的规定，证人的合法权益依法应予保护，证人依法享有以下主要的诉讼权利：

1. 客观、充分陈述案件情况的权利。客观、充分陈述案件情况的权利是指证人有权按照自己知道的案件情况提供证言，只要是自己知悉的和案件具有相关性的信息均应当悉数提供，不受任何机关、单位和个人的干涉。《刑事诉讼法》第43条规定："严禁刑讯逼供和以威胁、引诱、欺骗以及其他非法的方法收集证据。必须保证一切与案件有关或者了解案情的公民，有客观地充分地提供证据的条件，除特殊情况外，并且可以吸收他们协助调查。"证人在行使这一权利时，对其证言笔录，可以要求阅读或者请司法人员向其宣读，如果认为有遗漏或错误时，可以补正对其陈述记录不实的部分，证人有权请求自己书写证言。

2. 用本民族的语言、文字提供证言的权利。《刑事诉讼法》第9条第1款规定："各民族公民都有用本民族语言文字进行诉讼的权利。人民法院、人民检察院和公安机关对于不通晓当地通用的语言文字的诉讼参与人，应当为他们翻译。"《民事诉讼法》第11条和《行政诉讼法》第8条对此也作了明确规定。对于外国人、少数民族、聋哑证人，司法机关应当提供通晓外国语、少数民族语言、哑语手势的人参加诉讼，为他们提供翻译，以利于作证活动顺利进行。

3. 要求出示司法机关的证明文件的权利。司法人员到证人所在单位或者住处进行询问时，应当出示司法机关的证明文件。《刑事诉讼法》第97条规定："侦查人员询问证人，可以到证人的所在单位或者住处进行，但是必须出示人民检察院或者公安机关的证明文件。"

4. 请求对其个人情况予以保密的权利。证人在刑事诉讼的侦查期间，有权要求对自己的姓名保密；证人在整个诉讼阶段有权要求对自己报案、举报的行为保密。根据《刑事诉讼法》第85条第3款的规定，在侦查期间，证人不愿公开自己姓名的，有权要求侦查机关为其保密。在整个刑事诉讼阶段，证人作为报案人、举报人，如果不愿公开自己的报案、举报行为的，有权要求司法机关为其保密，司法机关必须为证人保密。这一规定既有利于鼓励和保护公民举报犯罪，防止被举报人打击报复，又有利于侦查机关调查、核实举报的真实性，防止因举报的事实有出入而造成不良影响。而在审判阶段，证人没有要求为其姓名保密的权利。另外，最高人民法院《关于行政诉讼证据若干问题的规定》第74条第2款规定："人民法院应当对证人、鉴定人的住址和联系方式予以保密。"

5. 要求公安司法机关补偿因到案作证所支出的费用的权利。最高人民法院《关于民事诉讼证据的若干规定》第54条第3款还规定："证人因出庭作证而支出的合理费用，由提供证人的一方当事人先行支付，由败诉一方当事人承担。"最高人民法院《关于行政诉讼证据若干问题的规定》第75条也作了相类似的规定。证人出庭作证的，其所在单位不得以任何理由进行阻挠，不得因为证人出庭作证而扣发或者变相扣发其工资、奖金及其他福利待遇。

6. 要求公安司法机关保障自身及其近亲属安全的权利。对于人身安全和财产安全可能受到威胁的证人及其近亲属，应当根据情况，采取相应的保护措施。对证人及其近亲属进行威胁、侮辱、殴打或打击报复的，应当依法予以制裁。《刑事诉讼法》第 49 条规定："人民法院、人民检察院和公安机关应当保障证人及其近亲属的安全。对证人及其近亲属进行威胁、侮辱、殴打或者打击报复，构成犯罪的，依法追究刑事责任；尚不够刑事处罚的，依法给予治安管理处罚。"

7. 收到出庭作证通知书的权利。证人出庭作证的通知书至迟要在开庭 3 日以前送达。《刑事诉讼法》第 151 条第 1 款第 4 项规定，通知证人出庭的通知书至迟在开庭 3 日以前送达证人。

8. 对司法人员侵犯其诉讼权利和人身侮辱的行为提出控告的权利。《刑事诉讼法》第 14 条第 3 款规定："诉讼参与人对于审判人员、检察人员和侦查人员侵犯公民诉讼权利和人身侮辱的行为，有权提出控告。"

（二）证人的义务

根据我国相关法律的规定，证人应当履行的诉讼义务主要有以下几个方面：

1. 出庭作证的义务。《刑事诉讼法》第 48 条规定："凡是知道案件情况的人，都有作证的义务。"因此，证人经公安机关、人民检察院和人民法院传唤，必须按时到指定地点提供证言。证人不得以任何借口拒绝提供证言。最高人民法院《关于民事诉讼证据的若干规定》第 55 条规定："证人应当出庭作证，接受当事人的质询。"如果证人确有困难不能出庭，经人民法院许可，证人可以提交书面证言或者视听资料或者通过双向视听传输技术手段作证。"证人确有困难不能出庭"，是指有下列情形：年迈体弱或者行动不便难以出庭的；特殊岗位确实无法离开的；路途特别遥远、交通不便难以出庭的；因自然灾害等不可抗力的原因无法出庭的；其他无法出庭的特殊情况。如果证人在人民法院组织双方当事人交换证据时出席陈述证人证言的，则可视为出庭作证。最高人民法院《关于行政诉讼证据若干问题的规定》第 41 条规定，"凡是知道案件事实的人，都有出庭作证的义务"，但有下列情形之一的，经人民法院准许，当事人可以提交书面证言：当事人在行政程序或者庭前证据交换中对证人证言无异议的；证人因年迈体弱或者行动不便无法出庭的；证人因路途遥远、交通不便无法出庭的；证人因自然灾害等不可抗力或者其他意外事件无法出庭的；证人因其他特殊原因确实无法出庭的。对于证人无正当理由而不履行出庭作证义务的，应当在立法上规定相应的法律责任，在刑事诉讼中，对经合法传唤而没有正当理由不出庭作证的，人民法院可以采取拘传措施，强制该证人出庭作证，并视其情节轻重处以罚款直至追究刑事责任；在民事诉讼和行政诉讼中，根据案件具体情况，强制证人到庭作证，情节严重的，处以罚款、司法拘留等措施。

2. 如实作证的义务。《刑事诉讼法》第98条规定："询问证人，应当告知他应当如实地提供证据、证言和有意作伪证或者隐匿罪证要负的法律责任。"根据这一规定，证人有义务向司法机关如实地陈述所知道的案件情况，实事求是地提供证据、证言。《刑事诉讼法》第156条规定："证人作证，审判人员应当告知他要如实地提供证言和有意作伪证或者隐匿罪证要负的法律责任。"证人在法庭上既要接受审判人员的询问，也要接受公诉人、当事人、辩护人、诉讼代理人的发问，证人应当如实回答他们提出的问题。证人不得作伪证，不得隐匿罪证，否则要负法律责任。根据《刑法》第305条的规定，在刑事诉讼中，证人对与案件有重要关系的情节，故意作虚假证明，意图陷害他人或者隐匿罪证的，处3年以下有期徒刑或者拘役；情节严重的，处3年以上7年以下有期徒刑。这里要注意有意作伪证和无意提供不实证词的区别，我国《刑事诉讼法》第85条第2款规定："接受控告、举报的工作人员，应当向控告人、举报人说明诬告应负的法律责任。但是，只要不是捏造事实，伪造证据，即使控告、举报的事实有出入，甚至是错告的，也要和诬告严格加以区别。"这一规定有利于保证证人提供证言。最高人民法院《关于民事诉讼证据的若干规定》第57条规定，证人应当客观陈述其亲身感知的事实，不得使用推测、推断或评论性的语言。最高人民法院《关于行政诉讼证据若干问题的规定》第45条规定："证人出庭作证时，应当出示证明其身份的证件。法庭应当告知其诚实作证的法律义务和作伪证的法律责任。"由此可知，如实提供证言是证人的一项重要的法律义务。

3. 保守司法机关向其询问的情况以及其所陈述内容的秘密的义务。设定这一义务的目的是为了防止证人将有关案件的情况泄露后造成不良的社会影响，干扰其他证人作证，影响被告人，妨碍司法机关侦查、起诉和审判工作的顺利进行。

4. 遵守法庭秩序的义务。《刑事诉讼法》第161条规定："在法庭审判过程中，如果诉讼参与人或者旁听人员违反法庭秩序，审判长应当警告制止。对不听制止的，可以强行带出法庭；情节严重的，处以1000元以下的罚款或者15日以下的拘留。"根据这一规定，作为诉讼参与人之一的证人，如果在法庭审理过程中违反法庭秩序，就将受警告、罚款或者拘留的处罚。所以，遵守法庭秩序，也是证人应尽的一项义务。

（三）证人拒绝作证的特权

对于证人拒绝作证的特权，外国法律多有规定，也可以称为"证言特免"或"拒绝作证权"。综合世界各国的立法和实践，证人拒绝作证权主要适用于下列几种情况：①因亲情血缘关系而产生的拒绝作证权；②因特定职业而产生的拒绝作证权；③因个人原因而产生的拒绝作证权。

我国现行诉讼法对证人拒绝作证的特权没有直接规定，2008 年 6 月 1 日起施行的《律师法》第 38 条规定："律师应当保守在执业活动中知悉的国家秘密、商业秘密，不得泄露当事人的隐私。律师对在执业活动中知悉的委托人和其他人不愿泄露的情况和信息，应当予以保密。但是，委托人或者其他人准备或者正在实施的危害国家安全、公共安全以及其他严重危害他人人身、财产安全的犯罪事实和信息除外。"这一规定主要是出于律师职业的特殊性而作的考虑。事实上，我国古代就有证人拒绝作证特权的规定，儒家奉行的"亲亲相为隐"、"亲亲得相首匿"就要求直系三代血亲之间、夫妻之间，除犯有谋反、大逆之重罪外，均可相隐匿犯罪行为，而且减免刑罚。自汉以来，孔子所主张的"父为子隐，子为父隐，直在其中矣"成为历代封建统治者的立法原则之一，这充分体现了对儒家推崇的家庭伦理道德的尊重。

我们认为，在现代法治社会，出于社会公德和民族的传统伦理，应当在诉讼法中规定特殊情况下证人享有拒绝作证的特权。这些特殊情况应当包括以下几个方面：

1. 配偶和近亲属之间有权拒绝作证。即夫妻、父母子女、祖孙、兄弟姐妹之间免除相互作证的义务，这种规定主要是考虑到亲情关系的稳定、家庭关系的和睦而赋予的拒绝作证权。

2. 基于特殊职业而获取的秘密的拒绝作证权。这主要包括：律师与当事人之间；心理医生与病人之间；神父与忏悔者之间。这些规定主要是出于保守职业秘密的需要而赋予的拒绝作证权。

3. 公务秘密的拒绝作证权。这是指证人有权基于保守有关公务秘密不被泄露而享有拒绝作证的权利。这类人主要是国家党政机关的公务员、有关社会团体等机关中的工作人员、警察、检察官、法官等从事公务的人员，这些人需经其主管机关领导批准，才能享有拒绝作证权。

第二节　证人证言

一、证人作证的理论根据

（一）社会连带理论

法国著名的法学家利昂创立的社会连带法学享誉全球，社会连带法学认为，每个人都生活在共同体之中，人们之间有许多共同的需要。社会成员只有保持最低限度的合作，才能保持社会结构的完整与社会机体的健康、有序的运作。

为维持、满足这种共同需求而形成的社会关系，就是同求连带关系。法律规定证人作证，既是查明纠纷真相的需要，又是恢复法律秩序，满足共同体成员的需要。因为，从全社会角度来看，每个人成为当事人与成为证人的概率是大致相等的。也就是说，每个人都需要他人成为证人。出庭作证其实就是一种个人保险或投资，此种利益是可以得到偿还的，或者说是可以还原的。因此，有秩序的、自由的、公正的社会也必须是高效率的社会，诉讼的耗钱费时早已为人们所诟病。[1]

（二）诉讼经济理论

理想的诉讼既要实现正义，又要节约诉讼成本，以实现社会资源耗费的最小化。证人作证，从诉讼经济的角度来衡量，是完全符合人类理性的原则的，也符合追求效率的诉讼法理。从表面上看，证人出庭作证不可避免地耗费了社会资源，就物质方面而言，证人出庭作证需要交通费、住宿费、生活费等费用；就精神方面而言，作证可能引起证人精神紧张、焦虑。但是这种成本的投入是合理的、必要的。在某些案件中，没有证人证言，所有的司法投入将白白消耗。证人出庭提供证言的价值自不待言，即使在存在其他证据的案件中，证言也绝不是可有可无的。

二、证人证言的概念、特点

证人证言，是指证人在诉讼过程中向当事人和司法机关所作的与案件情况有关的陈述。证人证言的内容包括对查清案件真相有帮助的一切事实，证人陈述的情况，可以是亲自听到的或看到的，也可以是别人听到或看到而转告的。但证人转告别人听到或者看到的情况，必须说明来源；说不出来源的，或者道听途说的消息，不能作为证人证言使用。

证人证言的特点表现在以下几方面：

1. 证明内容的明确性。证人证言必须是证人就对案件事实所感知、记忆的情况向当事人、司法机关所作的陈述。证人对其所感知的案件事实的复述，往往能把案件的来龙去脉、前因后果讲出来，并能提供许多具体情况，帮助办案人员搜集其他物证。调查人员通过广泛地听取和综合分析证人证言，可以从总体上、细节上把握案件的全貌，证人证言能够从动态上反映案件的过程。因此证人证言对案件有关情况的证明具有明确性。

2. 证人证言具有不可代替性。只有了解案件情况的人才能成为证人，证人的特定性决定了证人证言的不可替代性。证人证言必须是证人就对案件事实所

---

〔1〕 何文燕、廖永安：《民事诉讼理论与改革的探索》，中国检察出版社 2002 年版，第 273 页。

感知、记忆的情况向公安司法机关所作的陈述。由于证人只是对案件事实所感知、记忆的情况向公安司法机关作出陈述。而对案件情况的分析、判断、评价是司法机关的职责。证人对案件情况的分析、判断、评论有超越司法权之嫌，所以均不能作为证人证言使用。根据《刑事诉讼法》第48条以及最高人民法院《关于民事诉讼证据的若干规定》第57条的规定，只有知道案件情况的人，才有作证的义务，证人应如实提供证言，证人证言的内容应限于证人所了解的案件情况。与案件无关的事实，或者证人对案件事实的分析、判断或猜测、幻想等，都不能作为证言的内容，可以使用意见证据规则予以排除。

3. 证人证言具有不稳定性和多变性。证人是案件以外的人，与案件处理结果没有切身利害关系，其陈述较为客观，真实性、可靠性较大。但是，由于每个证言都要受到客观因素和主观因素的影响、干扰而导致其不稳定与多变；每份证言的形成过程即对案件事实的感知、记忆、表述每个阶段都可能会出现误差；加之个别案件诉讼过程中遇到各种非正当因素的干扰，证人证言具有不稳定性和多变性。因此，对待证言必须慎重。

三、证人证言的意义

证人证言同诉讼中其他证据相比，特别是同案件中的其他言词证据比较，其客观性更强。因为证人不像案件中的当事人那样与案件结果的利害关系密切；证人证言同物证、书证等实物证据相比，它更为生动、具体、形象，对案件事实真相揭露得更为深入。由此可见，证人证言在诉讼中的作用和意义独具特色。从其内容上看，它可能同案件的一部或全部相联系，往往能证明案件所涉法律关系的一部或全部，即使证明不了一部或全部，它还可以反映案件的有关线索，为公安、司法机关进一步调查收集证据提供帮助；就证据运用而言，它还可以同本案其他证据进行对照、比较，起到一个印证和核实的作用，为公安、司法机关提供审查判断证据的手段。因此，证人证言在诉讼中的作用、意义是不可忽视的。

书面证人证言是证人证言的一种表现形式，与书证有着本质区别：①两者表达内容的性质不同。书证表达的内容本身就是案件客观事实的组成部分；书面证人证言的内容是案件事实直接作用于人的感观，通过证人的回忆、表达，由司法人员记录或证人自己亲笔书写后以书面形式表现出来的，它并不是客观事实本身。②两者反映案件事实的客观程度不同。书证的原始内容一般比书面证人证言的内容客观，原始书证的内容本身是案件事实的组成部分，直接客观地反映了案件的原始面貌，司法人员可以直接通过书证的原始内容再现案件事实真相；书面证人证言是通过证人的主观活动形成的，它可能部分反映客观事实，也可能全部反映客观事实，还可能全部不反映客观事实。③两者的书面表现形式不同。书面证人证言的内容只能用文字的形式表达，并要符合法定形式，它必须签有证人的姓名或盖有证人的印章或指纹，否则就不具有法律效力；书证的形式没有特别要求，其内容不仅可以用文字还可以用符号、图形来表达。

四、证人证言的形成过程

证人证言的形成是证人的主观感性认识对客观世界的反映，证人证言从证人对案件事实有关情况的感知开始，到最后形成具有一定形式的证人证言，中间要经过许多复杂和细微的环节。证人证言的形成过程大致可以包括三个阶段：感知阶段、记忆阶段和表达阶段。

（一）感知阶段

感知，包括心理学上的感觉和知觉。感觉和知觉是认识活动的起点，也是一系列复杂心理活动的基础。人的认识活动是从感知开始的，在心理学研究上，感知占有相当重要的地位，它是意识和心理活动的重要依据，是意识对外部世界的直接反映。脱离人的感知，大脑就无法反映客观存在，意识也就无从产生。感觉是人脑对直接作用于感觉器官的客观事物的个别属性的反映。知觉是人脑对直接作用于感觉器官的客观事物的各个部分和属性的整体的反映，知觉是在感觉的基础上产生的，它是对感觉信息整合后的反映。当客观事物直接作用于人的感觉器官的时候，人不仅能够反映该事物的个别属性，而且能够通过各种感觉器官的协同活动，在大脑中将事物的各种属性，按其相互之间的联系或关系整合成事物的整体，从而形成对该事物的完整的印象。这种信息整合的过程就是知觉。

证人对诉讼案件事实有关情况的认识是从感知阶段开始的，证人通过自身的视觉、听觉及其他感知方式形成对案件情况的感性认识，一般来说，这种感知过程发生在诉争之前或者诉争之中，更多的是在诉争之中的时空范围之内。因此，证人对案件事实有关情况的感知是一个独立于法庭及询问者的过程，是由证人独自完成的。由此可见，感知阶段是证人证言形成的基础阶段。

（二）记忆阶段

心理学上的记忆是指人脑对过去经验的保持和再现，是通过识记、保持、再认或回忆三个基本环节在人脑中积累和保存个体经验的心理过程。识记是指个体获得知识和经验的过程，是记忆的第一个基本环节，它具有选择性的特点。保持是指已经获得的知识、经验在人脑中的巩固过程，是记忆的第二个基本环节。回忆和再认是在不同的条件下恢复过去的经验的过程，是记忆的第三个基本环节。证人对案情的记忆过程也要经历上述三个基本环节。通过识记，证人获得了关于案件情况初步的知识和经验，形成了某些案情的最初印象。证人的这种最初印象可能在相关信息的刺激下得到偶尔的回忆和再认，从而在一定时间和程度上得到保持。证人在作证的过程中，储存在大脑中的记忆得到全面回忆和再认，并表达出来，才能形成证人证言。所以，记忆是证人证言形成的重要阶段。

（三）表达阶段

证人证言形成的表达阶段，是指证人将自己对案件情况的感知和记忆通过口头或书面言语的形式表述出来，以供外界感知和理解的过程。证人表达证言的最主要方式是语言，包括口头的和书面的，但口头表达须由法庭书记员或当事人作出书面记录；证人证言也可以用录音、录像等视听手段辅助予以记录。证人表达证言的过程是证言形成不可或缺的一个阶段。

本章思考题

1. 简述证人的概念和特点。
2. 如何理解证人的分类？
3. 证人的条件有哪些？
4. 如何理解证人的诉讼权利及义务？
5. 证人证言的概念及特点是什么？
6. 如何理解证人证言的形成过程？

第八章

第 9 章
民事、行政诉讼当事人陈述

学习目的与要求：

　　通过本章学习，掌握当事人陈述的概念与范围；理解当事人陈述的特征、分类，了解当事人陈述的意义；掌握自认的概念、分类、效力与撤销。

第一节　民事、行政诉讼当事人陈述概述

一、民事、行政诉讼当事人陈述的概念

　　民事、行政诉讼当事人陈述，是指民事、行政诉讼当事人在诉讼程序进行中，就有关案件事实情况向人民法院所作的陈述和承认。

　　民事、行政诉讼当事人陈述是法定的证据种类之一，《民事诉讼法》第63条第1款第5项和《行政诉讼法》第31条第1款第5项对此均有明文规定。根据民事诉讼法和行政诉讼法的有关规定，民事、行政诉讼当事人包括民事诉讼和行政诉讼中的原告、被告、有独立诉讼请求权的第三人、无独立诉讼请求权的第三人以及共同诉讼人、诉讼代表人。民事、行政诉讼当事人是发生争议的实体法律关系的主体，其基于各自的诉讼利益和目的参加诉讼，向人民法院作出有关案件情况的陈述。但是，并不是当事人的任何陈述都是证据，都能对案件事实起证明作用。只有当事人的陈述是关于案件事实情况方面的时，才具有证据功能。

　　在民事、行政诉讼中，当事人陈述的内容十分广泛。民事、行政诉讼当事人的陈述不仅包括民事、行政诉讼当事人所发表的对案件事实的认识，当事人的这些陈述独立地或者与案件其他证据相结合，可以成为法院认定案件事实的根据；而且还包括当事人所发表的对案件处理的意见，这些陈述则不能直接转

化为证据，法院不能以此作为认定案件事实的根据。从广义的范围来看，当事人的陈述包括：①关于案件事实的陈述；②关于诉讼请求的说明和案件处理方式的意见；③对证据的分析、评价和应否采用的意见；④对争议事实和适用法律的意见；等等。但是，在诉讼中能起证明作用、可以作为证据使用的，只有上述第①项的内容，也就是当事人关于案件事实的陈述，它包括涉及实体法律关系和程序法律关系的各种事实和民事争议或行政争议的发生、发展过程事实的陈述。只要当事人陈述的内容是关于案件的事实，无论是说明或确认某种事实存在，还是承认或否定对方所提出的相关事实，都包括在当事人陈述这一证据种类之中。当事人陈述中所包含的上述各种不同内容中的其他情形，都有一定的目的，都希望在诉讼中对案件起到不同的作用或影响，这些请求、申请、意见、评价，有的起到确定法院行使审判权范围的作用，有的则仅供法院参考，但是都有一个共同点，即均属于法律层面的问题，包括实体法、程序法，都不属于事实层面的问题。从狭义上看，当事人的陈述是指诉讼中的原告、被告和第三人就他们对案件事实的感知和认识所发表的陈词及叙述，依靠当事人的陈述，可以反映案件事实的全部或部分面貌。

当事人陈述具有证据属性，其证明作用是显而易见的。首先，由于当事人是实体法律关系的参加人，实体法律关系之所以产生、发展和终结，大都是因为当事人实施了某种作为或者不作为的行为。其次，当事人是发生争议的法律关系的参加人，与案件结果有着切身的利害关系，因此，往往妨害他们在陈述中实事求是地说明案件事实。但是，当事人涉诉以后，大都希望能得到法院公正、正确、合法的判决，因而，一般能够实事求是地对有关事实进行陈述，以协助法院迅速查清案情，但基于当事人参与诉讼的目的及利益，当事人的陈述也有虚假的可能。基于此，要认识到当事人陈述的两面性，防止其消极的一面，利用其积极的一面，使其对案件事实作出实事求是的陈述，才有利于正确、及时地处理案件。

二、民事、行政诉讼当事人陈述的特征

1. 陈述主体的特定性。当事人陈述证据来源于与案件结果有直接利害关系的当事人，当事人能最全面、最直接地占有案件事实材料，是不可多得的证据来源。当事人和证人、鉴定人不同，证人和鉴定人只能了解到案件部分的事实，证人证言、鉴定结论和当事人陈述对于案件的证明作用有明显的区别。

2. 证明作用的直接性。绝大多数情况下，民事、行政案件的当事人对案件事实有着直接的感受和全面的了解，因而当事人陈述通常能够成为直接证据，能够证明相关案件的主要事实。而案件中的其他证据，有的能够证明案件的主

第九章

要事实，有的则无法证明案件的主要事实，对于案件无法起到直接证明的作用。

3. 陈述内容的特定性。当事人与诉讼的结果有着直接的利害关系，因而在其向司法机关进行陈述时，不仅会陈述自己知道的案件事实，还会对案件事实的性质发表自己的意见，并根据自己陈述的事实提出与自己的利益相关的主张或要求。但是，具有证据意义并构成当事人陈述的内容的，仅限于当事人关于案件事实的陈述。

4. 陈述效力的双重性。当事人是发生争议的实体法律关系的主体，与案件的解决结果有直接的利害关系。一方面，它是实体法律关系的直接参与者，对于法律关系的产生、发展及发生争议的事实有着最直接、全面、具体的了解，因此当事人陈述比其他任何证据形式都能证明案件的具体情况，在这种情况下，当事人陈述的证据效力较高。另一方面，当事人陈述是人的言词，人的言词必然受人的生理、心理、个性等因素的影响。当事人陈述证据的真实性受到当事人心理因素的影响是多方面的，造成这种影响的根本原因在于其诉讼利益。由于诉讼结果与当事人的自身利益休戚相关，当事人往往有趋利避害的本性，在向法庭陈述时，都尽量提出有利于自己的事实和证据，质疑对方证据和陈述的可信性。当事人陈述的特定主体决定了有时难以确保当事人陈述的内容的真实性、客观性和全面性，而往往在真实的陈述中渗入虚假的成分，并始终带着有利于陈述者的主观性和片面性，此时当事人陈述的证据效力就较低，审判人员需借助其他的证据资料和证明方法对案件事实作出判断。

由于民事、行政诉讼当事人陈述具有双重性，审判者对当事人的陈述既要充分重视，又不能轻易相信，而应当同案件中的其他证据相互印证、去伪存真，从而辩证地发挥其证明案件事实的作用。正是基于这一点，我国《民事诉讼法》第71条第1款规定："人民法院对当事人的陈述，应当结合本案的其他证据，审查确定能否作为认定事实的根据"。

5. 形成时间的事后性。由于当事人陈述在性质上属于诉讼行为的范畴，而任何诉讼行为都必须向法院作出才能产生效力，当事人陈述应该限定于诉讼过程中，故当事人不在审判者面前或者不是指向审判者所作的陈述，即使可能与案件事实有关，从而可能形成其他类型的证据，但也不构成当事人陈述。比如，当事人相互之间在诉讼过程中的书面或口头交涉，其中的内容如果与案件事实有关，那也只能以书证或其他证据形式提供于法院，而不属于当事人陈述。正是从同书证、物证和视听资料相比的角度上讲，当事人陈述在形成时间上具有事后性的特点。

至于当事人陈述是否应该限定于诉讼过程中，我国法律没有明确规定，学界也有不同理解。有学者主张当事人在案件发生过程中、诉讼开始前、诉讼程序终结以后、或者在诉讼开始后但不在诉讼程序外当事人向承办案件的公安司法人员所作的陈述也属于当事人陈述。另外，除了在法庭上当庭作出的陈述以外，当事人陈述的过程对于办案人员或律师代理人来说，也是一个证据的收集过程。在收集当事人陈述时，司法机关的办案人员或代理律师必须遵守法定的程序，不得采用法律禁止的方法收集当事人的陈述。

第二节 民事、行政诉讼当事人陈述的分类

一、原告陈述、被告陈述、第三人陈述、共同诉讼人陈述和诉讼代表人陈述

根据当事人陈述主体的不同，可以将当事人陈述分为原告陈述、被告陈述、第三人陈述、共同诉讼人陈述与诉讼代表人陈述。

原告陈述是指民事、行政诉讼原告对有关案件事实的陈述；被告陈述是指民事、行政诉讼被告对有关案件事实的陈述；第三人陈述是指民事、行政诉讼第三人对有关案件事实的陈述；共同诉讼人陈述是指民事、行政诉讼共同诉讼人对有关案件事实的陈述；诉讼代表人陈述是指民事、行政诉讼代表人对有关案件事实的陈述。

民事、行政诉讼当事人均是诉讼主体，他们的诉讼活动对于诉讼程序的发生、变更或消灭有着重大的影响。但是由于当事人的诉讼角色不同，同案件结果的利害关系也不同，参与诉讼的目的及利益也不尽相同。从陈述主体的角度对当事人陈述予以分类，对于判断各种当事人陈述的真实性具有重要的参考价值。

二、与案件事实有关的陈述和与案件事实无关的陈述

根据当事人陈述的内容与案件事实有无关联性的不同，可以将当事人陈述划分为与案件事实有关的当事人陈述和与案件事实无关的当事人陈述。

与案件事实有关的当事人陈述，是指当事人关于案件事实的陈述；与案件事实无关的当事人陈述，是指关于诉讼请求的说明和案件处理方式的意见、对证据的分析、评价和应否采用的意见以及对争议事实和适用法律的意见等。

此类划分的意义在于确定可以用作证据的当事人陈述的范围，明确诉讼中当事人的陈述只能是涉及事实情况的陈述。作为证据的当事人陈述必须具备证据的客观性、关联性与合法性，如果缺少其中任何一种特性，当事人陈述均不能被用作证据。司法实践中，当事人陈述从内容上来看，并不完全是对与案件

第九章

有关的事实情况的反映。只有那些与案件事实有关的当事人陈述方可用作证据，而与案件事实无关的当事人陈述，可能具有确定审判范围等作用，但不能作为认定案件事实的证据。

三、确认性陈述、否认性陈述和承认性陈述

根据当事人陈述倾向性的不同，可以将当事人陈述分为利己陈述和利他陈述，利己陈述包括确认性陈述和否认性陈述；利他性陈述仅仅指承认性陈述。

确认性陈述，是指当事人主动地提出一定的事实作为根据，以证明争议的实体法律关系存在的陈述。基于这种陈述，一般都是请求法院作出保护自己合法权益的判决。确认性陈述一般具有主动性、独立性、利己性的特点。在诉讼实践中，确认性陈述一般是由当事人主动地、自愿地、自发地进行的，不依赖于对方当事人是否作过与此相关的陈述，而且，确认性陈述一般旨在证明自己的主张，对己方是有利的。

否认性陈述，是指一方当事人被动地提出一定的事实作为依据，否认另一方当事人提出的于己不利的事实，否认另一方当事人提出的诉讼请求所依据的实体法律关系的存在或者其中某些事实的存在的陈述。否认性陈述是与确认性陈述相反的一种反应性陈述，具有依附性、被动性的特点，这是与确认性陈述的不同之处。在诉讼实践中，否认性陈述一般并非当事人主动提出，而是在对方作出确认性陈述之后，针对确认性陈述中的某些内容予以反驳，因而具有依附性、被动性的特点。否认性陈述也具有利己性，当事人作出否认性陈述一般都是否认对自己不利的事实，以避免承担不利的诉讼后果。

需要注意的是，要判断一项陈述是确认性陈述还是否认性陈述，关键要看其内容对陈述者来说是肯定的还是否定的，而与当事人为原告还是被告无关。

承认性陈述，是指一方当事人对另一方当事人所提出的于己不利的事实予以肯定，承认其为真实的陈述。承认性陈述在性质上是针对对方当事人提出的于己不利的陈述表示认同或者不加争执的陈述，是陈述者作出的被动的反应性陈述，因而具有被动性、利他性的特征。

承认性陈述与确认性陈述、否认性陈述最大的区别即在于前者的内容往往对自己不利，具有利他性。判断一项陈述是确认性陈述、否认性陈述还是承认性陈述，关键看其内容对陈述者来说是肯定的还是否定的，以及是主动的还是被动的，而与当事人是原告、被告还是第三人无关。总的来看将当事人陈述划分为确认性陈述、否认性陈述与承认性陈述，对于准确判断当事人陈述具有重要的意义。

承认性陈述通常称为事实自认或当事人承认，它是当事人陈述的重要组成

部分，受证据法的调整。由于我国相关的法律对承认的法律后果作了专门的规定，承认性陈述对诉讼的结果影响很大，因此，在本章的相关部分将作详细介绍。

四、书面陈述和口头陈述

根据当事人陈述形式的不同，可以将当事人陈述分为书面陈述和口头陈述。

书面陈述，是指由当事人将有关案件的事实情况，以文字等书面方式记载下来，递交司法机关。诉讼中典型的书面陈述如起诉书、答辩状等。一般原告在诉状中除了提出诉讼请求以外，还会对其请求所依据的事实与证据加以说明，这些关于案件事实的说明即为书面的当事人陈述。在答辩状中，被告通常会对原告在诉状中提出的诉讼请求及其事实理由表明自己的看法，或者否认或者承认，并提出相应的事实根据。其中关于案件事实的表述同样也应被视为书面的当事人陈述。

口头陈述，是指由当事人针对有关案件的事实情况，采用言词方式所进行的陈述。例如当事人在接受调查询问、参加法庭审理的过程中，一般都会直接采用口头的方式来说明有关的案件事实。

书面陈述与口头陈述各有利弊，前者一般较为严密，条理性强，后者则更加形象、具体、生动。在实践中，书面陈述与口头陈述可以互相补充。民事、行政诉讼中要求执行直接言词原则，人民法院开庭审理时要求当事人、证人、鉴定人亲自到庭陈述相关案件事实的目的就在于此。

第三节　民事、行政诉讼当事人陈述的意义

民事、行政诉讼当事人陈述作为一种重要的证据，有其诉讼上及诉讼外的重要意义，具体来讲包括以下两大方面。

一、民事、行政诉讼当事人陈述在诉讼上的意义

1. 有利于人民法院正确确定管辖权。现代世界各国的民事、行政、刑事诉讼中普遍奉行"不告不理"的诉讼原则，该原则有两项最基本的要求：一是有告诉才有审判，即在审判权的启动上，如果没有原告方的起诉，法官不能主动地启动审判程序；二是告什么理什么，即在审判的范围上，法官审理的范围不能超出原告方的诉讼请求。而无论是原告方的起诉，还是其具体的诉讼请求，均是通过当事人陈述并以书面或者口头的方式提出的。法院就原告提出主张案件事实的陈述对案件进行审查，并确定是否立案受理；被告提出的管辖权异议

以及相应的事实和证据，有助于法院进一步审查、核实案件事实，并确定案件的管辖是否合法。

2. 有利于界定人民法院审判的范围。在抗辩式诉讼中，当事人的诉讼行为紧紧围绕着诉讼标的而展开。当事人与案件有着直接的利害关系，当事人陈述中包含了大量的关于诉讼标的的描述，这为法院划定了审判权的范围。人民法院只有依据当事人的陈述，才能明确其具体的诉讼请求，才能在诉讼请求的范围内查明案件事实，解决纠纷。

3. 有利于及时解决争议，提高诉讼效率。当事人陈述无论是作为一种诉讼义务，还是作为一项诉讼权利，都有利于及时查明案件真实情况，为及时解决争议打下基础。在证据客观性、合法性问题已经解决的前提下，证据证明力的大小取决于证据内部所包含的信息量大小及其同案件事实相关性的程度。当事人是案件涉及的实体法律关系的主体，对案件事实最为了解，其陈述的内容较其他证据有更大的证明力，因而当事人陈述通常都是直接证据。在有些案件中，如果缺少当事人的陈述，就难以认定案件事实。

当事人如实陈述，可以加快诉讼进程，在民事、行政诉讼过程中，当事人对事实的陈述，可以使法官及时认定案件事实，及时裁决争议。此外，当事人在陈述中，往往有明确的承认的内容。而当事人的承认，作为一种特殊的当事人陈述，直接对对方当事人的举证责任产生较大的影响。一方当事人提出的主张或辩解所依据的事实和理由，经对方当事人承认，即可免除该方当事人对该事实加以证明的责任。这不仅有利于当事人节约诉讼成本，也有利于法院早日结案，节省了司法资源。审判人员通过他们的陈述，可以迅速了解争议中的有关实体法律关系是否存在以及是如何产生的，引起争执的原因和发展过程，造成后果等，为全面确定有关案件事实提供了重要基础，为及时解纷息讼提供了条件。

4. 有助于人民法院查明案情，正确处理案件。人民法院对案件事实的调查在很大程度上是借助于当事人陈述而进行的，在诉讼中，无论是原告提出诉讼请求，还是被告进行答辩和反驳，均会相应地提出相关的事实和证据，这些事实和证据为法官认识案件事实提供了素材。当事人陈述不仅直接包含着案件事实的内容，从而成为证明案件事实的证据，而且常常会提供一些重要的证据线索。证据收集者利用这些线索可以进一步收集其他证据，进而查明案件事实。事实上，法院正是通过对当事人提供的证据，包括当事人陈述以及其他证据进行审查核实，从而去粗取精、去伪存真，进而准确认定案情的。

第九章

二、民事、行政诉讼当事人陈述在诉讼外的意义

1. 有利于强化公民对陈述的证据意识。当事人陈述是民事诉讼、行政诉讼中重要的证据之一，经常表现为直接证据，对于定案有重要的意义。民众在进行相关法律事务中，逐渐会注意并收集当事人的陈述。当事人陈述是重要的证据之一，也要求民众在相关法律事务活动中，坚持诚实信用原则，谨言慎行。基于此，当事人陈述有利于强化公民对陈述的证据意识。

2. 具有良好的法制宣传教育作用。公开审判案件，当事人如实陈述案件事实，可以帮助公众了解和掌握法律知识，强化公众积极行使法律权利、自觉履行法律义务的意识。对于公众而言是一种生动、有效的法制宣传教育方式，可以使诉讼活动对公众产生积极的法制宣传教育作用。

3. 有利于审判人员调整当事人之间的关系，提高审判的社会效果。当一方当事人所主张的事实在诉讼中为另一方当事人所承认时，经审查，如果认定这种承认确实具备免除对方当事人举证责任的条件和效力，审判人员便可以根据双方当事人一致的陈述对案件事实作出结论。审判人员通过审查、分析当事人的陈述，还可以了解争执产生的原因和发展过程以及当事人对案件的看法，从而有的放矢地进行劝说调解，促使当事人相互谅解，以协议方式解决纠纷，从而消除当事人之间的对立情绪，改善他们之间的关系。

第四节　自　认

一、自认的概念

自认，是指一方当事人承认对方当事人提出的于己不利的事实和证据，承认其真实性或者对另一方当事人所提出的诉讼请求承认其合理性的意思表示。

民事、行政诉讼当事人提起诉讼或者参加诉讼，出于追求胜诉的心理，大都希望获得胜诉使自己的合法权益得到审判上的有效保护。因此，当事人在诉讼中通常总是尽量从有利于自己的方面进行陈述，并对相对方的主张和所根据的事实、理由，极力加以辩驳。但是，在某些情形下也有这样的情况，即当事人一方对另一方不利于己的陈述，在答辩中不予辩驳，而是加以承认，肯定其真实性，这就是当事人的自认。

自认是当事人的陈述中的特殊情形，经过查证属实才能作为判决的根据，不经查证属实则不能作为处理案件的依据。但是，自认在资本主义国家则具有特殊的法律意义。在资本主义国家，普遍地认为民事法律关系是一种私权关系，

即平等主体的公民、法人之间的财产关系和人身关系。私权神圣不可侵犯，可以由当事人自由处分。因私权发生纠纷而涉讼的为民事诉讼，民事诉讼之争实际就是私权之争，与私权性质相适应，在民事诉讼中也就确立了当事人自由处分原则和辩论原则。根据这些原则，既然允许当事人在诉讼中进行和解、撤诉、变更或者放弃诉讼请求，自然也应当确认当事人自认的法律效力。近现代资本主义国家在民事诉讼的立法上，就把当事人在诉讼中的自认与自由处分原则、辩论原则紧密地结合在一起，规定凡诉讼上的自认对法院都有约束力。即只要一方当事人承认他方当事人所主张的不利于己的事实，即可免除他方当事人的举证责任；如果被告承认了原告的诉讼请求，即可导致法院直接判决原告胜诉。在此情况下，法院既不能审查其承认，也不能拒绝其承认而不作判决。

二、自认的构成要件

由于自认具有免除对方当事人举证责任的效力，并且对当事人以及法院产生拘束力，因此，自认的成立必须满足法定的条件。根据我国相关立法及司法解释，自认的构成必须具备以下条件：

1. 自认的主体只能是当事人。这里的当事人是一个广义的概念，包括原告、被告、共同诉讼人、诉讼代表人、第三人及其法定代理人。除此以外，其他诉讼参与人对案件事实或诉讼请求所作的承认，不具有自认的性质，也不发生自认的法律效果。

2. 自认必须是诉讼中向审判人员作出的承认。在我国，能够免证并具有法律效力的自认仅限于诉讼中的自认，而不包括诉讼外的自认。诉讼中的自认是在诉讼过程中作出的，超出诉讼过程的延续期间，在诉讼程序开始之前或者之后作出的，都不是诉讼中的自认。通常，当事人既可以在起诉阶段或开庭审理前的准备阶段作出自认，如被告在答辩状中自认，也可以在开庭审理的过程中，法院作出判决之前自认。同时，自认只有向审理该案的审判人员作出，才能构成诉讼中正式的自认，才能产生应有的法律效果。如果当事人在诉讼过程中作出自认的意思表示，但并非是向该案的审判人员作出的，而是向其他审判人员或者是对方当事人作出的，那么，也不能构成诉讼中的自认。

当事人在诉讼外的自认无论是口头的、还是书面的，在诉讼中均允许对方当事人作为证据提出，经查证属实后可作为认定案件事实的依据。但诉讼外的自认并不产生使对方当事人免除举证责任的法律后果，而且诉讼外的自认允许当事人在诉讼中予以反悔，但反悔应当提出反悔理由。

3. 自认必须是对于己不利事实的承认。自认的内容主要包括另一方当事人陈述的不利于己的案件事实以及对方当事人所提出的诉讼请求。对与案件事即诉讼请求无关的内容加以承认，不构成自认。

4. 自认一般应以明示的方式作出。自认原则上必须以明示的方式作出，一般不能消极地根据当事人的沉默的行为直接予以推定。司法实践中，有时会出现一方当事人对对方当事人的陈述持消极态度，既不承认也不否认的情形，这在一定程度上会妨碍诉讼的效率。为了调动当事人的积极性，提高诉讼效率，《民事诉讼法》第71条第2款规定："当事人拒绝陈述的，不影响人民法院根据证据认定案件事实。"最高人民法院《关于民事诉讼证据的若干规定》第8条第2款则规定："对一方当事人陈述的事实，另一方当事人既未表示承认也未否认，经审判人员充分说明并询问后，其仍不明确表示肯定或者否定的，视为对该项事实的承认。"这些规定的实质是对默示自认的确认，自认一般应以明示的方式作出，只有在符合法律规定的特殊情形时，才可以以默示的方式作出，这一规定的目的在于保护各方当事人的诉讼权利，也要求审判人员应当尽到释明义务，以保证公正审判。

三、自认的分类

（一）根据自认的客体不同，可以将自认划分为对案件事实的自认和对诉讼请求的自认

对案件事实的自认，是指一方当事人承认另一方当事人所陈述的于己不利的案件事实是真实的意思表示；对诉讼请求的自认，是指被告承认原告所提出的诉讼请求是合理的意思表示。有些国家的民事诉讼法对二者分别进行了规定，在称谓上也有所不同，前者被称为自认；后者则被称为认诺。我国民事诉讼法对此并未明确加以区分，而是笼统地纳入到当事人承认的范畴加以规定。我国民事诉讼法仅对诉讼请求的承认作了明文规定，《民事诉讼法》第52条规定："原告可以放弃或者变更诉讼请求。被告可以承认或者反驳诉讼请求，有权提起反诉。"最高人民法院《关于适用〈中华人民共和国民事诉讼法〉若干问题的意见》第75条规定："下列事实，当事人无需举证：①一方当事人对另一方当事人陈述的案件事实和提出的诉讼请求，明确表示承认的；……"这是对事实自认作出的进一步规定，这一规定较为笼统。

将当事人自认划分为对案件事实的自认和对诉讼请求的自认，旨在明确二者的法律后果不同。对案件事实的自认，能够免除对方当事人就该被承认的案件事实所应承担的举证责任，并对人民法院具有拘束力，法院必须以当事人承认的案件事实作为裁判的依据。而被告人对诉讼请求的自认，则是其享有的诉讼权利之一。当事人对诉讼请求的自认，已不属于证据法，而是属于诉讼过程中当事人对其实体权利的处分行为，这将直接导致人民法院据此作出对承认者

不利的裁判。

当事人对事实的自认与对诉讼请求的自认具有以下几方面的区别:

1. 自认的对象不同。前者是对诉讼中事实主张的自认,后者是对实体意义上诉讼请求的自认,两者的意思表示所指向的客体不同。

2. 自认的主体不同。对事实的自认,不仅可由被告作出,也可以由原告作出,只要一方当事人主张了对另一方当事人不利的需负举证责任的事实,则另一方当事人都可以表示承认,而不加争执。这与作出自认方的当事人是原告或是被告的诉讼地位无关。但对诉讼请求的自认,永远只能由处于被告地位的当事人向处于原告地位的当事人作出。对于原告来说,除非被告提出反诉,否则无需承认对方的诉讼请求。

3. 依据的诉讼原则不同。对事实的自认,受证据法上关于证据效力规定的调整,根据辩论原则,当指双方当事人对特定的事实主张认识一致,无需法院行使审判权予以判断,因而它排除了法院的事实认定权。对诉讼请求的自认,受诉讼法和实体法的双重调整,是当事人根据处分原则和权利自治原则所行使的处分行为,它表明双方当事人对诉讼请求没有争议,需要法院行使审判权加以确认。

4. 自认的效果不同。对事实主张的自认,在诉讼上能够产生免除事实主张者提供证据对此加以证明的举证责任;对法院而言,也排除法院依职权调查证据作出与自认的事实相反的认定权力,也即事实的自认对法院有拘束力,法院应当采纳它作为判决的根据。对诉讼请求的自认,也同样能够产生拘束法院的效力,只是与对事实的自认不同,对诉讼请求的自认要求法院据此作出于承认者不利的败诉判决。

对事实的自认与对诉讼请求的自认有密切的联系。从效果上看,两者都是对作出自认一方当事人不利的诉讼行为,它们一经合法地作出,便将产生应有的法律后果,没有特别的法定事由,不允许撤销。但是,对事实的自认却未必导致对诉讼请求的自认。所以,当事人如果要对诉讼请求表示自认,他既可以笼统地自认诉讼请求,也可以分别自认具体的事实主张。

(二)根据当事人作出自认的时空范围不同,可以将自认划分为诉讼中的自认和诉讼外的自认

诉讼中的自认,是指当事人一方在人民法院审理案件的过程中,所作的承认另一方当事人陈述的案件事实以及诉讼请求的意思表示,又被称为审判上的自认或裁判上的自认。诉讼外的自认,是指当事人一方在诉讼过程之外,即法院审判之外,所作的承认另一方当事人陈述的案件事实及诉讼请求的意思表示,也被称为审判外的自认或者裁判外的自认。这种诉讼外的自认,对方当事人在

诉讼中提出时，也可以作为一种证据加以审查，但是没有诉讼中自认的法律效力。实践中，双方当事人在来往书信中或者在谈话时所作的承认即属于此种情形。诉讼外的自认，根据其是书面表述还是口头表述的不同，其证据价值也有所区别。如果作出的是书面承认，并且有本人的签名，将其予以收集，就具有书证的作用。如果仅是口头表述承认，其证明力则较弱，要确认这种承认，还应通知有关证人作证。

将当事人自认划分为诉讼中的自认和诉讼外的自认，目的在于区别二者的法律效力。诉讼中的自认具有免除对方当事人的举证责任，约束人民法院以及当事人的效力；而诉讼外的自认不具有免除对方当事人举证责任的效力，只能是被用作证明案件事实的证据。

（三）根据实际作出自认的主体不同，可以将当事人自认划分为本人的自认和诉讼代理人的自认

本人的自认是指当事人本人作出的承认的意思表示；而诉讼代理人的自认则是指当事人的诉讼代理人所作的自认的意思表示。通常情况下，诉讼代理人所作的自认即被视为当事人本人所作的自认，如果诉讼代理人的自认未经当事人本人授权，或者诉讼代理人有一定范围的授权，但诉讼代理人自认的事项超越了当事人本人的授权范围，则该诉讼代理人的自认即不可被视为本人的自认，不能发生相应的法律效力。当事人在场但对其诉讼代理人所作的自认不作否认表示的，视为当事人自认。

（四）根据当事人在自认时是否附加条件，可以将当事人自认划分为完全的自认和有限制的自认

完全的自认，是指一方当事人对另一方当事人所提出的案件事实和诉讼请求完全予以承认，不附加任何条件，又称为无条件的自认。有限制的自认，是指一方当事人对另一方当事人所提出的案件事实与诉讼请求加以承认时，附加了一定的条件，又称为有条件的自认。

通常有限制的自认主要包括两种情况：①一方当事人在承认另一方当事人所主张的事实时，附加独立的攻击或防御的方法。如原告起诉被告借款未还，被告承认借款，但同时主张借款已经归还。此时，被告承认借款的事实构成自认，但由于被告同时主张已经偿还借款，即为附加的防御方法。②一方当事人对另一方当事人提出的案件事实或诉讼请求，仅承认其中的一部分。如原告主张被告曾两次向其借款，而被告只承认其中一次借款，对另一次借款则予以否认。当事人的这种承认仅仅对其承认的部分发生法律效力。

第九章

（五）根据当事人承认时是否作出明确的意思表示，可以将当事人自认划分为明示的当事人自认和默示的当事人自认

所谓明示的自认，是指当事人一方对另一方当事人陈述的案件事实，以口头或书面的形式明确表示承认的意思表示。所谓默示的自认，是指当事人一方对另一方所陈述的案件事实，既未明确地表示承认，也未明确地作出否认的意思表示，而由法律规定视为当事人承认的情形，也被称为拟制的自认或者准自认。

划分明示自认与默示自认的原因在于二者成立的条件不同。在其他条件具备的前提下，成立明示的自认，只需当事人以口头或书面的形式作出明确的自认的意思表示即可；而当事人对另一方当事人陈述的案件事实保持沉默并不必然地构成默示的自认。根据我国相关司法解释的规定，对一方当事人陈述的事实，另一方当事人既未表示承认也未否认的，经审判人员充分说明并询问后，其仍不明确表示肯定或者否定的，方可视为对该项事实的承认。

四、自认的法律效力

当事人自认的法律效力，是指当事人自认对诉讼证明过程和案件处理结果的影响。

关于自认的法律效力，诉讼外的当事人自认与诉讼中的当事人自认在此方面又存在明显区别。诉讼外的自认其效力是有限的，在诉讼中，诉讼外的自认只能作为一般证据，其证明力将由法院结合该案中的其他证据加以具体分析、判断。而诉讼中的自认不仅具有免除对方当事人相应的举证责任的效力，而且还对双方当事人以及人民法院产生拘束力。具体来讲，诉讼中的自认具有如下效力：

（一）免除对方当事人举证责任

如果一方当事人对另一方当事人陈述的案件事实或者提出的诉讼请求，作出自认的意思表示的，那么，另一方当事人对于该项事实或者诉讼请求，即无需再予举证加以证明。对此，最高人民法院《关于适用〈中华人民共和国民事诉讼法〉若干问题的意见》第75条规定："下列事实，当事人无需举证：①一方当事人对另一方当事人陈述的案件事实和提出的诉讼请求，明确表示承认的；……"最高人民法院《关于民事诉讼证据的若干规定》第8条第1款也明确规定："诉讼过程中，一方当事人对另一方当事人陈述的案件事实明确表示承认的，另一方当事人无需举证。但涉及身份关系的案件除外。"根据上述规定，当事人在诉讼过程中作出的明确的自认，具有免除对方当事人举证责任的效力。可见，在我国，自认的法律效力主要在于免除对方当事人的举证责任。

自认的证据价值是免除对方当事人的举证责任，故原则上其自认内容应当属于对对方当事人主张的事实的自认；但因承认了对方的诉讼请求，也就等于承认了对方主张的事实，因此，承认对方的诉讼请求，也具有了免除对方对主张事实的举证责任的效果。

根据最高人民法院有关司法解释的规定，当事人自认产生免除举证责任的效力，必须具备相应的条件：①必须是诉讼中的自认，而不是非诉讼中的自认；②必须是对对方当事人提出的案件事实或诉讼主张的承认，而非其他承认；③必须是向人民法院明确表示的承认，即以口头或书面形式向人民法院明确表示的承认，以默示方式未向人民法院明确表示的，必须是由审判人员充分说明并询问后，仍不明确表态的，才视为当事人的正式自认；④该自认必须出自当事人的真实意思表示，而不是在受到威胁、引诱或欺诈的情况下，违背自己的真实意志作出的；⑤不存在双方当事人恶意串通损害国家利益或第三人利益的情况，不存在违背法律的情况。当事人承认的要记录在案，审判人员应当向当事人告知其承认的法律后果，让当事人明晰，防止当事人误解。

（二）对双方当事人都具有拘束力

自认对双方当事人均产生一定的拘束力。对于表示自认的一方当事人来说，要受到自己所作的自认的限制，即除了法律规定的情形以外，不得任意地撤销已经作出的自认。即使是在二审程序或者再审程序中，也不得随意撤销其在一审程序当中所作的自认。而对于另一方当事人而言，同样要受到当事人自认的拘束。一般情况下，当事人一方所作的自认对另一方当事人来说是较为有利的，因而，另一方当事人对已被承认的事实再行争执的现象较为少见。但在实践中，有时也会出现原本对另一方当事人有利的事实，随着诉讼的发展，变成了不利于该方当事人的事实。在此情形下，受一方当事人承认的法律效力拘束，另一方当事人不能随意撤回其已经承认的有关案件事实与诉讼请求的主张。

立法上确认当事人自认的法律效力，即只要一方当事人承认他方当事人所主张的不利于己的事实，即可免除他方当事人的举证责任；如果被告承认了原告的诉讼请求，即可导致法院直接判决原告胜诉。实际上我国最高人民法院上述关于当事人承认的规定，也正式确立了这一原则。因为免除了对方当事人的举证责任，也就等于承认了对方当事人胜诉。

（三）对人民法院的拘束力

如前所述，对于当事人已经承认的案件事实和诉讼请求，对方当事人无需再进行举证证明，这同时也就意味着，法院应当认定该案件事实具有真实性，或者该项诉讼请求具有合理性，不需要再进行证据调查，这是当事人自认对法院的拘束力。最高人民法院《关于民事诉讼证据的若干规定》第74条规定：

"诉讼过程中，当事人在起诉状、答辩状、陈述及其委托代理人的代理词中承认的对己方不利的事实和认可的证据，人民法院应当予以确认，但当事人反悔并有相反证据足以推翻的除外。"此外，当事人自认不仅对本案的审理法院具有拘束力，对于其上级人民法院同样具有拘束力。如上级法院在处理再审案件时，对于基于当事人承认的案件事实而作出的原审判决，除非适用法律有错误外，一般应予维持原判。

五、自认的撤销

在民事、行政诉讼中，诉讼当事人对于案件事实的发生应当或者被推定为是最了解和知晓的，诉讼当事人向法庭所作的陈述无论是当庭口头陈述还是以向法庭提交诉讼材料的书面形式表达对案件事实的态度，均应视为对案件事实的陈述。就证据裁判主义而言，凡当事人之间就案件事实不存在争执的，通常可以在审判上作为法官查明的事实来对待；就证据辩论主义而言，凡当事人之间就有关案件事实不存在争执的，该事实可不必提交庭审辩论即可作为裁判的基础。基于此，在法律上，当事人负有向法庭真实陈述的义务，同时，当事人之间在诉讼上也负有互为诚信对待程序的义务，这对于维护审判的严肃性与程序的安定性具有至关重要的作用，因此，凡当事人已向法庭作出的有关案件事实的陈述或者在当事人之间已明显不存在争执的事实，不容许当事人在此之后任意将其推翻。

当事人自认原则上不允许撤销，原因主要有二：①从诉讼心理上分析，当事人承认的内容限于另一方当事人陈述的对自己不利的案件事实和提出的诉讼请求，对承认者而言，均会带来于己不利的后果。一般而言，一个正常、理智的当事人，对于他人提出的不存在的、不真实的、于己不利的事实，是不会主动地、自愿地承认的。反过来，一旦当事人自主、自愿地承认了对方当事人提出的案件事实或诉讼请求，我们就有理由认为，该事实或者诉讼请求确实是真实的或者合理的。②根据诚实信用原则，当事人应当客观、全面地陈述案件事实，无论该事实对于当事人是否有利。诚实信用原则同时禁止反言，当事人对于己不利的事实承认以后不能反悔。

然而，在法律规定的特殊情形下，允许撤销自认。对此，最高人民法院《关于民事诉讼证据的若干规定》第8条第4款规定："当事人在法庭辩论终结前撤回承认并经对方当事人同意，或者有充分证据证明其承认行为是在受胁迫或者重大误解情况下作出且与事实不符的，不能免除对方当事人的举证责任。"该规定第74条规定："诉讼过程中，当事人在起诉状、答辩状、陈述及其委托代理人的代理词中承认的对己方不利的事实和认可的证据，人民法院应当予以确认，但当事人反悔并有相反证据足以推翻的除外。"据此，在我国，允许撤销自认的情形主要有以下四种：①在法庭辩论终结前，对方当事人同意撤销承认的；②因受胁迫而作出的与事实不符的承认；③因重大误解而作出的与事实不符的承认；④有相反的证据足以推翻的先前的承认。需要指出的是，对于后三种自认的撤销，必须具有充分的证据加以证明。对于当事人在诉讼外的自认，应允许当事人在诉讼中法庭辩论终结前随时撤销，但应充分说明理由。

本章思考题

1. 简述民事、行政诉讼当事人陈述的概念及其特征。
2. 如何理解民事、行政诉讼当事人陈述的分类？
3. 当事人陈述有何意义？
4. 什么是自认？自认有哪些分类？
5. 自认的构成要件有哪些？
6. 如何理解自认的法律效力？
7. 自认在什么情形下可以撤销？

第九章

第 10 章
刑事被害人陈述

学习目的与要求：
    通过本章学习，掌握被害人陈述的概念与范围；了解被害人陈述的
分类；掌握被害人陈述的特征；了解被害人陈述的意义；掌握被害人的
诉讼权利及义务。

第一节　刑事被害人陈述概述

一、刑事被害人陈述的概念

刑事被害人陈述，是指刑事被害人就自己所感知、理解和记忆的，遭受犯罪行为直接侵害的事实和有关犯罪分子的情况，向公安司法机关所作的陈述。它是刑事诉讼证据的种类之一。

被害人即刑事被害人，是指其合法的人身权利、财产权利、民主权利以及其他权利直接受到犯罪行为侵害的人。其合法的权利间接受到侵害的人不属于被害人的范畴。被害人一般为自然人，特殊情况下也可以是法人。由于被害人在刑事诉讼中具有特殊的身份和地位，所以我国法律将其陈述单独规定为证据形式的一种。在刑事诉讼中，被害人既有陈述案件情况的权利，也有提出诉讼请求的权利，但是被害人就案件情况所作的陈述，才属于证据意义上的被害人陈述。

有学者认为，被害人陈述不仅包括公诉案件中被害人的陈述，而且也包括自诉案件中自诉人的陈述和刑事附带民事诉讼案件中原告人的陈述。我们认为这种观点值得商榷。因为，刑事诉讼中的证据种类是以证据的表现形式作为划分标准的，刑事诉讼中，是哪一个当事人的陈述，法律就对该陈述界定一个专门的称呼，如被害人陈述，犯罪嫌疑人、被告人的供述和辩解，对执行刑事控诉职能的自诉人对于案件事实的陈述却没有专门的规定，这是法律的疏漏。至于刑事附带民事诉讼案件中原告人的陈述和附带民事诉讼被告人的陈述，由于

他们是民事诉讼当事人，其陈述应当属于民事当事人的陈述范畴之列，不应当包含在被害人陈述的范围之中。

世界上有些国家和地区把被害人陈述视为证人证言。这种做法主要是由于被害人陈述和证人证言在证据的证明作用、收集途径、方法等方面有相似之处，但事实上，两者的区别十分明显，我国刑事诉讼法也明确将被害人陈述和证人证言并列为两种独立的诉讼证据。具体来说，两者的主要区别有：

1. 陈述的主体不同。被害人陈述是受到犯罪行为直接侵害的人，将其遭受犯罪行为直接侵害的事实等情况向司法机关进行的陈述；而证人证言则是没有受到犯罪行为直接侵害的第三者，将其所了解的案件情况向司法机关进行的陈述。

2. 与案件的利害关系不同。被害人遭受了犯罪行为的直接侵害，因而与案件事实和处理结果有着切身的利害关系；而证人与案件事实及处理结果均无直接利害关系。

3. 作证的心理基础不同。被害人系犯罪行为的直接受害者，心理上一般对犯罪分子十分痛恨，希望司法机关能严惩犯罪分子，所以被害人一般都能积极提供自己所感知的犯罪事实和情况，而且往往比较详尽；而证人与案件没有利害关系，心理上比较平静，对惩罚犯罪分子的愿望也不如被害人强烈，对于作证常持消极的态度。

4. 故意作虚伪陈述的法律后果不同。被害人如果捏造犯罪事实，意图陷害他人，使他人受到刑事处分而进行诬告的，应承担《刑法》第243条规定的诬告陷害罪的刑事责任。证人在侦查、审判过程中故意提供虚假证言，意图陷害他人的，则应承担《刑法》第305条规定的伪证罪的刑事责任。

5. 收集的难易程度不同。由于被害人直接遭受犯罪行为的侵害，一般都有要求惩罚犯罪人、保护自身的合法权益的强烈愿望，大多会积极、主动地向司法机关揭发犯罪、控告犯罪。因此，公安司法机关一般容易收集到被害人陈述。而证人与案件没有直接的利害关系，对案件的处理情况一般不大关心，有的证人还存在种种顾虑，不愿或者不敢作证。因此，司法机关收集证人证言的难度较大。

被害人陈述与证人证言之所以有上述区别，是由于被害人与证人同犯罪的不同关系、不同的心理状态以及在刑事诉讼中不同的诉讼地位决定的。了解上述区别，有利于进一步认识被害人陈述的证据意义。

二、被害人陈述的特征

和其他证据相比较，被害人陈述的特征表现在以下几个方面：

1. 陈述主体的不可替代性。被害人陈述具有不可替代性，是由被害人在诉讼中的地位所决定的。在任何一起刑事案件中，被害人都是特定的，都是不能由他人替代的。因此，向司法机关提供被害人陈述的必须是被害人本人，不能由其他人代替。即使被害人是法人，其也是特定的。被害人陈述的这一特征使被害人陈述和其他言词证据区别开来。

2. 对案件事实的直接证明性。被害人是直接遭受犯罪行为侵害的人，大多数情况下，他们都能了解到作案人、侵害过程和犯罪行为侵害的后果等情况，因此其陈述往往可以直接证明有关案件主要事实。与物证、书证等其他证据相比，被害人陈述的直接证明性是其最为显著的特点。在司法实践中，被害人陈述多属于直接证据。

3. 陈述指向主体的排他性。被害人只有向公安司法机关就有关犯罪事实和情况作出的陈述，才能作为刑事诉讼证据使用，才具有法律效力。如果被害人是向公安司法机关以外的机关和个人陈述，则是一种诉讼外的行为，并不发生法律效力，被害人因此所作的陈述也不具有证据价值。

4. 陈述内容的特定性。被害人陈述的内容往往带有综合性的特点，即其陈述的内容不仅是对犯罪侵害事实的叙述与说明，还可能包括对作案人的指责、对犯罪的控诉、对社会或有关人员的抱怨、对司法机关的要求、提出惩罚犯罪的要求、对案件的分析判断、对适用法律的意见等，这些都不能作为认定案件事实的证据，仅仅对公安司法机关具有一定的参考价值。这些内容中与犯罪事实无关的内容并不具有证据的作用。

第二节　被害人陈述的分类

由于根据不同的标准可以对被害人作出不同的分类，基于此标准也可以对被害人陈述作出不同的分类。

一、未成年被害人陈述、青壮年被害人陈述和老年被害人陈述

根据刑事被害人年龄的不同，可以把被害人分为未成年被害人、青壮年被害人和老年被害人。据此，被害人陈述则可以分为未成年被害人陈述、青壮年被害人陈述和老年被害人陈述。

关于未成年人的年龄界限，世界各国的法律规定不尽相同。多数国家规定年满18岁为成年人，也有的国家规定年满19岁或年满21岁为成年人。关于老年人的年龄界限，各国法律一般不作明文规定，而社会习惯多以60岁为界限，而且男女略有差异。不同年龄的被害人陈述各有特点，这种分类有助于公安司

法机关研究各个年龄阶段被害人陈述的主要规律，特别是未成年人被害人和老年被害人陈述的规律。

二、男性被害人陈述和女性被害人陈述

根据性别不同，可以把被害人分为男性被害人和女性被害人。据此，被害人陈述则可以分为男性被害人陈述和女性被害人陈述。

男性和女性在不同种类犯罪中成为被害人的概率有较大差异，男性被害人和女性被害人在向公安司法机关陈述案件情况时也有不同的习惯和特点。因此，这种分类，有助于研究男性被害人和女性被害人陈述的规律，特别是女性被害人陈述的规律。

三、人身权利受害人陈述、财产权利受害人陈述和民主权利受害人陈述

根据遭受犯罪行为侵害的权利不同，可以把被害人分为人身权利受害人、财产权利受害人和民主权利受害人等。据此，被害人陈述则可以分为人身权利受害人陈述、财产权利受害人陈述和民主权利受害人陈述等。

被害人遭受侵害的权利不同，其在向公安司法机关陈述案件情况时的心理状态也就不同。因此，这种分类有助于研究不同权利受到侵害的被害人陈述的规律。

四、无过错被害人陈述和有过错被害人陈述

根据被害人在犯罪形成的过程中有无过错或责任，可以把被害人分为无过错被害人和有过错被害人。

无过错被害人，是指那些在侵害自己的行为发生过程中自己没有过错，或者没有任何道义或法律上责任的被害人，又称为无责任被害人。有过错被害人，是指那些在侵害自己的犯罪行为发生过程中自己也有过错，或者在道义或法律上也有一定责任的被害人，又称为有责任被害人。据此，被害人陈述可以分为无过错被害人的陈述和有过错被害人的陈述，这有助于研究这些不同类型的被害人在向公安司法机关陈述案件情况时的不同规律。

五、不相识被害人陈述、相识被害人陈述和搭识被害人陈述

根据被害人在犯罪发生前与加害人是否相识及相识情况，可以把被害人分为不相识被害人、相识被害人和搭识被害人。

所谓不相识被害人，是指那些在犯罪发生之前与加害人素不相识，没有任何关系的被害人。所谓相识被害人，是指那些在犯罪发生之前就与加害人互相

认识或有某种关系的被害人。所谓搭识被害人，是指那些与加害人原本不相识，但是在犯罪发生前临时认识的被害人。据此，被害人陈述可以分为不相识被害人的陈述、相识被害人的陈述和搭识被害人的陈述。这种划分有助于研究这些不同类型的被害人在向司法机关陈述案件时的不同规律。

六、被害人的书面陈述和被害人的口头陈述

根据被害人陈述方式的不同，被害人的陈述可以分为被害人的书面陈述和被害人的口头陈述。被害人口头陈述的，公安司法机关应该制作笔录，或者用录音、录像的方式记录。书面陈述一般都应该由被害人亲笔书写。将被害人陈述分为被害人的书面陈述和被害人的口头陈述，有助于研究不同陈述方式下形成的被害人陈述的规律。

第三节　刑事被害人陈述的意义

刑事被害人在刑事诉讼中具有或然性，并不见得每一起刑事案件都有被害人。刑事案件发生时，如果有被害人的，应当尽早向被害人了解案件情况，这对于揭示案件真相，查获犯罪嫌疑人，并对案件起诉和审判具有重要意义。被害人陈述的意义主要表现在以下几个方面：

一、被害人陈述可以作为揭露犯罪、证实犯罪和认定案情的直接证据

被害人是受到犯罪行为直接侵害的人，在被害过程中一般与犯罪嫌疑人有过接触，如果其陈述真实、准确，被害人陈述往往是直接证据，能够为侦查机关提供破案线索，直接证明案件的主要事实、犯罪嫌疑人，从而为人民检察院顺利提起公诉和人民法院的公正审判提供有力的支持。

二、被害人陈述可以甄别其他证据的真伪

刑事案件中出现的证据种类较多，被害人陈述可以用来验证物证、书证的真假，可以检验勘验、检查笔录和鉴定结论的真实性，可以检验证人证言的真实性，尤其可以甄别犯罪嫌疑人、被告人口供的真伪。司法实践中，当被害人陈述与犯罪嫌疑人、被告人的口供不一致时，要查明原因，排除虚假证据，查明事实真相。

被害人陈述可以同物证、书证、证人证言、犯罪嫌疑人、被告人口供、勘验、检查笔录、鉴定结论和视听资料等其他证据互相印证，使定案的根据更为确实、充分。

三、被害人陈述是维护其合法权益的有力手段

被害人受害后，维护其合法权益的主要方式是向公安司法机关报案、举报或者提起自诉。在报案、举报或者提起自诉的过程中，被害人将自己受害的经过如实向公安司法机关作以陈述，有利于公安司法机关将其陈述作为诉讼证据使用，作为侦查的线索、起诉的依据、定案的根据，进而抓获犯罪人，查明案件真相，挽回或者弥补被害人的损失，维护被害人的合法权益，也为社会伸张正义。

四、被害人陈述是促使犯罪分子认罪伏法的重要武器

犯罪嫌疑人、被告人犯罪以后，时有反侦查、抗审讯的心态，基于"逢危当弃、遇险自保"的心理，常常作虚假的供述，适时、合理地使用被害人的陈述，可以使那些心存侥幸、试图抵赖的犯罪嫌疑人、被告人放弃抵赖心理，主动认罪伏法，悔过自新。

第四节 刑事被害人的诉讼权利和义务

根据现行《刑事诉讼法》的规定，被害人在诉讼中的法律地位由原来的诉讼参与人上升为当事人。被害人的诉讼地位决定着被害人的诉讼权利，被害人在刑事诉讼中诉讼地位的高低和参与刑事诉讼程度的多寡，反映了被害人诉讼权利的多少。下面就被害人的诉讼权利和义务分别予以介绍。

一、被害人的诉讼权利

1. 用本民族语言进行诉讼的权利。根据《刑事诉讼法》第9条的规定，刑事诉讼的当事人及诉讼参与人都有用本民族语言进行诉讼的权利，被害人属于刑事诉讼当事人，当然有用本民族的语言进行诉讼的权利，必要时，公安司法机关应当为他们提供语言、文字或者手势的翻译。

2. 申请回避的权利。刑事诉讼法规定，被害人作为当事人，不论是在公诉程序，还是在自诉程序或附带民事诉讼程序中，对于承办案件的侦查人员、检察人员、审判人员以及书记员、鉴定人、翻译人员具有法定回避理由时，有权申请他们回避。

3. 诉讼权利受到保护的权利。根据《刑事诉讼法》第14条规定，刑事诉讼中的当事人及其他诉讼参与人的诉讼权利依法受到保护，对于侵犯当事人及其他诉讼参与人诉讼权利的行为，当事人有权控告。被害人属于刑事诉讼中的

第
十
章

当事人，对于侵犯其诉讼权利的行为，被害人有权控告、申诉。

4．控告或控诉犯罪的权利。根据《刑事诉讼法》第84、85条规定，被害人有权向公安机关、检察院或者人民法院控告自己受侵害的事实和情况。

现行《刑事诉讼法》加强了对被害人控告或控诉犯罪的权利的保障，增加了立案监督的规定，以保障被害人控告犯罪权利的有效行使。《刑事诉讼法》第87条规定："人民检察院认为公安机关对应当立案侦查的案件而不立案侦查的，或者被害人认为公安机关对应当立案侦查的案件而不立案侦查，向人民检察院提出的，人民检察院应当要求公安机关说明不立案的理由。人民检察院认为公安机关不立案理由不能成立的，应当通知公安机关立案，公安机关接到通知后应当立案。"根据《刑事诉讼法》第86条的规定，人民法院、人民检察院或者公安机关对于被害人报案或者控告的材料，应当按照管辖范围，迅速进行审查，认为有犯罪事实需要追究刑事责任的时候，应当立案；认为没有犯罪事实，或者犯罪事实显著轻微，不需要追究刑事责任的时候，不予立案，并且将不立案的原因通知被害人。被害人如果不服，可以申请复议。

现行《刑事诉讼法》还规定一定范围的自诉案件与公诉案件可以相互转化，拓宽了被害人行使控告或控诉权的渠道。公诉案件向自诉案件转化的情形是：在公诉案件中，被害人有证据证明对被告人侵犯自己人身、财产权利的行为，应当依法追究刑事责任，而公安机关或者人民检察院不予追究被告人刑事责任的案件，以及人民检察院审查起诉后作出不起诉决定的案件，被害人有权向人民法院提起自诉，根据《刑事诉讼法》第170条的规定，我国的刑事自诉案件包括三类：①告诉才处理的案件；②被害人有证据证明的轻微刑事案件；③被害人有证据证明对被告人侵犯自己人身、财产权利的行为应当依法追究刑事责任，而公安机关或者人民检察院不予追究被告人刑事责任的案件。此外，依照《刑事诉讼法》第145条的规定，被害人对人民检察院不起诉决定不服而向人民法院起诉的案件也属于自诉案件。自诉人提起的自诉不能超出上述范围，否则人民法院有权不予受理。而自诉案件向公诉案件转化的情形是：被害人有证据证明的轻微刑事案件，被害人既可以向法院提起自诉，也可以向公安机关请求立案侦查，人民法院接受自诉立案审查后，认为需要侦查的，也可以移交公安机关侦查，公安机关对于被害人的控告和法院的移送，都应当接受。根据我国《刑事诉讼法》第88条的规定，被害人死亡或者丧失行为能力的，被害人的法定代理人、近亲属有权向人民法院起诉，人民法院应当依法受理。司法实践中，自诉案件往往由于被害人死亡、丧失行为能力或其他原因不能行使起诉的权利，不利于惩罚犯罪分子和保护被害人的合法权益。因此，赋予被害人的法定代理人、近亲属直接向人民法院起诉的权利，是在被害人自诉机制受到阻却时的一种补救措施，有利于打击犯罪和保护无辜。

5. 委托诉讼代理人的权利。现行《刑事诉讼法》规定，公诉案件的被害人及其法定代理人或者近亲属，附带民事诉讼的当事人及其法定代理人，自案件移送审查起诉之日起，有权委托诉讼代理人。人民检察院自收到移送审查起诉的案件材料之日起3日内，应当告知被害人及其法定代理人或者近亲属，附带民事诉讼的当事人及其法定代理人有权委托诉讼代理人。自诉案件的自诉人及其法定代理人，有权随时委托诉讼代理人。

6. 参加诉讼的权利。根据《刑事诉讼法》第145条的规定，人民检察院决定不起诉的案件，应把不起诉的决定书送达被害人。如果被害人不服，在收到该文书的7日内，有权向上一级人民检察院提出申诉。人民检察院应当将复查结果告知被害人。对上级人民检察院维持不起诉的决定，还有权向人民法院提起自诉。公诉案件的被害人，在审判之前的提起公诉的程序中，有权向人民检察院陈述对案件的意见。根据《刑事诉讼法》第155、160条的规定，在法庭审理阶段，被害人和附带民事诉讼的原告人，经审判长许可，有权向被告人发问；在公诉人发言后，被害人有权作补充发言；并有权参加法庭辩论。在法庭审理中，被害人享有以下权利：①有权就起诉书指控的犯罪进行陈述；②经审判长许可，可以向被告人、证人、鉴定人发问；③有权对当庭宣读的未到庭的证人证言笔录、鉴定人的鉴定结论、勘验笔录和其他作为证据的文书发表意见；④可以参加法庭辩论；⑤有权在法庭审理过程中申请通知新的证人到庭，调取新的物证，申请重新鉴定或者勘验。另外，根据《刑事诉讼法》第100条的规定，被害人对询问他的笔录，有权要求阅读或者要求询问人员向他宣读；对记录中的错误、遗漏之处有权要求修改或补充，还可以请求自行书写陈述。被害人对人民法院一审判决不服的，有权请求检察院抗诉。根据《刑事诉讼法》第203条的规定，被害人如果不服已经发生法律效力的判决和裁定，有权向人民法院或者人民检察院提出申诉。

7. 获知诉讼进程和结果的权利。《刑事诉讼法》规定，公安机关或人民检察院决定不立案侦查的，应将不立案的原因通知控告人；人民检察院作出不起诉决定的，应将不起诉决定书送达被害人；人民法院作出判决、裁定的，应将判决书、裁定书送达被害人等。

8. 获得保护的权利。被害人积极揭发犯罪而成为控告人或报案人的，有权要求公安司法机关保护其本人及其近亲属的人身及财产安全，被害人不愿公开自己姓名和报案、控告行为的，可以要求公安司法机关予以保密。人民法院审理涉及个人隐私、未成年人犯罪的案件，实行不公开审理；开庭时，除本案的审判人员、书记员、公诉人、律师、值庭人员、司法警察和其他诉讼参与人在场外，不允许其他任何人进入法庭。

9．取得赔偿的权利。《刑事诉讼法》第77条规定，被害人由于被告人的犯罪行为而遭受物质损失的，在刑事诉讼过程中有权提起附带民事诉讼。基于此，被害人在侦查、起诉、审判等程序中，都可以提起附带民事诉讼，要求司法机关在追究被告人刑事责任的同时，判令被告人予以赔偿。

二、被害人的诉讼义务

1．有控告犯罪的义务。根据现行《刑事诉讼法》第84条的规定，被害人遭受犯罪行为侵害后，有权利也有义务就犯罪事实和犯罪嫌疑人的情况向公安机关、人民检察院或者人民法院报案或者提出控告。控告犯罪既是被害人的权利，也是被害人的义务。

2．有如实陈述案情的义务。根据现行《刑事诉讼法》第45条第3款和第98、100条的规定，被害人应当如实地向公安司法机关陈述自己遭受犯罪分子侵害的事实、犯罪分子的个人情况以及其他对查明案情有意义的情况，不得伪造证据、隐匿证据或者毁灭证据，也不得捏造事实或者故意夸大事实，诬陷他人。否则，将可能被依法追究诬告陷害罪的刑事责任。

3．有配合公安司法机关收集证据的义务。根据《刑事诉讼法》第45、105、158条的规定，被害人有义务接受侦查、检察、审判人员为收集证据对其身体的某些特征、伤害情况或生理状态进行的人身检查。

4．有遵守法庭秩序的义务。根据现行《刑事诉讼法》第161条的规定，在法庭审判过程中，被害人同其他诉讼参与人或者旁听人员一样，必须遵守法庭秩序，听从审判长的指挥。如果被害人违反法庭秩序，审判长应当警告制止。对不听制止的，可以强行带出法庭；情节严重的，处以1000元以下的罚款或者15日以下的拘留；严重扰乱法庭秩序构成犯罪的，应当依法追究刑事责任。

本章思考题

1．简述刑事被害人陈述的概念及其特征。
2．被害人陈述和证人证言有何异同点？
3．被害人陈述有哪些分类？
4．被害人陈述有什么意义？
5．如何理解被害人的诉讼权利及义务？

第11章
犯罪嫌疑人、被告人供述和辩解

> **学习目的与要求：**
>
> 　　通过本章的学习，掌握犯罪嫌疑人、被告人供述和辩解的概念和特征；了解犯罪嫌疑人、被告人供述和辩解的意义；认识犯罪嫌疑人、被告人供述和辩解的分类；把握运用犯罪嫌疑人、被告人供述和辩解的原则；了解国外关于犯罪嫌疑人、被告人供述和辩解的理论与立法状况等。

第一节　犯罪嫌疑人、被告人供述和辩解概述

一、犯罪嫌疑人、被告人的供述和辩解的概念

犯罪嫌疑人、被告人的供述和辩解，是指在刑事诉讼中，犯罪嫌疑人、被告人就案件的事实等情况向公安司法机关所作的陈述，实务中将其称为"口供"，是我国刑事诉讼法规定的法定证据种类之一。

通常认为，犯罪嫌疑人、被告人的供述和辩解主要包括以下三方面内容：

1. 供述，即犯罪嫌疑人、被告人承认指控他的犯罪事实，并向公安司法机关交待犯罪的全部事实和情节。供述通常表现为自首、坦白和承认。必须说明的是，能够作为定案根据的供述，应当是完全出于犯罪嫌疑人、被告人的自愿，在没有外力强迫的情况下作出的。

2. 辩解，即犯罪嫌疑人、被告人否认自己有犯罪行为，或者虽然承认自己实施了犯罪行为，但认为不应追究其刑事责任或者具有从轻、减轻或者免除处罚情节的申辩、解释。通常表现为否认、反驳指控、申辩以及提供反证等。

3. 攀供，即犯罪嫌疑人、被告人检举揭发共同犯罪人犯罪行为的陈述。攀供是口供还是证人证言，应当具体分析。如果攀供是检举揭发同案犯在本案中

的共同犯罪行为，应该属于口供；如果攀供是检举揭发同案犯或其他人在其他案件中的犯罪行为，而且攀供者本人不是那个案件的犯罪嫌疑人或者被告人，则属于证人证言。

二、犯罪嫌疑人、被告人的供述和辩解的特征

由于整个刑事诉讼就是围绕着犯罪嫌疑人、被告人是否构成犯罪，犯什么样的罪，应承担何种刑事责任等问题而进行的，所以，犯罪嫌疑人和被告人是刑事诉讼中的主角，在刑事诉讼中处于核心地位。也正是由于他们具有这样一种特殊的身份，因此，他们的供述和辩解既不可轻信，又不可完全忽略而不予考虑。公安司法人员在收集、审查和判断其供述和辩解时，应当充分地考虑到其作为证据的背景和特点。具体而言，犯罪嫌疑人和被告人的供述和辩解具有以下特点：

1. 具有真实的可能，可以直接证明案件事实。犯罪嫌疑人、被告人供述和辩解可能是真实的，有可能全面直接地反映案件事实情况。因为犯罪嫌疑人、被告人是案件的当事人，他对自己是否犯罪，罪行的轻与重以及犯罪的具体过程和情节，比任何人都知道得更清楚。这是包括被害人在内的其他人都无法相比的。所以，如果被告人愿意陈述，那是最能够反映案件的真实情况的，他所作的有罪供述，会更直接、更全面地反映出其犯罪的动机、目的、手段、时间、地点、过程、后果等事实情况；他所作的无罪或罪轻的辩解，也会提出一些具体的事实根据和申辩理由，使司法人员了解案件的全貌；他所作的揭发举报他人犯罪行为的陈述，可以反映其犯罪的形成、分工和具体实施犯罪的全过程，还可以反映其认罪态度和思想状态。因此，只要办案人员收集这种证据的方法得当、程序合法，充分而正确地运用好审讯策略，犯罪嫌疑人、被告人的供述和辩解就很有可能是真实的。尤其是从证据的种类来说，犯罪嫌疑人、被告人的陈述一般属于直接证据，能够单独揭示案件事实的全貌和本质。所以，古往今来，口供都具有独特的作用，而非一般证据形式所能比拟，尤其在封建社会纠问式诉讼中，被告人的口供被视为"证据之王"，是最好的证据。但是，也正是人们过分看重了口供的这个特点，所以才经常会导致刑讯逼供，甚至铸成冤假错案。因此，严格依照法定的程序和要求收集犯罪嫌疑人、被告人供述和辩解才尤其重要。

2. 内容复杂，真假并存。犯罪嫌疑人、被告人作为刑事诉讼中被追诉的对象，他深知案件的处理结果与其有极大的利害关系，他在诉讼中不论是供述还是辩解，以及如何供述和辩解，都直接影响到司法机关对他的处理，所以，从一般情理来说，尽管有时被告人会主动承认自己的犯罪事实，但他们通常总会选择抵赖、撒谎，对犯罪事实不予承认。只是在极少数的情况下，犯罪嫌疑人、被告人出于其他的目的或用意，或者为了掩盖某种事实真相，把本来不是犯罪的行为供认为犯罪，或者冒充犯罪人到司法机关投案自首，替人顶罪。犯罪嫌疑人、被告人出于各种考虑会交待或承认一些与自己无关或者并不存在的犯罪事实，将别人的犯罪事实包揽在自己身上，从而为其同伙或亲友开脱罪责。无论在上述何种情形下，只要犯罪嫌疑人、被告人的陈述含有虚假成分，就需对其采取说服教育、政策攻心、分析利弊等方法促使其如实陈述。

但从否认有罪或罪重的辩解方面来看，这又有两种情况：一种是犯罪嫌疑人、被告人确实是无罪或罪轻而进行的辩解。在这种情况下，我们不能简单地认为犯罪嫌疑人、被告人的辩解是狡辩或者态度不老实，而要看它是否合情合理、符合实际。在有的情况下，犯罪嫌疑人、被告人否认有罪或罪重，但又提不出证据，说不出理由，公安司法人员对此也不能轻易地否定。另一种是犯罪嫌疑人、被告人确实犯了罪或犯了重罪而作无罪或罪轻的辩解。在有的情况下，可能是犯罪嫌疑人、被告人由于认识错误而提出这样的辩解，这时公安司法人员应当进行必要的法制教育，使之对自己的行为有一个明确的认识；在有的情况下，犯罪嫌疑人、被告人为了掩盖罪行、逃避惩治，或为了减轻罪责而进行无罪或罪轻的辩解，如否认自己的主观犯意；有的犯罪嫌疑人、被告人把犯罪行为说成是正当防卫或意外事件等。从检举他人犯罪的方面来看，有的犯罪嫌疑人、被告人为了推卸责任，佯装检举揭发犯罪而嫁祸于人；有的犯罪嫌疑人、被告人为拖人下水而故意虚构犯罪事实，陷害无辜；有的犯罪嫌疑人、被告人为了得到从宽处理，争取立功而在检举他人违法犯罪时往往夸大犯罪事实。当然，也不排除有的犯罪嫌疑人、被告人在坦白从宽、抗拒从严、立功受奖的刑事政策感召下，如实地检举他人犯罪事实或提供侦破案件的重要线索，从而侦破有关案件的可能。总之，犯罪嫌疑人、被告人检举他人犯罪的动机不同，有真有假，公安司法人员必须慎重对待，不可轻信，也不可不信，正确的方法应当是认真查证，以免冤枉无辜或放纵犯罪。基于上述原因，口供虚假的可能性较大，这是口供不同于其他证据的又一重要特点。

3. 内容不稳定，易出现反复。在刑事诉讼中，犯罪嫌疑人、被告人的心理活动是异常复杂的，侥幸、悔罪、抗拒、惊恐多种心理交织一起，而且犯罪嫌疑人、被告人往往会出于各种考虑或者在外界影响下思想发生波动，所以口供的内容也可能随着讯问人员和环境等的变化而随时变化。这就使得翻供成为司法实践中的惯常现象，前供后翻、时供时翻、屡供屡翻、多次翻供，令人眼花缭乱，真假难辨，从而使案情复杂化。基于此，需要对口供的内容进行甄别，以判断哪些是真，哪些为假。当然，仅从口供本身难以作出有效判断，这就需要根据其他证据，尤其是依靠实物证据加以审查判断。

三、犯罪嫌疑人、被告人供述和辩解的意义

由于犯罪嫌疑人、被告人在诉讼活动中是中心人物，他对犯罪行为是有是无，是轻是重最为清楚。因此，按照法定的程序正确地讯问犯罪嫌疑人、被告人，收集其供述和辩解，对案件事实的认定有着重要的作用，具体表现在以下几个方面：

1. 有利于理清侦查思路，确定侦查范围。对于侦查范围尚不明确的案件来说，借助犯罪嫌疑人对自己相关犯罪事实的如实供述，侦查机关能够迅速理清侦查思路，进一步明确侦查范围，及时收集必要的证据，抓获其他犯罪嫌疑人，迅速查明案件全部事实，极大地提高侦查效率。如犯罪嫌疑人、被告人供述赃款或作案工具的藏匿地点，侦查人员就可以在办案中少走弯路，及时查获、固定证据。

2. 认真对待犯罪嫌疑人、被告人的辩解，可以起到兼听则明的作用。犯罪嫌疑人、被告人的辩解，可以使公安司法人员克服主观臆断，做到兼听则明，及时发现和纠正办案中的偏差，防止无罪的人受到错误的刑事追究或者有罪的人罚不当罪。应当说，实践中这方面的经验和教训都是很深刻的。有的公安司法人员认真听取犯罪嫌疑人、被告人的辩解，仔细分析判断，防止了错案的发生，甚至防止了错杀无辜。有的公安司法人员主观臆断，不愿作艰苦的调查取证工作和深入细致的分析判断，把犯罪嫌疑人、被告人的辩解视为狡辩、不老实而一概否定，从而酿成错案，这种情况虽然不是普遍的，但其造成的影响却十分恶劣。由此可见，每个办案人员都要沉着冷静地听取犯罪嫌疑人、被告人的辩解和辩护意见。

3. 有利于全面查明案件事实。主要表现在：一是有利于审查、核实本案中的其他证据，更好地对其他证据作出正确判断，有利于发现和排除疑点，使本案中的证据相互印证，对案件作出正确的处理决定；二是犯罪嫌疑人、被告人的检举揭发，有利于公安司法人员发现新的情况和证据线索，侦破案件，使隐藏很深的犯罪分子受到应有的惩罚；三是犯罪嫌疑人、被告人的供述和辩解，有利于公安司法机关衡量犯罪嫌疑人、被告人是否认罪、悔罪以及立功等情况，从而有利于区分不同的情况，对案件作出正确、恰当的处理，真正做到罚当其罪、不枉不纵。被告人的认罪、悔罪态度和立功表现一直是人民法院量刑时需要考虑的情节。目前，为顺应宽严相济的刑事司法理念，要注重强化坦白从宽的刑事政策，淡化抗拒从严的惩罚色彩。

第十一章

第二节 犯罪嫌疑人、被告人供述和辩解的分类

一、犯罪嫌疑人供述和辩解、被告人供述和辩解

根据刑事诉讼不同阶段主体身份称谓的不同，可以把供述和辩解分为犯罪嫌疑人供述和辩解与被告人供述和辩解。

犯罪嫌疑人供述和辩解，就是在侦查、起诉阶段涉嫌犯罪并被追诉的犯罪嫌疑人，对侦查、检察人员所作的有关案件情况的陈述。被告人供述和辩解，就是在审判阶段被指控犯罪的人，对案件事实等情况向审判人员所作的陈述。

就整个刑事诉讼过程来说，犯罪嫌疑人的供述和辩解也具有证据的性质，但是就审判阶段而言，犯罪嫌疑人供述和辩解只有转化为被告人供述和辩解才能作为定案的根据。如果二者一致，犯罪嫌疑人供述和辩解自然转化为被告人供述和辩解，成为庭审证据。但是如果二者不一致，审判时应当以被告人供述和辩解作为定案的根据。只有在特殊情况下，即无法获得被告人供述和辩解的情况下，犯罪嫌疑人在侦查阶段作出的书面供词和侦查机关的审讯笔录才可以直接作为审判的证据。

因此，区分犯罪嫌疑人供述和辩解与被告人供述和辩解，对司法实践的意义重大，它不仅有助于消除供述情结，遏制刑讯逼供，而且这种划分有助于明确两种供述和辩解在证明作用和价值上的差异。侦查人员不能以为只要拿到了犯罪嫌疑人的有罪供述，就算大功告成。他们必须考虑犯罪嫌疑人在转化为被告人后会怎么说，必须认真地收集其他能够支持犯罪嫌疑人供述和辩解的证据。但也不能完全否认犯罪嫌疑人供述和辩解的证据价值，因为供述和辩解至少还可以提供查明案件事实和寻找其他证据的线索。[1]

二、有罪和罪重的供述、无罪和罪轻的辩解、检举揭发同案犯的攀供

根据犯罪嫌疑人、被告人供述和辩解的内容，可以将其划分为有罪和罪重的供述、无罪和罪轻的辩解以及检举揭发同案犯的攀供。

将犯罪嫌疑人、被告人的供述和辩解分为以上三类内容，具有重要意义：①应当允许犯罪嫌疑人和被告人作无罪、罪轻或者免除刑罚的辩解。这种辩解是法律所允许的，也是证据的一种，因此不可无端排斥这种证据，更不得动辄视为狡辩。只有树立这样的观念和认识，才能有效地避免发生冤假错案，有效

---

[1] 参见何家弘、刘品新：《证据法学》，法律出版社 2004 年版，第 78 页。

地避免刑讯逼供。②犯罪嫌疑人和被告人对同案犯的检举揭发，虽然不失为一种证据，但不属于证人证言，而只能当作口供对待。明确了这一点，有助于防止在别无其他证据的情况下仅据此定罪。③犯罪嫌疑人和被告人对其他人的犯罪事实的检举揭发构成刑法上的立功表现，公安司法人员应当针对这一特点，在收集犯罪嫌疑人和被告人的供述和辩解时，既要促使其尽可能地提供犯罪线索，又要防止犯罪嫌疑人和被告人胡乱检举其他犯罪嫌疑人和被告人，诬陷他人。

因此，司法实践中在讯问犯罪嫌疑人、被告人时，既要客观地对待有罪和罪重的供述，也要客观地对待无罪和罪轻的辩解，以及检举、揭发同案犯的攀供，防止重供述轻辩解的倾向，特别是不得以非法的方法逼取有罪的供述；对无罪和罪轻的辩解，也要认真地听取和查证。司法实践表明，只重视供述，或只重视辩解，都不利于案件的正确处理。

三、单犯供述和辩解、共犯供述和辩解

根据主体是否共同犯罪的不同，可以将供述和辩解分为单犯供述和辩解与共犯供述和辩解。

单犯供述和辩解所陈述的内容只涉及个人的犯意和行为；而共犯供述和辩解除对自己的犯罪事实进行陈述外，必然会涉及其他共犯的犯意和行为。因此在讯问时，共同犯罪案件中不仅要问明每个人自己的情况，注意查明其个人在共同犯罪中的作用和地位，而且要问明他所知道的各个共犯的犯罪事实及他们在共同犯罪中的各自作用与地位。在审查证据时，对共同犯罪的案件还必须注意各个共犯的供述和辩解是否一致，有无攻守同盟，有无串供；是否存在用某一犯罪嫌疑人的供述和辩解套取甚至引诱他人供述和辩解的情况。可见，共同犯罪的案件比较复杂，在讯问和审查判断供述和辩解的真伪方面，要格外慎重。

四、单位犯罪的供述和辩解、个人犯罪的供述和辩解

根据主体是单位或个人的不同，可以将供述和辩解分为单位犯罪的供述和辩解与个人犯罪的供述和辩解。

单位犯罪的供述和辩解又有单罚犯罪的供述和辩解与双罚犯罪的供述和辩解之分。个人犯罪的供述和辩解在内容上无论是单犯还是共犯的供述和辩解都与个人有直接的利害关系；单位犯罪的供述和辩解如果只处罚单位负责人或者直接责任人的，与单犯或共犯的特点相似，但是犯罪嫌疑人或被告人也往往是夸大集体的责任而推脱个人的责任，或是借口执行"公务"，以逃避个人的责任。双罚的案件也往往是夸大集体的责任而推脱个人的责任，所以，在运用单

位犯罪的供述和辩解的时候，必须客观划分与认定单位和个人的罪责，防止责任的划分不公正。

关于在单位犯罪案件中是否有犯罪嫌疑人、被告人的供述和辩解这种证据，学界有不同的观点。我们认为是应当肯定的，该单位的主要责任人（或法定代表人）代表本单位就案件事实的陈述不论是否与个人的罪责相关，都是该单位的供述和辩解，适用供述和辩解的运用原则或规则。[1]

第三节　犯罪嫌疑人、被告人供述和辩解的运用原则

由于犯罪嫌疑人、被告人供述和辩解具有真实性与虚假性并存以及反复性和复杂性等特点，因此，司法机关在诉讼中要正确对待这类证据，务必保持清醒的认识，既不能对其一概不信，也不能盲目轻信，一定要同其他证据互相对照，互相印证，经过查证属实，才能作为定案的根据。针对这种证据的复杂性，即有真有假、真真假假、半真半假的特点，运用犯罪嫌疑人、被告人供述和辩解时，必须遵守以下原则：

一、重证据、重调查研究、不轻信口供

重证据、重调查研究、不轻信口供原则，就是要求公安司法人员在认定案情和处理案件时，都必须进行深入的调查研究，必须以充分的证据为依据；而且要特别注意对口供以外的其他证据的收集、判断和运用；同时对于口供，要慎重地进行查证，以确定其真伪，而不能未经查证就轻易相信。对此，我国《刑事诉讼法》第46条明确规定："对一切案件的判处都要重证据，重调查研究，不轻信口供。"这是多年司法实践经验的总结，也是我国证据制度的一大特色。应当说，我国的重证据、重调查研究、不轻信口供原则，是在对口供的性质和特点进行分析的基础上，结合司法实践中口供的实际状况提出的一项重要原则。

在封建时期的国家中，普遍认为"口供至上"，都把犯罪嫌疑人的认罪口供作为定罪的最好证据。所谓"断罪必取输服供词"，"罪从供定，犯供最关紧要"。因此，除了少数案件"据众证定罪"、"据状科断"外，一般的案件都必须有犯人的供词才能定罪判刑。之所以对口供情有独钟，是因为对口供赋予了太多的意义，"对口供有一种天然的爱好和远古的迷恋"，认为口供对于发现事实真相有着不可磨灭的功效，却对供述人的供述心理和动机等不加分析，无视

---

[1]　参见刘金友主编：《证据法学》，中国政法大学出版社2003年版，第121页。

刑讯逼供、诱供、骗供、指名问供等非法讯问现象，形成轻信口供，乃至过分依赖口供的错误思想。

刑事诉讼是围绕犯罪嫌疑人、被告人的刑事责任而展开的，作为刑事诉讼中被追诉的对象，案件的处理结果与其有着直接的利害关系，因此，犯罪嫌疑人、被告人口供的性质和特点决定了其虚伪性极大，可能歪曲事实，制造假象。实践证明，不加分析，轻信口供，倚重口供，是造成冤假错案的重要原因。同时犯罪嫌疑人、被告人的口供也是证据的一种形式，查证属实的，也可以作为定案根据，特别是司法实践中，由于受封建社会司法制度中"无供不录案"、"罪从供定"思想的影响，有的公安司法人员总认为有口供定案才踏实，为求口供而导致刑讯逼供等违法犯罪行为的发生，这又使口供的真实性受到影响。要从根本上解决这一问题，必须消除历史遗留给我们的口供主义，从把口供作为"证据之王"转变到物证是"证据之王"上来，改变传统的侦查模式和取证方法，转变观念，加大投入，强化科技取证手段，从根本上消除"无供不定案"的做法。为了消除口供主义的影响，《刑事诉讼法》第46条还规定，只有被告人供述，没有其他证据的，不能认定被告人有罪和处以刑罚；没有被告人供述，证据充分确实的，可以认定被告人有罪和处以刑罚。这一规定，是我们在办案实践中确定口供材料证明力的主要指导原则。[1] 这一原则，不仅适用于审判阶段，而且也适用于侦查和起诉阶段。

必须指出的是，不轻信口供不等于轻视口供或忽视口供。口供也是法律规定的一种证据，经查证属实，同样可以作为定案的根据。实际上，口供对于正确处理案件是具有重要意义的。因此，在刑事诉讼中要用合法的手段和正确的策略积极地取得口供，并慎重地对其进行审查判断，以利于更客观、更全面地分析认定案情和正确处理案件。

二、合法取得口供，严禁刑讯逼供

通过合法的诉讼程序以及恰当的方法和手段获得口供，这不仅是使口供符合证据合法性的基本要求，同时也是现代法治国家刑事诉讼保障人权这一目的的体现。

由于口供来自于犯罪嫌疑人、被告人的陈述，人在不同的情景和环境下，可能会作出截然不同的陈述，为了使口供能够反映案件的真实情况，合法取得口供就成为现代刑事诉讼的应有之义。我国司法实践中屡禁不绝的刑讯逼供等现象是贯彻合法取得口供原则首先要解决的一大难题，受封建法律崇尚口供的

---

[1] 樊崇义主编：《证据法学》，法律出版社2001年版，第89页。

影响，"无供不录案"、"无供不定案"的思想导致司法官吏为获取口供而千方百计、不择手段，刑讯逼供也就肆意滋生，这与我国刑事诉讼法确立的原则是完全相悖的。刑讯逼供不仅会造成冤假错案，伤及无辜，严重损害公安司法机关的威信，甚至会造成群众不满，从而影响国家的长治久安。

鉴于刑讯逼供的危害，"历史上曾经有过不少有见识的法学家和司法官吏，对这些野蛮残酷的、造成无数冤假错案的刑讯制度提出过批评、指责，甚至有的朝代还有过改革的讨论"[1]我国《刑事诉讼法》第43条规定："严禁刑讯逼供和以威胁、引诱、欺骗以及其他非法的方法收集证据。"最高人民法院《关于执行〈中华人民共和国刑事诉讼法〉若干问题的解释》第61条规定："严禁以非法的方法收集证据。凡经查证确实属于采用刑讯逼供或者威胁、引诱、欺骗等非法的方法取得的证人证言、被害人陈述、被告人供述，不能作为定案的根据。"《人民检察院刑事诉讼规则》第265条也规定："以刑讯逼供或者威胁、引诱、欺骗等非法的方法收集的犯罪嫌疑人供述、被害人陈述、证人证言，不能作为指控犯罪的根据。"这些都表明了我国相关法律对以刑讯逼供等手段逼取口供行为的严厉否定态度。此外，我国于1998年签署的联合国《公民权利和政治权利国际公约》将"不被强迫作不利于自己的证言或强迫承认犯罪"（第14条第3款）视为一项得到国际社会公认的刑事司法准则。由此可见，犯罪嫌疑人、被告人供述的自愿性和自由性在我国是受到法律明确保障的，那种以非人道或有损被告人人格尊严的方法获取口供的做法则被法律明确禁止。

为了保证刑事诉讼中犯罪嫌疑人、被告人供述的合法取得，除将司法人员刑讯逼供等非法行为规定为犯罪予以惩罚外，治本之策还在于应当把通过刑讯逼供等非法手段取得的口供彻底予以排除，从根源上消除刑讯逼供的原始动力，以达到釜底抽薪之效。我国已经签署加入了联合国《禁止酷刑和其他残忍、不人道或有辱人格的待遇或处罚公约》，该《公约》第15条规定："每一缔约国应确保在任何诉讼程序中，不得援引任何已经确定系以酷刑取得的口供为证据，但这类口供可用作对被控施用酷刑者刑讯逼供的证据。"因此，我们认为，当务之急是尽快建立符合中国刑事诉讼实际的、具有可操作性的、完善的非法证据排除规则。

三、仅凭有罪供述不能认定被告人有罪

虽然犯罪嫌疑人、被告人供述和辩解是法律规定的一种独立证据，但其内容往往真假混杂，而且受各种因素的影响造成虚假的可能性较大，如果没有其

〔1〕 卞建林主编：《证据法学》，中国政法大学出版社2005年版，第39页。

他证据佐证，仅凭有罪供述认定被告人有罪，很可能冤及无辜；同时，一旦被告人翻供，刑事诉讼工作就会陷入被动。因此，《刑事诉讼法》第46条规定："只有被告人供述，没有其他证据的，不能认定被告人有罪和处以刑罚；没有被告人供述，证据充分确实的，可以认定被告人有罪和处以刑罚。"这实际上是要求科学地运用被告人供述，从立法上否定了有罪供述在定罪问题上的决定作用。也就是说，在刑事案件中，如果被告人的供述是唯一能证明其犯罪的证据，不能认定该被告人有罪和处以刑罚，必须有其他证据予以佐证，这在国外通常被称为"口供补强规则"。

有学者认为，"这一规定要求的是除了口供以外，还要有证明指控的犯罪行为是其所为的其他证据，而不是说只要有证明本案案件事实确实发生的其他证据即可"。[1] 应当指出的是，补强证据不能与口供出于相同的来源。如讯问笔录、被告人对其他人讲述的对犯罪的承认，都不能作为口供的补强证据；补强证据只有达到能够独立证明指控的犯罪行为是被告人所实施的程度，才能认定被告人有罪和处以刑罚。[2] 对此国外已经有相关立法，例如，在日本刑事诉讼法中规定了对被告人供认的证明力的限制，即不问被告人在公审庭上的自白，当该自白是对被告人不利的唯一证据时，不得认定被告人有罪。要认定其有罪，还须有本人供述（自白）以外的补强证据。

第四节　域外关于犯罪嫌疑人、被告人供述的立法及理论

一、关于犯罪嫌疑人、被告人供述立法的发展

犯罪嫌疑人、被告人供述和辩解在刑事诉讼中具有重要作用，在各种证据制度中都占有重要地位，特别是在历史上的法定证据制度时期，其地位及作用尤为显著。在16世纪~18世纪之间，法定证据制度发展到了全盛时期，其影响一直延续到19世纪中叶。当时，欧洲大陆法系各国的法典，普遍规定了这种证据制度，其中具有代表性的法典有1532年的《加洛林纳法典》、1853年的《奥地利刑事诉讼法》以及1857年的《俄罗斯帝国法规全书》等。法定证据制度具有形式主义和等级性的特点，机械地、僵死地对证据的收集、使用及其证明性

---

〔1〕 卞建林主编：《证据法学》，中国政法大学出版社2005年版，第349页。

〔2〕 参见刘善春等：《刑事证据规则研究》，中国法制出版社2000年版，第328页。转引自卞建林主编：《证据法学》，中国政法大学出版社2005年版，第39页。

进行规定。证据根据其表现形式的不同被划分为完全证据和不完全证据。被告人自白被确认为完全证据。多个不完全证据的证明力才相当于一个完全证据。而证据等级性主要体现为根据提供证据的人的社会地位来确定所提供证据的效力，如显贵者的证言优于普通人的证言等。按照当时的法律规定，口供是定罪的主要依据，刑讯逼供是法定证据制度的基本证明方法，是获取证据的合法方式。为取得口供，对被告人、证人的刑讯就是题中应有之义了。刑讯使无罪的人认罪的可能性大增，因而它是一种极野蛮的制度。

　　自近代以来，其他国家和地区关于犯罪嫌疑人、被告人供述的法律规定主要侧重于保证犯罪嫌疑人、被告人供述的自愿性，认为非法取得的犯罪嫌疑人和被告人供述是没有证据能力的，并注重在这一前提下所得到的供述在诉讼中所发挥的作用。这就必然要涉及沉默权的发展历史。沉默权最早可追溯到 14 世纪，当时还不叫"强迫自我归罪的特权"。那时候英格兰有一种星座法院，仅仅根据谣传就可把人传唤到法院，而不需要任何可成立的理由，也没有充足的证据。法官会问他犯了什么罪，如果他不承认自己有罪，则会遭到刑讯，直到他作出有罪供述为止。这实际上是建立在任何一个被传唤来讯问的被告人都犯有罪行的假定的基础上。1693 年英国王室法院星座法庭在审理指控约翰·李尔本印刷出版煽动性书刊的案件中，曾强迫李尔本宣誓作证，遭到李尔本拒绝。李尔本在法庭上说："任何人都不得发誓折磨自己的良心来回答那些将使自己陷入刑事追诉的提问，哪怕装模作样也不行。"星座法庭便对其施以鞭刑和枷刑。后来，李尔本被释放后，在英国国会大声疾呼要通过法律确立反对强迫自我归罪的原则。英国国会终于通过该法律。此后，拒绝自我归罪的特权开始被确立下来。但是只限于这样一种意义上的沉默权：除非我知道指控的罪名，否则我不回答你提出的问题。沉默权制度在美国得到了继承和发展，最具代表性的是美国联邦宪法确立的任何人不被强迫自证其罪原则以及联邦最高法院通过判例所确立的"米兰达规则"，成为保障刑事诉讼中犯罪嫌疑人供述自愿性，进而保障公民基本权利的重要原则和制度。

　　联合国大会于 1985 年 11 月 29 日通过的《联合国少年司法最低限度标准规则》（北京规则）也宣告，根据正当法律程序，保持沉默的权利是公平合理审判所应包括的基本保障之一。1969 年 11 月 22 日通过的《美洲人权公约》第 8 条也将被告人"有权不得被迫作不利于自己的证明或被迫服罪"列为最低限度的司法保障。现在除英美法系国家外，大陆法系国家如德国、意大利、日本等也都规定了反对强迫自证其罪原则。

第十一章

二、保护犯罪嫌疑人、被告人供述自愿性的重要规则

现代各国一般认为，非法取得的犯罪嫌疑人和被告人供述是没有证据能力的。经过长期的发展，英美等国家法律确立的保护犯罪嫌疑人、被告人供述自愿性的原则包含以下内容：

（一）沉默权

作为任何人不受强迫自证其罪原则的延伸和具体保障措施之一，许多国家在刑事程序中均确认了犯罪嫌疑人、被告人的沉默权。沉默权规则的含义是：犯罪嫌疑人、被告人依法可以对有关官员的提问保持沉默或拒绝回答，不会因此而受到强迫，也不能因此而受到不利后果的推论；有关官员则有义务在提问之前告知犯罪嫌疑人、被告人享有此项权利。该项权利只意味着犯罪嫌疑人、被告人不得被强迫提供、揭发控告材料，但犯罪嫌疑人、被告人仍可能被强迫接受对他的人身或者衣物的合理检查。沉默权是反对强迫自我归罪原则的核心内容，如果保持沉默会导致不利的诉讼后果，则从根本上违背了反对强迫自我归罪原则。从适用的主体上看，该原则适用于作为犯罪嫌疑人、被告人和证人的自然人，而不包括法人和非法人团体。一般认为，在刑事诉讼中，犯罪嫌疑人、被告人可以绝对地保持沉默，而证人则必须陈述理由后才能保持沉默。从适用的事实范围看，该原则适用的事实是指可能导致刑罚或者更重刑罚的事实，即包括直接证明犯罪的事实和间接证明犯罪的事实，在有的国家还包括能够发现犯罪事实的线索事实。从后果来看，被讯问者不会因为保持沉默、拒绝供述或拒绝提供其他证据，而承受不利的诉讼后果。

（二）拒绝供述权

反对强迫自我归罪原则是联合国《公民权利和政治权利国际公约》第 14 条第 3 款所规定的一项刑事诉讼中的基本原则，该原则确认"不被强迫作不利于自己的证言或强迫承认犯罪"，是人人完全有资格享有的最低限度的保证。这就是说，在刑事诉讼中任何被指控犯罪的人，都有反对自我归罪的权利或者特权。通俗地说，任何人都不得强迫他人承认犯罪，否则就违反了联合国所确立的对于被告人人权的最低限度的保障条款。与沉默权这种消极反对自我归罪的形式不同，拒绝供述权是以积极的方式明确表示反对自我归罪的，其基础和归属仍然是沉默权。

（三）自白任意性规则和非法证据排除规则

自白任意性规则要求，凡是承认自己犯罪的自白都必须出于自愿，否则不得采纳为定罪的根据，换言之，凡是出于暴力、胁迫、引诱、违法羁押或者其他不正当的方法获得的口供，一律不得作为证据使用。从适用的行为范围来看，

该原则所禁止的是以暴力、胁迫等方法强行违背被讯问者的自由意志，以获取有罪口供或其他证据的行为。在这些行为中，尤以酷刑为最。联合国《禁止酷刑和其他残忍、不人道或有辱人格的待遇或处罚公约》对此作了界定，即为了取得供状而实施的蓄意使某人在肉体上或精神上遭受剧烈疼痛或痛苦的行为。该公约指出，任何施加酷刑的行为或其他残忍、不人道或有辱人格的待遇或处罚，都是对人的尊严的侵犯，应视为对《联合国宪章》宗旨的否定，并侵犯为《世界人权宣言》所宣布的人权和基本自由，应加以谴责。承认了反对自我归罪的原则，就必然要反对刑讯逼供。因为，反对自我归罪实际上是淡化口供的意义，口供的意义既然不受强调，刑讯逼供的现象自然可以避免或减少；反过来看也一样，如果刑讯逼供盛行，则必然重视口供的作用，甚至过分地依赖口供定案。这两者之间是成正比的。从非法证据排除规则适用的范围看，该原则适用的证据既包括口头陈述，也包括实物证据。但提取被讯问者的指纹、足迹、血样、笔迹、声音，摄取被讯问者的照片，测量和检查被讯问者的身体等，不受该原则的限制。可见，自白任意性规则要求有非法证据排除规则相配合。它是反对自我归罪的保障性规则，是反对强迫自我归罪原则的必然要求，二者相辅相成，缺一不可。

三、两大法系关于犯罪嫌疑人、被告人供述的法律规定

（一）取得犯罪嫌疑人、被告人供述的程序规则

在英美法系国家，《英国法官规则》第2、3条规定，讯问和提讯犯罪嫌疑人之前，应当告知："除非你自己愿意，否则，你可不必作任何陈述。但是，你一旦有所陈述，便将被记录供证据之用。"反对强迫自我归罪原则在英国首先确立。1789年美国宪法第五修正案吸收了这一原则，使其上升到宪法性规范的高度。最初，这一原则仅仅适用于审判阶段，到20世纪30年代，美国联邦最高法院通过确立排除规则的方式，使之扩展适用于侦查阶段，1966年，美国联邦最高法院又通过著名的"米兰达诉亚利桑那州"一案，设定了著名的"米兰达规则"，为该原则适用于侦查阶段进一步提供了保障。该规则要求警察在讯问犯罪嫌疑人之前必须告知：其一，你有权保持沉默；其二，你的任何陈述都可能用来反对你；其三，你有权在接受讯问时要求律师在场，如果无钱请律师，将为你指定一名律师。警察机关依此而制作的"米兰达忠告卡片"列举了6项讯问忠告，讯问犯罪嫌疑人之前必须向被讯问人宣读。现在，该原则已被扩大解释，要求任何政府机构都不得强迫任何人自我归罪。加拿大警方制作的警察告知义务卡规定，警察在讯问犯罪嫌疑人之前，应当逐项告知其所享有的权利，其中内容之一就是告知犯罪嫌疑人，"你没有义务必须陈述，除非你愿意这样做，但

是，你所陈述的任何一项内容，都将作为证据使用"。之后，警察还必须进行二次警示："已经向任何警察或享有此权力的官员陈述，或者任何这样的官员已经就该案件与你交谈，我希望你能清楚地认识到，我不想因此影响你是否陈述。"

大陆法系国家通过立法和判例的形式规定了讯问犯罪嫌疑人、被告人的法律程序，同时，严禁刑讯逼供以及使用其他非法手段取得口供。例如，《德国刑事诉讼法典》第 136 条第 1 款规定："初次讯问开始时，要告诉被指控人所被指控行为和可能适用的处罚规定。接着应告诉他，他依法有就指控进行陈述或者对案件不陈述的权利，并有权随时地，包括在拘押、讯问之前，与由他自己选任的辩护人商议。"在日本，依照法律规定，出于强制、拷问或胁迫的自白，在经过不适当的长期扣留或拘禁后的自白，或者其他可以怀疑为并非出于自由意志的自白，都不得作为证据。

（二）被告人供述证明力的相关规定

关于犯罪嫌疑人、被告人供述的证明力问题，在英美证据法中，如果被告人在法庭上自愿性地作有罪供述，即作出有罪的自白，就不再进行调查其他证据的审判程序。只要该供述是在"明知且理智"的状态下自愿作出，则构成有罪答辩。在此情形下，对案件不再进行开庭审理，即直接进入量刑阶段。同时，被告人如果放弃沉默权而作有利于己的陈述时，其诉讼地位是辩护方的一名证人，其陈述应当在法庭上接受交叉询问，以查明其陈述的真实性。此时，被告人负有不得作伪证的义务。在英美法系国家，口供的采纳以任意性为前提，通过任何形式的暴力或暴力威胁所取得的口供及其他非任意性口供，不得作为证据使用。[1]

在大陆法系国家，一般将犯罪嫌疑人、被告人不利于己的陈述（甚至是对被指控犯罪的全盘承认）的法律效力仅看成是证据的一种，并无优于其他证据的证明力。例如，在法国，被告人的供述如同其他证据材料一样，应当由法官自由评判。同时，根据德国刑事诉讼理论，被告人不仅可以保持沉默，而且可以说谎，通过否认、歪曲事实真相以试图避免自证其罪或逃避受到定罪的后果，并且，这样做时，被告人不会被指控有伪证罪而受到处罚。因为在大陆法系国家，一般认为犯罪嫌疑人、被告人和证人处于两种不同的且不可兼容的诉讼地位，当犯罪嫌疑人、被告人作有利于己的陈述时，他是在行使辩护权，其诉讼地位仍是一方当事人，是行使辩护职能的诉讼主体。

---

[1] 卞建林主编：《证据法学》，中国政法大学出版社 2000 年版，第 182 页。

本章思考题

1. 什么是犯罪嫌疑人、被告人供述和辩解？它有哪些特征？
2. 犯罪嫌疑人、被告人供述和辩解的意义是什么？
3. 如何理解犯罪嫌疑人、被告人供述和辩解的分类？
4. 犯罪嫌疑人、被告人供述和辩解的运用原则有哪些？
5. 为什么要重证据、重调查研究、不轻信口供？这样做有什么意义？
6. 什么是口供补强原则？
7. 什么是沉默权？如何理解沉默权？
8. 如何理解自白任意性规则和非法证据排除规则在被告人口供的司法运用中的作用？

第 12 章

鉴定结论

学习目的与要求：

通过本章学习，掌握鉴定结论的概念和特点；理解鉴定结论的作用和意义；了解鉴定结论的分类；理解鉴定的主体和鉴定结论的形成过程。

第一节 鉴定结论概述

一、鉴定结论的概念

鉴定结论，是指鉴定人根据公安、司法机关的指派或者聘请，运用自己的专门知识和技能对案件中需要解决的专门性问题进行检测、分析后所作出的结论性的书面判断意见。鉴定结论又叫鉴定人意见，是全部鉴定过程的最后结果。

我国《刑事诉讼法》、《民事诉讼法》、《行政诉讼法》都把鉴定结论规定为一种独立的诉讼证据种类。在英美法系国家中将鉴定结论称为意见证据或专家证言，属于证人证言范畴。在大陆法系国家，鉴定结论作为一种独立的证据形式，不同于证人证言。

鉴定结论和证人证言虽然在证据分类上同属言词证据，但二者各有特点，其区别主要有：

1. 鉴定结论是鉴定人对与案件事实有关的某些专门性问题进行鉴别、判断后所作出的结论。在鉴定过程中鉴定人要运用自己的专门知识和技能，因此，鉴定结论是一种具有科学根据的意见。而证人证言是证人就其所知道的案件事实情况所作的陈述，是对案件事实的如实反映，而不是对案件事实的评断。

2. 鉴定结论是司法机关为解决案件中的专门性问题指派或聘请鉴定人而作出的书面结论。由于鉴定人是司法机关有选择地指派或聘请的，具有可代替性，因而鉴定结论也具有可代替性。而证人证言因证人的特定性而具有不可代替性。

3. 鉴定结论的内容是鉴定人对案件中某些专门性问题所作的判断结论，而不是对有关事实作出法律评价，并且是在案件发生后形成的。而证人证言是证人对案件事实所作的陈述，是在案件发生过程中形成的。

二、鉴定结论的特征

1. 鉴定结论是有专门知识的人对特定事实的认识结果。鉴定结论与物证、书证等有密切联系。在很多情况下，鉴定是针对可能成为物证、书证、视听资料的材料进行的。这些证据材料具有的特征与待证事实有关，可以起到证明作用，但当涉及专门问题时，由于受到一般认识水平的限制，人们不能充分发现或理解证据材料与待证事实的联系。这就需要具有专门知识的人通过鉴定作出结论，揭示这些证据材料与待证事实的联系以及能够证明的问题。例如：某一起案件涉及一盘录音带，该录音带记录有事件发生时的声音，该录音带对于案件事实显然具有证明作用，对此，参加诉讼的各方都没有异议，但其是否如实反映当时过程，是否经过重新编辑等，就需要通过鉴定进行确认，以鉴定结论的形式证实其是否可靠有效。有的时候，勘验笔录也可以成为鉴定依据的材料。鉴定人通过对勘验笔录记载的各种实物性证据存在的状况及相互关系的分析研究，可以对有关事实的发生、发展的过程作出自己的判断，并出具根据自己的认识得出的结论性意见。鉴定结论既然是人对事物的认识，其可靠性就受到鉴定人的认识水平的限制，即使鉴定人具有很高的专门知识水平，仍可能由于对新问题认识不充分或受其他主观因素的干扰而影响到结论的可靠性。另外，鉴定是依据鉴定资料进行的，鉴定材料是否充分和来源是否可靠，也会影响鉴定结论证实事实真相的能力。因此，对鉴定结论仍然要结合其他证据加以印证和审查判断。

2. 鉴定结论是在对鉴定对象分析研究的基础上，对发现的现象及其所能说明的问题作出的判断。鉴定结论与当事人陈述、证人证言、勘验笔录等证据都是人对事物认识的结果，都属于人证的范畴，但在与待证事实的关系上却存在着根本的区别。当事人陈述和证人证言是当事人或证人就其自身直接对案件事实的感知所作的陈述，具有不可替代性。鉴定结论不是鉴定人根据自身对案件事实的直接感知所作的说明，而是根据提供的资料而对与案件有关的某些专门性问题进行鉴别和判断后所作的结论，是一种有科学根据的意见，具有可替代性。在勘验活动中也需要具有专门知识的人参加，但勘验笔录是勘验人员（包括参加勘验的具有专门知识的人）对勘验活动中所发现的情况的客观记载，不含主观分析的成分。鉴定结论则不仅要发现事物的有关现象、特征，而且要根据发现的现象、特征综合分析，揭示有关现象与待证事实的关系。

3. 鉴定结论解决的是事实问题，而非法律问题。人们对鉴定活动的需求是由于存在需要有专门知识才能认识的事实。这里的专门知识主要指科学技术知识，而非法律知识。有关法律问题由司法人员来解决。如对痕迹的鉴定结论可以认定形成痕迹的特定工具以及形成痕迹时的作用方式，但并不解决形成痕迹的活动是否属于犯罪的问题；对农药质量的鉴定确定农药是否符合某种标准而不解决其生产是否违法的问题；对交通事故的鉴定确定交通事故原因但不涉及事故责任的认定。鉴定人如果超越鉴定范围与权限，发表关于法律问题的意见，应属无效的鉴定意见。当然，司法机关也不得以任何理由要求鉴定人回答案件中所涉及的法律问题。

三、鉴定结论在诉讼中的作用及意义

1. 鉴定结论是正确认识和处理案件的重要根据之一。在公安司法机关办案的过程中，无论是犯罪嫌疑人的确定，还是案件事实的认定，甚至是一些经济、民事案件中双方当事人之间争议事实的最终真相大白，无不依赖于科学的技术鉴定以揭开事实真相，因此，鉴定结论的作用是显而易见的。其具体表现为，有时可为办案人员提供侦查、调查的线索，有时可以确定行为人是谁，有时可以查明作案的手段和方法，有时可以确定责任事故的原因，有时可以明确行为的危害结果等。它在查明整个案件事实的过程中，都能起到其他证据不可代替的作用。

2. 鉴定结论是查明案件事实，确定案件性质，明确责任的重要根据。现实生活中发生的刑事案件，出现的民事、经济纠纷以及引发的行政诉讼等，都会涉及到要查清有争议的案件事实，认定案件性质，以便分清责任的问题。而这些问题的解决往往有赖于各种专门知识。因为公安、司法人员不可能通晓各种专门知识，所以当案件中某些专门性问题不能解决时，就需要有关专家运用专门知识和科技手段进行鉴定。司法人员就可以根据鉴定结论查明案件事实，分清案件的性质和责任。如刑事案件中的法医鉴定可以确定人身伤害的有无和轻重；民事、经济纠纷中的亲子鉴定、合同鉴定等，可以确定亲子关系、合同的真实性等。又如，对行为人的精神状态的鉴定，对确定其是否具有行为能力，应否承担其行为的法律后果具有重要作用。

3. 鉴定结论是审查、判断其他证据的重要手段。由于鉴定结论是对案件中的专门性问题进行检测、分析、鉴别的结果，具有科学性的特点，因而成为审查案件中其他证据真实性的重要手段。如物证或书证的真伪，有时需要鉴定手段来鉴别；刑事案件被告人口供、被害人的陈述、民事和行政诉讼中当事人的陈述以及证人证言的真实性，通常要结合鉴定结论来分析判断。

第二节 鉴定结论的分类

由于对鉴定可作不同的分类，对鉴定结论同样可以作出相应的分类。通过对鉴定结论类型的划分，可使我们全面认识其在诉讼中的证明作用。依据不同的标准，可将鉴定结论分为以下几类：

1. 根据鉴定结论所确定的事实与案件的关系的不同，可将鉴定结论分为认定同一的鉴定结论、认定种类的鉴定结论、认定事实真伪的鉴定结论、确定事实有无的鉴定结论、确定事实程度的鉴定结论和确定事实因果的鉴定结论。

所谓认定同一的鉴定结论，是指直接确定与案件有关的人或物的鉴定结论。认定人的同一结论有时可直接肯定或否定被认定人的某种行为；但多数情况下，只能证明被认定同一的人与特定事件发生的场所和特定的物体有一定联系，要确定被认定同一的人与案件的关系还需要结合其他证据证明。认定物的同一结论可以证明特定的物与案件具有某种联系，如证明其为犯罪工具，证明特定的物曾在出事地点出现过，证明特定的物是在实施某种行为时遗留的等。

所谓认定种类的鉴定结论，是指证明被认定客体的种属范围或证明被比较的客体是否具有相同的属性的鉴定结论。种类鉴定的否定结论，可以直接否定某种事实，甚至否定犯罪事实或嫌疑人；肯定结论只能证明案件中某种事实有可能存在，不能证明其一定存在。一般来说，鉴定结论确定的种属范围越小，证明作用越大。

所谓认定事实真伪的鉴定结论，是指确定案件中有怀疑事实的真假问题的鉴定结论。肯定为虚假事实的结论，可以直接证明被怀疑的某种事实存在；否定结论，可直接证明被怀疑的某种事实不存在。如证明货币是伪造的事实及伪造方法的鉴定结论。又如证明文书印文与真印章形成的印文形态特征相同，且无异常现象，从而证明了文书的真实性。

所谓确定事实有无的鉴定结论，是指根据鉴定材料反映的现象，确定是否存在某种事实的鉴定结论。如对涂改、毁损的文书进行鉴定，显示文书被涂改和毁损的事实，并恢复文件被涂改或毁损前反映的事实。又如通过鉴定证明物质、物品中是否存在某种物质或某种现象，并进而证明某种事实的存在。

所谓确定事实程度的鉴定结论，是指按照一定的标准确定事实的程度的鉴定结论。如人体损伤程度、物品损坏程度、当事人的责任能力和行为能力、物品的质量和价值等。

所谓确定事实因果的鉴定结论，是指对造成某种事实的结果或引起某种事实发生的原因进行分析、评判得出的结论。如确定死亡、爆炸、火灾事故等原因的鉴定结论。此类鉴定结论经常是鉴定人在对现场实地勘验、搜集有关资料的基础上，采用技术检验、现场实验、比较对照、逻辑推理等多种方法，通过综合评断作出的概念性结论，一般只证明案件中某种事实产生的原因。

2. 根据鉴定所依据的特征的不同，可将鉴定结论划分为客体外表形态鉴定结论、动作习惯鉴定结论、物质成分鉴定结论和物质现象得出的鉴定结论。

客体的外表形态特征有较强的特定性，对人或物作出同一认定的鉴定结论多是根据人或物的外表形态作出的。根据客体的外表形态还可得出不同客体是否原属同一整体的结论。在条件不充分的情况下，根据客体外表形态只能得出确定客体种属的结论。

人体的动作习惯包括行走运动习惯、书写习惯、声音习惯、生理动作习惯、心理动作习惯、技能动作习惯等。根据反映书写习惯的笔迹和反映声音习惯的录音资料所作的鉴定结论，可以证明特定的人与待证事实的关系。其他动作习惯特征则在分析案件情况和提供线索方面有重要作用。

根据物质成分特征所作的鉴定结论，只在很少的情况下可以证明特定的人或物与待证事实的关系，多数情况下只能作出种属的认定，但由于认定范围不同，具体的鉴定结论的证明力差别很大。根据物质现象作出的鉴定结论，主要是证明某一事实的存在及其产生的原因。[1]

3. 根据鉴定对象的不同，可以将鉴定结论分为对人的鉴定结论、对物的鉴定结论和对情况的鉴定结论。

所谓对人的鉴定结论，主要包括人体表面结构、人体外貌的鉴定结论、对尸体、活体即人的精神状态、心理状态的鉴定结论等。

所谓对物的鉴定结论，主要包括物体表面结构、物品、气味的鉴定结论等。

所谓对情况的鉴定结论，是在勘验、实验比较分析的基础上对与案件有关的情况和现象所反映的事实所做的综合性判断。

4. 根据鉴定学科的不同，可以将鉴定结论分为物证技术学鉴定结论、法医学鉴定结论、司法精神病学鉴定结论、司法会计学鉴定结论等。

所谓物证技术学鉴定结论，包括痕迹鉴定、文件书法鉴定、毒物化学鉴定等。痕迹鉴定是对指纹、脚印、工具、枪弹、轮胎等痕迹进行鉴定，确认是否同一。文件书法鉴定用于确定文件的书写、签名是否伪造或同一。毒物化学鉴定的目的在于确定毒物的化学性质和剂量，对人体的危害程度、伤害性质。

所谓法医学鉴定结论，主要用于确定死亡原因、伤害情况等。司法精神病鉴定结论在于确定犯罪嫌疑人、被告人、被害人、证人的精神状态是否正常，

[1] 参见何家弘主编：《新编证据学》，法律出版社 2000 年版，第 243～244 页。

以便确定被鉴定人有无行为能力和责任能力。

所谓司法会计学鉴定结论，在于确定财务账目、表册是否真实，以及是否符合有关财务规定等。

第三节　鉴定主体和鉴定结论的形成

一、鉴定主体

鉴定主体，即鉴定人。我国诉讼中的鉴定人，是指根据公安、司法机关的指派或者聘请或当事人的委托，运用专门知识和科技手段，对案件中有争议并具有专门性的问题进行检测、分析、鉴别并写出鉴定结论的人。

实际中的鉴定经常是委托有关鉴定机构进行的，法律也有相关的规定。如《刑事诉讼法》第120条第2款规定："对人身伤害的医学鉴定有争议需要重新鉴定或者对精神病的医学鉴定，由省级人民政府指定的医院进行。"《民事诉讼法》第72条第1款规定："人民法院对专门性问题认为需要鉴定的，应当交由法定鉴定部门鉴定；没有法定鉴定部门的，由人民法院指定的鉴定部门鉴定。"《行政诉讼法》第35条与《民事诉讼法》第72条第1款的规定内容相同。《最高人民法院关于民事诉讼证据的若干规定》第26条则规定："当事人申请鉴定经人民法院同意后，由双方当事人协商确定有鉴定资格的鉴定机构、鉴定人员，协商不成的，由人民法院指定。"但是，应当明确的是，鉴定结论是实际进行鉴定活动的人根据自己的认识对事实作出的判断。鉴定机构所起的作用实际上是为鉴定活动提供了一些必要的条件以及确保鉴定在程序上的合法性。完成鉴定工作、并能够从根本上对鉴定结论所认定的事实是否符合客观实在产生影响的，只能是有专门知识的自然人。正因为鉴定人是自然人，法庭审理时才要求鉴定人到庭接受审判人员、当事人及其诉讼代理人的询问。

但有学者提出：由于实际中有些需要鉴定的情况很复杂，可能涉及多方面的专门知识，一人或几个人可能无法完成对复杂事物的判断，这种情况下可以考虑由法人担当鉴定人。[1] 应该说涉及多方面专门问题的情况是存在的，如对重大事故原因的鉴定。但这种情况下对各部分问题作出判断的仍然是单个的自然人，各人对自己所作的判断部分负责。制作鉴定结论时还要注意，鉴定结论

---

[1] 对此，有学者又将鉴定人划分为法定鉴定人和指定鉴定人，前者如医疗事故鉴定委员会、交通事故主管机关等，并认为我国鉴定人制度的特点是：以法定的鉴定机构或者部门为主，以法院指定或者委托的鉴定机构为补充。鉴定人主体仅限于法人，不承认自然人具有独立的鉴定人资格。参见毕玉谦：《证据法要义》，法律出版社2003年版，第206~207页。

不是由投票表决产生的，在存在多个鉴定人共同对一个问题作出鉴定结论时，如某些以鉴定委员会的形式组织的鉴定，为了保证客观，所有参加鉴定的人的意见都应得到充分反映。因此，这类鉴定结论后应该写明有无不同意见、不同意见的具体理由、具体的鉴定人等。2005 年全国人大常委会《关于司法鉴定管理问题的决定》就规定，鉴定人应当独立进行鉴定，对鉴定意见负责并在鉴定书上签名或者盖章。多人参加的鉴定，对鉴定有不同意见的，应当注明。

在我国现行鉴定体制下，鉴定人有专职鉴定人和兼职鉴定人之分。专职鉴定人是指在公安、司法机关系统内专门设置的从事科学技术鉴定的人员（如法医、痕检、文检、化验等人员），他们受到指派后即对案件中的专门性问题进行鉴定。兼职鉴定人是指临时受公安、司法机关聘请就案件中有争议的专门性问题进行鉴定并写出鉴定结论后，仍然从事自己本职工作的人。他们虽然具有专门知识，但只有在被聘请后才能以鉴定人的身份进行鉴定。如精神病鉴定，通常聘请精神病医院的医生进行，在鉴定时，精神科的医生就是兼职鉴定人，鉴定后他仍然从事精神病医疗工作。

综上可以看出，担任鉴定人必须具备一定的条件，具体是：

1. 鉴定人必须受指派或者委托。《刑事诉讼法》第 119 条规定："为了查明案情，需要解决案件中某些专门性问题的时候，应当指派、聘请有专门知识的人进行鉴定。"对此，学界的一般理解是，凡是公安、司法机关需要由本机关的鉴定人进行鉴定的，就可"指派"本机关的鉴定人进行鉴定；凡是公安、司法机关需要外单位的鉴定人进行鉴定的，则"聘请"鉴定人进行鉴定。

我们认为，除公安、司法机关根据需要指派、聘请鉴定人外，应当赋予当事人委托鉴定人的权利。在民事诉讼中，当事人申请鉴定经人民法院同意后，由双方当事人协商确定有鉴定资格的鉴定机构、鉴定人员；协商不成的，由人民法院指定。[1]

2. 鉴定人应具有从事相应鉴定活动的能力。如果要得到可靠的鉴定结论，鉴定人必须具备相应的解决专门性问题的能力。一般来说应具备相应专业知识条件、实践能力条件、技术职务条件等。由于需要委托鉴定时，人们往往无法具体了解某人是否具备解决有关问题的能力，这就需要具有鉴定授予权的部门，通过考核、审查、批准的程序，确定申请从事鉴定工作的人是否具备从事某类鉴定活动的资格。在授予某人从事鉴定活动的资格时，应特别注意有无从事相关工作的经验，技术职务只是参考依据之一。因为技术职务的分类是很宽泛的，

---

〔1〕　也有学者主张借鉴英美法系国家立法例，准许当事人自行委托鉴定人鉴定。参见何家弘主编：《新编证据法学》，法律出版社 2000 年版，第 249 页。

而鉴定所需的专门知识往往是较具体的，如足迹鉴定的专家不一定熟悉枪弹痕迹，法医损伤鉴定的专家不一定熟悉法医物证鉴定的知识，有较高技术职务并不一定有从事某一方面具体工作的经验。资格的授予应分门别类，对于有多方面的专门知识资格的人经考核可以授予从事不同种类鉴定工作的资格。当鉴定人资格的审核工作尚不完善时，审查鉴定结论的可靠性，应该特别注意鉴定人是否确实具备从事相关鉴定工作的能力。同时，鉴定人还应当具有客观公正的工作态度和作风。鉴定的过程中，鉴定人必须不为人情所动，不为权势所屈服，排除各种可能出现的干扰，客观公正地进行鉴定。鉴定人只有工作认真负责，一丝不苟，方能在复杂鉴定工作中精益求精，准益求准，作出准确、科学的鉴定结论。

3. 与鉴定的案件之间不具有依法应当回避的情形。为了保证鉴定人能够客观、公正地进行鉴定，确保鉴定结论的科学性和准确性，《刑事诉讼法》、《民事诉讼法》、《行政诉讼法》都明确规定了鉴定人应当回避的情形，即鉴定人如果与鉴定的案件及其当事人有利害关系或者其他关系，可能影响客观公正鉴定的，鉴定人应当自行回避，有关的当事人也有权申请鉴定人回避。在有应当回避的情形下，鉴定人不能担当本案的鉴定工作。此外，鉴定人不得具有其他诉讼参与人的诉讼身份，不得同时担任本案的侦查、起诉或审判人员。

二、鉴定人的诉讼地位

鉴定人的诉讼地位，是指在诉讼过程中，特别是在审判活动中鉴定人所处的地位。在我国的诉讼活动中，鉴定人是独立的诉讼参与人。

关于鉴定人的法律地位，有不同的观点。英美法系认为鉴定结论与证人证言的区别在于知情程度的差别，鉴定人是所谓"专家证人"，诉讼中专家证人的诉讼权利和义务与证人一样。在大陆法系中，将鉴定结论作为一种独立的证据形式，鉴定人必须具有专门的知识，一般是由司法官聘任的，其地位自然高于一般证人。法国有学者将鉴定人称为是审判法官的"科学的辅助人"，[1] 因为其鉴定活动补充了法官所缺乏的知识。

在我国的诉讼活动中，则将鉴定人作为一种独立的诉讼参与人并享有相关的权利和义务。鉴定人与证人有着本质的不同，这表现在：证人是以自己耳闻目睹的事实作证，鉴定人不是以其所见所闻的事实作证，而是以对专门性问题的分析判断作证；证人因其了解案件有关事实而与待证的事实发生联系，因此不能代替或更换，鉴定人则是根据解决问题的需要而指派或聘请的，可以代替

---

〔1〕　周欣主编：《中外刑事侦查概论》，中国政法大学出版社 1999 年版，第 242 页。

或更换；证人不必有专门知识，鉴定人则必须有专门的知识和技能；证人不存在回避问题，只要其了解案件有关情况，鉴定人则因为保证鉴定客观公正的需要，不能由与案件有利害关系的人担任。鉴定人也不宜看作审判法官的辅助人。鉴定结论所起的作用，在诉讼活动中是使法官和其他诉讼参与人能够了解对案件事实有证明作用的有关问题。因此在某种程度上，可以说鉴定人所起的作用是对事实的一种裁定。

三、鉴定人的权利和义务

为保证鉴定工作的顺利进行，各国法律一般都赋予鉴定人一定的诉讼权利。由于英美法系国家将鉴定人归为证人，因而没有独立的鉴定人制度，有关鉴定人的规定都散见于证人制度中，鉴定人的权利包含于证人的权利之中。大陆法系国家如法国、德国、意大利、日本一般都在刑事诉讼法中明确地规定了鉴定人的权利。我国有关诉讼法律较为详细的规定了鉴定人的诉讼权利和义务。

（一）鉴定人的诉讼权利

鉴定人从事鉴定活动时，为保证鉴定结论的可靠性，就要享有相应的权利。这些权利主要包括：

（1）鉴定人有权了解鉴定对象（如送鉴材料）的来源。必要时可以查阅勘验、检查笔录和其他有关案件材料。

（2）鉴定人根据鉴定的需要，经公安、司法人员许可，可以询问证人、当事人。

（3）鉴定人有权要求提供鉴定所必需的充足的材料。当送鉴的材料不足，难以进行鉴定时，鉴定人有权要求送鉴的单位提供充足的材料。

（4）鉴定人有发表独立见解的权利。当一个案件有几个鉴定人共同进行鉴定时，他们可以互相讨论，意见一致时，可以共同给出鉴定结论；意见不一致时，每个鉴定人都有权单独写出自己的鉴定意见。

（5）鉴定人有权拒绝鉴定。鉴定人由于自身的原因，如工作繁忙、身体不适，专门知识有限，或因技术设备条件差难以进行鉴定，或要求鉴定的单位提供鉴定的材料不足，无法进行鉴定时，有权拒绝鉴定。

（6）鉴定人有权获得必要的劳务报酬和费用补偿。

（7）鉴定人人身财产安全不受侵犯的权利。由于鉴定结论对定案处理有着至关重要的作用，因而在司法实践中，如同对证人一样，威胁、引诱及打击、报复鉴定人的现象也时有发生，因此西方许多国家都为鉴定人制定了严密的人身保护制度。鉴于此，最高人民法院关于民事诉讼与行政诉讼证据的司法解释就明确规定对鉴定人的合法权益依法予以保护，这些合法权益包括了鉴定人的人身和财产安全。

（二）鉴定人的诉讼义务

鉴定人一旦接受委托就成为诉讼法律关系的主体，对诉讼价值目标的实现产生重要的、甚至是关键性的影响。因此，设置明确的义务机制对鉴定人的行为进行规范和制约也是必要的。

结合我国的立法和司法实践，鉴定人的诉讼义务包括以下几个方面：

（1）认真负责，实事求是，客观公正地鉴定。

（2）依法按期作出鉴定结论，并签名、加盖单位印章。

（3）有碍于客观公正作出鉴定结论，符合法定情形的应当依法回避。

（4）依法按时出庭，接受各方的询问和发问。

（5）合理使用并妥善保管鉴定材料，不得丢失、损毁或挪用。

（6）依法保密，对鉴定事项涉及国家秘密或商业秘密的，应当严格保密。

（7）不收受贿赂、不吃请收礼、不徇私情、不弄虚作假，否则，应当负法律责任，甚至承担伪证罪的刑事责任。

四、鉴定结论的形成

（一）鉴定的委托与受理

鉴定结论是对鉴定活动的总结性意见，鉴定活动起始于鉴定的委托和受理。需要经过的程序一般是：有关方面根据需要决定鉴定；根据鉴定材料的情况和了解案件事实的需要，确定鉴定要求；根据鉴定问题的性质和难度等因素，选择鉴定机构或鉴定人；委托方和受理方按照要求办理委托和受理手续。

在委托鉴定的问题上，对谁有权决定并委托鉴定有不同的规定和观点。综观世界各国，有当事人委托鉴定制度和司法官委托鉴定制度之分。[1] 大陆法系多数国家规定鉴定人必须受法院的选任。英美法系认为鉴定人是特殊的证人，控辩双方均可委托。我国诉讼法中规定由侦查、检察和审判机关委托。有专家认为，为保证当事人举证责任的实现，鉴定的委托权也应赋予当事人。在今后的鉴定制度改革中，有必要考虑当事人在启动鉴定程序中的主动权。[2] 2007 年10 月 1 日起施行的司法部《司法鉴定程序通则》第 14 条的规定其实已经在一定程度上反映出改革的动向。

（二）鉴定结论的依据是鉴定人对鉴定材料的分析判断

鉴定人自身并未直接与案件事实发生联系，他所作的判断完全依赖于对鉴

---

〔1〕 陈卫东、谢佑平主编：《证据法学》，复旦大学出版社 2006 年版，第 197 页。

〔2〕 陈卫东、谢佑平主编：《证据法学》，复旦大学出版社 2006 年版，第 198 页。

定资料的分析研究，得出和运用鉴定结论时都要注意根据鉴定资料能够直接证明哪些事实，哪些事实只能与调查中发现的其他情况共同证明。如通过鉴定可以解决印文和笔迹形成顺序的问题，即是先写字后盖印，还是先盖印后写字，但要证明有关文件是否有效，还需要了解是否平时就有使用盖好印文的空白文书并承认其有效性的事实。由于鉴定结论是依据鉴定资料作出的，鉴定资料的来源是否可靠对鉴定结论是否真正发挥作用有着重要影响。如对一份与案件事实有关的笔迹鉴材和委托方搜集的笔迹样本进行鉴定，可以证明鉴材和样本是否系同一人所写。但如果搜集样本时不能确定样本是某一特定的人所写，鉴定也就失去了实际意义。

（三）形成书面的鉴定结论

鉴定活动结束后，鉴定部门和鉴定人应当提出书面鉴定结论，并由所有鉴定人在鉴定书上签名或者盖章。鉴定书的内容一般包括绪论、检验和结论。绪论部分包括委托或聘请鉴定的单位，鉴定材料的情况，鉴定的目的、要求等；检验部分包括鉴定采用的方法、步骤，对观察所见现象和特征的分析评断；结论部分是针对鉴定要求所作出的结论性意见。根据需要，鉴定书有时还附有说明有关情况的照片、图表等。对于鉴定结论一般要求是确定性的。实践中有时也会遇到由于材料不足或人的认识水平所限，无法得出确定性结论而给出可能性结论的情况。此种情况多以分析意见书的形式出现，其证明作用往往很有限。

（四）补充鉴定与重新鉴定时的鉴定结论

当原鉴定措词有误或鉴定结论表述不确切，鉴定书中对鉴定要求答复不完备，或者鉴定结论作出后委托机关又获得了新的可能影响原结论的鉴定资料，或者初次鉴定时提出的鉴定要求有遗漏的情况下，可以进行补充鉴定。补充鉴定一般委托原鉴定人进行。补充鉴定是在原鉴定的基础上进行的，指针对原鉴定中的个别问题，由原鉴定人进行再次修正和补充，使原鉴定更加完备的一种鉴定形式。因此，补充鉴定仍由原鉴定人进行。补充鉴定结论与原结论的矛盾之处应该删除，所补充的判断意见部分与原鉴定结论一并使用。补充鉴定可以进行一次，也可以进行多次，法律对此没有禁止性规定。

重新鉴定是委托机关对初次鉴定或补充鉴定结论进行审查后，对其是否可采信存有疑虑，委托原鉴定人以外的鉴定人再次进行鉴定。提请重新鉴定的主要条件通常有：原鉴定结论与案件内其他证据之间有矛盾，或几处鉴定结论有分歧；经过进一步调查取得了新的鉴定资料，对原结论产生了怀疑；发现原鉴定人不具备某方面的专门知识或原鉴定未按操作规程进行；当事人依法提出合理质疑，申请另请鉴定人鉴定。最高人民法院的司法解释明确规定了重新鉴定的启动情形，即当事人对人民法院委托的鉴定部门作出的鉴定结论有异议申请重新鉴定，提出证据证明存在下列情形之一的，应当重新鉴定：①鉴定机构或者鉴定人员不具备相关的鉴定资格的；②鉴定程序严重违法的；③鉴定结论明显依据不足的；④经过质证认定不能作为证据使用的其他情形。对于有缺陷的鉴定结论，可以通过补充鉴定、重新质证或者补充质证等方法解决的，不予重新鉴定。对于一方当事人自行委托有关部门作出的鉴定结论，另一方当事人有证据足以反驳并申请重新鉴定的，人民法院应予准许。

委托重新鉴定应附送历次鉴定所依据的鉴定材料。重新鉴定应当另行委托新的鉴定人进行。作出鉴定结论时不必考虑原鉴定的结果。当几处鉴定结论不一致，且经逐级复核仍未解决鉴定分歧时，可采用会商鉴定的形式，由组织鉴定的部门聘请有权威的专家"会诊"，经过专家鉴定如果取得一致的鉴定结论，即可共同出具鉴定书；如果鉴定意见实在不能一致，可在鉴定书中分别说明不同意见的人数和理由，或者分别出具鉴定书。为避免反复鉴定，应当限定鉴定次数，或者规定某次鉴定为终局鉴定，以确保鉴定决定权和委托权的正确行使。

本章思考题

1. 鉴定结论的含义及意义是什么？
2. 鉴定结论的特征有哪些？
3. 鉴定结论与证人证言的区别是什么？
4. 如何理解鉴定结论的分类？
5. 如何理解鉴定的主体？
6. 鉴定结论是如何形成的？

第十二章

第 *13* 章
勘验、检查和现场笔录

> **学习目的与要求：**
>
> 通过本章学习，掌握勘验、检查和现场笔录的概念和特征；理解和把握勘验、检查和现场笔录与其他证据的区别及其作用；了解勘验、检查和现场笔录的分类以及勘验、检查和现场笔录的制作程序等内容。

第一节 勘验、检查和现场笔录概述

一、勘验、检查和现场笔录的概念

笔录是司法工作人员、法律工作者在进行证据调查时所作的记录。司法实践中的笔录很多，如询问笔录、讯问笔录、庭审笔录、搜查笔录、辨认笔录等，但是我国法律只规定了特定的笔录属于证据范畴，即刑事诉讼中的勘验、检查笔录；民事诉讼法中的勘验笔录；行政诉讼法中的勘验笔录和现场笔录。

勘验、检查笔录，是刑事诉讼中法定的证据种类，具体是指公安司法机关的办案人员对与案件有关的场所、物品、人身和尸体进行勘验、检查时所作的客观记载。它是由勘验、检查人员和在场见证人签名的一种书面文件。勘验与检查的对象不同，勘验是对与犯罪有关的场所、物品、尸体进行的；而检查是对活人的身体进行的。

勘验笔录，是民事、行政诉讼中法定的证据种类，具体是指人民法院指派勘验人员对与案件争议有关的现场、物品或物体亲自进行查验、拍照、测量时所作的笔录。

现场笔录，是行政诉讼特有的证据形式，具体是指国家行政机关及其工作人员对行政违法行为当场进行调查、对违反行政法规的人当场进行处理时所作的记载现场情况的文字材料，包括行政机关对违反行政法规的当事人进行讯问所作的笔录。

二、勘验、检查和现场笔录的特征

1. 勘验、检查和现场笔录属于客观纪录。勘验、检查和现场笔录是公安、司法人员或执法人员对有关的人、物、场所等状况及勘验、检查或行政执法过程及结果的一种客观记载，是一种具有"实况"记录性质的活动，不允许掺杂任何主观因素，也不包括勘验、检查人员或行政执法人员等对案件的看法、意见及分析判断。因此，与其他证据相比，勘验、检查和现场笔录更具有客观性。

当然，笔录是由人制作的，这里的客观性并不意味着笔录的内容都一定是符合客观实际的。因为任何人的观察和检验都可能出现误差，任何人的记录都可能出现漏记和误记，即使采用照相和录像的方法，也会因思维和技术能力等主观因素的影响而使图像和画面出现变形等不完全真实的情况。

2. 勘验、检查和现场笔录的内容具有综合性。勘验、检查和现场笔录反映的不是案件的单一事实或待证事实的单方面特征，而是反映了各种证据材料之间存在或形成的具体环境条件和相互关系，以及待证事实的多方面特征，体现了明显的综合性。例如案发现场发现的物证之间、物证与其他证据之间以及与周围环境的关系等。而且笔录既可以通过文字记录，也可以通过现场绘图、拍照、录像等多种方式进行，具有综合证明的功能。

3. 勘验、检查和现场笔录的证明具有间接性。勘验、检查和现场笔录所记录的只是案件的结果，如在刑事诉讼中，对犯罪现场勘验、检查后制作的笔录，只是对犯罪行为的发生、存在或侵害结果的纪录，本身不能单独、直接证明该犯罪行为是谁、如何进行的，要想证明这些曾经发生的案件的主要事实，必须结合其他证据共同证明。因此，勘验、检查和现场笔录对案件事实的证明具有间接性。

4. 勘验、检查和现场笔录的制作具有规范性。勘验、检查和现场笔录是由公安、司法人员或行政执法人员依法制作的，无论是格式，还是用语或者签名等，都具有严格的要求和规范，体现出明显的规范性特征。例如笔录使用的是专用纸张或格式化表格；使用相对统一的专业用语、签名等。笔录所具有的规范性是其具有证明效力的重要保证。

对于勘验、检查和现场笔录的制作要求，我国刑事、民事及行政诉讼法有明确的规定。例如，《刑事诉讼法》第 106 条规定："勘验、检查的情况应当写成笔录，由参加勘验、检查的人和见证人签名或者盖章。"

三、勘验、检查和现场笔录与其他证据的区别

勘验、检查和现场笔录是诉讼法中规定的一种证据种类，它既是一种独立

的证据，也是一种固定和保全证据的方法。与其他证据相比，勘验、检查和现场笔录具有自身的特点和证明作用。

1. 与物证的区别。勘验、检查和现场笔录是对与案件有关的场所、物品、尸体等进行勘查、检验等证据收集活动的如实、客观的记载，在勘验、检查笔录中，包含有对物证的位置、状态、不同物证之间的空间关系等现场情况的具体描述。这种描述不是物证本身，也不是物证的复制品，只是反映物证和固定物证的方法。因此不能代替物证。

2. 与书证的区别。勘验、检查和现场笔录与书证在形式上有很大的相似性，它们都是用文字或图表等记载的内容证明案件事实，但它们之间有很大的区别：勘验、检查和现场笔录是在诉讼活动过程中形成的，而书证一般是在案件发生前或者发生过程中制作，在诉讼中不得涂改或者重新制作；勘验、检查和现场笔录由执行勘验、检查的侦查人员、司法人员或行政机关的工作人员制作，由参加勘验、检查的人和见证人签名或者盖章，依照法律规定的形式制作，而书证的制作主体没有严格要求，有些书证也不要求特定的形式；勘验、检查笔录是客观记载，不允许包含任何主观成分，而书证的内容往往反映着制作人的主观意志；另外，勘验、检查笔录如果记载有误或不明确，可以重新勘验、检查，作出新的勘验、检查笔录，而书证不能重新制作。

3. 与鉴定结论的区别。勘验、检查和现场笔录与鉴定结论也有明显的区别，表现在：勘验、检查和现场笔录由办案人员制作，而鉴定结论则由办案机关指派或聘请的具有专门知识的人员制作；勘验、检查和现场笔录是对当时现场所见情况的客观记载，而鉴定结论的主要内容则是鉴定人对案件有关专门问题的科学分析和判断。

四、勘验、检查和现场笔录的作用

在刑事案件中，勘验、检查笔录是搜集犯罪证据、发现有关线索、揭露犯罪的重要依据，也是司法人员甄别犯罪嫌疑人口供和其他当事人陈述的有力武器；能为司法人员分析犯罪的时间、地点、作案人数、作案手段、作案经过等提供重要信息，有助于司法人员研究案情、确立和制订工作方案。

在民事诉讼和行政诉讼中，有些物证因体积庞大或固定于某处等原因，当事人不便或无法将此类物证提交至法庭，与案件有关的现场也无法移至法庭，为获得这方面的证据，审判人员需要到物证所在地勘验。这些勘验笔录可以帮助审判人员查清民事、行政纠纷发生的起因、过程、结果，为确定当事人之间的权利、义务，公正处理案件提供依据。

现场笔录是国家行政机关工作人员在行政执法办案过程中，依法对违法活

第十三章

动进行处理时所作的书面记录，是处理过程的真实写照，是固定、保全证据的一种方法。

第二节 勘验、检查笔录的分类

一、刑事诉讼笔录、民事诉讼笔录和行政诉讼笔录

根据笔录所处诉讼的性质，可以将笔录分为刑事诉讼笔录、民事诉讼笔录和行政诉讼笔录。

刑事诉讼笔录，是指在刑事诉讼中由公安、司法机关制作的笔录，包括勘验笔录、检查笔录。具体来讲，在刑事诉讼中，勘验笔录是侦查、检察或审判人员对与犯罪有关的场所、物品、尸体进行勘查、检验，对勘验过程、勘验方法、勘查结果所作的记录。检查笔录是办案人员为确定被害人、犯罪嫌疑人、被告人的某些特征、伤害情况或生理状态等，对他们的人身进行检查和观察时所作的记录。

民事诉讼笔录，是指在民事诉讼中由审判机关依法制作的勘验笔录。在诉讼过程中，为了查明一定的事实，审判人员对与案件争议有关的现场、物品或物体，亲自进行或指定有关人员进行查验、拍照、测量时所作的笔录就是勘验笔录。

行政诉讼笔录，是指在行政诉讼中由审判机关、执法机关制作的勘验笔录、现场笔录。其含义与民事诉讼中的基本相同。

这种划分的目的是明确三大诉讼中有关的笔录不仅名称上不同，而且制作的主体、要求和程序上都存在差异。

二、文字笔录、绘图笔录、照相或录音、录像笔录

根据笔录制作形式，可将笔录分为文字笔录、绘图笔录、照相或录音、录像笔录。

文字笔录，是指公安、司法人员或行政执法人员，在进行勘验、检查和现场笔录的制作时，以文字记录的形式将有关的案件情况予以客观记录的笔录形式。文字笔录也是司法实践中最常见的笔录形式。

绘图笔录，是指公安、司法人员或行政执法人员，以绘图的形式记录、固定有关的案件情况而制作的勘验、检查和现场笔录。这也是司法实践中的常用形式。

照相或录音、录像笔录，是指公安、司法人员或行政执法人员，以拍照或

录音、录像的形式记录与案件有关的场所、物品等的笔录形式。这是随着科技的发展而在司法实践中广泛使用的笔录方式。

在司法实践中，制作勘验、检查和现场笔录时，通常文字笔录、绘图笔录、照相或录音、录像笔录结合使用，重大案件往往同时具备，缺一不可。

三、现场勘验笔录、物证检验笔录、尸体检验笔录、人身检查笔录和侦查实验笔录

根据勘验、检查的对象和方法的不同，可以分为现场勘验笔录、物证检验笔录、尸体检验笔录、人身检查笔录、侦查实验笔录等。

现场勘验笔录，包括刑事、民事和行政诉讼现场勘验笔录。刑事诉讼中的现场勘验笔录，是指对犯罪现场及与犯罪有关的现场进行勘验时所作的记录。民事诉讼中的现场勘验笔录，是审判人员对当事人争议的现场或物品勘查、检验后所作的记录。行政诉讼中的现场勘验笔录，是行政机关的工作人员或审判人员对有争议的现场或物品勘查、检验后所作的记录。

物证检验笔录，是指对作为证据的物证进行检验时所作的笔录。由于物证检验往往是在场所勘验等活动中进行的，所以物证检验笔录通常作为场所勘验笔录的附件出现。

人身检查笔录，是对与案件有关的活人的身体进行检查时制作的笔录。即对被害人、犯罪嫌疑人、被告人的某些特征、伤害情况或生理状态等进行检查和观察时所作的记录。

尸体检验笔录，是指侦查人员对尸体进行外表检验或解剖检验时所制作的笔录。主要是对检验的过程、发现的情况，如尸体的外表特征和伤口、尸斑、尸温等尸体变化等情况进行记录。

侦查实验笔录，是指侦查人员等为了验证案件中的某些事实或情节是否存在或可能发生而进行的模拟实验或其他实验的如实记录。主要是记录实验的参加人员、实验的过程和结果等。

第三节　勘验、检查和现场笔录的制作

一、制作程序

（一）勘验、检查笔录的制作程序

1. 由侦查、审判人员主持制作。刑事诉讼中的勘验、检查，在侦查阶段是一种侦查行为，应由侦查人员主持进行。因工作需要或必要的时候，侦查机关

可以指派或聘请具有专门知识的人参加，他们应在侦查人员的主持下进行勘验、检查。无论由何人制作笔录，都应由侦查人员主持进行。人民法院办理刑事案件，在必要的时候，也可以进行勘验、检查。

民事、行政诉讼中的勘验，人民法院可以依照职权或依当事人申请勘验现场，勘验时，应由承办该案的审判人员主持进行。勘验笔录的制作，也要在审判人员的主持下进行。

在司法实践中，勘验、检查笔录一般由负责勘验、检查的侦查、检察、审判人员指定专人进行制作，并应与勘验、检查同步进行。勘验现场时，勘验人员必须出示公安、司法机关的证明文件。

2. 邀请见证人见证，通知民事、行政诉讼当事人或者其成年家属到场。我国《民事诉讼法》第 73 条第 1 款规定："勘验物证或者现场，勘验人必须出示人民法院的证件，并邀请当地基层组织或者当事人所在单位派人参加。当事人或者当事人的成年家属应当到场，拒不到场的，不影响勘验的进行。"最高人民法院《关于行政诉讼证据若干问题的规定》第 33 条第 2 款也有类似的规定。法律要求与案件无关的人作见证人，是为了确保勘验、检查及其笔录制作客观、公正地进行。通知当事人及其成年家属到场，可以防止当事人以后对勘验笔录提出异议。

3. 由勘验人等签字或盖章。我国《刑事诉讼法》第 106 条规定："勘验、检查的情况应当写成笔录，由参加勘验、检查的人和见证人签名或者盖章。"《民事诉讼法》第 73 条第 3 款规定："勘验人应当将勘验情况和结果制作笔录，由勘验人、当事人和被邀参加人签名或者盖章。"此外，最高人民法院《关于民事诉讼证据的若干规定》和最高人民法院《关于行政诉讼证据若干问题的规定》中也有明确的规定。这些规定是为了确保勘验、检查笔录的客观、准确，保证有关人员对勘验、检查笔录负责和便于核查。

（二）现场笔录的制作程序

根据《行政诉讼法》的有关规定，现场笔录的制作程序主要有：

1. 由行政执法机关及其工作人员制作。现场笔录是行政执法机关及其工作人员为实施具体行政行为，在证据难以保全或者事后难以取证的情况下，或者不可能取得或者其他证据难以证明案件事实时制作的，它是行政执法机关实施具体行政行为和进行行政处罚的重要依据，因此，应在行政执法机关工作人员的主持下制作。而且现场执法人员必须两人以上，出示执法证件，表明身份。现场检查不得超越检查范围，现场检查应通知当事人或其代理人到场，拒不到场的，应邀请在场的其他人员一至二人参加见证。

2. 现场笔录必须是在现场制作的，不能事后补作。现场笔录的制作应当及时。行政执法人员实施具体行政行为时制作的现场笔录，是行政机关具体行政行为的客观、真实记录，它不仅反映了行政机关行政执法活动的事实根据及采取的程序，也反映了被处理、处罚事件的客观真实情况，因此必须当场制作。

3. 现场笔录由行政执法人员和当事人签名或盖章。现场笔录制作完毕后，应当交当事人阅读或向其宣读并由当事人填写意见并签名，同时见证人和两名以上执法人员签名。当事人拒绝签章或不能签章的应当注明拒绝或不能签章的原因。现场笔录一经有关人员特别是到场的见证人签字就不能改动。如果发现笔录中有错误或遗漏之处，可另行制作更正或补充笔录。没有当事人或者其他见证人签名的现场笔录，不能起到证明作用。

二、勘验、检查和现场笔录的内容

（一）场所勘验笔录

依据最高人民法院《关于民事诉讼证据的若干规定》和最高人民法院《关于行政诉讼证据若干问题的规定》的规定，人民法院勘验现场，应当制作笔录，记录勘验的时间、地点、勘验人、在场人、勘验的经过、结果，由勘验人、在场人签名或者盖章，对于绘制的现场图应当注明绘制的时间、方位、测绘人姓名、身份等内容。

在司法实践中，场所勘验笔录的内容一般包括场所勘验笔录、现场照相、现场绘图，三者缺一不可。

在刑事诉讼中，场所勘验笔录文字部分的主要内容是犯罪现场的勘查过程及结论。具体分为前言、叙事、结尾三部分，包括：①接受报案的时间，报案人、被害人的姓名、住址、所在单位及其所提供的关于发生、发现案件的简要过程；②现场保护情况；③场所所在的具体地点、方位和周围环境；④中心现场及有关场所的情况；⑤现场勘查的结论，即发现和提取的物品、痕迹、书证的名称、数量、特征，提取的地点和位置；⑥拍摄现场照片和绘制现场图以及录像的种类、数量。

在民事诉讼和行政诉讼中也有现场勘验笔录，由于案件性质不同，民事和行政案件现场所见与刑事案件不同，但需记录现场勘验活动过程和结果则是相同的。

（二）物证检验笔录

物证检验笔录的记录内容包括：对物证进行检验的过程和检验时发现的物证所在的位置，物证的形状、性质、特征等情况。

（三）人身检查笔录

人身检查笔录的内容包括：检查的时间、地点、检查人员的姓名和职务，被检查人的姓名、职业、住址，检查的内容，检查所见的各种情况等。如人体的某些特征、伤害情况或生理状态等。

（四）尸体检验笔录

尸体检验笔录的内容包括检验的时间、地点、参加检验的人员和见证人的姓名；检验的过程和发现的情况，如死者的衣着状况，尸体的外表情况，伤痕的形状、大小和位置，按印指纹、掌纹和提取血、尿等的情况，对于无名尸体，还应记载生理、病理特征，携带物品等状况。

（五）侦查实验笔录

侦查实验笔录的内容包括：实验的时间、地点、环境、条件、工具，实验的目的，批准实验的机关，指挥人和参加实验人员的姓名、职务，实验的过程和结果。

（六）现场笔录

1. 首部部分。包括：①文书标题。由行政机关名称、文书名称组成。②检查地点。即执法人员实施现场检查的具体地点。③检查时间。即执法人员实施现场检查的起止时间。④当事人。当事人的姓名、联系地址、联系电话。当事人是单位的，还包括其法定代表人的姓名。⑤检查人员。参加检查的全体行政执法人员的姓名。

2. 正文部分。现场情况，包括：检查的过程，检查的内容、范围和方式，被检查人或被检查单位的有关人员是否到场。

3. 结尾部分。包括检查人、记录人、当事人、见证人的签名。

本章思考题

1. 什么是勘验、检查笔录？什么是现场笔录？
2. 勘验、检查和现场笔录有哪些特征？
3. 勘验、检查和现场笔录与其他证据的区别是什么？
4. 如何理解勘验、检查和现场笔录的作用？
5. 勘验、检查和现场笔录有哪些分类？
6. 如何理解勘验、检查和现场笔录的制作？

第 14 章
视听资料

学习目的与要求：

　　通过本章学习，掌握视听资料的概念和特征；了解视听资料的分类；理解视听资料的产生及其意义等。

第一节　视听资料概述

一、视听资料的概念

　　视听资料是我国三大诉讼法规定的法定证据种类之一，但对何谓视听资料，三大诉讼法均没有明确的界定。《中国大百科全书》（法学卷）将视听资料解释为"可据以听到声音、看到图像的录音、录像，以及电子计算机储存的数据和资料，又称音像资料"。《刑事法学大辞书》则认为，"视听资料就是指录音或录像带录下的有关案件事实的音响或者形象，以及电子计算机储存的有关案件事实的材料"。最高人民检察院在 1996 年 12 月 31 日颁行的《关于检察机关侦查工作贯彻刑诉法若干问题的意见》第三部分第 1 条对视听资料作出如下界定："视听资料是指以图像和声音形式证明案件真实情况的证据。包括与案件事实、犯罪嫌疑人以及犯罪嫌疑人实施反侦查行为有关的录音、录像、照片、胶片、声卡、视盘、电子计算机内存信息资料等。"

　　综上所述，我们认为，视听资料是指利用录音、录像、电子计算机以及其他高科技设备所提供的信息资料来证明案件事实的一种证据。

　　对视听资料是否是一种独立的证据，尚有争议。但我国三大诉讼法已经把它确认为一种独立的证据，司法实践中也把它作为一种独立的证据使用。

　　视听资料不同于物证。物证是通过其外部形态、色泽、颜色、成分、结构、规格、质量、数量等特征来证明案件事实的，而视听资料虽然也是一种实体物（如磁带、录像带），但它是以其内容，即它的音、像、信息和存储资料起证明作用的。视听资料与书证也不同。书证是以其文字、符号、图画的静态实在来反映案件事实的，而视听资料是以声像的动态复原对案件事实起证明作用的。视听资料与人证也存在不同之处。虽然两者对案件事实都有一定的动态反映，但视听资料比人证更能客观地反映案件事实，因为它主要是在案件发生过程中，对有关声音和形象的客观记录，不存在人为的主观因素，而人证是在案件发生后的诉讼中形成的，易受人的主观因素或外界环境的影响，具有不稳定性。

视听资料主要包括录音资料、录像资料、电影资料、电子计算机储存的资料以及运用其他技术设备取得的信息资料。

1. 录音资料。录音资料是通过录音设备记录的储存一定音响并用以证明案件事实的录音磁带。录音设备是运用声学、化学、机械学等方面的科学原理制成的专用设备，通过它可以把正在进行的对话、演讲、唱歌、爆炸、自然声响、机械摩擦等声音如实地记录下来，然后经过播放使记录下来的声音得以再现。

录音资料对案件的证明方式主要有两种：一种是以录音资料所反映的内容证明案件事实。如有关谋划犯罪的录音。另一种是以录音中所反映出的语音、语调、音质、音素等特点对案件事实起证明作用。在这种情况下，某人讲话的内容可能与案件事实无关，但是却可以说明发声人的某些言语特征，进而可以确定说话人的真实身份。由于录音资料是原始声音的真迹再现，它能逼真地反映出讲话人的音质、音素、语言习惯和讲话时的心情等，当播放这些录音时，熟悉情况的人很快就能辨认出讲话人是谁，讲话人也往往难以否认。

2. 录像资料。录像资料是通过录像设备摄录的储存各种影像并用以证明案件事实的录像磁带。录像设备是运用光电效应和电磁转换的原理制成的专用设备。通过它可以将一定的活动影像如实地记录下来，再经过播放系统重新显示原始的形象，来证明案件事实。

录像资料具有生动、形象、准确、完整、连贯再现原状的特点，具有很高的证明价值，因此录像设备被广泛地运用于公共场所和其他特定场所，如银行、宾馆、车站、机场等。由于录像资料的内容丰富，容量较大，有连续运动的人、物、形象，有变动着的背景资料，可以提供许多客观情况，供司法机关观察分析。

录像资料对案件的证明方式有两种：一种是以主图像对案件事实起证明作用，即录像中的主画面本身就属于案件事实的一部分或与案件事实有直接联系。如银行的监控设备提供的有关抢劫过程的录像等。另一种则不以主图像对案件事实起证明作用，而是以背景图像对案件事实给予证明。如在摄制某一事件的过程中无意拍摄到的与犯罪有关的事实，主图像可能与案件事实毫无关系，但背景图像对证明案件事实具有重要意义。

3．电影资料。电影资料是通过电影摄影机摄录的储存各种影像和声音的电影胶片。电影的制作和播放主要根据的是视觉存留原理，当使用照相和录音手段把外界事物的影像以及声音摄录在胶片上后，人们可以通过放映和还音，在银幕上造成活动影像并发出声音。

4．电子计算机储存的资料。电子计算机储存的资料是指以电子计算机磁盘（包括硬盘和软盘）作为载体，储存在电子计算机磁盘中，并用以证明案件事实的各种信息。运用计算机的储存功能，可以将需要保存的信息编成一定的程序，通过输入装置输入到主控制系统的中间处理机，对信号进行识别分类处理，将电能转变为磁能固定在软盘中，需要时可以通过输出系统指令计算机从储存的数据系列中检索所需资料，使终端显示器显示出文字或者图像。

运用电子计算机储存的资料进行检索，以确定现场提取的指纹、鞋印、血迹、毛发等是否属于某人的过程与鉴定后得出的结论很相似。但是，这并非鉴定和鉴定结论。因为这种资料是依靠现代科学技术设备自行储存和从千万份档案中自动检索得到的，这里面不反映任何专家或管理人员的主观意志。

随着计算机技术的迅猛发展和计算机运用的普及化，计算机数据资料越来越受到重视，并在诉讼中得以广泛地运用。我国公安部颁行的《公安机关办理刑事案件程序规定》（以下简称公安部《规定》）、最高人民检察院颁行的《人民检察院刑事诉讼规则》、《关于检察机关侦查工作贯彻刑诉法若干问题的意见》中均对在计算机犯罪案件的侦查工作中如何收集和保全证据作出了具体的规定。如公安部《规定》第197条第2款规定："计算机犯罪案件的现场勘查，应当立即停止应用，保护计算机及相关设备，并复制电子数据。"这是对计算机犯罪现场勘查的程序规则所作的规定。另外，公安部《规定》中还规定了扣押电子邮件、电报的程序规则和电子数据鉴定的范围规则。《人民检察院刑事诉讼规则》第192条对扣押电子邮件、电报的程序作了与公安部《规定》类似的规定。《关于检察机关侦查工作贯彻刑诉法若干问题的意见》中将电子证据纳入视听资料处理，并对收集电子证据的方式作了具体规定。上述这一系列规定对于计算机数据资料在刑事诉讼中的收集和运用有着重要的指导意义。

5．运用其他技术设备取得的信息资料。其他技术设备提供的视听资料的范围较为广泛，主要是指利用激光技术、空间技术、红外线技术、X射线技术、遥感技术等高科技制成的专门技术设备经过其自身运转所获取并显示出来的反映案件事实的、可供人们直接判断的信息和数据资料。

随着现代科学技术的飞速发展，犯罪手段也呈现出技术化，实践中已经出现了运用计算机诈骗巨款，利用放射性元素、激光、毒品制造医疗事故的犯罪活动。为了查清被害人的死因，查获真正的犯罪分子，就必须借助现代科学技术装置进行检测，作定量定性分析，提供准确的数据资料。比如，在机场、海关设置"安全门"和监控装置，当犯罪分子携带毒品、走私物品等通过"安全门"时，检测装置就会发出报警和图像显示，以此为根据，即可人赃并获，为下一步诉讼活动的进行提供有利的证据。

二、视听资料的特征

视听资料的特征是视听资料区别于其他种类证据的标志，正确理解其特征，有利于我们准确把握视听资料的证据属性，从而运用这类证据查明案件事实，正确解决案件。视听资料主要有以下几个特征：

（一）视听资料属于"高科技证据"

视听资料是科学技术发展到较高水平的产物，而且它对科学技术设备和手段具有很强的依赖性。这主要表现在：首先，视听资料的生成需要依赖高科技设备。因为作为证据事实的声音、行为、文字、图像、物体、数据、现象等，有的要转换为电磁波，再转换为原型；有的要先转化为简单的数字，再还原为原型。这就需要高科技设备和材料的介入或作为存储的载体。其次，视听资料的显示也必须依赖高科技设备和手段。视听资料必须通过录音机、录像机、电子计算机或其它电子设备和手段进行播放或者演示才能显示其内容，成为可供人们听见、看见和使用的原始材料。如果离开了这些高科技设备和手段，就无法获取和使用这些证据。与其他证据相比，视听资料含有其他证据一般不具有的极高的科学技术成分，这体现在记录信息的设备，如录音设备、电影摄影设备和计算机程序等，都具有高度的科学技术成分，而且记录、储存和播放的过程也是使用高科技设备进行的带有明显科学技术运用性质的过程。正因为如此，才有人将其称为"高科技证据"。

（二）视听资料具有高度的准确性和逼真性

视听资料的形成、储存和再现具有高度的准确性和逼真性。任何证据都是有关案件情况的各种信息与一定的信息物质载体的结合，而视听资料的信息物质载体能够准确地记录、储存和反映有关案件的各种情况，且在形成过程中受各种主客观因素的影响较小。只要收集的对象本身没有差错，录制设备没有故障，录制的方法得当，录制的音响、图像、储存的数据和其他信息资料就能够十分准确地反映与案件有关的事实，失真的可能性很小。因此，视听资料所反映的有关案件事实一般是准确可靠的，这种证据的证明价值较高。但是我们也应当注意到，视听资料的这一特点并非意味着它绝对不含有任何虚假的成分。在司法实践中，经常会发生有人通过模仿、消磁、剪辑等手段，伪造和改变视听资料的情形。这就要求办案人员在运用视听资料证明案件事实时，要注意审查其制作过程和来源。

（三）视听资料具有较强的直观反映性

这是视听资料与各种言词证据相比体现出来的一个特征。视听资料具有各种言词证据都不具备的高度直观性。各种言词证据都是以语言、文字、手势等方式再现储存在人的意识中的有关案件情况的信息，这种反映方式难以给人以直观、生动的感受。而视听资料通过先进的科学技术手段，可以将与案件有关的形象和音响，甚至案件发生时的实际状况，如案发当时的声音、形象、作案人的动作、表情及现场环境等，直观地再现在办案人员面前，使人产生身临其境的感觉，从而强化了证据的证明作用。

（四）视听资料具有动态连续性

这是视听资料与其他实物证据相比体现出的一个特征。视听资料具有其它各种实物证据都不具备的动态连续性。其它各种实物证据，包括物品、文书、痕迹等都是以静态的方式反映案件情况的，因此只能反映案件事实的某个片断或个别情况；而视听资料能够动态地、连续地反映有关案件情况，它可将事物的音响、图像、情景综合在一起，经过播放，连续不断地再现出来。

（五）视听资料具有便利、高效的特点

视听资料本身具有容量大、内容丰富、重量轻、便于保存的特点，而且可以快速反复使用，并具有较强的稳定性。因此，司法人员无论是侦查破案，还是定罪量刑，使用起来非常便捷。目前，许多国家都建立了电子档案中心，对档案的分类、储存和检索都采取了电子计算机技术，便利了对各种情报资料的收集、整理、汇集、分类、保存、提取和快速查阅。因此，司法人员利用计算机情报检索系统的科学技术手段保存和使用视听资料，可以节省司法资源，提高办案速度。

第二节　视听资料的分类

由于视听资料的范围相当广泛，表现形式也较为复杂，对其进行科学的分类，便于司法人员准确把握各种类型视听资料的特征，从而准确地运用这种证据，查明案情。

一、录音资料、录像资料和电子数据、文字资料

根据视听资料的生成和输出显示方法的不同，可以将其划分为录音资料、录像资料和电子数据、文字资料。

这种分类的意义在于输出内容的形式不同，其生成的设备和材料也不同，

因而收集和固定的方法、程序都不相同，审查的方式也不同。只有根据不同类型的资料，制定特定的规则，司法人员才能正确有效地运用各种各样的视听资料证明案件事实，正确解决案件。

按照这种分类标准，凡是以录音方式生成和显示的资料是录音资料，如录音磁带、磁盘等。凡是以录像方式生成和显示并能够连续成像的资料是录像资料，如录像带、光盘等。凡是以电子计算机并通过程序储存和显示的资料是电子数据和文字资料，如计算机内存和硬盘的数据、软盘和光盘存储的数据和文件、显示和据此打印输出的数据、文字、图表等。

二、原始视听资料和复制视听资料

根据视听资料的来源不同，可以将其分为原始视听资料和复制视听资料。

这种分类可以帮助司法人员正确地评断各种视听资料。原始视听资料是指直接依据客体的声音或图像制作的视听资料，如原声带和原像带等。复制视听资料是指依据其他视听资料制作的视听资料，如复制的录音带、复制的录像带、复制的照片等。

三、作为案件事实要素的视听资料和作为案件证明手段的视听资料

根据视听资料与案件事实之间的关系不同，可以将其划分为作为案件事实要素的视听资料和作为案件证明手段的视听资料。

这种分类可以帮助司法人员准确认识各种视听资料在案件调查和审判中的性质和作用。作为案件事实要素的视听资料是指视听资料本身就是案件事实的构成要素，如音像制品侵权案件中的盗版录音带、盗版录像带，贩卖淫秽物品案件中的黄色录像带和黄色影碟等。作为案件证明手段的视听资料是指视听资料只是证明某些案件事实的手段。例如，记录某公司制作盗版录音带或盗版录像带的照片；记录某人推销淫秽录像带或影碟的录像带等。

四、录音证据、录像证据、计算机证据和其他电磁音像证据等

根据视听资料记录储存客体特征的载体不同，可以将其划分为录音证据、录像证据、计算机证据和其他电磁音像证据等。

这种分类可以作为建立视听资料档案的依据。前三种视听资料都好理解，最后一种则包括电子扫描图像、X光图像、无线电波记载的声音或图像、雷达扫描图像等。

五、公开制作的视听资料和秘密制作的视听资料

根据视听资料的制作方式不同，可以将其划分为公开制作的视听资料和秘密制作的视听资料。

这种分类可以帮助司法人员分析视听资料的合法性。一般来说，对于秘密制作的视听资料的使用有一定的限制。公开制作的视听资料是指在被录音者或录像者知道或应当知道的情况下制作的视听资料。如合同签字仪式上公开拍摄的录像。秘密制作的视听资料是指在被录音或录像者不知道的情况下制作的谈话录音，以及侦查人员运用秘密手段获得的录音、录像等。但是，在特定场所，如机场、银行等，面对不特定人设置的监视装置所制作的视听资料，虽然有些被记录者可能并不知道他们已经成了监视的对象，也应当属于公开的视听资料。

第三节　视听资料的产生和意义

一、视听资料的产生

视听资料是随着近现代科学技术的发展而产生的一种证据，首先出现在国外。最早出现的视听手段是电影。随后，相继出现了录音、录像技术。在录音、录像、电影摄制设备被发明以后，人们可以将原来不能保存的音响、活动影像完整地记录和储存下来，再利用这些设备加以再现，使记录和储存下来的音响、活动影像发挥证明案件事实的作用。

我国在 20 世纪 80 年代以前，由于录音机、录像机、录音电话较为稀少，因而在三大诉讼法中未将视听资料列入法定的证据种类。视听资料作为法定证据种类之一，最早出现在我国 1982 年颁布的《民事诉讼法（试行）》当中。其后，1989 年颁行的《行政诉讼法》也将视听资料确定为行政诉讼中的一种独立的证据。1979 年制定的《刑事诉讼法》由于受历史条件的限制，在立法时没有充分认识到视听资料这一科技含量较高的证据形式对诉讼活动的重要性，因此未将其作为一种独立的证据种类确定下来。但在以后的刑事司法实践中，人们逐步认识到视听资料在刑事诉讼中对案件事实的证明作用，并广泛地使用这种证据。但由于 1979 年《刑事诉讼法》没有将视听资料作为独立的证据种类，司法机关在办案时，只能将其作为物证，或者书证，或者其他证据形式使用。直至 1996 年，修订后的《刑事诉讼法》才将视听资料确定为一种独立的证据种类，使该种证据最终在刑事诉讼立法中获得应有的地位。至此，视听资料作为一种独立的法定证据种类得到了我国三大诉讼法的统一确认。

外国立法尚未将视听资料作为独立的证据种类予以规定，而是将其归于某一传统证据之中。在大陆法系，有些国家在刑事诉讼法中对视听资料进行了专门规定。从其内容看，一般是将视听资料的制作与窃听结合在一起进行规定的。在英美法系国家，由于实行传闻证据规则和最佳证据规则，由计算机输出的书面材料原则上是不能被采纳为证据的。但是基于司法实践的需要，英美法系国家对传闻证据规则和最佳证据规则设置了许多例外，而依据这些例外，电子数据及其输出材料是可以被采纳的。例如，英国 1968 年制定的《民事证据法》第 2、4、5 节就有关于计算机输出文件可采纳为证据的特别规定。该法第 2 节规定："在民事诉讼中，某个人，不论其在诉讼中被传为证人与否，所作的某项陈述，不论是口头的，或书面的或其他形式，在符合本节及法院规则的条件下，可以被采纳为证明陈述所含事实的证据，只要其所作的直接口头证据本来是可以采纳的。"根据该规定，第一手传闻可以采纳为证据。所谓第一手传闻是指知晓某一事实的人就该事实作的庭外陈述，包括其作成的文件，而该法对"文件"作了扩大解释，将计算机储存的数据及由计算机输出的材料均纳入了"文件"的范畴。因此，输入数据的人或在行使职务中从亲自知道情况者那里获悉数据的人都可以提供证据，从而使计算机输出材料可以被采纳为证据。该法第 5 节明确规定：由计算机输出的文件，不论曾被传送过多少次，都可采纳为证据。美国法也认可，如果证明原件已遗失或灭失而无法取得时，相同内容的第二手证据则可以采纳为证据。[1]

在国外，视听资料作为证据被广泛应用于诉讼活动当中。早在 1946 年远东国际军事法庭审判活动中，控方为了说明日本准备侵略战争的情况和被告人荒木贞夫在备战中所起的作用，就曾经使用过一部名为《非常时之日本》的影片作为证据。法庭接受了该证据并在审判时当庭播放。在我国，视听资料被规定为法定证据种类之前，司法实践中早已使用这种证据，如最高人民法院在审判林彪、"四人帮"反革命集团案件中就曾使用过视听资料。目前，视听资料作为一种证据在刑事审判中已经被国内外广泛使用。如在电子商务的经济纠纷案件中，合同数据和履行合同的情况都可以在相应的计算机存储的数据中表示出来；在环境案件中，电子数据可以准确地表明环境被污染的各种数据；在制造、贩卖、传播淫秽物品案件中，视听资料是关键性的证据，等等。随着计算机技术的日益普及和电子商务的兴起及发展，以及计算机犯罪案件的日益增多，视听资料在司法实践中的应用会越来越广泛。

---

〔1〕 李学军："电子数据与证据"，载何家弘主编：《证据学论坛》（第 2 卷），中国检察出版社 2001 年版，第 441、442 页。

二、视听资料的意义

视听资料是将现代高科技先进成果运用于诉讼领域的重要产物。我国三大诉讼法均明确将其规定为法定证据种类之一，对于推动视听资料的研究和规范司法实践中视听资料的运用，都具有重要的意义。

1. 视听资料是证明案件事实的重要证据。视听资料能够印证、佐证案件的事实情况，某些视听资料还可以单独证明案件事实，成为案件的主要证据。例如，在计算机犯罪案件中，取得行为人输入的数据和掌握其使用的程序是关键性的证据；在电子商务经济纠纷案件中，合同数据和履行合同的情况，都可以在相应的计算机存储的数据中表示出来，成为证明案件事实的重要证据。

2. 视听资料能够为程序公正的实现提供保障。对侦查、检察和审判活动进行录音、录像，不仅具有证明价值，而且能够反映这些诉讼活动是否是依法进行的。特别是在侦查活动中讯问犯罪嫌疑人的时候，如果实行全程录像，既能够抑制刑讯逼供行为的发生，保护被讯问人的合法权益，又能够证明讯问行为是否合法，保护侦查人员的合法权益。依据规定，我国公安机关和人民检察院在侦查中讯问犯罪嫌疑人与询问证人和被害人，都可以进行录音、录像，其目的就是为了防止程序违法，实现程序公正。

3. 视听资料是进行法制宣传教育的重要手段。在科技发达的国家，视听资料已经成为揭露、证实违法犯罪活动的重要手段，许多国家都在公共场所设有电子监视装置，记录人们的行为，并留下音像资料。我国也在许多场所，如银行、机场、车站、码头、海关、宾馆等安装有电子监控设备，一旦有人进行违法犯罪活动，就会被记录下来，形成音像资料，这些资料经过播放，可以使社会公众了解犯罪分子的作案手段，从而注意加强防范。

4. 视听资料的使用有利于提高司法机关的办案效率。同其他证据相比，视听资料由于具有本身体积小、储存信息量大、便于保存、便于检索、便于使用等特点，因此其使用有利于提高司法机关的办案效率。例如，一盒小小的录像带就可以记录成千上万个画面，而且可以长期保存反复使用；而利用计算机储存的音像资料在查阅和使用上更是快捷方便，可以成百上千倍地节约办案人员的工作时间。

第十四章

本章思考题

1. 什么是视听资料？视听资料对证明案件事实有何意义？
2. 简述视听资料与物证、书证的区别。
3. 如何认识视听资料的特征？
4. 试述视听资料的内容。
5. 谈谈视听资料的分类。
6. 结合实际谈谈视听资料的应用。

第十四章

第 15 章

证据的分类

学习目的与要求：

通过本章学习，掌握证据分类的概念与特点，证据分类与种类的关系；了解证据分类的简况；掌握言词证据与实物证据的概念与特征，收集和运用规则；原始证据与传来证据的概念、特征及运用规则；本证与反证的含义、作用及运用规则；了解控诉证据与辩护证据的概念及划分意义；掌握直接证据与间接证据的概念、特点及运用规则。

第一节   证据分类概述

一、证据分类的概念与特点

证据分类是指在理论上以不同的标准，从不同的角度对证据进行的归类。其特点在于：

1. 证据分类是根据证据自身的特点，从不同的角度，依据不同的标准进行的划分。从实际情况看，每一种证据都有自身的特点，具有自己的表现形式，对案件事实的证明方法、作用大小也不相同，从而使其以独特的形态而存在。否则，也就无所谓证据种类的划分。实际上所有的证据不可能千篇一律、一模一样，据此，也才有了不同的证据种别。但不同种类的证据，可能具有一些共同的特征，这些共同的特征就成为对其进行归类研究的基础和标准。另外，作为客观存在的事实，可以从不同的角度进行观察、分析，透视其特点，这样有利于理解、掌握、把握其特性，感知其证明时的证明力的大小，这样就便于对证据的运用。作为人们认识事物、研究事物的一种逻辑方法，以不同的标准，从不同的角度，对证据进行分析，有助于揭示证据的复杂性、多样性，达到认识每一类证据特性的效果。需要特别说明的是，由于对证据的分类是以不同的标准、从不同的角度进行的，所以，同一种证据在不同的分类中，都会有自身的位置。如证人证言在言词证据与实物证据的划分中，就属于言词证据；而在直接证据与间接证据的划分中，既可能是直接证据，也可能是间接证据，要以其对案件主要事实的证明作用来定。同一种证据在不同标准、不同角度的分类中的"现身"，是正常的、合乎情理的。

2. 证据分类是理论上对证据进行的划分，属于学理解释的范畴。对证据的划分，依其是否具有法律效力分为证据在法律上的分类与证据在理论上的分类。对法律上的划分，证据法学上称其为证据的法定种类，有人直接简单地称之为证据种类。对证据在学理上的分类，证据法学上一般称其为证据的理论分类，有人直接简单地称其为证据分类。实质上法律上对证据的划分，不过是对证据以不同的标准、从不同的角度进行的划分而已。如我国三大诉讼法对证据种类的划分，就是以证据的表现形式进行的划分，从这个意义上看，二者并没有什么不同。但是，从是否具有法律效力的角度看，二者却有重大差别，法律上的分类是有法律效力的，在实践中应当严格遵守，理论上的分类是没有法律效力的，不能要求司法机关遵照执行。但是，并不能因此而否认对证据进行理论上分类的作用。因为，理论上的分类有助于我们认识证据，把握证据，更好地运用证据进行证明活动。而且在理论上的分类，有时可能在立法上有所体现，如我国1996年《刑事诉讼法》规定的在提起公诉时对主要证据复印件的移送中的"主要证据"，就应当是对证据分类的应用。证据在理论上的分类的作用在司法实践中的表现非常突出：由于分类起到了理解、把握证据及证明力的作用，实践中司法人员经常运用分类所揭示的证据证明力确定案件事实。

3. 对证据进行分类要有目的地进行，要有实际作用。尽管对证据进行理论上的分类是一种学理上的划分，不受法律约束，可以选择不同的标准、不同的角度来进行，具有极大的灵便性。但是，这并不是说我们对证据进行分类研究就可以随意进行，必须要有一定的目的，要有实际作用，否则是没有意义的。对证据进行分类的目的就在于将证据的某一侧面、某一特性深刻的揭示出来，达到使人们认识和掌握证据的结果。为此，在对证据进行分类时，应当选择、设定能够对证据特性具有揭示作用的标准和角度。

二、证据分类与证据种类的共性与区别

证据分类与证据种类是有共性的，即二者都是依据一定的标准对证据进行的类别划分。但是二者也存在重大的区别，主要表现在：

1. 二者的性质不同。证据种类是立法对证据所进行的法定分类，明确地界定了证据的法定表现形式，不具备法定表现形式的事实不能作为定案的依据。其原因就在于法定的证据种类具有法律效力，在司法实践中应当严格遵照执行；证据分类是理论研究中根据不同的标准和角度对证据进行的类别划分，其有助

于人们认识和把握证据，其性质属于学理解释，只具有理论指导作用，不具有法律效力，不能要求实践中遵照执行。

2. 二者划分的依据和类型不同。法定的证据种类由立法以证据的存在和表现形式进行划分，而且由立法明确规定，因此，法定证据种类的划分依据是确定的，是以同一标准对证据进行的划分，一个证据只能归属其中的一种。由于划分的依据具有单一性，所以数量确定；证据在理论上的分类则是学术研究对证据进行的分类，目的在于对证据进行透视性研究。因研究的主体、目的、划分的依据不同而表现出不同的类别，所以，其划分具有多样性，由于划分的依据不同，划分出来的类型也不同，在不同依据的划分中，同一证据会交叉存在于不同证据类别中。如常见的理论分类的依据（标准），有的是根据证据的表现形式进行的划分，有的是根据证据的来源进行的划分，有的是根据证据的证明作用进行的划分，有的是根据证据与案件事实的关系进行的划分，等等。以被害人陈述为例，在以证据的表现形式为标准将证据分为言词证据与实物证据的分类中属于言词证据；在以证据是否来源于案件事实为标准将证据分为原始证据和传来证据的分类中，一般属于原始证据；在以证据对控辩观点支持作用为标准将证据分为控诉证据和辩护证据的划分中，一般则属于控诉证据。

3. 二者对证据特性的揭示程度不同。法定的证据种类的划分是以证据的存在和表现形式为标准进行的划分，这种划分只揭示了证据的存在和表现形式的不同，但不能反映出证据在存在和表现形式之外的特性。而理论上对证据的分类，由于划分标准的不同，在不同的分类中则可以揭示出证据的不同侧面、不同角度的特性。如将证据分为言词证据和实物证据，可以揭示其对案件事实的证明作用是否明确，以及证据是否会因主客观条件的影响而存在真实性、准确性问题；将证据分为原始证据和传来证据，可以揭示证据在一般情况下的可靠性；将证据分为直接证据和间接证据，可以揭示证据是否能证明案件主要事实的特性。

通过上述比较可以看出，法定的证据种类和理论上的分类各有特点和作用，不可偏颇对待。理论上的分类虽然没有法律效力，但有助于理解和把握证据的属性，对司法实践中运用证据是有益处的。

三、对证据进行理论分类的简况

对证据进行理论分类研究，起始于 18 世纪英国著名法学家边沁（J. Bentham，1748 年~1832 年）。边沁在其 1827 年完成的《司法证据原理》一书中，对证据进行了分类研究，作出了如下分类：实物证据和人的证据；自愿证据和强制证据；宣誓证据、言词证据和书证；直接证据和情况证据；原始证据和传来证据等九大类。从此以后，各国的诉讼法学者都十分重视对证据的分类研究，但由于各国的国情和证据制度不同，不同学者研究的角度和目的不同，证据分类的学说众多，观点纷呈，没有形成统一的观点。

英国的另一位法学家罗德纳·沃克在《英国法律制度》一书中，认为英国的诉讼证据主要分为以下四类：直接证据与情况证据；原始证据与传闻证据；最佳证据与次要证据；口头证据、书证与实物证据。可以看出，沃克的划分标准分别是证据对案件事实的证明关系、证据的来源、证据的证明作用和证据表现形式。而《英国法律辞典》把证据分为15种：①口述的；②文件的；③确实的；④直接的；⑤情况的；⑥实物的；⑦外部的；⑧传闻的；⑨间接的；⑩原本的；⑪传来的；⑫口头的；⑬表面的；⑭主要的；⑮次要的。

在美国，法学家格里菲斯在其著作《法律概论》中，将证据分为直接证据和情况证据两类；另一位美国学者魏格摩则主张将证据分为实物证据、情况证据和言词证据。[1]

与英美法系国家不同，大陆法系国家注重成文法的作用，一般都在法律中规定了证据的种类，理论上对证据的分类则以成文法的规定为依托。例如法国学者通常将证据分为事前制定的证据和事后制定的证据。其中，事前制定的证据是指为解决可能发生的纠纷而事先制定的，如当事人订立的合同等；事后制定的证据是指在诉讼中产生的，其中包括书证、证言、推定、自认和宣誓等。另外，还有法官对事实的物质进行的勘验。[2] 可以看出，法国学者的这一划分是以证据形成的时间为依据的，亦不失为一种分类方式。

在我国台湾地区，对证据的分类也较发达，有代表性的是陈朴生对证据所作的划分，他将证据分为六类：①通常证据与补助证据；②本证与反证；③直接证据与间接证据；④原始证据与传闻证据；⑤主要证据与补强证据；⑥情况证据与供述证据。另外，台湾地区《云五社会科学大辞典》将证据分为八种：①本证（主证）和反证；②物证与人证；③直接证据与间接证据；④积极证据与消极证据；⑤独立证据与补助证据；⑥原始证据与传闻证据；⑦一般证据与补强证据；⑧事前证据、事后证据与当时证据。这种划分亦是具有代表性的划分。

我国大陆诉讼法学界对证据的分类研究起始于20世纪50年代。当时的分法与前苏联学者的划分基本相同，即控诉（有罪）证据和辩护（无罪）证据，原始证据与传来证据，直接证据与间接证据。此后多年没有进展。随着法制建设

---

〔1〕　参见刘金友主编：《证据法学》，中国政法大学出版社2003年版，第146～147页。
〔2〕　参见卞建林主编：《证据法学》，中国政法大学出版社2000年版，第236页。

的发展，特别是"文革"结束以来，随着国家对法制建设的高度重视和法学研究的蓬勃发展，法学界对证据分类又提出了一些新的分类，有的学者还对过去的一些分法提出了质疑。总体看来，我国传统的证据分类有：直接证据和间接证据，言词证据和实物证据，原始证据和传来证据，控诉（有罪）证据和辩护（无罪）证据；新出现的证据分类主要有：证明力强的证据和证据力弱的证据，主证和旁证，定案证据和查实证据，实体证据和程序证据，立案证据和破案证据。另外，近年来有学者在吸收国外及台湾地区的分法的基础上，提出了本证和反证，主证据和补强证据，原生证据与派生证据等。

第二节　言词证据与实物证据

一、言词证据与实物证据的概念和划分标准

言词证据与实物证据的划分，在许多国家和地区都存在。不过人们对其称谓却有差别，有的称为人证与物证，有的称为口头证据与实物证据，有的称为有形证据与无形证据。在我国大陆地区，人们多称之为言词证据与实物证据。

所谓言词证据，是指以人类语言为存在和表现形式的证据。由于它是人以语言方式提供的，故有人称之为人证。在法定的证据种类中，证人证言、被害人陈述、犯罪嫌疑人或被告人的供述和辩解、民事、行政诉讼当事人的陈述、鉴定结论等都属于言词证据，这些言词证据，虽然通常情况下都是以书面形式存在着，但书面的材料仅仅是一个载体形式，其实质仍然是人的言词。例如按照法律规定和司法实践，证人证言和当事人陈述等，一般情况下都是通过询问制成笔录，或者由其提供书面证词或陈述。不论形式如何，记载的内容仍然是人的陈述，不能因此而影响其在言词证据与实物证据的分类中的言词证据身份。鉴定结论是一种较为特殊的言词证据，它与证人证言、被害人陈述、犯罪嫌疑人或被告人供述和辩解、民事、行政诉讼当事人陈述等言词证据有所不同，它的内容不是陈述人对案件事实的直接或间接的感知，而是鉴定人对有关鉴定材料进行鉴定后出具的书面结论。将其归入言词证据是因为：一是鉴定结论是鉴定人以书面的形式对案件中的专门性问题发表的意见或看法，实质上是一种人证。在英美法系国家，鉴定人被称为专家证人，鉴定人出示的鉴定意见被称为专家证言，属于证人证言的范畴；二是在法庭审理时，当事人及其辩护人、代理人等有权就鉴定结论中的问题向鉴定人发问，鉴定人有义务作出回答，这个过程相当于对证人证言的质证。所以，我国在证据理论上将其归入言词证据之列。

所谓实物证据，是指以实物形态为存在和表现形式的证据。由于它是以能够看得见的物的形态显示在人们的面前，所以，有人将其简称为物证，以与言词证据简称为人证相对应。实物证据的外在表现是能够看得见、摸得着或者感觉得到的实物，具体形态各种各样，有固体的、液体的或者气体的；既包括物体本身，也包括物品的痕迹及其模型；既可以表现为文书材料，也可以是录音带、录像带等音像材料，还可以是通过计算机等设备生成的电子材料等。我国三大诉讼法规定的法定证据种类中，物证、书证、勘验、检查笔录、现场笔录、视听资料等，都属于实物证据。需要指出的是，刑事诉讼中的勘验、检查笔录，民事诉讼、行政诉讼中的现场笔录，虽然多以文字形式制成和存在，但仍然属于实物证据的范畴，不能因其具有文字语言而将其视为言词证据，因为它们实质上是对有关的现场、人身、物品、痕迹等与案件有关情况的书面记录或者以其他方式的记录，是对实物证据的内容的固定和反映。将上述笔录归入实物证据是我国证据学界传统的、占主导地位的观点，但近年来，有学者对此提出了异议，认为"勘验、检查笔录中的文字部分属于言词证据，而其中涉及有关物品或痕迹的照片和录像应当归入实物证据的范畴"。[1]

言词证据与实物证据的划分是一种最常见的划分，并较容易被人们理解和接受。但是，实践中往往会出现对某一具体证据是言词证据还是实物证据发生争论且难于确定的情况，产生这种情况的原因实际上是对言词证据与实物证据的划分标准的确定和理解上的问题。在我国证据法学界，历来的提法是"根据证据的表现形式"将其划分为言词证据和实物证据，也就是说这种划分的依据或标准是证据的表现形式。近年来，随着我国证据学研究的深化，在此问题上出现了分歧，如有教科书认为："根据证据事实形成的方法、表现形式、存在状况、提供方式的不同，可以把证据分为言词证据和实物证据。"但其在展开讨论这一划分标准时，认为"言词证词与实物证据的划分标准是证据存在和表现形式"，强调"划分中不要误以证据的证明方式为划分标准"。在这些学者看来，"证据方式是证据起证明作用的方式"。在研究实物证据与言词证据时必然要涉及证明方式问题，但它不是划分标准，言词证据是以人的陈述为表现形式的证据，其证明方式是以人的陈述所包含的内容来证明案件事实；实物证据的表现形式是各种实物，而证明方式则是以物的外部形态或物所记载的内容起证明作用。实物证据并不是都以物的外部形式起证明作用，除狭义上的物证（即法定证据种类中的物证）是以物的外形、特性等物理属性证明案件事实外，其他的实物证据如书证、音像证据、勘验笔录等，都是以物所记载的内容或反映的信

[1]　何家弘、刘品新：《证据法学》，法律出版社 2004 年版，第 124 页。

息来证明案件事实的。在证明方式上，书证、视听资料、勘验笔录与言词证据有某些相同之处。如果不能把证据形式与证据的证明方式相区分，划分标准不清，就会造成划分中的混乱。[1]

事实上，对言词证据与实物证据的划分标准，国内外学者一直有着不同的观点：① "来源说"，认为这种划分是以证据的信息来源作为划分的标准：只要证据中与案件事实有关的信息来源是人，就是言词证据；只要证据中与案件事实有关的信息来源是物，就是实物证据。② "形式说"，即以证据的形式作为划分的标准，只要证据的形式是言词，就是言词证据；只要证据的形式是实物，就是实物证据。③ "内容说"，即以证据的内容作为划分的标准，只要证据的内容是言词，就是言词证据；只要证据的内容是实物，就是实物证据。[2] 那么，这种划分的标准到底是什么呢？我们认为，"形式说"是不确切的，只看证据的形式是言词，就认定其为言词证据，那么，以口头陈述的证言是言词证据，以录音记录的证言就是实物证据了；而 "内容说" 以证据的内容作为划分标准，认为只要其内容表现为言词，就是言词证据，其内容表现为实物，就是实物证据，照此，鉴定结论就会被划分到实物证据之列，因为它是对实物的鉴别。我们认为 "来源说" 是正确的，即划分的标准是证据的信息，只要来自于人，就是言词证据，来自于物，则是实物证据。关键是要看是 "人" 在起证明作用，还是 "物" 在起证明作用。

二、言词证据的特点及其收集、运用规则

（一）言词证据的特点

言词证据是 "人" 在作证，所以，具有其自身的特点，主要表现为：

1. 言词证据与待证事实的关联性一般比较明确，具有明确性、主动性。言词证据一般具有明确的意思表示，其所述内容能够比较形象、生动地表达出案件事实，对待证事实的证明具有主动性，而不像实物证据其证明作用要经过分析、研究才能确定。言词证据对待证事实的证明作用是非常明确的，只要查证属实，就能直接运用其来证明案件事实。需要指出的是，有人认为，言词证据 "能够全面地证明案件事实"，"能够系统全面地证明案件事实"，这些提法是不准确的，因为，作为言词证据，除了那些属于直接证据的可以 "全面" 或 "系统全面" 地证明案件事实外，属于间接证据的言词证据可能只能证明案件的某一部分，如某一片段或某一情节，而达不到 "全面" 或 "系统全面" 的程度。

---

[1]　樊崇义主编：《证据法学》，法律出版社 2003 年版，第 223 页。

[2]　参见何家弘、刘品新：《证据法学》，法律出版社 2004 年版，第 125 页。

2. 言词证据容易受到提供主体主客观因素的影响出现偏差甚至失实的情况。言词证据的提供主体是人，言词证据是提供者对自己直接感知或者间接感知的案件事实所作的陈述。从主观方面看，陈述人与案件事实或者与案件当事人的利害关系都可能影响其陈述的真实性，我们经常所见的被害人、犯罪嫌疑人、被告人、民事、行政诉讼的当事人扩大或缩小案件事实的陈述、供述就是如此。证人一般情况下虽然与案件事实没有直接的利害关系，但与当事人有利害关系确是常有的现象，其不作真实陈述并非鲜见，或者因受到威胁、利诱导致提供的证言不真实。从客观方面看，言词证据的形成过程较为复杂，一般要经过感知、记忆、陈述这三个阶段。这三个阶段都可能因客观因素的影响使陈述出现偏差乃至失实。如其视力属远视或近视，听力不健全，记忆过程出现错误，陈述时表述的不确定性等，都可能使言词证据与实际情况发生偏差。

3. 言词证据的证据源不易灭失。言词证据是人对各种途径感知到的案件事实的陈述。当人直接或间接地感知了案件事实后，感知到的内容便被输入大脑的记忆神经中枢储存起来，形成记忆，记忆形成后，往往会长期保存，特别是那些强烈刺激的事实，形成的记忆越深刻，记忆保存的时间就越长，有些甚至终生难忘。这就为收集言词证据提供了便利。

（二）言词证据的收集、运用规则

通过言词证据的特点，我们可以看出言词证据具有的优点和缺点。这些优点或缺点的发现和掌握，可以帮助我们在实践中根据其特点指导收集和运用言词证据。长期的司法实践，使人们总结出了有关言词证据的收集和运用规则：

1. 收集言词证据不得采用刑讯逼供、威胁、引诱、欺骗以及其他非法的方法，并保证一切与案件有关并知道案件情况的公民有客观提供证据的条件。收集言词证据一般以口头讯问或询问的方式进行，有书写能力的人愿意自己书写的，应当允许。无论是讯问或询问，抑或是由提供者自己书写，都必须由其在自愿、自然的情况下陈述或书写，不得采用刑讯逼供或者以威胁、引诱、欺骗及其他非法的方法进行，不得诱导和暗示。在对犯罪嫌疑人、被告人、被害人、证人、鉴定人、民事、行政案件的当事人进行询问前，应告知其如实作证的义务，讲明作伪证和虚假陈述应负的法律责任。收集言词证据要及时进行，防止被讯问或询问人因时间长久而淡忘；每一次讯问、询问都要分别进行，防止串供或串证。讯问、询问时要做笔录，结束后向其宣读或让其阅读，如果有误应当改正，并让收集对象签名、捺指印。

2. 在审查言词证据时，应注意查明有无受主客观因素影响而失实或者偏差的情况。如被害人是否因受到了侵害出于义愤具有夸大案件事实的倾向，证人、鉴定人有无因为与案件及案件当事人有某种关系作虚假证明或鉴定的问题，陈述人是否因客观条件的影响在感知、记忆、陈述方面出现错误，以及是否受到了刑讯逼供、威胁、引诱、欺骗等。

3. 在法庭审判阶段，对言词证据要通过讯问、询问或者宣读的方式提出，经过双方当事人质证、查证属实后才能作为定案的根据。

三、实物证据的特点及其收集运用规则

（一）实物证据的特点

实物证据是以"物"作证的证据类别，与言词证据相比，具有自身的特点，主要表现为：

1. 实物证据具有较强的客观性和稳定性。实物证据是客观存在的物，所以具有较强的客观性和稳定性，它独立于人的意识之外而客观存在，一般不会被轻易的改变。这就与言词证据的提供者容易受到主、客观因素的影响而失实或出现偏差的特点不同。实物证据的客观性、稳定性使得其一旦被收集到就容易保存，不会发生变化。这些都是实物证据突出的优点。

2. 实物证据与案件事实的联系性不明确，要靠人进行分析和研究，显示出被动性和依赖性。实物证据不能自己表示自己与案件事实有无联系及何种联系，需要通过一系列的诉讼活动来确定其与案件事实的联系性，如辨认、检验、鉴定等。可见，实物证据与案件事实的联系性要靠人去认识，不像言词证据那样具有明确性，况且，实物证据与案件事实的证明关系一般都是间接的，只能证明案件事实的某一个局部，某一个情节，因此，还要与其他证据联系起来才能起到证明作用。这些使得实物证据的证明范围狭窄，这也是实物证据本身的一个弱点。

3. 实物证据本身容易灭失。实物证据虽然具有客观性和稳定性，但其本身作为一个物体，必须在一定的条件下存在，如果发生了使其不存在的条件，它就可能灭失。有些是因自然条件的变化使其灭失，有些是因人为的创造条件使其灭失，如作案留下的脚印可能因刮风下雨而灭失，也可能因作案人为毁灭证据线索而使其灭失，这是实物证据在司法实践中容易出现问题之处。

（二）实物证据的收集运用规则

实物证据的特点，反映出了实物证据的优点和弱点。经过长期的司法实践，人们总结出实物证据的收集审查与运用规则：

1. 收集实物证据，应当充分利用现代化科学技术手段，特别是对微型的实物证据更是如此；对实物证据的收集要及时，防止因自然或者人为的原因而灭失；要做到客观、全面和细致，防止遗漏；收集实物证据的方法主要有勘验、检查、搜查、扣押及要求持有者提供等；对收集到的实物证据材料，要开列清

单，或开具收据，并妥善保管；不能提取保存的，要采用拍照、制作模型、绘图等方法进行固定和保全。

2. 由于实物证据与案件事实的联系性不明显，所以要特别注意审查判断其是否有伪造、变造或者由于各种原因发生了变形、损坏的可能，要客观、准确地判断其与案件事实有无联系，何种联系，证明作用的大小；对凡是需要进行鉴定或者检验的实物证据，都必须进行鉴定或者检验，不能仅凭主观想象、经验判别就确定有联系性或者没有联系性。另外，审查实物证据，还要审查收集实物证据的办案人员的业务素质，所使用的技术设备是否可靠等。

3. 根据诉讼程序，实物证据在审判阶段要经过控诉方（原告）或辩护方（被告）向另一方出示或播放，双方进行质证，经法庭查证属实并认证后才能作为定案的根据。

第三节　原始证据与传来证据

一、原始证据与传来证据的概念及划分标准

将证据分为原始证据与传来证据是一种古老的划分形式，但国内外学者对这种划分的标准和称谓并不一致。英国的罗纳德·沃克将此类划分的一对证据分别称为原始证据和传闻证据。他认为原始证据是凭借"第一手"证明材料来证明事实的证据，而传闻证据则是"第二手"证据。前苏联学者蒂里切夫认为，原始证据与传来证据的划分根据是侦查员与法院从最初的来源还是从"第二手"的来源中取得材料。我国台湾地区学者陈朴生亦将其称为原始证据与传闻证据，认为证据因其关系之不同，得分为原始证据与传闻证据。原始证据乃与要证事实具有原始关系之证据，由法院直接调查所得；而传闻证据系由间接传闻而来之证据。我国大陆学者对这种划分在称谓上各不相同，如将原始证据称为原生证据或从第一来源获得的证据，而将传来证据称为"派生证据"，"衍生证据"或非第一来源的证据。在上述这些称谓中，我们之所以选用原始证据与传来证据之称谓，一是由于这种称谓已为学者普遍接受和使用，二是因为其他称谓有可能产生歧意，如"传闻证据"的提法就容易与英美法系证据法中特指的传闻证据相混淆，"派生证据"、"衍生证据"使人望词生义产生"另生"证据之虞。按照我国证据法学界较普遍的看法，这种划分主要内容如下：

原始证据，是指直接来源于案件事实或原始出处的证据。所谓直接来源于案件事实，是指证据是在案件事实的直接作用或影响下形成的。所谓直接来源于原始出处，是指证据来源于证据生成的原始环境。正是原始证据这一质的要

求，有人称其为从"第一来源"所获得的证据，即没有经过传抄、复制、转述等中间环节而获取的证据，如反映案件情况的原物质、文件原本、痕迹原物、亲自耳闻目睹案件事实的证人证言、被害人陈述、民事、行政诉讼中的当事人陈述、犯罪嫌疑人、被告人的供述等。

传来证据，是指不是直接来源于案件事实或原始出处，而是从间接的非第一来源获得的证据，即经过复制、复印、传抄、转述等中间环节形成的证据。正是基于此点，有人将其称为派生证据，即从原始证据派生出来的，在原始证据的基础上形成的证据，如现场痕迹的模型、书证的复印件、影印件、照片、证人转达他人感知的事实而形成的证人证言等。

从原始证据与传来证据的含义可以看出，将证据作此种划分的标准主要是看证据是否直接来源于案件事实，即证据是否直接生成于案件中的有关行为或活动，是否与案件事实之间存在直接的、原始性的关联，是否直接反映案件中的人、物、事的属性和特征。所以，证据是否直接来源于案件事实或原始出处，是判断其是否属原始证据还是传来证据的关键。判断时，最直接、最外在的表征是看证据是否经过复制、复印、传抄和转述等。但是，需要注意的是，在判断某一证据是原始证据还是传来证据时，不能机械地以是否经过复制等形式而形成为标准，还要考虑这一证据的具体内容和所要证明的案件事实是什么，证明的对象和目的不同，原始证据抑或是传来证据的归属也就不同，诸如行为人利用打印或手写的诽谤材料然后复印多份，再用这些复印件到处张贴或散发，这些诽谤材料虽然是复印件，但仍然属于原始证据而非传来证据，因为在这种情况下，其证明的事实、对象等内容以及证明目的已发生了变化，而不能因为其是复印件而将其看做是传来证据。

从原始证据和传来证据的内容及划分标准来看，在区分某一证据是原始证据还是传来证据时，还应注意以下问题：

1. 要把传来证据与英美法系国家证据法中所使用的传闻证据相区别。如前所述，有些人把传来证据也称之为传闻证据，如英国学者罗德纳·沃克、我国台湾学者陈朴生等。在英美法系国家的证据法中，经常使用的传闻证据是指在审判时亲自到庭作证的人之外的人对案件事实所做的陈述，包括证人转述他人的陈述，证人以书面形式作证的证言，证人不到庭而在庭外被询问后制作的笔录。在英美法系国家，传闻证据只限于经传闻而来的言词类证据而不包括实物证据。英美法系国家的传闻证据的界定以作证主体是否亲自到庭作证，进行宣誓和交叉询问为划分标准，划分的理由在于对传闻的真实性难以检验，故而将其归为一类。在对传闻证据的采信上，一般都选用传闻证据排除规则，只在少数情况下才例外地采信。所以，他们的传闻证据与我国证据法上的传来证据是不同的，不可混淆。

2. 要把原始证据、传来证据与我国司法实践中司法人员经常使用的第一手材料与第二手材料的概念相区别。在司法实践中，司法人员将司法机关及其办案人员亲自收集的证据称之为第一手材料或第一手证据，把别人代为收集的证据称之为第二手材料或第二手证据。这种划分对司法实践是有积极作用的，以提示对别人代为收集的证据要注意多加审查。有人往往将这种划分与原始证据和传来证据的划分混为一谈，实质上是把两个对证据划分的标准相混淆，第一手材料（证据）和第二手材料（证据）是以收集证据的主体与证据的取得关系为依据进行的划分，与证据的内容和表现形式，与案件事实的关系等没有联系。第一手材料（证据）是收集主体亲自取得的，有可能是原始证据，也有可能是传来证据；第二手材料（证据）是收集主体间接得到的，有可能是原始证据，还可能是传来证据。

二、原始证据的特点和运用规则

（一）原始证据的特点

从原始证据的形成和内容，可以看出原始证据有如下特点：

1. 原始证据直接来源于案件事实或原始出处，与案件事实有着直接的关系。原始证据的形成是犯罪行为、民事行为或行政违法行为直接造成的，没有经过转述、传抄、复制等过程，与所要证明的案件事实之间没有任何中间环节，不存在传播中因传播者的主观因素"加盐添醋"的可能性，所以，能够比较客观地反映案件事实。

2. 原始证据的证明作用一般大于传来证据。一般说来，证据的证明力的大小与证据和案件事实联系性的程度有关，联系性越密切，可靠性就越强，证明作用也就越大；反之其可靠性就越弱，证明作用也就越小。这一现象既符合事物联系的一般规律，也为社会生活和司法实践所证实，已成为一种生活常识。形成这种现象的原因是原始证据没有一个被转述、复制、传抄的过程。正是因为原始证据没有这一过程，失真的可能性就非常小，故其证明作用一般比传来证据要大得多。

需要指出的是，原始证据的证明作用大于传来证据，这只是一般性的规律。在一些特殊的情况下，原始证据的证明作用可能发生变化。如在自然环境和外界条件的影响下，原始的物证（如物品和痕迹）会随着时间的推移而变形或者损毁，证人证言等言词类证据因提供主体在感知、记忆、表达等方面的原因使证据内容渗入了不真实的成分，等等，都可能影响原始证据的证明作用。所以，在对原始证据进行审查判断时，应当予以注意。

原始证据的证明作用一般大于传来证据，是两者在证明作用方面的一般规则。但是，要认识到这一规则只有在两者是同一来源的情况下适用，如果二者不是同一来源，则没有可比性，不能简单地套用这一规则。[1]

（二）原始证据的运用规则

根据原始证据的上述特点，人们总结出了对原始证据进行收集和运用时的一般规则：

1. 应当尽可能地收集和运用原始证据。公安、司法机关及其办案人员在办理案件的过程中，只要有可能，就应当追根溯源，尽量收集和运用原始证据。只有在收集原始证据确有困难时，才可以用传来证据替代。

2. 对于亲自感知案件事实的证人和当事人，司法人员应尽量亲自询问，并制作详细的笔录；在法庭调查中，亲自感知案件事实的被害人、目击证人、民事案件的当事人应当出席法庭，亲自陈述并接受询问，以保证原始证据的客观真实性。

3. 凡是能够将原始证据附卷的，都应当附卷作为定案的根据，以便在起诉程序、一审程序、二审程序以及审判监督程序、死刑复核程序中对其进行审查，保证办案质量。

4. 对原始物证、书证和视听资料的审查必须依法进行。根据三大诉讼法规定，无论在刑事诉讼、民事诉讼抑或行政诉讼中，对原始物证、书证或视听资料都必须当庭出示或者播放，经当事人及相关诉讼参与人当庭辨认、质证，经查证属实后，才能由审判人员认证，用作定案的根据。

三、传来证据的特点、作用和运用规则

（一）传来证据的特点

从传来证据的形成过程和其内容，可以看出传来证据有如下特点：

1. 传来证据与案件事实没有直接联系。传来证据是案件事实经过转述、转抄或者复制后形成的，其对案件事实的反映经过了一个甚至多个中间环节，这一过程中，因转述、转抄及复制者主客观因素的影响，发生变异的可能性较大，故其客观性就不如原始证据强。

2. 传来证据的证明力的大小，与其同案件事实的传播距离有关。传来证据通常没有原始证据的证明力强，是因为其经过了中间环节而形成。中间环节越多，发生变异的可能性也就越大。一般说来，距离案件事实近的传来证据比距离案件事实远的证据证明力强。可见，传来证据的证明力的大小，与其与案件

---

[1]　参见刘金友主编：《证据法学》，中国政法大学出版社2003年版，第151页。

事实相隔的距离有极大的关系。

3. 在一些特殊的情况下，传来证据的证明力大于原始证据。例如，现场目击者将其亲眼所见的案件事实告诉了他人，后因记忆力衰退，又对其亲眼所见的案件事实记忆不清了，在这种情况下，听其当初所述案件事实的证人所作的陈述，其证明力大于其本人的陈述。

（二）传来证据的作用

从传来证据本身的特点可以看出，传来证据的证明力弱于原始证据。但是，我们并不能排斥传来证据的作用，相反，传来证据往往还有其独特的作用。从证据本身的作用看，除了其本身内容对案件事实起或多或少、或大或小的证明作用外，还有其他的作用，传来证据亦是如此。总体说来，传来证据具有下列作用：①传来证据往往是发现原始证据的先导。从实践中的情况看，有些案件是先发现、收集到传来证据，然后根据传来证据提供的线索，才找到原始证据的。②传来证据是审查原始证据的重要手段。原始证据是否真实，在许多情况下可以用传来证据进行审查核实。③在不能获得原始证据的情况下，也可以用传来证据认定案件事实。如在被害人、目击者死亡的情况下，听其讲述过案件情况的其他人所提供的证言，只要查证属实，就可以作为认定案件事实的根据。④传来证据可以佐证原始证据，增强其证明力。

（三）传来证据的运用规则

从传来证据的特点和作用可以看出，传来证据有弱点也有其重要作用。在司法实践中，不能轻视对传来证据的收集和运用。根据传来证据自身的特点和司法实践的经验，收集和运用传来证据应当遵循如下规则：

1. 应当尽可能收集和运用最接近案件事实的传来证据。一般情况下，有原始证据的应当收集原始证据，在收集不到原始证据或者收集原始证据十分困难的情况下，应当收集最接近案件事实的传来证据，因为最接近原始证据的传来证据被转述、转抄、复印的次数少，其可靠性就高。

2. 在收集和审查运用原始证据时，必须查清传来证据确切的出处。传来证据不论经过了多少转述、转抄、复制的环节，都必须找到其确切的出处。找不到确切出处的，就属于邻里传闻、道听途说，不能作为证据使用，更不能作为定案的根据，如匿名电话、匿名信件等。

3. 传来证据必须与其他证据相互印证。在运用传来证据认定案件事实时，不仅要求其与案件事实有联系性，有确切的来源和出处，而且还要与其他证据能相互印证，没有矛盾或有矛盾但能得到合理的排除，否则，不能作为定案的根据。

四、原始证据与传来证据划分的意义

从原始证据与传来证据的含义、划分标准及其特征可以看出，这种划分对认识证据、把握证据的证明力和司法实践中收集和运用证据都具有十分重要的意义。

1. 有利于公安、司法人员积极主动地收集和运用原始证据。由于原始证据源自案件事实或原始出处，其可靠性强，证明作用大，掌握了这一特征，就会使司法人员在办理案件过程中尽可能地收集和运用原始证据，尽可能地运用原始证据证明案件事实，从而保证办案质量。

2. 有利于公安、司法人员注意收集和运用传来证据。传来证据的可靠性和证明力虽然没有原始证据强，但其有自己的重要作用，办案人员认识和掌握了传来证据的特点和作用，就会在收集原始证据的同时，注意收集传来证据，特别是注意利用传来证据去发现、收集和审查原始证据，运用传来证据去证明案件事实，使案件得到正确的处理。

3. 有利于公安司法人员对所有的证据进行审查判断和正确运用。从原始证据和传来证据各自的特点和作用可以看出，他们的证明作用不是绝对的，各自都有自身的独特作用，把握了这一点，公安、司法人员就能主动地全面收集证据，而不是只重视原始证据的收集，忽视或轻视传来证据的收集。一般情况下，原始证据的证明力大于传来证据，但也不是绝对的，二者都有失实的可能性，掌握了这一点，司法人员就能对它们同等地进行审查和判断，确定其证明力的大小，运用其证明案件事实。

第四节　本证与反证

一、本证与反证的概念及划分标准

根据证据对当事人主张的案件事实的证明关系，可将证据分为本证与反证。所谓本证，是指能够证明当事人主张的事实存在的证据，即能够支持诉讼中一方所主张的事实成立，证明其主张的事实存在的证据；所谓反证，是指能够证明对方当事人主张的事实不存在的证据。反证对对方当事人的主张起否定作用。简言之，本证是用以肯定自己主张的事实存在的证据，反证则是否定对方主张的事实存在的证据。

在诉讼中，控、辩双方都可以提出本证或者反证，判断的标准是看提出的证据是证明自己所主张的事实的存在还是证明对方所主张的事实不存在。在刑

事诉讼中，公诉人或自诉人提出的证明被告人有罪、罪重的证据就是本证；被告人及其辩护人提出的证明被告人无罪或罪轻的证据就是反证。在民事诉讼中，双方当事人提出的支持各自主张的事实的证据，都属于本证；用来否定对方主张的事实存在的，就是反证。在行政诉讼中，由于其所要解决的问题是行政机关具体行政行为是否合法，一般情况下，凡是证明具体行政行为合法的证据就是本证，证明具体行政行为违法的证据就是反证。

需要指出的是，有些人认为本证与反证的划分只适用于民事诉讼和行政诉讼中的证据，甚至还有人认为这种划分仅适用于民事诉讼中的证据，对行政诉讼和刑事诉讼中的证据不适用，我们认为，这种观点是值得商榷的。因为无论是在刑事诉讼中，还是在行政诉讼中，控、辩双方当事人都会有自己主张的事实，抑或提出证据证明对方主张的事实不成立、不存在。这样就有了本证或者反证存在的基础。还有人认为刑事诉讼中，"本证乃指以证明被告犯罪之证据，故可能称为有罪证据或攻击证据。对于本证具有否定作用之证据，即为反证，系有利于被告之证据"。或者"由原告之检察官或自诉人所提出之证据，称为本证。原告所提出之证据，通常在于证明其所主张之待证事实成立或存在，故属于有罪证据或攻击性证据，对于本证所证明的事实予以否定而由被告所提出之证据，成为反证。与本证相对，反证为无罪证据或防御性证据"[1]显然，这种认识是把刑事诉讼中将证据分为控诉证据与辩护证据、攻击证据与防御证据、有罪证据与无罪证据、有利于被告人的证据与不利于被告人的证据等分别等同于本证与反证的划分。这种看法是不正确的，因为这几种划分虽然和本证与反证的划分有相似之处，但这些划分的角度和标准不同，划分所揭示的证据的证明方向也不相同。另外，这种认识还具有将提供证据者在诉讼中的原告、被告身份作为划分本证与反证的根据之嫌。由于本证与反证的划分是以证据能否证明自己主张的事实或否定对方所主张的事实为标准的，与提供证据者的身份无关，因此，不论是原告或者被告，都可以提出本证或者反证。

本证与反证是以证据对当事人双方所主张的事实的证明作用为标准进行的划分，这是区别本证与反证的关键。一个证据是本证还是反证，要看该证据是用来支持己方所主张的事实，还是反驳对方所主张的事实，支持己方主张的事实的证据为本证，反驳对方主张的事实的证据为反证。可见，本证与反证的划分与举证责任没有必然的联系，有人主张本证是负有举证责任一方所提出的证明自己主张的事实，这种看法值得商榷。根据"谁主张、谁举证"的举证责任规则，负举证责任的一方有义务提出证据证明己方主张的事实，提出的证据为

---

[1] 参见卞建林主编：《证据法学》，中国政法大学出版社 2007 年版，第 199 页。

本证；反驳对方事实主张的一方不负举证责任，但有权利反驳对方主张的事实的证据，反驳对方主张的事实即为反证。可见，本证与反证的划分在一些情况下具有一致性，但两者是不同范畴的问题，不能混淆。虽然本证经常是由负举证责任的一方提出，反证也经常由被告一方提出，但例外的情况也为数不少。典型的情况是在行政诉讼中，举证责任经常处于倒置状态，也就不好说负有举证责任的行政机关所提出的证据就是本证，而原告一方所提出的证据就是反证。

在理解反证的时候，还应当将反驳与反证区别开来。反驳既可能是对对方主张的事实的驳斥，也可能是对对方观点的驳斥。在对对方主张事实的反驳中，既可能是以自己主张的事实反驳对方主张的事实，并且用证据来证明自己主张的事实，这就形成了反驳与反证的并存，也可能是对对方主张的事实的直接否定，就属于反驳。如在借款案中，原告出示了借据，证明被告借款的事实，如果被告说原告的借据是伪造的，并出示证据予以证明，就属于反证；如果被告仅答辩说原告出示的借据是伪造的，就是反驳。

二、划分本证与反证的作用

本证与反证的划分，揭示了证据的证明方向和作用，对于指导当事人和司法人员有效地进行诉讼活动具有十分重要的作用，具体表现在以下几个方面：

1. 将证据划分为本证和反证，有利于调动当事人举证的积极性，增强诉讼的抗辩性。根据举证规则，主张某项事实的一方负有举证责任，有义务对自己主张的事实提出证据予以证明，并应达到法律所规定的证明程度。如果不能提出充分的证据证明自己主张的事实，就要承担败诉的风险。作为反驳指控的一方，也有权利提出证据，其所提出的反证经查证属实，即可被采信。涉诉双方明晰了这一点，就能积极地提供证据，从而增强诉讼的抗辩性，对查清案件事实，客观公正地处理案件，自然具有十分重要的作用。

2. 将证据划分为本证和反证，有利于审判人员迅速了解双方的事实主张，尽快查明案件的真实情况。当事人明晰了本证与反证的作用，就会积极地出具证据证明自己的诉讼主张，而审判人员也可根据当事人出具证据的证明方向和证明作用，迅速把握双方所主张的案件事实，并通过对本证、反证的审查，及时查明案件事实，提高诉讼效率，降低诉讼成本。同时，由于对本证、反证的了解和审查，可以做到兼听则明，防止偏听偏信。

3. 将证据划分为本证和反证，有利于审判人员审查证据。诉讼双方在诉讼中所主张的事实一般都具有对抗性，因而提出的证据就分别属于本证或者反证。这种证明方向和证据作用完全相反的证据不能同时为真。在对同一事实存在着肯定或否定的两种证据的情况下，审判人员通过对本证和反证的审查，容易发现矛盾，找出问题的症结所在，从而去伪存真，查清案件事实。

4. 将证据划分为本证与反证，有利于司法人员和诉讼各方当事人有效地运用证据。在诉讼中，原告方一方面要组织完整的本证证据体系，另一方面也要对对方的反证予以反驳，而司法人员也会有目的地对本证和反证进行审查判断，运用其认定案件事实。可见，本证和反证的划分，有利于司法人员和诉讼各方有效地运用证据。

三、本证与反证的运用规则

本证与反证的划分，从证据的证明方向和作用属性上揭示了证据与待证事实的关系，我们可以从中总结出其在实际运用中应当遵循的规则：

1. 利用本证与反证的证明方向落实举证责任。本证与反证的划分与举证责任虽然不属同一范畴的问题，但同举证责任的分担基本一致。所以，凡主张某一事实的一方有义务或有权利提供证据证明自己的事实主张。在表现为义务的情况下，当事人必须提出或为本证或为反证的证据，否则，人民法院可以责令当事人提供证明自己主张事实的本证或者反驳、否定对方主张事实的反证。

2. 在通常情况下，本证和反证不能并存，即当本证成立时，反证则不能成立；反之，如果反证成立，本证就应当被推翻。但在一些特殊情况下，也可能出现本证与反证并存的情况，这时其证据力相互抗争，暂时不能彼此抵消，这种例外情况是存在的，但不具有代表性。对本证与反证相持不下的情况下，尽管其证据力相反，但对这一类特殊案件并不需要用一种证据来确定另一种证据才能作为定案的根据。在民事诉讼中，完全可以采用盖然性的优势证据原理来确定案件事实是否存在，而不必将相反的证据一一否定，这一点与刑事案件有极大的不同。

3. 在只有本证或只有反证，或者本证和反证两者中已有一种被证明为虚假的情况下，仍然要对该种证据进行审查判断，切不能以反证虚假推定本证成立，或者以本证虚假即推定反证成立；也不能认为没有本证，反证一定成立，或者没有反证，本证就一定成立。[1] 因为，二者同假的情况也是存在的。

第
十
五
章

---

[1] 参见卞建林主编：《证据法学》，中国政法大学出版社 2000 年版，第 248~249 页。

第五节　控诉证据与辩护证据

一、控诉证据与辩护证据的概念及划分标准

控诉证据与辩护证据是针对刑事诉讼中证据对控诉或者辩护所起的作用进行的一种划分。凡是能够证明犯罪嫌疑人、被告人实施了犯罪行为，或者具有从重处罚情节的证据，是控诉证据；凡是能够证明犯罪嫌疑人、被告人没有实施犯罪行为，或者具有从轻、减轻或者免除处罚的证据，是辩护证据。应当指出的是，证据对犯罪嫌疑人、被告人有利还是不利，有时要看证据的具体作用和看问题的角度，例如：某一证人证言证明嫌疑人、被告人实施了犯罪行为，但同时又能证明嫌疑人、被告人在实施犯罪中没有起主要作用，而是处于从属地位，具有从轻或者减轻、免除处罚的情节，在这种情况下，该证人证言从证明犯罪嫌疑人、被告人有罪的角度看，是控诉证据，但从量刑的角度看，又具有辩护证据的属性。由此可知，控诉证据与辩护证据的划分，与举证者提出证据的目的有关。在一般情况下，控方提供的是控诉证据，辩方提出的是辩护证据，但不能绝对地认为某一证据属控诉证据还是辩护证据是由举证者的身份决定的。从刑事诉讼的实践看，不仅犯罪嫌疑人、被告人及其辩护人在进行辩护时，要提出证明其无罪或者具有从轻、减轻或者免除处罚的情节的证据，公诉人也可能提出证明犯罪嫌疑人、被告人具有从轻、减轻或者免除处罚的证据。

与将证据分为控诉证据与辩护证据相近似的是，我国证据法学上还有有罪证据与无罪证据的划分。这种划分是以证据能否证明犯罪嫌疑人、被告人有罪为标准进行的划分。凡是能够证明犯罪事实存在，犯罪嫌疑人、被告人是犯罪事实的实施者的证据，包括证明犯罪嫌疑人、被告人具有从重、从轻、减轻处罚情节的证据，是有罪证据；凡是能够证明犯罪嫌疑人、被告人未实施犯罪行为的证据，是无罪证据。另外，还有人以证据对犯罪嫌疑人、被告人是否有利为标准，将证据分为有利于犯罪嫌疑人、被告人的证据和不利于犯罪嫌疑人、被告人的证据。即凡是能够证明犯罪嫌疑人、被告人无罪或者罪轻的证据，是有利于犯罪嫌疑人、被告人的证据；凡是能够证明犯罪嫌疑人、被告人有罪或者罪重的证据，是不利于犯罪嫌疑人、被告人的证据。这些分法和称谓都有其可取之处和不足的地方，相比较之下，我们认为，控诉证据与辩护证据的称谓和分法优势较多，如有罪证据与无罪证据的划分也具有揭示证据在控诉与辩护方面的作用，但其把证明犯罪嫌疑人、被告人罪重的证据称为有罪证据就不够确切。如果纯粹仅以能否证明嫌疑人、被告人是否有罪为标准进行划分，就不

能涵盖所有的证据，因为有些证据只对量刑有意义，对定罪没有影响；而有利于犯罪嫌疑人、被告人的证据和不利于犯罪嫌疑人、被告人的证据，同控诉证据与辩护证据的划分相比较有时都具有相对性，但控诉证据与辩护证据的划分更能揭示刑事诉讼中控诉与辩护的双方关系。

二、划分控诉证据与辩护证据的意义

从理论上将证据划分为控诉证据与辩护证据，揭示出了证据对控辩双方诉讼观点的支持方向，这对指导控辩主体收集和运用证据，指导诉讼活动，具有十分重要的意义。

1. 有利于控、辩双方正确地收集和提出证据，履行各自的诉讼职能。在刑事诉讼中，处于控诉地位的侦查人员、公诉人、被害人、自诉人担负着控诉职能。因此，他们主要应当收集证明犯罪事实存在以及证明犯罪嫌疑人、被告人实行了犯罪行为和具有从重处罚情节的证据，这是由他们的诉讼地位所决定的。应当指出的是在这种基本职能指导下，我国的侦查人员和公诉人在执行控诉职能的同时，还应当收集犯罪嫌疑人、被告人具有从轻、减轻或者免除处罚情节的证据。对于收集到的这些证据，公诉人在提起公诉或开庭审判时应当一并向人民法院提出，以便人民法院正确地适用刑法，正确地定罪量刑。作为辩护一方的犯罪嫌疑人、被告人及其辩护人担负着辩护职能，应当收集否定犯罪嫌疑人、被告人具有犯罪事实或者能够证明犯罪嫌疑人、被告人虽然实施了犯罪行为但具有从轻、减轻或者免除处罚情节的证据，并在诉讼中提出来，以维护其合法权益。

2. 有利于审判人员正确地认定证据和运用证据认定案件事实，正确地履行审判职能。在刑事审判中，审判人员要审查、判断和认定证明被告人有罪、罪重的证据，也要审查、判断和认定否定被告人有罪以及证明其具有从轻、减轻或者免除处罚情节的证据，正确地确定案件事实，然后才能准确地运用法律。可见，如果审判人员把握了控诉证据与辩护证据的划分及其作用，就能对证据进行有目的的审查、判断和认定，从而保证办案质量。

三、控诉证据与辩护证据的运用规则

控诉证据与辩护证据的作用是相反的。所以，在收集和运用时，应当按照其属性，遵守以下规则：

1. 控诉一方要证明犯罪嫌疑人、被告人有罪或罪重，必须收集和提出确实、充分的控诉证据。但作为执行控诉职能的国家专门机关的侦查机关、公诉机关及其办案人员，还应当收集和提出能够证明犯罪嫌疑人、被告人无罪或者

具有从轻、减轻及免除处罚情节的证据，因为，我国的公安司法机关还具有维护被追诉人合法权益的职责。而辩护一方要证明犯罪嫌疑人、被告人无罪或者具有从轻、减轻及免除处罚的情节时，也要注意收集和运用真实、可靠的辩护证据来支持其辩护意见。

2. 审判机关在审判阶段结束对被告人作出有罪或者罪重的认定时，要做到控诉证据确实、充分，并排除无罪或罪轻的可能性。同样，如果案内的辩护证据尚未排除，就不能作出有罪或者罪重的结论。

3. 如果经过反复的调查和核实，仍然是控诉证据和辩护证据并存，既不能完全证明被告人有罪或者罪重，也不能完全证明被告人无罪或者具有从轻、减轻或者免除处罚的情节，在这种情况下，应当作出有利于被告人的裁判，即在有罪与无罪不能确定时，按照疑案从无原则，应当作出无罪裁判；罪轻罪重不能确定时，应当以罪轻进行裁判。

第六节　直接证据与间接证据

一、直接证据与间接证据的概念与范围

在我国证据法学关于证据的分类中，直接证据与间接证据是一种最为常见的分类，并为人们所普遍接受。这一划分的标准是证据与案件主要事实的关系。具体来讲，直接证据是指能够单独、直接证明案件主要事实的证据；间接证据是指不能单独、直接证明案件主要事实，需要与其他证据结合起来才能证明案件主要事实的证据。

可见，直接证据与间接证据的划分，关键是要看一个证据能否单独、直接地证明案件的主要事实。所以，一个证据是直接证据还是间接证据，首先要确定需要用其证明的案件的主要事实是什么。案件的主要事实要根据案件的性质和类型的不同来确定，案件的性质和类型不同，其主要事实的内容也就不同，从而其直接证据和间接证据的范围也就不同。

就刑事诉讼而言，刑事案件主要事实是犯罪事实是否为犯罪嫌疑人、被告人所为的事实。所以，在刑事诉讼中，凡是能够单独、直接证明犯罪嫌疑人、被告人实施了犯罪行为或者没有实施犯罪行为的证据，就是直接证据。据此，刑事诉讼中的直接证据主要有：①能够指出犯罪人是谁的证人证言、被害人陈述。②犯罪嫌疑人、被告人所作的供述和辩解。如果犯罪嫌疑人、被告人承认自己有罪，其所作的供述就是证明其有罪的直接证据，如果犯罪嫌疑人、被告人否认自己有罪，其所作的辩解就是证明其无罪的直接证据。③能够直接证明

是谁实施了犯罪行为的书证和视听资料。因为书证上的笔迹和视听资料中的声音、图像一般均能直接证明是谁实施了犯罪行为，所以也应属于直接证据的范畴。过去，我国证据法学界一般认为物证不能成为直接证据，但近年来，有学者认为在特定情况下，能够直接证明是谁实施了犯罪行为的物证属于直接证据，如某人随身携带枪支、弹药、毒品等违禁品，这时上述物品以其所处位置证明行为人实施了私藏枪支、弹药和非法持有毒品的行为，从而成为直接证据。[1]除上述情况以外，其余的都为间接证据。

民事案件的主要事实是民事当事人之间争议的民事法律关系是否发生、变更或者消灭的事实。因此，凡是能够单独、直接证明或者否定民事当事人之间争议的民事法律关系发生、变更或者消灭的证据，就是直接证据。据此，民事诉讼中的直接证据主要有：①民事当事人的陈述或者承认。其中民事当事人关于某一民事法律关系已经发生、变更或者消灭的陈述或承认是肯定性的直接证据，民事当事人关于某一民事法律关系没有发生、变更或者消灭的陈述是否定性的直接证据。②能够证明民事法律关系是否发生、变更或者消灭的证人证言。具体包括民事法律行为的代理人或被委托人的陈述，法律文书的公证人或鉴定人的证言，以及民事法律行为或事实发生时在场的人的证言。③能够证明民事法律关系是否发生、变更或者消灭的书证，如合同、契约、借据、收据以及当事人之间的来往信函等。④在特定情况下能够直接证明民事法律关系是否发生、变更或者消灭的物证，如在民事合同中当场购买的物品。除上述情形外，其余的均是间接证据。

行政案件的主要事实是指行政机关的具体行政行为是否合法的事实。凡是能够单独、直接证明或否定行政机关具体行政行为的合法性的证据，就是直接证据。据此，行政诉讼中的直接证据的范围主要有：①行政案件当事人的陈述，具体包括行政案件被告人关于具体行政行为合法性的肯定性的陈述和行政案件原告人关于具体行政行为违法的否定性陈述以及行政案件被告人承认具体行政行为不合法的否定性陈述。②行政机关实施具体行政行为的工作人员或其委托的人关于具体行政行为合法或不合法的陈述。③行政机关实施具体行政行为时在场的人所作的关于具体行政行为是否合法的证言。④能够证明行政机关具体行政行为是否合法的书证，如行政机关作出的行政处罚决定书和出具的有关文件、公函、证明等。在判断行政机关具体行政行为是否合法时，这些文件就成为直接证据。除上述情况外，其他的均属于间接证据。

在理解直接证据与间接证据的划分时，必须紧紧地把握住证据对案件主要

---

[1] 参见卞建林主编：《证据法学》，中国政法大学出版社 2000 年版，第 256 页。

事实的证明关系。之所以将只能单独、直接证明案件事实的某一个情节或是片断的证据称为间接证据，是因为它对案件的主要事实的证明是间接的，是同其他证据结合起来才能证明案件的主要事实，并不是说间接证据不能直接地证明案件的事实。事实上，有些间接证据的证明是直接指向案件事实的，但它只能证明案件事实的某一情节或者片断；有些间接证据的证明指向不是直接的证明案件事实，而是间接地指向案件的事实，其中有一个"间接"的过渡，如背景证据、情感证据、情况证据、环境证据等。

二、直接证据和间接证据的特点

（一）直接证据的特点

1. 能够单独、直接地证明案件主要事实是直接证据最基本的特点。这一特点表明，直接证据的内容与案件主要事实的内容是重合的，一般不会发生矛盾。这就使直接证据对案件主要事实的证明不需要经过任何中间环节，也不需要借助其他证据或推论就可以直接地指明案件的事实。可见，直接证据的证明作用是非常大的，用其认定案件事实的方法简单、便捷。所以，直接证据只要查证属实，就可以查清、证明案件的主要事实。

2. 直接证据多表现为言词证据。这是直接证据在表现形式上的重要特点，也是直接证据在真实性审查时应当特别注意之处。为什么会出现这种情况，是因为言词证据的重要特点之一是其容易受到提供主体主、客观因素的影响，而发生失实的可能，如证人对案件事实的感知和记忆可能因生理状态的影响和限制出现错误；被害人陈述可能因为对犯罪分子的愤恨而夸大事实或者因受到侵犯时的精神紧张而感知发生偏差，犯罪嫌疑人、被告人的口供因其与案件事实和案件的处理结果具有直接、具体的利害关系而可能故意作虚假的陈述；证人因被收买、拉拢或受到威胁、欺骗、利诱而不敢或故意不提供真实情况等。这一特点要求在运用直接证据认定案件事实时必须按照法定程序对其真实性进行严格的审查，必须遵循相应的证据规则。

3. 直接证据的数量较少，且不易获得。这是直接证据在数量上和收集时的重要特点。直接证据之所以在数量上和收集时会有这一特点，是因为案件的发生，一般不会有较多的人知道，特别是刑事案件更是如此。由于犯罪分子一方面要实施犯罪，危害社会，另一方面，他们惧怕会受到打击，会千方百计地把能够证明其犯罪的证据尤其是直接证据毁灭或隐瞒起来，因此亲眼所见、亲耳所闻犯罪过程的人就极为少数或者没有。这在客观上就造成了直接证据数量上较少、且不易获取。

（二）间接证据的特点

与直接证据相比较，间接证据在证明力、数量、表现形式和使用方法诸方面有其自己的特点。主要表现在如下方面：

1. 间接证据不能单独、直接证明案件的主要事实。这是间接证据在证明力上的特点。任何一个间接证据都不能单独、直接证明案件的主要事实，而只能证明案件事实的某一个情节或片断，只有把众多的间接证据所证明的案件事实的所有情节或片断组合起来，才能证明案件的主要事实，间接证据的这一特点表明，它在证明力上弱于直接证据，没有直接证据的证明力大。这也是人们往往重视直接证据而忽视间接证据的重要原因。

2. 间接证据种类繁多，容易获取。司法实践表明，很多证据只能证明案件的某一情节或片断，这些证据无疑属于间接证据。虽然其证明的范围和力度有限，但数量较多、形式多样，从不同的角度可以对案件事实起到证明作用，如有关的背景证据、情感证据、情况证据、环境证据等；而且容易获取，大量的容易获取的间接证据，经常是侦查机关侦破案件的关键。

3. 间接证据多表现为实物证据，有较强的客观性。间接证据既有言词证据，也有实物证据，但实物类间接证据居多。实物类证据的特点在于其客观性强，不易受到人的主观因素的影响，具有较强的可靠性。这种可靠性一旦被证实，就会成为审查、判断其他证据的依据。

4. 运用间接证据证明案件事实方法复杂，难度较大。由于间接证据对案件事实的证明范围较小，只证明案件事实的一个情节或一个片断，所以，运用间接证据证明案件事实时，要经过逻辑推理，把一系列的间接证据有机的联系起来，综合运用不同的证明方法，如演绎、归纳、推理、反证、排除等证明手段，从一个事实推论出另一个事实，并要排除其他可能性，才能得出案件主要事实的结论。而且这一证明过程必须严格缜密、无懈可击，否则就可能出现错误。

三、直接证据和间接证据的作用

直接证据的作用是能够单独、直接证明案件的主要事实，即其证明的范围与案件的主要事实相吻合。这就说明直接证据的证明力强，而且运用方便，有利于迅速查清案情。所以，一经查证属实，就可以用来证明案件的主要事实。

间接证据相对于直接证据虽然证明力小，但也有不可忽视的作用。事实上，间接证据既具有证明案件事实的作用，也具有其他方面的作用。概括起来，主要表现在以下几个方面：

1. 间接证据是查明案件主要事实的先导。由于直接证据一般情况下数量较少，尤其是刑事诉讼中，犯罪分子会尽量地不留直接证据，所以在侦查破案时，开始往往难以收集到直接证据，在这种情况下，案件的主要事实难以把握，但是，由于各种原因，只要有犯罪事实发生，间接证据总会被遗留下来，再狡猾的犯罪分子也会遗留下一定的间接证据。在这种情况下，间接证据的先导作用就充分地显露出来。侦查人员通过这些间接证据提供的案件线索，就可以锁定犯罪嫌疑人，分析犯罪的性质和作案经过，通过确定犯罪嫌疑人并将其抓获，就可能取得有关犯罪经过的口供从而获得直接证据，同时，通过这些间接证据就可以找到目击证人，从而取得证明案件主要事实的属于直接证据的证人证言等。另外，即便不能利用已收集到的间接证据收集到直接证据，也可以通过此间接证据收集到彼间接证据，大量的、确实的间接证据，就可以证明案件的主要事实。

2．间接证据是鉴别直接证据真伪的重要手段。直接证据多为言词证据，容易受到人的主客观因素的影响而出现有真有假、真假混杂的情况。在具有多个直接证据的情况下，它们之间可能互相印证，但在直接证据数量少，不能互相印证或印证不可靠的状况下或者已有的直接证据互相矛盾的情况下，间接证据对其的鉴别作用就尤为重要。间接证据多表现为实物证据，其客观性强。因此，可以用间接证据来鉴别直接证据的真实可靠程度，所以说，间接证据是鉴别直接证据真伪的重要手段。

3．运用间接证据认定案件事实。一般情况下，通过侦查收集到的证据既有直接证据，也有间接证据。这种情形下通过各种证据相互印证，就可以确定证据的真实性，排除不真实的证据。但在少数情况下，也可能出现收集不到直接证据的局面，如在刑事诉讼中，犯罪嫌疑人、被告人拒不交待犯罪事实，被害人已经死亡，也没有目击证人，但只要间接证据确实充分的，也可以按照一定的规则定案。

四、划分直接证据与间接证据的意义

从直接证据与间接证据的特征和作用可以看出，这类划分与其他的分类相比较，更加符合案件事实的真实情况，更能揭示人们认识、收集、审查判断和运用证据证明案件事实的规律，能为司法实践指明方向。因此，划分直接证据与间接证据具有重要的理论和实践意义：

1．有利于办案人员全面、充分地收集证据。这在刑事诉讼中尤为明显，如根据直接证据和间接证据的特点，在开始不能收集到直接证据的情况下，先收集间接证据，有了一定数量的间接证据后，就可以使犯罪嫌疑人交待罪行或找到目击证人，从而获得直接证据。也就是说，直接证据与间接证据在收集时的这种规律具有指导公安、司法人员收集证据的具体作用。

2. 有利于案件得到正确及时处理。公安、司法人员掌握了直接证据与间接证据划分的理论，明确了在收集不到直接证据的状况下，只要收集到确实、充分的间接证据，严格地按照间接证据定案的规则认定案件事实，这就可以克服没有直接证据不能定案的偏颇认识，正确大胆地运用间接证据，使案件得到及时处理。

3. 有利于加强人权保障。公安、司法人员充分地掌握了直接证据和间接证据的特点和作用，就可以既重视直接证据的收集和运用，又重视间接证据的收集和运用，防止实践中出现只重视直接证据的偏向，进而防止因追求直接证据不惜采用刑讯逼供、威胁、引诱、欺骗等非法的方法获取口供和证人证言的情况发生，有效地保障犯罪嫌疑人、被告人和证人等的基本权利。

五、直接证据与间接证据的运用规则

（一）直接证据的运用规则

直接证据是能够单独、直接证明案件主要事实的证据，其证明力强，使用方便、简捷，在运用直接证据认定案件事实时，亦要遵守一定的规则，以保证认定案件事实的正确性。具体来讲，运用直接证据时应当遵守的规则主要有：

1. 以刑讯逼供、威胁、引诱、欺骗等非法方法收集的证据，不能作为定案的根据。一方面，禁止以刑讯逼供、威胁、引诱、欺骗等非法方法收集证据，是世界各国在取证需在自愿的基础上进行方面所达成的共识，是诉讼活动随着社会进步而进入到文明时代的标志和要求。另一方面，直接证据主要表现为当事人陈述、犯罪嫌疑人、被告人口供、证人证言等证据形式，如果这些证据是以刑讯逼供等非法方法取得的，其可靠性往往值得怀疑。所以，世界各国的立法都禁止将刑讯逼供所取得的证据用作定案的根据。我国立法和有关的司法解释也有这一方面的规定，在司法实践中遇到以上述方法取得的证据，要予以排除，不能作为定案的根据。

2. 所有的直接证据都必须有其他证据加以印证。直接证据虽然能证明案件的主要事实，但其自身的真实性不能自己来证明。将直接证据作为定案的根据时，必须由其他证据证明其真实可靠性后，才能用作定案的根据。其中对当事人陈述，尤其应当慎重对待，既不能不信，也不能轻信。因为当事人是与案件事实和案件的处理结果具有直接利害关系的人，其陈述往往是真假难辨，虚实兼有，所以，必须有其他证据印证，经查证属实后，才能作为定案的根据。由于证人证言属于言词证据，容易受主客观因素的影响而出现虚假的情形。因此，当证人证言作为直接证据使用时，必须在法庭上经过询问、质证并查实后，才能作为定案的根据。

3．只有当事人一方的陈述一般不能作为定案的根据。刑事诉讼法明确规定，只有被告人供述，没有其他证据的，不能认定被告人有罪和处以刑罚。由于被告人供述没有其他证据佐证，无法确定其真实性；只凭其供述定案，一旦被告人翻供，对案件的认定就再无其他的根据。民事诉讼中，如果只有一方当事人的陈述，没有其他证据印证的，也不能作为定案的根据，但一方当事人作出陈述，另一方当事人没有提出异议的，则可以作为定案的依据。在行政诉讼中，由于具体行政行为的作出必须符合要式要求即必须有书面证据，因此不可能只有当事人陈述一种证据，也就不会发生只凭当事人陈述定案的问题。

（二）间接证据的运用规则

间接证据虽然不能单独、直接地证明案件的主要事实，但可以证明案件事实的某一情节或片断，可以用确实、充分的间接证据来定案。不论是运用间接证据印证其他证据、证明案件的部分事实，还是纯粹运用间接证据证明案件主要事实定案，在运用间接证据时，都必须遵循一定的规则。间接证据的运用规则主要有：

1．客观性。客观性是指证明案件事实的间接证据必须是客观的、真实的，如果某一间接证据本身的真实性不能肯定，就不能作为定案的根据，因为其可采性不能确定。

2．关联性。关联性是指证明案件事实的间接证据与案件事实具有客观的联系性，对案件事实的证明具有实际意义。如果间接证据虽然是客观的，但与案件事实没有联系性，没有证明作用，则是没有实际意义的。所以，运用间接证据认定案件事实时，必须对其关联性作出正确的判断。

3．充分性。充分性是指在仅用间接证据认定案件事实时，所有的间接证据必须达到证明案件全部事实所需要的量的要求。在用间接证据证明案件事实的情况下，间接证据一定要达到一定的量，使案件的全部事实得以证明，没有遗漏。

4．协调性。协调性是指用于证明案件事实的间接证据与案件事实之间及各间接证据之间必须协调一致，没有矛盾。这就要求所有的间接证据对同一案件事实的证明在内容上必须一致，不能互相排斥；如果相互排斥，就要继续调查取证并进行分析研究，排除矛盾。否则，不能定案。

5．完整性。完整性是指间接证据必须形成一个完整的证明体系。每个间接证据，只能证明案件事实某个情节或片断，只有把能证明全部案件事实和各个情节的间接证据按照它们之间的联系排列起来，形成一个完整的证明体系，才能予以定案。如果间接证据之间具有不相衔接的情形，就不能确定案件事实。

6．排它性。排它性是指运用间接证据构成的证明体系得出的结论必须是唯一的，并具有排它性。按照间接证据所构成的证明体系进行综合分析和逻辑推理后得出的关于案件事实的结论必须是唯一的，其他任何结论是不可能存在的。只有达到了这一程度，才能根据间接证据定案。如果经过综合分析和逻辑推理，得出两个及两个以上的结论，则说明没有达到排它性的要求，也就不能确定案件事实。

本章思考题

1. 什么是证据的分类，证据分类与证据种类的关系是什么？
2. 什么是言词证据，什么是实物证据，各自的特征有哪些？
3. 对言词证据和实物证据在收集和运用时，应当遵守哪些规则？
4. 什么是原始证据，什么是传来证据，原始证据和传来证据各自的作用有哪些？
5. 原始证据和传来证据的运用规则有哪些？
6. 什么是本证，什么是反证，运用本证和反证应遵守什么规则？
7. 控诉证据与辩护证据的运用规则有哪些？
8. 什么是控诉证据，什么是辩护证据，这种划分有什么意义？
9. 什么是直接证据，什么是间接证据，各自的特点有哪些？
10. 直接证据和间接证据各有什么作用，运用时应遵守哪些规则？

第十五章

第三编　证明论　<<<

第16章

证明概述

第一节　证明的概念和特征

一、证明的概念

　　一般意义上的证明，是指通过一个已知事实去证明一个未知问题的活动。这种证明是人们日常生活中较为常见的、普遍存在一种活动。例如，通过毕业证可证明一个人的学历；通过身份证可证明其个人的有关情况等。

　　在证据法或者诉讼领域中的诉讼证明，有别于一般的非诉讼证明活动，有其特定的内涵和要求，因而诉讼证明应有其特定的含义。然而，对于诉讼中证明的含义，学界却有着不同的观点。概括起来，主要有下列几种：

　　第一种观点认为，证明有广义和狭义两种含义。狭义的证明是指"司法机关和当事人依法运用证据对案情中未知的或者有争议的事实查明的诉讼活动"。广义的证明"包括：证明过程、证明程序、证明对象、证明责任和证明标准。证明过程是发现、收集、审查、判断证据，认定案情的活动方式"。这种观点最大的特点是将证明的含义分为广义和狭义两种，可以称为"广狭义说"。

　　第二种观点认为，证明"在近、现代诉讼制度中，指证明主体在证明责任的作用和支配下，运用证据这个证明方法求证或探知证明客体的抽象思维活动和具体诉讼行为。简单地说，证明就是认知案件事实的理念运动和具体过程的统一"。这种观点的特点是揭示了证明的主观思维层面的要素，从思维过程和诉讼行为统一的角度界定证明的含义，可以称为"主观思维说"。

第三种观点认为，具有法律意义的证明"是指在法律程序中特定的机关、组织和人员，本着查明案件真实情况的目的，依法运用证据确定和阐明未知案件事实的活动"。这种观点的特点是强调证明的目的和法律意义，可以称为"法律目的说"。

第四种观点认为，证明"是指诉讼活动的重要组成部分。诉讼中的证明具有自己的特点，它是指司法机关或当事人依法运用证据阐明或者确定案件事实的诉讼活动"。这种观点将证明视为诉讼活动的组成部分，从诉讼的角度界定证明的含义，可以称为"诉讼活动说"[1]。

第五种观点认为，"证明就是国家公诉机关和诉讼当事人在法庭审理中依照法律规定的程序和要求向审判机关提出证据、运用证据阐明系争事实、论证诉讼主张的活动"。这种观点将证明视为审判阶段的证明，可以称为"狭义说"[2]。

第六种观点认为，"证明是指执法人员、律师和当事人，按照法定的对象、程序和标准，运用已知的证据和事实查明、阐明和认定未知或者有争议的案件事实的活动，是主观思维和具体法律行为的统一"。这种观点将证明理解为证明主体的主观思维活动与其具体法律行为的统一，可以称为"统一说"[3]。

我们认为，前五种观点均存在一定的问题，我们基本同意第六种观点。概括地说，诉讼中的证明，是指诉讼主体（即公安、司法机关、当事人及其律师等）按照法定的程序和标准，运用已知的证据和事实查明、认定案件事实的活动，它是证明主体的主观思维活动和具体法律行为的统一。

在司法实践中，不同的诉讼形式，其证明形式、方法是不同的。而且，不同的诉讼阶段，公安司法机关、当事人等诉讼主体的证明内容及证明要求、标准也存在差异。

二、证明的特征

诉讼证明不同于一般的证明，它在诸多方面都有特殊的要求，有自己明显的特征，具体表现在：

1. 诉讼证明的主体是特定的，属于诉讼主体。如刑事案件中的法官、检察

---

[1]　何家弘主编：《新编证据法学》，法律出版社 2000 年版，第 262～263 页。
[2]　卞建林主编：《证据法学》，中国政法大学出版社 2007 年版，第 212 页。
[3]　何家弘主编：《新编证据法学》，法律出版社 2000 年版，第 263 页。

官（含侦查人员）、刑事被告人及其辩护人等，其他的诉讼参与人，如证人、翻译人、书记员等均不是证明主体。在刑事自诉案件中，自诉人也属于证明主体。在民事、行政案件中，证明的主体包括法官、诉讼当事人及其代理人。此外，律师也是证明主体。我国《律师法》第35条规定："受委托的律师根据案情的需要，可以申请人民检察院、人民法院收集、调取证据或者申请人民法院通知证人出庭作证。律师自行调查取证的，凭律师执业证书和律师事务所证明，可以向有关单位或者个人调查与承办法律事务有关的情况。"《行政诉讼法》第30条第1款规定："代理诉讼的律师，可以依照规定查阅本案有关材料，可以向有关组织和公民调查，收集证据。"最高人民法院、最高人民检察院、公安部、国家安全部、司法部、全国人大常委会法制工作委员会《关于刑事诉讼法实施中若干问题的规定》第13条规定："……辩护律师还可以依照刑事诉讼法第37条的规定向证人或者其他有关单位和个人收集与本案有关的材料，申请人民检察院、人民法院收集、调取证据，申请人民法院通知证人出庭作证。辩护律师经人民检察院、人民法院许可，并且经被害人或者其近亲属、被害人提供的证人同意，可以向他们收集与本案有关的材料。"根据以上规定，律师在刑事、民事、行政诉讼过程中有调查取证权，这足以说明律师也是证明主体。

2. 证明的任务是阐明案件事实或论证诉讼主张。由于案件事实已经发生且不可能重现，因而，这种事实无法以科学实验的方法加以证明，只能由证明主体通过收集、审查判断和提出证据的方式阐明，从而使自己和裁判者获得对案件事实的认识，并使自己的诉讼主张建立在事实的基础上。

3. 诉讼证明的过程严格限制在诉讼期间内。诉讼外的证明，即便为当事人所为，也属于诉讼外的活动，不能纳入诉讼过程，不具备揭示、证明的效力。只有司法机关、当事人在审前程序、庭审期间的活动才属于证明。在许多西方国家，由于严格遵循辩论主义原则，要求所有的证据只有经过庭审质证的方式方能成为定案的根据，法官的定案活动也以当事人之间交换并质证的证据为依据。所以他们的证明被严格地限制于诉讼庭审期间，有效地排除了法官可能受到的庭外影响，并严格限定了司法认知的范围。

4. 证明的根据是能够证明案件真实情况的事实即诉讼证据，而不是一般的公理、定律或经验。

5. 证明的范围和对象受法律规定和案件事实的限制，控诉机关和当事人在诉讼活动中，必须严格按照法律规定和案件事实限定的范围进行证明活动，而不能任意超越或突破。诉讼证明是一种法律活动，因此，这种活动的进行要受到法律的严格约束，即具有法律性。具体包括：证明的主体由法律规定，主体的权利、义务由法律规定；证明的对象由法律规定；证明的标准由法律规定；

证明的主要程序由法律规定；证明的方法和手段由法律规定，包括运用证据进行逻辑推理、司法认知和推定等；还包括证明行为会产生法律上的效果。对司法人员而言，法律效果通常指裁判和决定是否合法；对当事人而言，法律效果通常是指是否胜诉，也即自己的主张是否实现。

三、证据与证明的关系

证据与证明是证据法学重要的理论和实践问题。证明活动的进行需要依赖证据，证据也只有通过证明才能发挥其作用。因此，证据与证明既有密切的联系，也有本质的区别。我们既不能忽视它们之间的密切联系，也不能抹杀它们之间的重要区别。

具体来讲，证据与证明的联系表现在：

1. 证据是证明的客观依据。证明实质上是证明主体查明、认识案件事实的活动，而要保证其查明、认识的正确性，就必须有客观的依据。证据就是证明的客观依据。应当说，证明离不开证据，离开了证据，证明就成了无源之水、无本之木，就成了空中楼阁，无法进行。

2. 证明是证据运用的结果。证据是客观存在的事实，它独立于人的主观意识之外，也独立于证明之外。但是，它的作用只有借助证明才能发挥出来。证据可以脱离证明而存在，但不能脱离证明而发挥作用。

证据与证明的区别主要表现在：

1. 证据是事实，属于客观存在范畴；而证明是人的认识，属于主观意识范畴。众所周知，证据是能够证明案件真实情况的事实，是不以人的意志为转移的客观存在，因而属于客观或存在范畴。与此相反，证明是人对案件事实的认识活动，因此，它自始至终都离不开人，离不开人的主观思维活动。

2. 证据产生于实体过程；而证明产生于程序过程。实体和程序是本质不同的两个过程。实体过程是形成事实的过程；程序过程则是认识事实的过程。正是由于这两个过程的不同，决定了证明与证据有着本质的区别。具体来说，证据是实体过程的事实，是事物本身发展、变化的情况和状态；证明是认识，是人们为认识事物的发展和变化所作的主观上的探求。

3. 证据是认识的依据；而证明只是认识本身。认识的依据是客观的，是不以人的意志为转移的，而认识本身是主观的，是离开人的主观意识的。[1]

对于证据与证明的关系，国外学者也有精辟的阐述，如美国教授威斯顿指出，证明是证据的结果或效果，证据是证明的媒介。更准确地说，证据是各种

---

〔1〕 参见裴苍龄：《新证据学论纲》，中国法制出版社 2002 年版，第 319~320 页。

事实赖以确立的手段，而证明是根据这些证据推导出来的结果或结论。

第二节 证明的分类

在不同国家的证据法理论中，按照不同的划分标准，可以将诉讼证明进行不同的分类。具体如下：

一、控诉机关证明、当事人证明、律师证明

以证明主体的不同为标准，可以将证明分为控诉机关证明、当事人证明和律师证明。

所谓控诉机关证明，是指依法享有控诉权的国家检察机关（包括公安机关等侦查机关），在诉讼过程中基于法定职责进行的证明。在刑事诉讼中，公诉机关对被告人提出刑事指控，必须提出确实充分的证据证明被告人的行为确已构成犯罪并依法需要追究刑事责任。所谓当事人证明，是指原告、被告、第三人等按举证责任分配原则提出证据，阐明其主张的事实。不论何种诉讼，都离不开当事人证明，它既是诉讼证明的组成部分，也是诉讼证明的基本形式。这种证明在民事诉讼、行政诉讼等诉讼证明活动中的作用相当普遍。它主要是通过当事人的举证活动来完成。律师的证明，是指作为证明主体的律师，在刑事、民事或行政诉讼中根据当事人的委托或法院的指定，依法阐明、证明案件事实而进行的辩护或代理活动。

二、刑事诉讼证明、民事诉讼证明、行政诉讼证明

以证明所属诉讼性质的不同为标准，可以将证明分为刑事诉讼证明、民事诉讼证明和行政诉讼证明。

所谓刑事诉讼证明，是指公安、司法机关依刑事诉讼法规定的内容进行的解决刑事案件事实是否发生以及系何人所为的证明活动。它是所有诉讼证明中难度最大，要求最高，最为复杂的证明，而且分为不同的阶段。所谓民事诉讼证明，是指民事当事人依民事诉讼法的规定进行的解决民事主体之间的权利义务纠纷的活动。民事诉讼证明的要求针对不同问题存在一定的差异，一般来说，其复杂性、难度等均低于刑事诉讼证明。所谓行政诉讼证明，是指行政机关等证明主体，依据法律进行的证明行政机关的具体行政行为合法、有效的活动。行政诉讼证明，不同于刑事或民事诉讼证明，具有其特殊性。因此其证明标准亦较高。

三、行为意义上的证明、结果意义上的证明

以证明的表现形态不同为标准，可以将证明分为行为意义上的证明和结果意义上的证明。

所谓行为意义上的证明，是指证明主体的行为，也就是证明主体根据已知事实查明、证明案件事实的活动。所谓结果意义上的证明，是指证明主体运用已知事实查明案件事实的结果。前者是一种证明活动，后者是证明的结果。

行为意义上的证明可以进一步分为取证、举证、质证和认证等证明行为，这些行为表现为连续证明的过程。结果意义上的证明实际上就是证明标准，如"案件事实清楚，证据确实充分"、"排除合理怀疑"、"内心确信"、"优势证明"，等等。不同性质的诉讼证明，要求达到的证明结果也不同。结果意义上的证明可以进一步分为严格证明和自由证明。

四、严格证明、自由证明

以证明对象所属领域不同为标准，可以将证明分为严格证明和自由证明。

所谓严格证明，是针对实体法事实的证明，证明标准较高。所谓自由证明，是针对程序法事实的证明，标准较低。

严格证明和自由证明是大陆法系证据法上的概念，由德国学者迪恩茨于1926年提出，后由德国传至日本及我国台湾地区。其间，日本学者小野清一郎结合刑法上的构成要件理论对此理论进行了较大的发展。作为一种理论抽象，严格证明和自由证明主要存在于德国、日本及我国台湾地区的证据法学理论之中，但是，作为一种事实现象，此种区分却具有普遍意义，只不过在各国诉讼中的具体表现形式或规范程度不尽相同罢了。

在证明责任、证明主体、证明方法等环节上，二者没有实质性的差异。但是，由于自由证明的标准不高于民事诉讼中的优势证明标准，它几乎失去了作为证明的本来含义。所以，有学者把自由证明从证明概念中分离出来，称为"释明"或者"稀明"，与此同时，严格证明则被称为"证明"。我国目前尚没有关于自由证明的法律规定。但有学者认为，自由证明对于认定程序法事实具有重要意义。对自由证明进行系统的规定，可以强化诉讼法的作用，有利于准确认定事实，从而保障当事人的合法权益。

五、证明、释明

以使法官心证达到确信的程度为标准，可以将证明分为证明与释明（或疏明）。证明与释明都是证明行为，但是两者影响法官心证形成的程度有所不同，

各自的证明要求或证明程度有所差异。

所谓证明，也即狭义的证明，是指让法官确信案件事实为真的诉讼证明，也就是让法官对案件事实达到内心确信的程度。具体来说，其证明标准，在刑事诉讼中是排除合理怀疑，而在民事诉讼中则通常表述为优势盖然性或优势证据标准。对于实体法事实的证明，必须进行狭义的证明，其标准高于释明标准。所谓释明，是指法官根据有限的证据可以大致推断案件事实为真的诉讼证明。即当事人对自己所主张的事实无需达到使法官确信的程度，仅需提出使法官推测大体真实程度的证据。也就是说，仅使法官形成薄弱的心证就可以了。通常对于诉讼程序上的特定事实适用释明。

需要说明的是，有人认为，严格证明就是此处的证明，自由证明就是释明。即严格证明与自由证明、证明与释明的划分标准是相同的。然而我们认为，严格证明与自由证明这一分类指向的是证明的对象，而证明与释明的分类指向的则是证明的结果。

第三节　刑事、民事和行政诉讼证明

一、三大诉讼证明的共同点

刑事诉讼、民事诉讼和行政诉讼，俗称三大诉讼。对于这三种诉讼证明进行比较，不仅可以对诉讼证明进行深入和全面地了解，而且可以了解三大诉讼证明的共同之处和区别点。

具体而言，三大诉讼证明的共同之处有：

1. 性质和作用相同。证明是沟通实体法和诉讼法的纽带，是横跨两大法域的综合概念。要使实体法的抽象规定和一般原则落实到具体案件上，就必须对实体法规范的要件事实进行证明。从实体的规定上说，证明源自实体法的要求；从形式上说，证明则是由诉讼法加以调整的。这一点，是刑事、民事、行政三大诉讼法证明的共同特征。

2. 证明的方法基本相同，即都采用逻辑推理、司法认知和推定等方法进行。尽管三大诉讼证明为不同的实体法服务，因而在诉讼中需要证明的案件事实也就存在差异，但依据法律规定和司法实践经验，刑事、民事、行政三大诉讼在证明的基本方法上是一致的。

二、三大诉讼证明的不同之处

三大诉讼证明尽管有共同的特征，但是，正如三大诉讼法本身也有着鲜明的差异一样，它们之间也存在着差异，具体表现在：

1. 证明责任的承担者不同。在刑事诉讼中，证明犯罪嫌疑人、被告人构成犯罪及罪责轻重的责任由控诉一方承担，即由侦查机关、检察机关等承担，犯罪嫌疑人、被告人原则上不承担证明自己无罪的责任，只有在法律明确规定的例外情况下（如巨额财产来源不明案件）才承担一定的证明责任。行政诉讼中的证明责任，通常是由作为被告的行政机关承担，原告不承担证明具体行政行为违法的责任。民事诉讼中的证明责任则不以诉讼地位的特定化决定证明责任承担的主体，而是根据当事人的主张，按照"谁主张，谁举证"的原则，分别由当事人承担相应的证明责任。

2. 法律规定的证据种类有所不同。书证、物证、视听资料、鉴定结论、勘验笔录、证人证言等，是三大诉讼法共同规定的法定证据种类。被害人陈述、犯罪嫌疑人、被告人供述和辩解是刑事诉讼法规定的特有的证据种类；现场笔录是行政诉讼法规定的特有的证据种类。需要指出的是，刑事诉讼法将民事诉讼法和行政诉讼法中的"当事人陈述"分解为"被害人陈述"和"犯罪嫌疑人、被告人的供述和辩解"两项。

3. 证明对象不同。虽然三大诉讼的证明对象都包括实体法事实和程序法事实两个部分，但在实体法事实中，其具体内容是根本不同的。在刑事诉讼中，实体法事实具体包括有关犯罪构成要件的事实，作为从重、加重或者从轻、减轻、免除处罚的事实，以及犯罪嫌疑人、被告人的个人情况和犯罪后的表现，这些事实的范围主要由刑法加以规定。在民事诉讼中，实体法事实是指能够引起当事人之间民事权利义务关系发生、变更和消灭的事实，如收养、签订合同、全部或部分偿还债务、全部或部分履行合同等，这些事实的范围由民法、婚姻法和继承法等加以规定。在行政诉讼中，实体法事实是指对确定具体行政行为是否合法具有意义的事实，其范围由行政法律、法规加以确定。

4. 证明手段和证明的程序规则不同。在证明手段方面，虽然三大诉讼法关于证据种类的规定基本相同，但同一种类的证据在不同的诉讼中的证明意义却不完全相同。如在民事诉讼中，被告的承认在一般情况下可以免除原告对诉讼主张的举证责任；但在刑事诉讼中，只有被告人供述，没有其他证据的，不能认定被告人有罪和处以刑罚。在程序方面，刑事诉讼特有的证明程序是侦查和审查起诉过程中的证明规则，如讯问犯罪嫌疑人、被告人的程序；民事诉讼特有的证明程序规则体现在处分原则和辩论原则之中；行政诉讼特有的证明程序规则是被告在诉讼过程中不得自行向原告和证人调查收集证据。

第四节 证明的过程与方法

一、证明的过程

证明过程，是指公安、司法机关的办案人员、当事人及诉讼参与人等，依照法定程序和要求进行的收集证据、审查判断证据和提出证据并据此认定案件事实的全过程。由此可见，证明的过程主要由三个阶段组成：

1. 收集证据阶段。证据收集阶段是证明的最初环节，也是证明的必经环节。在民事诉讼、行政诉讼和刑事自诉案件中，负有证明责任的一方当事人为在起诉时或庭审时向人民法院提出证据，必须在起诉或开庭前亲自或由其诉讼代理人收集和整理证据，以证明自己的诉讼主张合法有效。在刑事公诉案件中，控诉机关，特别是侦查机关必须依法收集和保全证据，以查明犯罪事实，查获犯罪嫌疑人。

2. 审查判断证据阶段。审查判断证据是在收集证据的基础上进行的，主要是指由控诉机关和相关的当事人对收集来的证据进行分析研究，鉴别真伪，并判断其与案件有无联系，以确定其有无证明力以及证明力的大小。

3. 提出证据阶段。控诉机关和相关当事人对证据审查判断，查证属实以后，即应依法向审判机关提出，以证明其诉讼主张或阐明案件事实，从而使法官获得确信，并进而作出裁判。此时，证明活动便在相应的诉讼程序中结束。

以上三个阶段的划分并不是绝对的，可能交叉或颠倒并反复进行。

二、证明的方法

证明方法，是指证明主体运用证据进行证明所必须采取的合法方法。证明方法因诉讼形式、案件情况的不同而有所不同。根据我国三大诉讼法的有关规定和司法实践经验，证明的方法具体可归纳为以下几种：

1. 侦查或调查。针对刑事公诉案件，公安机关和人民检察院在立案后，应立即进行侦查，以发现和收集相关的证据。侦查包括讯问犯罪嫌疑人、询问证人和被害人，勘验、检查、搜查、扣押物证和书证、鉴定和通缉等，同时侦查还包括对犯罪嫌疑人采取相关的强制措施。在民事、行政诉讼中，当事人委托的诉讼代理人有权调查、收集证据。在刑事诉讼中，辩护律师经过一定的程序，也可收集与案件相关的证据。以上这些都是收集证据的方法。

2. 举证与发问。在我国三大诉讼中，负有举证责任的公诉机关和当事人，都必须向法庭举证，包括出示物证、书证和视听资料，宣读证言笔录、鉴定结论、勘验检查笔录等；在法庭审理过程中，当事人和辩护人及诉讼代理人都有权申请通知新的证人到庭，调取新的证据，申请重新鉴定或者勘验，或者要求重新进行调查或补充调查。同时，在刑事诉讼中，公诉人可以讯问被告人；被害人、附带民事诉讼的原告人和被告人、诉讼代理人经审判长许可，可以向被告人发问；公诉人、当事人和辩护人、诉讼代理人经审判长许可，可以向证人、鉴定人发问。在民事诉讼和行政诉讼中，当事人经法庭许可，可以向证人、鉴定人、勘验人发问。由此可见，举证和发问也是提出证据和审查判断证据的重要方法。

3. 质证和辩论。所有证据必须经过查证属实才能作为定案的根据，这是我国三大诉讼法的共同要求。在刑事诉讼中，证人证言必须在法庭上经过公诉人、被害人和被告人、辩护人双方询问、质证，听取各方证人的证言并且经过查实以后，才能作为定案的根据；经审判长许可，公诉人、当事人和辩护人、诉讼代理人可以对证据和案件事实发表意见，并且可以互相辩论。在民事诉讼中，证据应当在法庭上出示并由当事人互相质证；当事人及其诉讼代理人可以对证据发表意见和互相辩论。由此可见，质证和辩论是证明主体相互审查核实证据的重要方法。

4. 推定和认定。推定是指根据一个已知的事实，推定出另一个未知事实的活动。其中，已知事实是推定的前提，未知事实是推定的结果。只有已知事实和未知事实之间存在必然联系时，才能进行推定。通常情况下，诉讼中的推定有三种：一是逻辑推定。如甲向乙头部开枪射击，据此便可推定甲有剥夺乙生命的故意，而无需其他证据加以证明。二是经验推定。如甲借乙 1000 元钱，乙多次要求甲返还，而甲无故不还，据此便可推定甲有非法侵占乙财物的意图。三是法律推定。如自然人从其住所失踪之日起满 4 年便可推定其为死亡。运用推定，既可推定未知事实，也可以判断已有证据的真伪。认定是指侦查机关在侦查终结后作出撤销案件决定或起诉机关在审查起诉结束后作出不起诉决定时，依法确定证据效力，以及运用已经查证属实的证据确定案件事实的活动。这是控诉机关完成证明任务的特有方法。控诉机关一旦对证据的效力和案件事实作出认定，证明活动即告结束。一般来说，推定既可以是控诉人员和当事人在内心的审查判断活动，也可以是其公开进行的审查判断活动；而认定是控诉人员在审查判断的基础上对证据效力和案件事实作出的公开确认。

第五节　证明的意义

证明在我国三大诉讼活动中都处在一个十分重要的地位。它是全部诉讼活动的核心和基本环节，办案必须以事实为根据，只有在查明案件事实的基础上，才能适用法律对案件作出正确的处理。三大诉讼法都明确规定，证据必须经过查证属实，才能作为定案的根据。因此，证明在诉讼活动中具有十分重要的意义。

一、证明是证据发挥作用的根本保障

发现、收集证据，审查判断证据和提出证据，其最终目的是为了查明、证明案件的真实情况，使法院对案件事实作出正确认定。可见，证据是证明的唯一手段；证明则是证据发挥作用的根本保障，如果离开了证明活动，任何证据都将失去意义，无法发挥其应有作用。因此，司法机关和当事人只有正确地进行证明活动，才能使证据有效地发挥作用，从而准确证明案件事实，使法院对案件作出公正处理。

二、证明是查清案件真实情况的唯一方法

案件事实往往发生于过去，有的甚至年代久远，且有些案件事实被人为的假象所掩盖、蒙蔽和歪曲。那么，如何揭示案件事实呢？唯一的方法是运用经查证属实的证据，去查明、证实未知的案件事实。只有如此，才能准确地认定案件事实和解决纠纷，使犯罪者低头认罪，使当事人心服口服，最终顺利圆满地完成诉讼的任务。

三、证明是适用法律的前提和基础

诉讼活动可分为两大部分：一是查清、证实案件事实；二是正确、准确地适用法律。这两方面工作是相互联系、相互作用的。如果仅仅查清了案件事实，而不能正确适用法律，案件是无法得到正确处理的；如果没有查清、证实案件事实，即使法律是有效的，适用法律的工作是正确的，案件还是得不到正确、公正的处理。案件查不清，势必无法正确适用法律，特别是在刑事诉讼中，就可能放纵罪犯，冤枉无辜；案件得不出结论或不能以充足理由得出结论，势必影响司法机关作出判决，拖延结案时间。

第十六章

四、证明是诉讼活动的重要内容

证明贯穿于诉讼全过程，各个阶段诉讼任务的完成，都有待于证明任务的完成。例如，刑事诉讼分为立案、侦查、起诉和审判等阶段。从立案看，立案的首要条件为是否有犯罪事实存在。要确认犯罪事实，离开了证明是得不出结论的；从侦查看，它是一个收集、固定、保全证据，揭露和证实犯罪事实的过程，显然，此阶段更离不开证明；从起诉看，检察院所作出的起诉、不起诉决定，都是以有力、有效的证明作为依据的；从审判看，法院认定被告人是否有罪，此罪还是彼罪，罪重还是罪轻，需要运用确实、充分的证据加以证明；从死刑复核程序和审判监督程序看，对于已处理的案件是否属冤假错案，也需要重新审核证据加以证明。由此可见，证明贯穿于诉讼全过程，离开了正确有效的证明活动，诉讼活动就不可能顺利进行。

本章思考题

1. 什么是证明？证明有什么特征？
2. 如何理解证据与证明的关系？
3. 简述证明的分类及其意义？
4. 三大诉讼的证明有何异同点？
5. 如何理解证明的过程？
6. 证明的方法有哪些？
7. 证明有何意义？

第十六章

第 *17* 章

证明对象

学习目的与要求：

　　通过本章的学习，掌握证明对象的概念；理解证明对象的特征、内容和意义；领会和掌握刑事、民事、行政诉讼中的证明对象；认识免证事实等问题。

第一节　证明对象概述

一、证明对象的概念和特征

（一）证明对象的概念

证明对象是证明主体的对称，又称证明客体、要证事实、待证事实，指证明活动中需要运用证据加以证明的事实，它是证明活动的方向、内容、目标和归宿。

证明对象分为广义的证明对象和狭义的证明对象。广义的证明对象包括诉讼中的证明对象和非诉讼中的证明对象；狭义的证明对象仅指诉讼中的证明对象，即在诉讼活动中司法人员、当事人及其律师等在诉讼中需要运用证据加以证明的案件事实。本章所研究的证明对象，均指诉讼中的证明对象。

（二）证明对象的特征

1. 证明对象是当事人主张的事实。当事人为实现一定的诉讼目的而提起或参加诉讼，他们通过提出诉讼请求或者抗辩请求主张权利，并按照主张责任和实体法所设定的构成要件提出事实主张，按照证明责任提交证据，证明主张的事实成立。在请求——事实——用证据证明事实的过程中，证明将证据和事实主张联系起来，事实主张处在接受证据证明的被动状态，成为证明对象。

2. 证明对象是法律规定的要件事实。要件事实是指由法律规定的合法处理案件所必须查明的事实，在刑事诉讼中是有关犯罪构成要件和量刑情节的事实，在民事诉讼中是有关民事纠纷产生和发展、民事法律关系构成要件的事实，在行政诉讼中是与被诉具体行政行为合法性有关的事实。要件事实本质上是由实体法规定的，较为概括和抽象，起诉或抗辩一方将其运用于具体案件，据以提出事实主张后，便具体化为特定的案件事实。因此，某一具体案件的待证事实的内容和范围受制于当事人的诉讼请求和法律规定的构成要件。

3. 证明对象是需要运用证据证明的案件事实。证明对象的概念本身含有需要用证据加以论证和探知的期待性，它与证据之间形成了目的和手段的关系：证明对象处于真假不明的未确证状态；证据则是已知的、确定的事实，被用以证明案件事实。需要强调的是，并非案件事实的全部内容均需要证据加以证明，如已知的事实就不需要证明，不是证明活动所指向的客体，故被称作免证事实。

4. 证明对象与证明责任密切联系。证明责任是为了使证明对象获得确证，而为特定的诉讼主体设立的提供证据证明案件事实成立的责任，因此，证明责任是相对证明对象而言的，也必定指向证明对象。要判断某一事实是否为证明对象，只需看是否有诉讼主体对该事实负担证明责任；反之，要判断某个诉讼主体所负担的责任是否为证明责任，只需看该责任所针对的事实是否需要用证据加以证明。

二、证明对象的范围

对于证明对象的范围，我国证据法学界和诉讼法学界存在争论。有学者认为证明对象包括实体法事实、程序法事实和证据事实；有学者认为证明对象仅包括实体法事实和程序法事实；还有学者将刑事证明对象的范围缩小为仅指实体法事实。第二种观点为"通说"。

（一）实体法事实

实体法事实是指实体法规定的行为构成要件事实，是证明对象中最主要的内容。尤其是在刑事诉讼中，实体法事实成为刑事诉讼中的重要证明对象，是公安、司法机关进行处理和裁决的依据和前提。当然，在不同诉讼中，实体法事实有着一定的差异。例如，在刑事诉讼中，实体法事实是根据刑法的规定确定的，是刑事诉讼中要解决的中心问题。具体包括：被指控犯罪行为构成要件的事实以及与犯罪构成密切相关的各种量刑情节的事实，还有排除行为违法性、可惩罚性和行为人刑事责任的事实。民事诉讼中的实体法事实，是根据民事法律规定确定的与民事法律关系构成要素有关的事实，主要是指引起民事法律关系发生、变更和消灭的事实。在行政诉讼中，实体法事实主要是指与被诉的具体行政行为合法性有关的事实，以及行政赔偿构成要件事实。

（二）程序法事实

程序法事实是引起诉讼法律关系发生、变更和消灭的事实，也称诉讼法律事实。如关于回避的事实，管辖的事实，审判组织组成的事实，强制措施的采用、变更和撤销的事实，诉讼期限是否可以延长的事实，等等。

程序法事实能否成为证明对象，是理论界争议较大的问题，主要观点有：肯定说、否定说和折衷说。

肯定说认为，程序法事实是证明对象。理由是：其一，诉讼的过程，既是适用实体法的过程，也是适用程序法的过程，在此过程中，实体法要件事实影响对当事人责任的认定，程序法事实则保障对当事人责任的正确认定；其二，当事人对程序事实有争议时，可以依法请求司法机关查明并作出相应处理，程序法事实因此构成系争事实，提出请求的一方应当提交证据予以证明；其三，对诉讼中有争议的程序法事实，司法机关应当查明，作出裁决后还要允许当事人以上诉、申诉或申请复议的方式进行权利救济；其四，我国现行三大诉讼法均规定程序违法是撤销第一审判决，发回重审的理由，程序法事实因此成为第二审人民法院应当查明的事实，属于证明对象的范围；其五，将程序法事实纳入证明对象的范围，实际上是将司法人员的程序行为纳入证明对象的范围，能够起到督促司法人员遵守法定程序的监督作用。

否定说认为，程序法事实不是证明对象。理由是：其一，证明对象是一种特殊的诉讼制度，确定诉讼中的证明对象，可以使整个收集、调查证据的活动过程具有明确的方向，有利于切实查明案件事实。因此，诉讼中的证明对象自然仅指那些具有实体法意义的事实，只包括那些如不查明就不能对案件实体进行正确处理的事实。只有这样理解证明对象，才有利于司法机关，特别是人民法院在诉讼过程中分清主次，集中精力办案；其二，程序法事实，特别是一些据以作出决定、裁定的事实，有许多是不查自明或者司法机关可以认知的，即便存在一些需要查明的问题，但其证明标准低于盖然性优势标准，不属于严格的证明，仅可以称之为"释明"；其三，程序法事实并非每个案件都会遇到，如果没有发生某些程序问题，就不需要对有关的事实加以证明。

折衷说认为，证明对象包含着程序法事实，但举证责任分担的研究并不涉及所有的证明对象，而仅仅以实体法事实为对象。理由是：其一，实体法之外的事实尽管同样也存在举证责任问题，但应当由谁负举证责任的问题相当简单，根据"谁主张，谁证明"的一般原则即可解决；其二，实体法事实或者由原告作为诉讼主张的根据提出，或者由被告作为反驳诉讼请求的根据提出，它直接决定当事人之间民事法律关系的产生、变更或消灭，查明其存在与否是整个民事诉讼活动的中心环节。因此，作为证明对象的程序法事实在证明责任的法律制度中有一席之地，但在证明责任的理论研究中没有存在的余地。

我们赞成肯定说。折衷说的缺陷在于，既把程序法事实作为证明对象，又将其与证明责任的分担隔离开来，是自相矛盾的。在逻辑上，证明责任分担的原则当然适用于程序法事实。否定说的缺陷在于，简单地以集中精力办案、一些程序事实不查自明为由否定程序法事实是证明对象。应当看到，实体法不能脱离诉讼过程而存在，诉讼过程对保障当事人合法权益、保障实体结果的正确性具有重要意义。

（三）证据事实

证据事实，是指证据本身所记载和反映的事实。它是否属于证明对象范畴，在理论界同样存在较大的分歧，主要有三种观点：

肯定说认为，证据事实是证明的对象。理由是：在证据事实与案件事实、证据事实与证据事实之间，存在着一个手段与目的的因果锁链，当证据事实用来证明案件事实时，它是证明手段；当证据事实自身的真实性需要依靠其他证据证实时，它便成为其他证据确证的客体，由证明手段转变为证明对象。因此，处在中间环节的证据事实具有双重身份，既是案件事实的证明手段，又是其他证据事实的证明对象。

有限肯定说认为，按照证据与案件事实的证明关系，证据可以划分为直接证据和间接证据。直接证据是能够直接反映和证明案件主要事实的证据，故其证据事实与案件主要事实重合，也属于证明对象，但不必单独列出。与之相反，间接证据不能单独证明案件的主要事实，必须与其他间接证据相互印证，它因此而成为证明对象。

否定说认为，证据事实只能作为证明手段，不能成为证明对象。将证据事实排除在证明对象之外，有助于证据法学理论揭示证据和证明对象的各自规则。证据事实反映的是证据概念、采用标准和种类问题，证明对象反映的则是取证、举证、质证和认证等证明活动的目标问题。

我们同意否定说，认为证据事实不能成为证明对象。肯定说、有限肯定说都忽视了证明对象和证据事实自身的规定性，混淆了证据的查明与案件事实的证明之间的界限。证据事实和案件事实这两个概念，从其定义初始就处于待定事实的两极，被假定为未知事实的案件事实，由被假定为已知事实的证据事实来探知、认识和推导。因而，案件事实是证明对象，证据事实是证明手段，二者之间的界限十分清楚。把证据事实也说成是证明对象，则必然模糊这个界限，造成证明理论的混乱。虽然证据也需要查证，但并不意味着等待查证或正在查证的证据就是证明对象，需要查证仅仅是证据所具备的与证明对象相同的一个要素而已，不能据此将二者等同起来。不论是直接证据还是间接证据，查证其真实性活动的目的在于解决其能否成为证明手段的资格问题。此时，印证与被印证的证据与证据之间，确实存在目的与手段的关系，但它仍属于证明手段范围之内的关系，本质是相同的。在它们之外，在性质相异的更高的层面有一个总的目的，即案件事实。对于后者来说，前二者皆为手段。

三、证明对象的意义

对证明对象的研究，在诉讼活动中以及证明活动中都具有十分重要的理论和实践意义：

1. 证明对象是诉讼证明活动的基点和归宿。在诉讼证明活动中，只有先确立了证明对象，才会产生证明责任、证明主体、证明标准等问题，才会明确诉讼证明活动的最终指向。而且，证明主体按照证明对象的不同，在诉讼证明活动中选择不同的证明手段、证明技巧和证明方法，从而使证明活动有序地展开。另外，证明对象与证明标准相互结合，形成了诉讼证明的方向、内容和目标。

2. 证明对象有利于公安、司法机关正确、及时地处理案件。证明对象作为诉讼证明活动必须用证据加以证明的问题，可以使公安、司法机关在诉讼活动中准确地确定所要证明的案件事实，从而保证在整个诉讼证明过程中明确目标，并有目的、有计划地全面收集和审查证据，及时查明案件的事实真相，最终使案件得到正确、合法的处理，保证办案的质量和效率。

3. 证明对象有助于当事人明确诉辩请求和承担举证责任。证明对象是与诉辩请求、举证责任紧密相连的概念，尤其是在民事诉讼中，当事人提出诉辩请求，一般以证明对象为依归。因此，证明对象使诉辩请求明确化、目的化，而诉辩请求则使证明对象具体化。而且，在证明对象所确立的待证事实得以证明之前，待证事实尚处于真伪不明的状态，根据证明对象确定证明主体及其举证责任，如果负有举证责任的主体不能及时、有效地完成证明待证事实（证明对象）的任务，就应由其承担相应的不利后果。

4. 对证明对象的研究，能够推动证据法学的发展和完善。证明对象在证据法上具有特殊地位，它是实体法和诉讼法在证据法上的交汇，具有实体法和程序法的双重规定性。而且证明对象不仅是整个诉讼证明活动的基础和出发点，还是证明活动的归宿。因此，对证明对象的研究，有利于正确认识证据法与实体法、程序法的关系，并能够丰富、拓展证据法学的内涵。尽管我国三大诉讼法尚无证明对象的明确规定，但最高人民法院在司法解释中明确规定，需要运用证据证明的案件事实，包括几个方面，其中最后一项规定为"其他与定罪量刑有关的事实"。由此可见，目前对证明对象的研究，应是我国证据法学发展、完善的重要内容之一。

第二节 刑事诉讼中的证明对象

一、刑事诉讼证明对象概述

刑事诉讼证明对象，是指在刑事诉讼中用来解决犯罪嫌疑人、被告人的刑事责任问题的事实，即犯罪嫌疑人、被告人的行为是否构成犯罪，此罪还是彼罪，罪轻还是罪重，采用何种刑罚以及与保证程序公正有关的事实。

刑事诉讼所要解决的中心问题是犯罪嫌疑人、被告人的刑事责任问题。我国最高人民法院于1998年9月2日发布的《关于执行〈中华人民共和国刑事诉讼法〉若干问题的解释》第52条规定："需要运用证据证明的案件事实包括：①被告人的身份；②被指控的犯罪行为是否存在；③被指控的行为是否为被告人所实施；④被告人有无罪过，行为的动机、目的；⑤实施行为的时间、地点、手段、后果以及其他情节；⑥被告人的责任以及与其他同案人的关系；⑦被告人的行为是否构成犯罪，有无法定或者酌定从重、从轻、减轻处罚以及免除处罚的情节；⑧其他与定罪量刑有关的事实。"另外，程序法从诉讼的角度还作出了一些概括性的补充规定。如我国《刑事诉讼法》第43条规定："审判人员、检察人员、侦查人员必须依照法定程序，收集能够证实犯罪嫌疑人、被告人有罪或者无罪、犯罪情节轻重的各种证据。"可见，在刑事诉讼中需要用证据证明的事实主要是与定罪量刑有关的事实，即将实体法事实作为主要的证明对象。同时，为了保证刑事诉讼程序的公正、有效，并保障诉讼参与人的权益，因而有关的程序法事实也就成为证明对象。

二、我国刑事诉讼证明对象的主要内容

刑事诉讼中的证明对象包括实体法事实和程序法事实。

（一）实体法事实

实体法事实，是指对解决刑事案件的实体问题即定罪量刑问题具有法律意义的事实。这是刑事诉讼中基本的、主要的证明对象。案件的实体法事实，由有关的刑法规范所规定，包括犯罪构成要件事实，量刑情节事实，排除行为违法性、可惩罚性和行为人刑事责任的事实等。

1. 犯罪构成要件事实。刑法理论认为，犯罪构成要件可以划分为四个方面：犯罪客体、犯罪主体、犯罪的客观方面和犯罪的主观方面。从便于掌握的角度，学者们又将这四个方面归纳为七个要素，贯穿起来是何人基于何种动机与目的，在何时、何地，采用何种手段，实施了何种行为，造成何种损害后果。

其中何人是犯罪的主体要件，何种动机与目的是犯罪的主观方面要件，何时、何地、何种手段、何种行为和何种危害后果指犯罪时间、犯罪地点、犯罪方法、犯罪行为的表现形式及其造成的危害后果，属于客观方面的要件。当然，上述"七何"要素是刑事诉讼中通常需要查明的内容，并不十分全面，也非每案必备。如将犯罪动机与目的归结为犯罪的主观方面，就忽略了"过失"这一罪过形式；对于行为犯来说，不一定会出现危害后果等。

2. 影响量刑轻重的情节事实。影响量刑轻重的情节有法定情节和酌定情节，具体分为从重、加重、从轻、减轻、免除刑事处罚五种。

所谓法定情节，是指根据刑法规定，影响量刑轻重的事实或情节。我国现行刑法未规定加重处罚的情节。有关"从重处罚"的一般事实、情节，主要有：组织、领导犯罪集团进行犯罪活动或者在共同犯罪中起主要作用；教唆不满18周岁的人犯罪；累犯；犯罪动机特别恶劣，犯罪手段特别残忍，犯罪造成的危害特别严重等。此外，在刑法所规定的具体犯罪中，涉及许多关于从重处罚的规定，如与境外机构、组织、个人勾结，实施分裂国家、破坏国家统一，或者组织、策划实施武装叛乱、武装暴乱，或者组织、策划实施颠覆国家政权，推翻社会主义制度等的犯罪；掌握国家机密的国家工作人员，在履行公务期间，擅离岗位，叛逃境外或者在境外叛逃，危害我国国家安全；武装掩护走私，伪造货币并出售或者运输伪造的货币；奸淫不满14周岁幼女；非法拘禁他人具有殴打、侮辱情节；国家机关工作人员捏造事实诬告陷害他人以使他人受刑事追究；司法工作人员滥用职权非法搜查他人身体、住宅或者非法侵入他人住宅等。有关"从轻处罚"的事实、情节主要有：已满14周岁不满18周岁的人犯罪；尚未完全丧失辨认或者控制自己行为能力的精神病人犯罪；预备犯；又聋又哑的人或者盲人犯罪；未遂犯；从犯；自首等。有关"减轻处罚"的事实、情节主要有：预备犯；又聋又哑的人或者盲人犯罪；未遂犯；从犯；自首；正当防卫超过必要限度造成不应有的损害；紧急避险超过必要限度造成不应有的损害；造成损害的中止犯；胁迫犯；被教唆的人没有犯被教唆的罪；有重大立功表现等。有关"免除处罚"的事实、情节主要有：预备犯；又聋又哑的人或者盲人犯罪；自首且犯罪较轻；正当防卫超过必要限度造成不应有的损害；紧急避险超过必要限度造成不应有的损害；没有造成损害的中止犯；犯罪后自首又有重大立功表现；行贿人在被追诉前主动交待行贿情况等。

所谓酌定情节，是指在司法实践中根据立法精神和有关刑事政策概括总结出来的有关影响量刑轻重的事实或情节。如犯罪动机、手段；犯罪侵害的对象；犯罪造成的损害后果；犯罪时的环境和条件，即犯罪时的社会治安状况、政治、经济形势；犯罪分子的一贯表现；犯罪后的态度；附带民事赔偿情况，等等。

3. 排除行为违法性、可罚性和行为人刑事责任的事实：

（1）排除行为违法性的事实。如根据刑法的规定，正当防卫、紧急避险、行使职权等行为虽然在客观上造成了损害后果，但因其实施目的是为了保护国家、集体和公民个人的合法利益，从根本上排除了行为的违法性，也就从根本上排除了行为人的刑事责任。

（2）排除行为可罚性的事实。根据《刑事诉讼法》第15条的规定，有下列行为之一的，不追究刑事责任：①情节显著轻微、危害不大，不认为是犯罪的；②犯罪已过追诉时效期限的；③经特赦令免除刑罚的；④依照刑法告诉才处理的犯罪，没有告诉或者撤回告诉的；⑤犯罪嫌疑人、被告人死亡的；⑥其他法律规定免予追究刑事责任的。上述第②～⑥项所规定的情形，排除了行为的可罚性。

（3）排除行为人刑事责任的事实。所谓排除行为人刑事责任的事实，主要是指行为人无责任能力或者正处在依法不负刑事责任的时期。前者指行为人没有达到法定的刑事责任年龄，如依据我国刑法规定，凡是未满14周岁的人，都是没有刑事责任能力的人；后者指精神病患者正处在不能辨别、控制自己的行为而依法不负刑事责任的时期等情形。此外，如果情节显著轻微、危害不大，不认为是犯罪的，当然也不产生刑事责任问题。

4. 其他需要证明的事实。除以上需要证明的事实、情节外，为了准确地确定犯罪嫌疑人、被告人，有关其个人身份情况的事实应属于证明对象的范畴，如姓名、性别、年龄、籍贯、本人成分、身份、民族、职业、住址、工作经历、一贯表现、有无前科等。

（二）程序法事实

程序法事实是决定刑事诉讼程序是否正当、合法进行的事实。由于程序问题会对案件的实体处理产生重大影响，而且在诉讼过程中，司法机关有责任正确解决案件的程序问题，因此，关系到程序法适用的事实也是证明对象的重要内容。

在刑事诉讼中，需要加以证明的程序法事实主要有：①关于管辖的事实；②关于回避的事实；③关于强制措施的实施；④关于审判组织组成的事实；⑤关于刑事诉讼程序的进行是否超越法定期限的事实；⑥司法机关侵犯犯罪嫌疑人、被告人权利的事实；⑦与执行的合法性有关的事实，如是否怀孕的事实；⑧其他与程序合法性或公正审判有关的事实，如延期审理的事实等。

诉讼中的程序法事实，有些不需要当事人证明，有些仅需要当事人提出足以使法官推测大体上确实的证据即可，其证明标准低于对实体法事实的证明标准，又被称作自由证明或释明。法律允许释明是基于对效率问题的考虑，但

"为释明对象之事实，仅属诉讼程序上之特定事实"。[1]

第三节　民事诉讼中的证明对象

一、民事诉讼证明对象概述

　　民事诉讼中的证明对象，是指在民事诉讼中为解决民事纠纷而需要运用证据证明的案件事实。

　　在我国，关于民事诉讼的证明对象及其范围问题，学术界存在着一定的分歧。主要有以下几种观点：第一种观点认为，证明对象是指在民事诉讼中必须证明的事实，即民事案件争执的事实，侵权事实，民事法律关系发生、变更和消灭的事实等，凡需要加以证明的事实，通称为证明对象。[2] 第二种观点认为，证明对象是指证明主体运用证据加以证明的对案件审理有重要意义的事实，[3] 包括案件的主要事实，案件的有关事实，证据事实，外国法律和地方性法规。第三种观点认为，民事诉讼中的证明对象是诉讼参加人和法院运用证据加以证明的对案件的解决有法律意义的事实。[4] 第四种观点认为，民事诉讼中的证明对象是被论证、被说明的案件真实情况，包括有争议的民事法律关系据以发生、变更或消灭的事实，阻碍权利和义务发生、变更或消灭的事实以及由民事诉讼法所规定的、能够引起诉讼程序的发生、变更或消灭的事实，即实体法上的事实。此外，原告与被告是否适格等具有程序意义的事实，也是程序法上要证明的对象，可以称之为程序法上的事实。因此，证明对象包括实体法上的事实和程序法上的事实。[5] 第五种观点认为，诉讼证明的客体即证明对象，是指诉讼中争议的案件事实。诉讼的实质在于定纷止争，解决当事人之间的争议，而诉讼中的争议分为两类，一类是事实争议，一类是法律争议，有时也表现为事实争议与法律争议的结合。[6]

　　上述观点的共同之处在于认可证明对象是事实，是在民事诉讼过程中发生、变更和消灭的事实。但学者们研究的侧重点和表述的方式各有不同，有的侧重

第十七章

---

〔1〕 陈朴生：《刑事证据法》，台湾三民书局 1979 年版，第 156 页。

〔2〕 柴发邦主编：《民事诉讼法学》，北京大学出版社 1998 年版，第 189 页。

〔3〕 常怡主编：《民事诉讼法学》，中国政法大学出版社 2005 年版，第 211～212 页。

〔4〕 江伟主编：《民事诉讼法》，北京大学出版社 2004 年版，第 170 页。

〔5〕 田平安：《民事诉讼证据初论》，中国检察出版社 2002 年版，第 94 页。

〔6〕 卞建林等："诉讼证明：一个亟待重塑的概念"，载何家宏主编：《证据学论坛》（第 3 卷），中国检察出版社 2001 年版，第 25 页。

于证明，认为它是必须证明的事实；有的侧重于对案件的影响，认为它是对案件审理有重要意义或对案件解决有法律意义的事实。我们认为，证据是当事人主张的依据，是推进诉讼活动的必要条件，也是法院查明案件的唯一手段和作出正确裁判的前提和基础。当事人运用证据进行证明的过程都围绕、指向并反映证明对象。因此，民事诉讼的证明对象包括：当事人争议的案件实体事实，与案件有关的程序方面的事实，地方性法规、外国法律及特殊经验规则事实。

二、民事诉讼证明对象的内容

一般认为，民事诉讼证明对象的内容由以下几个方面的事实构成：

（一）实体法事实

民事诉讼的实体法事实，是指引起民事法律关系发生、变更和消灭的事实，即引起当事人的实体权利义务关系发生、变更和消灭的事实。

在民事诉讼中，因适用的实体法不同，或同一实体法内部诉的类型不同，其民事责任的构成要件不同，证明对象也会随之出现差异。如侵权诉讼中的证明对象有两类，一类是一般民事侵权诉讼的证明对象，包括：损害事实客观存在，侵权行为与损害事实之间存在因果关系，侵权行为具有违法性，行为人有过错四个要件。另一类是特殊侵权诉讼的证明对象，特殊侵权诉讼只有三个要件，即不考虑行为人是否有过错问题。因此，民事诉讼证明对象首先是该类型法律责任的构成要件事实。其次，因民事诉讼采取不告不理原则，法院不得审理并处分当事人主张之外的事实，民事诉讼证明对象又被限定在当事人主张的范围之内。至于证明对象的侧重点，可以依当事人主张的诉的类型确定。对于确认之诉，侧重于民事权利义务关系是否存在；对于变更之诉，侧重于民事权利义务关系是否存在变更、消灭的理由；对于给付之诉，侧重于民事权利义务关系的现状和当事人未履行的原因。

具体来讲，民事诉讼的实体法事实一般包括：①当事人之间权利义务关系产生的法律事实。如结婚登记、合同签订等。②当事人之间权利义务关系变更的法律事实。如合同变更等。③当事人之间权利义务关系消灭的法律事实。如合同解除、离婚登记、收养关系的解除等。④妨碍当事人权利行使、义务履行的法律事实。如权利或义务主体丧失行为能力、不可抗力的发生等。⑤当事人之间权利义务发生纠纷的法律事实。如是否构成侵权的事实，一方主张赔偿另一方不同意赔偿的事实等。在具体案件中，作为证明对象的实体法律事实往往依原告的诉讼请求而定，并根据被告积极的抗辩对实体证明对象予以调整和补充。

（二）程序法事实

民事诉讼的程序法事实，是指对解决民事诉讼程序问题具有法律意义的事实，包括当事人的主体资格条件、管辖、回避、审判组织、诉讼期间等事实。

虽然程序法事实不直接涉及当事人的实体权利，但对当事人的实体权利和诉讼程序会产生很大的影响，并能够产生诉讼法上的效果。例如，关于当事人主体资格条件的事实，关系到当事人是否能参加诉讼；关于法院是否有管辖权的事实，关系到受诉法院能否对该案件进行审判；关于某一审判人员是否具有回避情形的事实，关系到该审判人员是否能参加该案件的审理；关于当事人耽误上诉期间理由是否正当的事实，关系到当事人上诉权是否能继续行使，等等。

否定程序法事实是证明对象的观点认为，证明对象必须是在一方当事人不能证明其真伪时，负有证明责任的一方当事人必须承担不利后果的事实，而在民事诉讼中有相当多的程序法事实，对整个民事诉讼程序的进行虽有重要的意义，决定某些诉讼行为能否实施，但对最终的诉讼结果并没有实质影响，如法院对当事人回避申请的决定，仅与某一个办案人员能否参与诉讼有关；并不能在实质上影响案件的处理结果。[1]

（三）地方性法规、外国法律及特殊经验规则的适用

法院对案件作出裁判，要从事实认定和法律适用两个方面进行。对于国内法，一般遵从"法官知悉法律"的原则，当事人不承担证明的义务；即使法官不知，也可以依职权进行调查、了解。因此，一般情况下，案件所适用的法律是否存在及其内容，并不需要当事人加以证明。然而，法官对一些特殊案件中涉及的地方性法规、外国法律或特殊经验规则等可能不甚了解，因而主张适用的一方应当向法庭提交相关规定，使法庭得以了解并据此作出判断。例如，在涉外民事诉讼中，如果当事人要求援引外国法律来解决纠纷，该项外国法律应该作为证明对象。

根据最高人民法院《关于贯彻执行〈中华人民共和国民法通则〉若干问题的意见（试行）》的规定，对于应当适用的外国法律，可通过下列途径查明：①由当事人提供；②由与我国订立司法协助协定的缔约对方的中央机关提供；③由我国驻该国使领馆提供；④由该国驻我国使馆提供；⑤由中外法律专家提供。通过以上途径仍不能查明的，适用中华人民共和国法律。由此可见，我国司法实践中将外国法律视为事实，属于证明对象的范畴。最高人民法院《关于民事诉讼证据的若干规定》第11条规定："当事人向人民法院提供的证据系在中华人民共和国领域外形成的，该证据应当经所在国公证机关予以证明，并经

---

[1] 田平安主编：《民事诉讼法原理》，厦门大学出版社2005年版，第271~272页。

中华人民共和国驻该国使领馆予以认证，或者履行中华人民共和国与该所在国订立的有关条约中规定的证明手续。当事人向人民法院提供的证据是在香港、澳门、台湾地区形成的，应当履行相关的证明手续。"尽管这一规定主要是强调当事人提供域外证据应当履行相应的程序，但我们认为，这一规定同时也说明，当事人提供的域外证据需要予以证明。因此，地方性法规、外国法律或特殊经验规则也应属于证明对象的范畴。

第四节　行政诉讼中的证明对象

一、行政诉讼证明对象概述

在行政诉讼证明对象问题上，学术界的表述不尽相同，如有学者认为证明对象应当是与被诉具体行政行为合法性有关的案件待证事实，[1] 也有学者认为是依照法律规定，人民法院为了审查具体行政行为的合法性而必须查明的事实，包括实体性事实、程序性事实和证据事实。[2] 上述观点的共同点是，它们都认可证明对象是与被诉具体行政行为合法性有关的案件事实。

我们认为，行政诉讼是司法机关审查具体行政行为合法性的活动。与民事诉讼不同，行政诉讼的特殊性在于通过诉讼程序解决行政争议，法院审理行政案件要对行政主体的具体行政行为（包括作为和不作为）是否合法进行认定。我国《行政诉讼法》第5条规定："人民法院审理行政案件，对具体行政行为是否合法进行审查。"第32条规定："被告对作出的具体行政行为负有举证责任，应当提供作出该具体行政行为的证据和所依据的规范性文件。"第61条规定："人民法院审理上诉案件，按照下列情形，分别处理：①原判决认定事实清楚，适用法律、法规正确的，判决驳回上诉，维持原判；②原判决认定事实清楚，但是适用法律、法规错误的，依法改判；③原判决认定事实不清，证据不足，或者由于违反法定程序可能影响案件正确判决的，裁定撤销原判，发回原审人民法院重审，也可以查清事实后改判。当事人对重审案件的判决、裁定，可以上诉。"由此可见，对具体行政行为的合法性审查与判断是行政诉讼的核心任务，凡与具体行政行为合法性相关的事实及其所依据的规范性法律文件以及行政诉讼的程序法事实都属于行政诉讼的证明对象。

---

〔1〕 李国光主编：《最高人民法院〈关于行政诉讼证据若干问题的规定〉释义与适用》，人民法院出版社2002年版，第178页。

〔2〕 张树义主编：《行政诉讼证据判例与理论分析》，法律出版社2002年版，第223页。

根据《行政复议法》的有关规定，行政复议申请人对行政复议决定不服的，可以向人民法院起诉，而行政复议机关依申请人的申请，可以附带审查抽象行政行为，这就意味着抽象行政行为也可成为行政诉讼的证明对象。[1] 此外，行政诉讼法、国家赔偿法及行政复议法中都有关于行政诉讼程序法事实的规定，这些也属于行政诉讼证明对象的内容。

二、行政诉讼证明对象的内容

(一) 实体法事实

行政诉讼中的实体法事实，是指与被诉具体行政行为合法性、合理性有关的实体性待证事实，这是行政诉讼的主要证明对象。由于行政管理具有的广泛性和多样性的特点，因而行政诉讼证明对象的实体法依据比较复杂，涉及到公安、工商、税务、规划、财政、卫生等多个行业，行政法律法规也相应地存在着行政处罚、行政许可、行政收费、行政合同等多种形态。应当明确，具体行政行为的复杂多样性，决定了各类行政诉讼中的证明对象的差异性。

通常认为，行政诉讼中的证明对象应当包括四个方面的内容：与被诉具体行政行为合法性和合理性有关的事实、与行政赔偿构成要件有关的事实、行政诉讼程序事实以及规范性文件。

第一，与被诉行政行为合法性和合理性有关的事实。行政行为是指行政机关行使行政职权，依法作出的具有法律效力的行为，包括具体行政行为和抽象行政行为。所谓具体行政行为，是指行政机关行使职权，对特定的公民、法人或者其他组织和特定的事件单方面作出的直接产生法律效力的行为。抽象行政行为，是指行政机关依法行使职权，对不特定的人或者事件制定的具有普遍约束力的行为规则的行为。

1. 与被诉具体行政行为合法性和合理性有关的事实。由于被诉具体行政行为的合法性和合理性是一般行政诉讼的主要对象，故与此有关的事实就成为一般行政诉讼的证明对象。具体包括以下事实：

(1) 行政机关具有法定职权的事实。即被告行政机关是否有权对外以自己的名义代表国家进行行政管理活动。如果有，那么该行政机关是否有权作出被诉具体行政行为，也就是说是否履行了相应的行政职责。

(2) 原告是否实施了被处理行为或者是否符合法定条件的事实。在行政执法程序中，原告是行政相对人，行政机关要作出正确的行政行为，必须准确认定相对人。然后，行政机关应当进一步查明待处理行为本身的情况。在行政许

---

〔1〕　何家弘主编：《新编证据学》，法律出版社 2000 年版，第 297 页。

可和不作为的具体行政行为案件中，行政机关还应当进一步查明相对人是否符合法定的颁发许可证或者享受给付和保护的条件。这些事实可能成为行政诉讼的证明对象。

（3）被告作出被诉具体行政行为时目的是否正当的事实。目的是被诉具体行政行为合法性的主观标准。要查明这个事实，法院可以从被告的记录和当事人陈述作出客观的认定。

（4）被诉具体行政行为的处理与案件的事实、情节和性质是否相适应。根据《行政诉讼法》第54条的规定，行政处罚如果显失公正的，人民法院可以判决变更。这是有关审查行政处罚合理性的规定。

（5）被诉具体行政行为是否符合法定程序的事实。

2. 有关抽象行政行为合法性的事实。依据《行政复议法》的有关规定，行政法规和规章以外的抽象行政行为可以成为行政诉讼的审查对象，与其合法性有关的事实也就相应地成为一般行政诉讼的证明对象，具体包括以下事实：

（1）作为抽象行政行为主体的行政机关是否享有实施该抽象行政行为的行政职权的事实。例如，《行政处罚法》规定，规章以下的规范性文件不能设定任何行政处罚，而某县工商局文件中自行设定罚款的行政处罚，这种抽象行政行为就是违法的。

（2）抽象行政行为的适用范围和效力情况的事实。

（3）制定抽象行政行为的程序是否合法的事实。

第二，与行政赔偿构成要件有关的事实。行政赔偿是指行政机关及其工作人员在行使行政职权过程中违法侵害公民、法人或者其他组织合法权益造成损害的，由国家承担的赔偿责任。1997年最高人民法院《关于审理行政赔偿案件若干问题的规定》第32条规定："原告在行政赔偿诉讼中对自己的主张承担举证责任。被告有权提供不予赔偿或者减少赔偿数额方面的证据。"在行政侵权赔偿诉讼中，行政赔偿构成要件的事实是主要的证明对象，也是行政赔偿诉讼证明对象区别于一般行政诉讼证明对象之所在。具体包括以下几方面的事实：

1. 侵权行为是否由作为被告的行政机关及其工作人员实施。对工作人员应当作广义上的理解，不仅包括具有公务员身份的工作人员，而且包括接受行政机关指派或唆使实施侵权行为的公民。

2. 侵权行为是否是行政机关及其工作人员在行使行政职权的过程中实施。这一点应当从是否存在着相应的法定职权、行为的目的、时间和场合等方面认定。

3. 侵权行为是否违法。这里的法律包括程序法和实体法，如行政法和民法等。

第十七章

4. 侵权行为是否给作为原告的受害人造成人身权或者财产权的损害，以及损害的大小。

5. 侵权行为与损害之间是否具有直接的因果关系。

另外，原告单独提出赔偿请求的，人民法院还应当查明赔偿义务机关作出处理的情况。这也属于行政赔偿诉讼的证明对象。

（二）程序法事实

行政诉讼程序事实，是指行政诉讼程序是否合法进行的事实。按照我国《行政诉讼法》第 54 的规定，"违反法定程序"可以作为撤销该行政行为并判决行政主体重新作出行政行为的依据。

行政诉讼程序事实具体包括以下事实：①有关当事人资格的事实；②有关主管和管辖的事实；③有关审判组织的事实；④有关审判程序的事实；⑤有关采取行政诉讼强制措施的事实；⑥有关诉讼期间的事实；⑦被告及其代理人是否在诉讼过程中自行向原告和证人取证的事实；⑧有关行政诉讼执行程序是否合法的事实等。

（三）规范性文件

规范性文件是行政机关作出具体行政行为的法律依据。行政主体适用法律规范的合法性，自然是需要用证据加以证明的对象。此处的法律规范主要包括法律、行政法规、地方性法规和涉外案件适用的国际条约（我国提出保留的除外）。

行政诉讼中作为证明对象的规范性文件主要包括宪法、法律、行政法规、地方性法规、行政规章和其他规范性文件。

此外，有学者通过研究英美行政证据理论后提出，行政诉讼中的证明对象还应当包括立法性事实、预测性事实和行政案卷之外的事实在内。[1]

第五节　免证事实

一、免证事实的概念及有关规定

免证事实，是指不需要采用证据加以证明就可以在裁判上加以确认的事实。

免证与"待证"相对应，属于不需要证明的事实，是证明对象的例外；同时，免证又与"举证"相对应，是举证责任的免除，或称举证责任的例外。诉讼中的大部分事实都必须通过证据加以证明才能予以确认，然而，有些事实的

---

[1] 江伟主编：《证据法学》，法律出版社 1999 年版，第 75～76 页。

真实性或为众所周知，或已为法院先前的裁判所查明，不必通过证明即可直接予以确认。正确认识免证事实，有助于分清待证与免证的界限和范围。

有关免证事实，在许多国家和地区的诉讼法典（或证据法典）以及实体法中都有规定。例如，美国《联邦证据规则》第201条规定了"关于裁判事实的认知"（即司法认知），第301、302条规定了民事诉讼中的推定。德国《民事诉讼法》第288条规定了"自认"，第291条规定了"显著的事实"，第292条规定了"法律上的推定"。《法国民法典》第1349～1353条规定了"推定"，第1354～1356条规定了"当事人自认"。我国澳门地区《民事诉讼法》第434条规定了"无需陈述或证明之事实"，即①明显事实无需陈述及证明；众所周知之事实视为明显事实；②法院履行其职务时知悉之事实无需陈述；法院采纳该等事实时，应该将该等事实之文件附入卷宗。

我国关于免证事实的规定，在三大诉讼法中，仅有《民事诉讼法》第67条有相关的规定："经过法定程序公证证明的法律行为、法律事实和文书，人民法院应当作为认定事实的根据。但有相反证据足以推翻公证证明的除外。"另外，其他有关免证事实，则由最高人民法院以司法解释的方式作出规定。具体有：

1. 最高人民法院《关于适用〈中华人民共和国民事诉讼法〉若干问题的意见》第75条规定："下列事实，当事人无需举证：①一方当事人对另一方当事人陈述的案件事实和提出的诉讼请求，明确表示承认的；②众所周知的事实和自然规律及定理；③根据法律规定或已知事实，能推定出的另一事实；④已为人民法院发生法律效力的裁判所确定的事实；⑤已为有效公证书所证明的事实。"

2. 最高人民检察院《人民检察院刑事诉讼规则》第334条规定："在法庭审理中，下列事实不必提出证据进行证明：①为一般人共同知晓的常识性事实；②人民法院生效裁判所确认的并且未依审判监督程序重新审理的事实；③法律、法规的内容以及适用等属于审判人员履行职务所应当知晓的事实；④在法庭审理中不存在异议的程序事实；⑤法律规定的推定事实。"

3. 最高人民法院《关于民事诉讼证据的若干规定》第9条规定："下列事实，当事人无需举证证明：①众所周知的事实；②自然规律及定理；③根据法律规定或者已知事实和日常生活经验法则，能推定出的另一事实；④已为人民法院发生法律效力的裁判所确认的事实；⑤已为仲裁机构的生效裁决所确认的事实；⑥已为有效公证文书所证明的事实。前款①、③、④、⑤、⑥项，当事人有相反证据足以推翻的除外。"第8条第1款规定："诉讼过程中，一方当事人对另一方当事人陈述的案件事实明确表示承认的，另一方当事人无需举证。但涉及身份关系的案件除外。"

4. 最高人民法院《关于行政诉讼证据若干问题的规定》第68条规定："下列事实法庭可以直接认定：①众所周知的事实；②自然规律及定理；③按照法律规定推定的事实；④已经依法证明的事实；⑤根据日常生活经验法则推定的事实。前款①、③、④、⑤项，当事人有相反证据足以推翻的除外。"第70条规定："生效的人民法院裁判文书或者仲裁机构裁决文书确认的事实，可以作为定案依据。但是如果发现裁判文书或者裁决文书认定的事实有重大问题的，应当中止诉讼，通过法定程序予以纠正后恢复诉讼。"第65条规定："在庭审中一方当事人或者其代理人在代理权限范围内对另一方当事人陈述的案件事实明确表示认可的，人民法院可以对该事实予以认定。但有相反证据足以推翻的除外。"

二、免证事实的内容

综合司法解释的规定，并借鉴国外的有关规定，我们认为，不需要当事人举证证明的免证事实，应当包括以下几方面内容：

（一）众所周知的事实

众所周知的事实，是指在一定区域内为人们所共知的常识性事实，即在通常的社会条件下无需人们证明就可知晓的事实。例如：北京是中华人民共和国的首都；10月1日是中华人民共和国的国庆节；每年的农历正月初一是中国的传统节日——春节等。

各国法律一般将众所周知的事实规定为免证事实。众所周知是一个相对概念，不同的事实，为人所知的地域和程度可能有大小之分，且会随着时间的推移发生变化，其是否属于众所周知的事实，需要审判人员视具体情况加以认定。

（二）自然规律及定理

自然规律，是指客观事物在特定的条件下所发生的本质联系和必然趋势的反映。它是人们通常所感知的客观现象及周而复始地或频繁地出现的那些具有内在的必然联系的客观产物。例如：太阳从东边升起，到西边落下；冬天冷，夏天热等。定理，是指已为科学反复证明并得到人们普遍采用的原则性或规律性的命题或公式。例如，新陈代谢、能量守恒，等等。

在诉讼活动中，当有关案件事实涉及到反映自然规律及定理的事实时，通常将其作为免证事实来对待。例如：离地面越高，空气越稀薄，且气温也越低；树木一般靠北面的树桩年轮较密，而靠南面的年轮较疏。正是由于这些自然规律和定理已为科学所证明，并经过了实践的反复验证，因而具有客观性和真实性，无需在诉讼中加以证明。

（三）推定的事实

推定，是指根据已经证明的事实或者法律、经验推导出另一事实的行为。其中作为推定基础的事实被称为基础事实，推导出的事实被称为推定事实。推定是审判实践中经常使用的方法，是司法者借助于既存的事实，并据以推断而产生另一相关事实存在的假设。在诉讼活动中，一旦推定成立，主张推定事实存在的一方当事人，即不需要对该项要件事实进行证明。该项事实也就被排除于证明对象之外，法官也可以认定该项事实存在。

然而推定所带来的免证结果并不是绝对的，在对方当事人就被推定的事实不存在提出证据的情况下，推定就失去了其适用性。此时，法院应当结合基础事实和对方当事人提出的证据对当事人争议的事实重新进行评价。

（四）预决的事实

预决的事实，就是已为法院的生效裁判或者仲裁机构作出的生效仲裁裁决确认的事实。预决的事实之所以不需要证明，主要基于以下原因：一是该预决事实已经经过证明程序证实，客观上无再次证明的必要；二是该事实已经经过生效裁决确认，已具有法律效力。无需证明也体现出对法院裁判和仲裁机构的仲裁裁决的尊重。因此，将预决的事实归入免证的范畴，其优点在于：其一，有利于节约诉讼成本，提高诉讼效率；其二，防止法院或仲裁机构对同一事实作出相互矛盾的认定；其三，避免重复劳动。

需要指出的是，预决事实要具备免证的效力，还要满足一定的条件：其一，先行的裁判或裁决必须已经生效；其二，先行裁判或裁决所确认的事实必须与后行案件的事实存在关联；其三，预决事实的证明必须符合正当程序的保障原则。

一事不再理是许多国家所确立的重要诉讼原则，同时也为我国诉讼制度所采纳。如果经过法院或仲裁机构审理并确认的事实，后行审理的法院对之再进行审理，即违反了一事不再理原则。

（五）经公证证明的事实

公证，是指公证机关根据当事人的申请，依法对法律行为、法律事实或者文书的真实性、合法性进行证明的活动。正是由于公证机关对有关事实的确认，是依据法定程序，经过严格的审查后作出的，因而公证书一经作出，即产生法律效力。

公证文书的法律效力主要体现在三个方面：一是证据的效力或者证明效力；二是强制执行的效力；三是作为法律行为成立的必备要件的效力。我国《民事诉讼法》第67条规定："经过法定程序公证证明的法律行为、法律事实和文书，人民法院应当作为认定事实的根据。但有相反证据足以推翻公证证明的除外。"

第十七章

因此，经公证证明的事实，属于免证事实范畴，无需当事人举证证明。

（六）自认的事实

自认，是指当事人在诉讼过程中承认对方提出的不利于己的事实的行为。此处的自认，仅指当事人对案件事实的自认，而不包括对诉讼请求的自认（即认诺）。

在民事诉讼中，因为当事人之间的纠纷一般只涉及个人利益，所以允许当事人以自认的方式处分自己的权益。此时的假设和判断是，对对方提出的不利于己的事实主张，当事人会提出否认或反驳，如其不否认，则是真实的；对于双方当事人没有争议的事实，不必证明。但在刑事诉讼中，因其适用严格证明标准，在仅有被告人供述而没有其他证据印证时，不能认定被告人有罪。

本章思考题

1. 什么是证明对象？它有哪些特征？
2. 确立证明对象有什么意义？
3. 什么是实体法事实？为什么它属于证明对象的范畴？
4. 什么是程序法事实？它是否属于证明对象？
5. 刑事诉讼中的证明对象有哪些？
6. 简述民事诉讼的证明对象及其范围。
7. 简述行政诉讼的证明对象及其范围。
8. 在司法证明中，哪些事实属于免证事实？
9. 证据事实是否属于证明对象？

第十七章

第 *18* 章

证明责任

学习目的与要求：

　　通过本章学习，掌握证明责任的概念和特点；理解国外证明责任制度的演变及我国关于证明责任的理论研究状况；认识和把握刑事、民事和行政诉讼中证明责任分配的一般规则、特殊规则；理解民事诉讼证明责任分配的基本理论等。

第一节　证明责任概述

一、证明责任的含义及特征

证明责任，是指由制定法预先规定由何方当事人就特定的待证事实提供证据并说服裁判者认定其成立，并于案件事实真伪不明[1]时承担不利后果的法律风险分配机制。

准确理解证明责任的含义，应从以下五个方面把握其特征：

1. 证明责任是由制定法预先规定的。证明责任机制的本质是待证事实真伪不明时的法律风险的分配。证明责任所蕴含的法律风险往往在诉讼过程中，尤其是在事实真伪不明时才凸显出来。但是，如果等到事实真伪不明出现时再由法官确定证明责任由哪一方当事人负担，既不利于维护法的安定性，也不利于当事人主张、抗辩、收集和提供证据，因此，需要依据一定的规则预先在双方当事人之间分配证明责任。无论是成文法还是判例法国家，其证明责任的分配

---

〔1〕 关于真伪不明的判断标准，德国学者汉斯·普维庭的解释为：在诉讼结束时，当所有能够释明事实真相的措施都已经采用过了，但是争议事实仍然不清楚的最终状态。一项事实"真伪不明"的前提条件是：①原告方提出有说服力的主张；②被告方提出实质性的反主张；③对争议事实主张有必要证明；④用尽所有程序上许可的和可能的证明手段，法官仍不能获得心证；⑤口头辩论已经结束，上述第③项的证明需要和第④项的法官心证不足没有改变。参见［德］汉斯·普维庭：《现代证明责任问题》，吴越译，法律出版社 2000 年版，第 22~23 页。

都是由法律预先规定的，即通过法律预先确定证明责任分配的一般原则及特殊规则，指引诉讼当事人进行取证和举证等证明活动。证明责任尤其是结果意义上的证明责任尽管在诉讼证明的最终阶段才得以显现，但是在某一诉讼程序开始之前已经由成文法或者判例法预先进行了分配，而不是在诉讼中临时确定的。诚然，法律和司法解释难以穷尽所有证明责任分配的特殊情形，在法律没有具体规定的情况下，有必要赋予法官一定限度的裁量权，根据法定的原则和相关因素综合衡量以确定证明责任的分配。

2. 证明责任与待证事实紧密联系。证明责任概念中的要证事实可以分为当事人所主张的事实以及法律规定由某一方当事人证明的特殊要件事实。根据证明责任的分配原理，证明责任与诉讼主张紧密相联，但是，如果将证明责任所指向的事实仅仅限定为当事人所主张的事实，难以解释证明责任分配特殊规则中要求当事人证明的而非其所主张的要件事实的情形。例如，行政诉讼证明责任分配的一般原则是由被告对其作出的具体行政行为的合法性承担证明责任，这显然不是按照诉讼主张来分配证明责任的。再如，最高人民法院《关于民事诉讼证据的若干规定》第4条所规定的八种侵权案件中某些要件事实的证明责任承担，是由法律根据举证难易、当事人距离证据的远近以及公平原则，将某种要件事实的证明责任分配给被告，而与原告的主张没有直接对应关系。

3. 证明责任在行为意义上表现为提供证据和说服裁判者的活动。在证明理论上，通常将行为意义上的证明责任称为提供证据的责任，也有学者将其称为举证责任，其内容是向法庭提出证据。但需要注意的是，并非所有提出证据的行为都是履行提供证据的"责任"，例如，在刑事诉讼中，被告方提出证明自己无罪或者罪轻的证据，属于行使辩护权的表现，是一种"权利"而不是"责任"。再者，职权主义诉讼模式下的法官承担着比当事人主义诉讼模式下的法官更多的主动依职权调查、收集、核实证据的责任，这也不属于履行"提供证据责任"的行为，而是在履行审判职责。行为意义上的证明责任还应当包括负有证明责任的一方当事人运用证据对待证事实进行说明、论证，使法官形成对该事实确信的心证的活动。在诉讼中，负有证明责任的当事人仅提供证据还是远远不够的，如何通过法庭质证、辩论、攻击对方证据的可采性和证明力以说服法官认定其需要证明的事实才是重点。

4. 证明责任在结果意义上表现为证明不能时的败诉等不利后果的承受。证明责任最终表现为证明不能即争议事实真伪不明时败诉等不利后果的承担，这是一种风险责任。而这种风险责任又是一种潜在的风险，只有在案件事实经过一系列证明活动仍处于真伪不明的状态时，才会实际发生。它虽然是潜在的，但是其作用不可忽视，因为正是有了结果意义上的风险负担，才促使承担证明责任的当事人积极进行取证、举证、质证及说服法官的活动。从这个意义上说，避免承担结果责任是履行行为责任的内在动因。

5. 证明责任是一种分配法律风险的诉讼机制。之所以说证明责任是一种分配法律风险的诉讼机制，是因为证明责任制度是由一系列原则和具体规则构成的法律规范体系。这些原则和规则之间具有紧密的联系并相辅相成，共同发挥指引诉讼当事人举证和论证己方承担证明责任的事实成立的功能。通常所说的"证明责任是诉讼的脊梁"，正是从证明责任在统领取证、举证、法庭质证、论证、说服裁判者等证明活动中的作用，以及当争议的待证事实真伪不明时法官裁判机制的意义上来表明证明责任的重要作用的。

二、国外证明责任制度的演变

(一) 古罗马时代

证明责任作为一种诉讼机制，最早萌芽于罗马法。在古罗马时代，立法者就已经强调双方当事人的对抗以及主张事实者的证明责任，对后世证明责任制度产生了极大的影响。古罗马法上的证明责任制度及其分配原则，被学者们概括为，为主张之人负有证明义务，为否定之人则无，事物之性质上，否定之人无须证明，原告对于其诉，以及以其诉请求之权利，须举证证明之，若提出抗辩，则就其抗辩有举证之必要。

上述古罗马时期的证明责任分配原则的特点是：其一，侧重于提供证据的责任，这类似于现代意义上证明责任概念中的提供证据责任或主观证明责任，而作为解决事实真伪不明疑案的方法的结果责任或客观证明责任尚未形成；其二，将提出诉讼主张作为承担证明责任的前提；其三，区分了否认与抗辩。对于诉讼一方当事人所主张的事实，对方当事人的对抗反应主要是否认和抗辩。罗马法已经将抗辩作为广义诉讼主张中的一种，由提出抗辩者承担提供证据的责任，而单纯否认则不承担证明责任。

(二) 德国普通法时代的证明责任制度

德国普通法时代，指的是从开始继受罗马法至1900年《德国民法典》颁行这一历史时期。这一时期德国的证明责任制度与古罗马时代相比有了新的发展，即采取宣誓制度作为法官解决疑难案件的方法，由此将证明责任制度和裁判宣誓制度结合到了一起。根据1847年《汉诺威王国民事诉讼法》的规定，裁判宣誓制度被称为"通常必要的宣誓"，包括补充宣誓和雪冤宣誓两类。前者适用于负担证明责任的当事人；后者适用于不负担证明责任的当事人。如果负担证明责任的当事人所提供的证据虽不充分，但已经超出证明程度的一半，该当事人便取得了补充宣誓权；经过补充宣誓后，法官即可认定该待证事实为真。反过来，如果该当事人所提供的证据尚未达到证明程度的一半，对方当事人则取得了雪冤宣誓权；经过雪冤宣誓后，法官应认定该待证事实为假，据此判决对方当事人胜诉。

在德国普通法时代，由于用来裁决疑案的宣誓制度的产生，形成了证明责任制度和宣誓制度并行的机制，两者在不同的领域结合起来，为法官判定是非、解决疑难案件提供了可以遵循的、较为明确的规则。学者们通常认为，不管是古代罗马法时代还是德国普通法时代的证明责任制度，都是作为提供证据责任制度来看待的，即仅指主观上的证明责任，尚未发展出客观证明责任的概念。[1]

（三）近代大陆法系的证明责任制度

19 世纪末期，德国学者尤里乌斯·格拉查率先提出了证明责任概念的分层理论。该理论把证明责任概念的内涵分解为两个层次：一是主观的或者形式上的证明责任。其目的在于要求当事人提供证据以推进诉讼进行，而不是只主张事实却不举证证明，或者用证据以外的方法，如宣誓、决斗、神明裁判等手段对主张的事实进行证明。由于这层意义上的证明责任突出当事人的举证行为，而未涉及败诉风险的承担问题，因而又称之为行为意义上的证明责任。二是客观的或实质上的证明责任。其功能在于为法官解决事实真伪不明的疑难案件提供方法论。根据这层意义上的证明责任，在诉讼程序结束的时候，如果案件的要件事实处于真伪不明的状态，法官既不得任意裁判，也不能拒绝裁判，而必须根据证明责任确定案件的败诉后果的承担者。由于这层意义上的证明责任与诉讼结果有关，所以通常也被称为结果责任。

继格拉查提出客观证明责任的概念之后，罗森伯格和列昂哈得两位德国学者进一步发展和完善了客观证明责任的理论，使之很快成为德国民事诉讼理论界的通说。客观证明责任理论传入日本后，也很快成为理论界和司法实务界的通说。然而，客观证明责任理论出现并成为通说后，并未完全替代主观证明责任，而是与主观证明责任一起构成证明责任的双层含义，使得证明责任这一概念的内涵更加丰富。

（四）近代英美法系的证明责任制度

在英美证据理论中，证明责任由两个部分组成，即说服责任和提供证据的责任。说服责任又被称为法定责任、最终责任、不能说服的风险等，是指当事人按照法定的证明标准，说服事实审理者基于全部证据，确信有关争议事实为真实或具有充分盖然性的责任。当事人若无法依证明标准完成其所负担的说服责任，将承担败诉的风险。说服责任与特定争议事实相关，而且大多数案件的

第十八章

---

〔1〕　骆永家：《民事举证责任论》，台湾商务印书馆 1981 年版，第 46 页。

争议事实并非是单一的，这些争议事实的法定证明责任由诉讼当事人分别负担，至于哪些事实由何方当事人承担，一般由适用于诉讼主张的实体法所确定。说服责任只能根据适当的证明标准在对全案证据综合评价之后才能最终发挥作用。如果法庭在综合全案证据后仍然无法形成确定的心证，即案件事实真伪不明时，则由负担证明责任的当事人承担败诉的后果。提供证据的责任又称为证据责任、举证负担、推进责任等，是指当事人就某项事实有责任提交足够的证据以证明其有理由获得有利于己的事实认定。或者说，它要求当事人提交足够的证据以使争议得以移送事实裁判者审理。

三、我国关于证明责任的理论研究

证明责任理论自清朝末年由日本传入我国后，无论在立法上还是在诉讼法学理论上都有较大的发展。新中国成立后，诉讼法学理论界对于证明责任理论的研究更是蓬勃发展。然而，理论界在证明责任的含义、证明责任与举证责任的关系以及证明责任的性质等基本问题上仍存在较大争议。

（一）关于证明责任的含义

学界对于证明责任含义的观点纷呈，主要有行为责任说、结果责任说、双重含义说、多重含义说等，现简单概括如下：

行为责任说认为，证明责任即提供证据进行诉讼这种行为的责任，即证明责任也叫举证责任，是指谁对案件事实有提供证据加以证明的义务。

结果责任说认为，证明责任即法律预先规定在案件事实不清、难以确定的情况下，由负有证明责任的一方当事人承担不利后果的责任，即举证责任是指诉讼上无法确定某种事实的存在时，对当事人产生的其所主张的有利的效果不被承认的后果。

双重含义说认为，证明责任包括行为和结果两个方面，即行为意义上的证明责任和结果意义上的证明责任。前者是指当事人对所主张的事实负有提供证据证明的责任；后者是指在事实处于真伪不明的状态时，主张该事实的当事人承担不利诉讼后果的责任。这种不利的诉讼后果既表现为实体法上的诉讼权利主张得不到任何法院的确认和保护，又通常表现为因败诉而负担诉讼费用。

多重含义说主张，证明责任应包括主张责任、提供证据责任、说服责任和不利后果负担责任四层含义。

我们认为，双重含义说比较全面和精练地说明了证明责任的含义。无论主张责任、提供证据责任，还是说服责任都是行为意义上的举证责任，而不利后果负担责任是结果意义上的证明责任。从证明责任对于法院裁判的意义上来说，结果意义上的证明责任是潜在的，是推动当事人积极履行行为意义上的证明责任的动因，因为提出事实主张从而构成争议事实是诉讼发生的前提，如果当事人不提出事实主张，既不能引起诉讼，也不能产生后续的提供证据的责任和说服责任，当事人提出自己的诉讼主张之后如果不能提供充分的证据并且达到证明标准，也就不能说服裁判者作出有利于自己诉讼主张的裁判，在事实真伪不明的情况下，最终将承担败诉的风险，即结果意义上的证明责任。也就是说，结果意义上的证明责任仅在诉讼证明的最后阶段，出现真伪不明的状态时才会实际发生。因而，证明责任是行为意义上的证明责任和结果意义上的证明责任两个基本方面的有机结合。

行为意义上的证明责任（以下简称行为责任）与结果意义上的证明责任（以下简称结果责任）之间既有区别，又有联系，主要表现在如下几个方面：其一，两者发挥的作用不同。结果责任针对的是事实审理者（陪审团或者法官），目的在于提供证据并说服事实审理者最终就争议事实作出有利于己的裁判，其解决的是事实问题；行为责任针对的是法律适用者（法官），目的在于使法官将争议事实提交陪审团审理或者继续听审，其解决的是法律问题。其二，发生作用的时间不同。在诉讼过程中，行为责任先于结果责任发挥作用。行为责任和结果责任可以被比作成功卸除证明责任的两道障碍。负有证明责任的当事人要想将争议事实提交陪审团裁决，就必须提出足够的证据，以便越过第一道障碍。否则，在事实尚未提交陪审团之前，他就会受到法官的不利裁决。即使越过了第一道障碍，当事人仍可能在第二道障碍前受阻，因为当事人提供的证据可能并不足以说服陪审团，在对方当事人提出强有力的反证时更是如此。[1] 其三，是否可以在当事人之间转移不同。行为责任会随着举证活动的进行而发生转移。当一方当事人已提出足够的证据后，这种责任就会从该方身上暂时卸下，转移至另一方当事人。而结果责任不发生转移，它一旦由制定法确定由某一方当事人负担后，便自始至终由该方当事人负担。其四，证明标准不同。结果责任的证明标准比行为责任的证明标准高。结果责任的证明标准在不同的案件中有不同的要求，刑事诉讼中结果责任的证明标准在英美法系是"排除合理怀疑"，在我国是"事实清楚，证据确实充分"；在民事诉讼中，结果责任的证明标准一般是"优势证据"或者"高度盖然性"，而行为责任的证明标准较低，只要有"表面理由"或者"表面上成立即可"。[2]

（二）证明责任与举证责任的关系

在我国理论界，长期存在证明责任与举证责任关系之争。我国学术界关于

---

〔1〕 李浩：《民事举证责任研究》，中国政法大学出版社1993年版，第6页。
〔2〕 齐树洁主编：《英国证据法》，厦门大学出版社2002年版，第175页。

两者关系的观点主要有同一说、并列说、包含说、包容说和前后说。

同一说认为，证明责任就是举证责任，即谁负有提出证据证明案件事实的义务。并列说主张，证明责任和举证责任是两个完全不同的概念，证明责任专指诉讼中公检法机关收集、运用证据证明犯罪嫌疑人、被告人是否有罪的法律义务，犯罪嫌疑人、被告人及其他当事人、诉讼参与人不承担证明责任；而举证责任是当事人向司法机关提供证据的责任。包含说认为，证明责任包含了举证责任，即证明责任是司法机关或某些当事人收集或提供证据证明案件事实或者有利于自己的主张的责任，不尽证明责任将承担其主张不能成立的后果；而举证责任仅指当事人提供证据证明有利于自己主张的责任。包容说主张，证明责任和举证责任两者互相包容，举证的目的是为了证明，而证明是举证的结果。前后说认为，证明责任和举证责任是两个独立的概念，但两者之间存在一种前后关系。举证责任主要是提出和收集证据，证明责任主要是判断和运用证据。从认识论的角度讲，前者属于感性认识，后者属于理性认识。

尽管理论上的争论如此激烈，但是，行政诉讼和民事诉讼立法上却采用的是"举证责任"的概念，这更增加了争论的复杂性。1989 年颁布的《行政诉讼法》率先使用了"举证责任"这一术语。该法第 32 条规定："被告对作出的具体行政行为负有举证责任，应当提供作出该具体行政行为的证据和所依据的规范性文件。"而在此之前颁布的《民事诉讼法（试行）》采用的是"有责任提供证据"，现行《民事诉讼法》沿袭了这一说法。[1] 最高人民法院《关于民事诉讼证据的若干规定》第 2 条和第 4 条使用了举证责任的概念，[2] 并且明确了证明责任的双重含义，即行为意义上的提供证据的责任和结果意义上的承担不利后果的责任。而《刑事诉讼法》中未明确使用证明责任和举证责任这两个术语。

我们认为，证明责任和举证责任两者的内涵实质上是相同的，只是由于在引进国外理论时翻译的问题及使用习惯的原因对同一内容形成了两个概念。即使《民事诉讼法》和《行政诉讼法》都采用举证责任的称谓，但是人们在长期使用举证责任这个概念时已经赋予了它证明责任的含义并把两者作同义词使用，因此，两者完全可以在同一意义上使用而不必作严格区分。[3]

---

[1] 《民事诉讼法（试行）》第 56 条第 1 款规定："当事人对自己提出的主张，有责任提供证据。"现行《民事诉讼法》继承了提供证据的责任这一概念。2007 年修订的《民事诉讼法》第 64 条第 1 款规定："当事人对自己提出的主张，有责任提供证据。"

[2] 2002 年 4 月 1 日施行的最高人民法院《关于民事诉讼证据的若干规定》第 2 条规定："当事人对自己提出的诉讼请求所依据的事实或者反驳对方诉讼请求所依据的事实有责任提供证据加以证明。没有证据或者证据不足以证明当事人的事实主张的，由负有举证责任的当事人承担不利后果。"

[3] 本书为了用词规范和行文方便，除引用法条时与法律用语保持一致而使用举证责任外，统一使用证明责任的称谓。

第十八章

（三）证明责任的性质

证明责任的性质，是我国证据法学理论界争议较大的问题。对此，我国理论界曾出现过许多学说，如权利说、义务说、权利义务说、责任说、权利责任说、效果说、败诉风险说和负担说等，其中影响较大的是义务说、责任说和负担说。义务说将证明责任看作是当事人负担的一种诉讼义务，认为当事人在诉讼过程中之所以要负担证明责任，是因为证明责任是法律要求当事人履行的诉讼义务，当事人若不履行，便会产生相应的法律责任，如败诉的后果。责任说则认为证明责任既不是证明主体的诉讼权利，也不是诉讼义务，它属于证明主体的法律责任。风险负担说认为证明责任是当事人为得到胜诉结果而在实际上产生的必要负担。证明责任这一诉讼制度的作用机制是：诉讼当事人（包括控诉一方）被课以行为意义上的证明负担，以求案件事实得到证明。在案件事实得不到证明的情形下，拟定为应当证明的一方当事人没有履行法律责任，判决该当事人承担由此引起的法律后果（即诉讼中的不利后果）。可见，证明责任意味着一种"风险负担"。目前，我国关于证明责任的性质尚未形成通说，学者多持负担说或者败诉风险说。

在证明责任的性质问题上，我国还有学者支持德国学者汉斯·普维庭的学说，即"真伪不明的法律风险分配说"。[1] 我们也赞同该说。因为无论义务说、风险负担说、责任说等都是从当事人进行诉讼活动的视角分析证明责任的法律性质。我们认为，证明责任作为一种诉讼机制，是通过制定法确立的法官解决真伪不明疑案时的裁判规则，是事先分配由谁对何种要件事实进行举证并承受真伪不明时的法律风险的规则体系。只有在证明责任预先由制定法分配给当事人之后，才能落实到诉讼活动中，具体体现为提供证据、说服裁判者并承担证明不能时的败诉风险。因此，证明责任的性质应当从证明责任作为法律风险分配机制这一视角来分析，唯此才能抓住证明责任问题的本质。

在证明责任的性质问题上，还涉及到其所属的法域，即证明责任属于何种性质的法律规范。国外法学界对于证明责任规范属于何种法域长期存在争论，我国也是如此。国外有关证明责任法域属性的代表性观点主要有诉讼法说、实体法说、实体司法法说和适用法律所属法域说。诉讼法说主张，证明责任只能在诉讼领域内发挥效力，并且只有法官才有权适用证明责任规范进行裁判。实体法说主张，证明责任规范作为一种独立的法律规范，不仅适用于诉讼领域，而且还可以适用于诉讼外领域，因而证明责任规范是一种附属于实体法规范的法律规范，应将其法域属性划入实体法领域。实体司法法说主张，在立足于实

---

〔1〕 陈刚：《证明责任法研究》，中国人民大学出版社 2000 年版，第 105 页。

体法说的基础上，应当解释有一部分证明责任规范属于实体法，有一部分则属于诉讼法，它是具有实体法性质并伴随私法而产生的，只在诉讼领域内作为裁判规范的法律规范。适用法律所属法域说认为，证明责任与被适用的法律规范属于同一法域，即根据其所适用的法律规范的性质，既可以属于私法领域，又可以属于诉讼法等公法领域。[1] 我们认为，适用法律所属法域说较为合理。因为证明责任规范的法域属性与证明责任发生的法域之间有着密切的联系。虽然证明责任规范是在诉讼过程中出现要件事实真伪不明时指导法官作出判决的司法规范，但作为证明对象的要件事实是以法律规定的构成要件为判断基础的，其属性也应由规定该构成要件的法律所属的法域属性而定。同时，我国证据法学界有学者虽然支持实体司法法说，但是其理由却更接近适用法律所属法域说的观点，我们认为其对于证明责任层次的划分以及不同层次的证明责任规范分别属于诉讼法或者实体法的观点是合理的。然而问题是，实体司法法说将证明责任规范解释为实体法的派生，并认为是与民法性质相同的指示法官进行判决的裁判规范，所以说，其本质是将证明责任规范划入民法领域。因此，实体司法法说无法解释刑事诉讼和行政诉讼中的证明责任规范的属性问题。

第二节　刑事诉讼中的证明责任

一、刑事诉讼证明责任分配的原则

现代刑事诉讼证明责任分配的前提是无罪推定原则。从性质上来说，无罪推定是基于一定价值取向而规定的可反驳的立法推定。无罪推定原则的功能主要在于确定刑事诉讼中证明责任的分配。该原则假定被告人在判决前是无罪之人，因此，在任何案件中要推翻这一假定，都要有充分确凿的证据，而且应当由指控一方承担证明责任。具体来说，无罪推定有两层含义：其一是控诉方承担证明被告人有罪的证明责任；其二是在控诉方提供的证据未达到有罪证明标准时，法院应判决被告人无罪。

无罪推定原则又派生出两个原则：反对强迫自证其罪原则和疑罪有利于被告人原则。根据证明责任的双重含义，同时结合无罪推定的精神实质，无罪推定原则在分配刑事证明责任方面分为两个层次：

1. 反对强迫自证其罪原则确定提供证据责任或者行为责任。任何人不被强迫自证其罪原则从根本上否定了被告人承担行为意义上的证明责任。从逻辑上

---

[1] 陈刚：《证明责任法研究》，中国人民大学出版社 2000 年版，第 145～146 页。

说，既然被告人已经被推定为无罪之人，那么他在诉讼中的法律地位已经确定，他就没有必要再提出证据来证明自己无罪。相反，提出有罪控告的一方既然质疑被告人的无罪地位，那么控诉方就应当提供相应的证据来对其指控的犯罪事实加以证实，在这个意义上，提出证据的责任或者说行为意义上的证明责任应当由控诉方承担。[1] 为了保障被告人反对强迫自证其罪的权利，又引申出了两项相关的诉讼规则：一是权利告知规则，即司法机关应当将其享有反对强迫自证其罪的权利的信息告知犯罪嫌疑人和被告人；二是非任意供述证据的排除规则，如果被告人受到侦控机关的强迫而自证其罪，那么该证据将被法庭排除，不能作为定罪量刑的根据。对此，最高人民法院和最高人民检察院相关司法解释规定，对于以刑讯逼供等非法方法取得的被告人供述和证人证言，作为非法证据予以排除。这也印证了被告人不承担提供证据证明自己有罪或者无罪责任的证明责任分配原则。

2. 疑罪有利于被告人原则决定了结果意义上的证明责任分配。被告人在诉讼中的无罪地位是一种法律拟制，并不是事实上无罪的认定，它可以通过控方的反证活动加以推翻。如果控诉方所提供的证明被告人有罪的证据达到了有罪证明标准，那么，就可以推翻这种无罪的法律拟制。但是，如果控诉方不能证实所指控犯罪事实的真实性，或者事实真伪不明时，就无法推翻这种法律上无罪的拟制，法官就应当作出对被告人有利的判决，即"疑罪有利于被告人"或称为"疑罪从无"，这是控诉方承担结果责任的直接体现。

我国《刑事诉讼法》虽未直接规定证明责任的分配原则，但是某些条文所蕴含的无罪推定精神确立了证明责任分配的基本原则。例如，《刑事诉讼法》第12 条规定："未经人民法院依法判决，对任何人都不得确定有罪。"尽管人们对这一规定的解释还存在不同的观点，但是该规定显然体现了无罪推定原则的基本精神。再修改刑事诉讼法时应该对无罪推定原则作出更为完整、准确的表述。再如，《刑事诉讼法》第162 条第 3 项规定："证据不足，不能认定被告人有罪的，应当作出证据不足、指控的犯罪不能成立的无罪判决。"该条虽未明确承担证明责任的主体，但是，从对证明责任的概念分析上可以得出结论，被告人不承担证明责任。在认定被告人构成犯罪证据不足的情况下，应当作出有利于被告人的无罪判决，显而易见，被告人不承担结果意义上的证明责任。

综上所述，在刑事诉讼中，被告人既不承担行为意义上的提供证据证明自己有罪的责任，也不承担证明自己无罪的责任，更不承担指控的犯罪证据不足时的不利后果。在此需要说明的是我国刑事诉讼法所规定的犯罪嫌疑人"应当

第十八章

---

[1] 谢佑平、万毅：《刑事诉讼法原则：程序正义的基石》，法律出版社 2002 年版，第246 页。

如实回答"的问题。《刑事诉讼法》第93条规定："……犯罪嫌疑人对侦查人员的提问，应当如实回答。"我们认为，这一规定并不是让被告人承担证明责任。该条规定从性质上来说不属于证明责任分配的范畴或者说不具备证明责任的性质。它体现了立法者提倡犯罪嫌疑人配合侦查机关查明案情的伦理要求或者是一种号召。但是，如果犯罪嫌疑人不如实回答侦查人员的提问，或者根本不回答甚至说谎，司法机关也不能就此判定其有罪。而且根据《刑事诉讼法》第162条的规定，疑罪应作出有利于被告人的裁判。《刑事诉讼法》第46条还规定，只有被告人供述，没有其他证据的，不能认定被告人有罪和处以刑罚。这些条文的规定都体现了决定被告人不承担证明责任的无罪推定原则。

二、刑事诉讼证明责任分配的一般规则

（一）自诉案件证明责任的分配

自诉案件的证明责任由自诉人承担，自诉人举证不能则要承担败诉的后果。根据《刑事诉讼法》第170、171条的规定，自诉人向法院提起控诉，必须提供证据。在开庭审理之前，如果自诉人不能提供充分的证据证明其主张的犯罪事实，法官应当说服自诉人撤诉，或者裁定驳回起诉；开庭审理之后，如果自诉人不能提供充分的证据证明其主张的犯罪事实，法官应当依法判决被告人无罪。

自诉案件中的被告人原则上不承担证明责任。但是，告诉才处理的和被害人有证据证明的轻微刑事案件的被告人可以在诉讼过程中对自诉人提出反诉，对于反诉的事实主张，被告人负有证明责任。

（二）公诉案件证明责任的分配

1. 人民检察院承担证明责任。在公诉案件中，由人民检察院承担证明责任。具体来说，人民检察院的证明责任具体包括三个方面：一是提出事实主张，即在起诉书中提出指控被告人构成犯罪的事实。二是提供证据的责任。根据刑事诉讼法及相关司法解释，公诉人在提起公诉时，应当向人民法院提供证据目录、证人名单和主要证据复印件或者照片等材料，在开庭审理阶段应向法庭出示相关证据。三是说服责任，即公诉人通过举证、质证以及交叉询问等活动说服法官认定其主张的事实成立。检察人员出庭支持公诉的主要目的，是通过提供证据和法庭质证，使合议庭形成控诉方所提出的事实主张成立的心证，说服裁判者认定其提出的证明被告人构成犯罪的证据达到证明标准的要求，作出被告人有罪的判决。在起诉书中，公诉人应当充分论证自己的主张，在讯问被告人、法庭辩论和质证过程中，公诉人应当对其提出的证据的证明力作出充分的论证。

2. 公安机关对某些程序性事实承担证明责任。在刑事诉讼中，公安机关原

则上不承担证明责任。但是，公安机关在侦查过程中需要对对犯罪嫌疑人采取强制性措施的事由或者其他程序性事实承担一定的证明责任。

从诉讼地位上来说，公安机关与检察机关共同承担控诉职能，是承担侦查职能的主要主体。公安机关在刑事诉讼中的侦查工作主要是收集证据、查获犯罪嫌疑人，为人民检察院起诉和证明犯罪提供基础性的事实和证据材料，在整个刑事诉讼证明活动中处于辅助地位。在诉讼过程中，人民检察院代表国家向人民法院提起公诉并在法庭审理时出庭支持公诉，是提出诉讼主张和承担证明责任的主体。而公安机关并不是审判阶段的诉讼主体，除个别侦查人员以证人身份出庭作证外，公安机关一般不参与审判活动，同时，公安机关在审判阶段没有自己独立的诉讼主张，因此不是一般意义上承担证明责任的主体。但是，在特定情况下，主要是涉及程序法事实时，公安机关也承担一定的证明责任。例如，依据《刑事诉讼法》的相关规定，公安机关需要逮捕犯罪嫌疑人时，应当向检察机关提供证据证明有犯罪事实并且达到了逮捕的证据要求和证明标准。公安机关侦查终结，将案件移送检察机关审查起诉，必须就案件事实提供确实、充分的证据。检察机关审查以后，认为事实不清、证据不足的，可以退回公安机关补充侦查，也可以自行侦查。但是，公安机关就程序性事实的证明标准要低于起诉和有罪判决的证明标准。

3. 人民法院不承担证明责任。《刑事诉讼法》第 43 条规定："审判人员、检察人员、侦查人员必须依照法定程序，收集能够证实犯罪嫌疑人、被告人有罪或者无罪、犯罪情节轻重的各种证据。"另外，根据刑事诉讼法和相关司法解释，在法庭审理过程中，合议庭对证据有疑问的，可以宣布休庭，对证据进行调查核实。审判人员可以进行勘验、检查、扣押、鉴定和查询、冻结，并对双方当事人提供的证据材料进行查证核实。据此，有不少学者主张人民法院也是证明责任的主体，因此在刑事诉讼中也承担证明责任。我们认为，人民法院作为中立的裁判者，不承担任何证明责任。其原因在于：首先，人民法院不具备承担证明责任的前提——提出事实主张。证明责任制度是为了解决在审判过程中，当争议事实出现真伪不明状态时由谁来承担败诉等不利后果的机制。人民法院无论在自诉案件还是在公诉案件中，都不可能提出自己的诉讼主张，否则与其被动、中立的裁判者地位相冲突。在诉讼进行中，人民法院承担审查判断证据的职责，有时也在法庭审理中宣读、出示证据，甚至在特殊情况下依职权调查收集证据，但是，法院的上述活动并不属于履行证明责任的活动，而是履行基于审判权产生的审理职责和行使审判职权的体现。其次，人民法院不承担任何的不利后果。在诉讼过程中，人民法院对参与诉讼的双方当事人所提出的事实和证据进行审查判断，在争议事实真伪不明时依据证明责任分担原则依法作出承担证明责任者败诉的裁判，无论何方胜诉，人民法院都不承担任何的不利后果。

4. 被告人不承担证明责任。基于无罪推定原则，被告人在刑事诉讼中不负证明自己无罪的责任。但是，在刑事诉讼中被告人也不是完全被动或者无所作为，他可以积极行使辩护权，对控诉方指控的犯罪事实进行否认和抗辩，并有权提出证明自己无罪、罪轻或者减轻、免除刑事责任的事实和证据。被告人进行否认、抗辩以及提出反证，并非是承担证明责任的表现，而是其辩护权的正当行使。对于被告人提出抗辩或者提供证据的行为如何认识，学界有不同的看法。有学者提出，被告人对自己精神失常、正当防卫、紧急避险、基于合法授权或者合法根据以及不在犯罪现场等的抗辩事实，应当承担证明责任。[1] 另有学者认为，被告人应当对下列辩护主张承担证明责任：其一，案发时精神不正常或者未达到法定刑事责任年龄等无刑事责任能力的事实主张；其二，关于被告人行为属于正当防卫或者紧急避险等行为具有合法性或者正当性的事实主张；其三，案发时不在犯罪现场等不可能实施犯罪行为的主张；其四，关于侦查人员或者执法人员行为违法性的事实主张。[2] 我们认为，被告人对于上述抗辩事实主张提供证据进行证明，并不是承担完全意义上的证明责任，仅对抗辩事实承担提供证据的行为责任，当被告人不能提供充分证据说服法官认定这些抗辩事实时，法官不能就此认定被告人有罪，证明责任仍然由控诉方承担。

三、刑事诉讼证明责任分配的特殊规则

刑事案件的证明责任原则上由控诉方承担，但是在某些情况下，法律也可以规定刑事诉讼证明责任的非常规配置，即在特定情况下由被告人对某些要件事实承担证明责任。其理由主要包括：司法证明的需要，各方举证的便利，以及反映一定价值取向的社会政策的综合衡量。例如，英国法律所规定的被告人承担证明责任的情形主要包括：在贪污案件中，被告人负担证明他人给予的任何金钱、礼品或其他报酬是合法所得的证明责任；在非法持有攻击性武器的案件中，被告人对于有"合法授权或合理理由"承担证明责任；在故意以卖淫营利为目的的犯罪案件中，与娼妓同居或控制娼妓的人，应推定为故意以卖淫营利，除非其能提出反证；在谋杀案件中，被告人负有证明其存在减轻责任情形的法定责任；在滥用药品类犯罪案件中，被告人负有证明其不知道或者未怀疑

---

〔1〕 参见毕玉谦等：《中国证据法草案建议稿及论证》，法律出版社 2003 年版，第 642～643 页。

〔2〕 何家弘："刑事诉讼中举证责任分配之我见"，载《政治与法律》2002 年第 1 期。

争议中的药品为管制药品的责任。[1]

从世界范围来看，刑事诉讼证明责任分配的特殊规则主要有以下几种情形：

（一）巨额财产来源不明罪的证明责任

巨额财产来源不明案件的证明责任，是我国刑事证明责任特殊分配规则的典型代表。我国《刑法》第 395 条规定："国家工作人员的财产或者支出明显超过合法收入，差额巨大的，可以责令说明来源。本人不能说明其来源是合法的，……"该条规定将证明财产来源合法的证明责任分配给被告人承担，即只要被告人不能用充分证据证明其巨额财产有合法来源，法官就可以认定该财产为非法所得。在这类案件中，立法者出于严厉打击贪污贿赂犯罪的需要，规定由被告人承担证明责任。同时，这种特殊分配证明责任的机制也是考虑到举证的便利而形成的。因为，在此类案件中，证明"财产来源合法"这一肯定或者积极事实比证明"财产来源非法"这一否定或者消极事实要容易得多。也就是说，即使被告人的巨额财产确实是非法所得，公诉方也很难进行证明。而如果这些财产确有合法来源，被告人举证证明则是比较便利的，他有条件提供该财产系合法所得的各种凭证。在这种情况下，公诉方也不是完全没有证明责任，而是仅承担初始推进性的证明责任，即只要提供初步证据证明被告人的财产或者支出明显超过合法收入，差额巨大，就完成了其证明责任。然后，该巨额财产为合法所得的证明责任便由被告人承担。如果被告方不能用确实充分的证据证明指控的那部分巨额财产属于合法收入，即被认定该财产为非法所得，承担巨额财产来源不明罪的刑事责任。

（二）非法持有型犯罪的证明责任

有些国家将非法持有型犯罪案件中"持有为合法"这一要件事实的证明责任分配给被告人承担，如不能证明其持有某物为合法，将承担不利后果。例如，在 1973 年的"巴恩斯诉合众国"一案中，美国联邦最高法院认可了审判法官就"持有最近被盗窃财物"问题对陪审团的指示，"如果（被告人）不能给出令人满意的解释，持有最近被盗窃财物通常就是一种旁证，你们可以合理地根据它作出推断并依据本案中证据表明的环境情况认定该持有人知道那些财物是赃物。"[2] 陪审团最终认定了被告人该项罪名成立。在我国，非法持有型犯罪案件主要包括我国《刑法》第 128、130、172、282、348 条分别规定的"非法持有、私藏枪支、弹药罪"、"非法携带枪支、弹药、管制刀具、危险物品危及公

---

[1] 参见齐树洁主编：《英国证据法》，厦门大学出版社 2002 年版，第 181～182 页。

[2] [美] 乔恩·R. 华尔兹：《刑事证据大全》，何家弘等译，中国人民大学出版社 2004 年版，第 399 页。

共安全罪"、"持有、使用假币罪"、"非法持有国家绝密、机密文件、资料、物品罪"、"非法持有毒品罪"。由于持有型犯罪是一种特殊类型的犯罪，持有的合法性往往取决于形成持有状态的行为是否合法或持有物品的用途是否合法，因此证明持有行为合法或持有的物品用途合法成为构成该类犯罪的关键要件。从举证便利这一角度来看，证明持有为合法这一积极事实比证明持有为非法的否定事实更容易。因此，由主张持有行为合法或者持有物品用途合法这一肯定事实的被告人承担证明责任，可以均衡公诉人与被告人在证明责任分担方面的负担，符合证明责任分配的原理和公平原则。但是，我国《刑法》对于非法持有型犯罪证明责任的特殊分配未作出原则性规定，仅在第 282 条针对非法持有国家绝密、机密的文件、资料、物品罪的证明责任进行了规定。《刑法》第 282 条第 2 款规定："非法持有属于国家绝密、机密文件、资料或者其他物品，拒不说明来源与用途的，处 3 年以下有期徒刑、拘役或者管制。"由此可知，非法持有国家绝密、机密文件案件的被告人对这些文件、资料或者物品的来源或者用途合法承担证明责任。我们认为，尽管《刑法》对于其他类型的持有型犯罪案件证明责任的特殊分配规则未作明确规定，然而基于举证便利以及合理均衡控辩双方证明责任负担的原理，将严重危及公共安全或者社会管理秩序的持有型犯罪中持有行为或者状态合法的证明责任分配给被告人承担是合理的。

（三）严格责任犯罪的举证责任

严格责任是主要适用于高度危险作业和产品责任事故等民事侵权案件中的归责原则。在此类案件中，法律不把行为人对危害后果的主观故意或者过失作为承担赔偿责任的条件。在英美法系国家中，这一民事责任的归责原则被适用到刑事案件中，产生了严格责任犯罪的概念。所谓严格责任犯罪，按照《布莱克法律词典》的解释，是不要求犯意要件的犯罪，如超速驾驶或企图携带武器登机。在严格责任犯罪的证明中，法律并不要求公诉方在审判中证明被告人有犯罪的故意或过失，只要证明被告人实施了该犯罪行为并造成了损害后果，就尽到了证明责任，法院就可以判被告人承担刑事责任。在英美法系国家，严格责任一般仅适用于轻罪，而且一般将其刑罚限定为罚金。在英国的普通法中，传统的严格责任犯罪只有两种：一是公害罪，如出售危害公共健康的食品罪；二是诽谤罪，如报纸所有人对未经其授权或同意而由其雇员发表的诽谤性文章负有责任。后来，英国的法律又把藐视法庭罪纳入严格责任犯罪的范畴，并有人主张把亵渎宗教信仰的"渎圣罪"也归入严格责任犯罪的范畴。[1]

---

〔1〕 参见《英国 1987 年藐视法庭法》；〔英〕史密斯·霍根：《英国刑法》，李贵方等译，法律出版社 2000 年版，第 114~116 页。

在严格责任犯罪中，被告方对自己没有主观罪过或者不应当承担刑事责任承担证明责任，而公诉方对被告人的主观罪过或"犯意"不承担证明责任，只要被告方没有证明，法庭就可以判其有罪。这实际上是一种可反驳的推定，即凡是实施了严格责任犯罪行为的人就推定其具有罪过，除非其能证明自己没有主观罪过。虽然我国《刑法》没有就严格责任犯罪进行明确规定，但是有学者指出，刑法中的严格责任，是指对缺乏主观罪过或主观罪过不明确的特殊侵害行为追究刑事责任的刑法制度。从我国刑事立法与司法实践来看，实际上存在着追究严格责任的情况。[1] 我们认为，生产、销售假药和生产、销售有毒、有害食品等几类犯罪符合严格责任犯罪的特征，基于举证便利或者有力打击对人体健康或者食品安全有重大威胁的犯罪的需要，可以借鉴英美国家关于严格责任犯罪的规定，由法律规定在这几类案件中由被告人就其主观上无罪过承担证明责任。

（四）非法证据排除规则中的证明责任

在非法证据排除规则中的证明责任的制度设计上，由控诉方承担证明控诉证据系合法所得的证明责任。因为，控诉机关在刑事诉讼中的实力和优势远远大于被告方，立法者在进行程序设计时理应让控诉方承担更多的诉讼义务以尽可能实现控辩双方力量的平衡，进而保障处于弱势地位的被告方的合法权益。因此，由控诉方对证据的合法性承担证明责任是现代刑事诉讼的基本原则和证明责任理论的基本要求。由于实践中的非法证据往往由暴力、强迫等刑讯手段取得，一些国家通过立法或判例的形式将刑讯逼供的证明责任分配给控诉方承担，而不是由提出刑讯逼供问题的被告人承担。我国刑事诉讼法和相关司法解释明确规定严禁刑讯逼供，但是却未对刑讯逼供案件的证明责任加以规定，由于刑讯逼供案件取证十分困难，尤其是刑讯逼供的被害人一般都是处于被羁押状态的犯罪嫌疑人、被告人，缺乏必要的取证和举证能力，导致刑讯逼供案件查处十分困难。为了增强打击刑讯逼供行为的力度，可以将刑讯逼供的证明责任分配给被指控有刑讯逼供行为的警察或执法人员承担，具体来说，如果被指控刑讯逼供的警察或执法人员不能用充分的证据证明自己没有实施刑讯逼供，就推定其实施了刑讯逼供行为并由其承担相应的法律责任。但是，对于提出刑讯逼供指控的人，也应当承担初始的提供证据的责任，例如可以用伤痕、伤痕鉴定等证据证明刑讯逼供行为很可能存在。在被告方提出初步证据引起裁判者对是否确有刑讯逼供问题存有疑问时，由警察或者其他执法人员承担讯问程序合法等刑讯逼供不存在的证明责任。如果控诉方不能证明，将承担由此所带来

---

[1] 张文等：《刑事责任要义》，北京大学出版社1997年版，第91～92页。

的非法证据被排除的程序性制裁等不利后果。

第三节　民事诉讼中的证明责任

一、民事诉讼证明责任分配理论概述

（一）古罗马时代的证明责任分配原则

在古罗马时代，证明责任分配原则已经确立，并成为后世证明责任分配理论的源流。据学者们总结，这一时期的证明责任原则主要有"为主张之人负有证明义务，为否定之人则无之"、"事物之性质上，否定之人无需证明"等。

（二）德国早期的证明责任分配学说

近代关于证明责任分配的学说几乎都来自德国。其中有较大影响的学说分别是待证事实分类说、法律要件分类说和法律规范分类说。

待证事实分类说着眼于事实本身的性质，根据待证事实是否能够证明及证明的难易程度来分配证明责任。由于对事实的具体分类标准不同，待证事实分类说又分为多种流派，如消极事实说与外界事实说。消极事实说将事实分为积极事实和消极事实，认为主张积极事实（肯定事实，即主张某种事实存在）的人应当举证；主张消极事实（否定事实，即主张某种事实不存在）的人不承担证明责任。因为，与积极事实相比，消极事实难以举证。外界事实说将待证事实分为外界事实和内界事实两类，其中外界事实是指通过人的感官能感知的事实，而内界事实是指人的主观心理状态，如故意、过失等。因为内界事实证明是相当困难的甚至无法证明，所以主张外界事实的人应当承担证明责任，而主张内界事实的人不承担证明责任。

法律要件分类说主张依据实体法规定的法律要件事实的不同类别分配证明责任。该说与待证事实分类说的主要区别在于，不是以事实本身的性质而是以事实在实体法上引起的不同效果作为分担证明责任的标准。法律要件分类说又分为多种学说，主要包括特别要件说和规范说。其中特别要件说的影响最大，基本上成为通说。该说建立在对实体法规范进行结构分析的基础之上，从法律规范相互之间的逻辑关系中确定证明责任分配原则。特别要件说将民事实体法中各种法律规范依其作用分为四类：一是权利发生规范，即可以引起民事权利发生的规范，如合同订立规范；二是权利妨碍规范，即对抗权利发生的规范，如合同无效、无民事行为能力的规范等；三是权利消灭规范，即使已发生的权利消灭的规范，如债务的免除规范等；四是权利受制规范，指能够遏制或排除权利，使之无法实现的规范，如消灭时效的规范。对于这四类规范，凡是主张

权利的人，应当就权利发生规范的要件事实的存在承担证明责任；凡是否认权利的人，就应当就权利妨碍规范、权利消灭规范和权利受制规范中的要件事实的存在承担证明责任。

法律规范分类说是从对实体法条文的分析中归纳证明责任分配原则的学说。该说认为实体法条文中通常都有原则规定与例外规定，凡要求适用原则规定的人，只就原则规定要件事实的存在承担证明责任，无须证明例外规定要件事实的不存在，而由对方当事人主张并证明例外规定的要件事实存在。

（三）证明责任分配理论的新发展

20世纪五六十年代，随着科技发展和社会生活的巨大变化，环境污染、交通事故、产品责任等现代社会新型案件数量激增，传统证明责任理论难以再确保这些新型案件中证明责任分配的公平合理。在以保护弱势群体、强化社会责任、追求实质公平为核心的社会思潮的推动下，许多新的证明责任分配理论应运而生。这些理论主要有盖然性说、危险领域说、损害归属说和利益衡量说。

盖然性说主张以待证事实发生的盖然性的高低作为分担证明责任的标准。主张盖然性高的待证事实存在的当事人不承担证明责任，而由对方当事人承担证明责任。

危险领域说以待证事实属于哪一方当事人控制的危险领域为标准来决定证明责任的分担。该说主张，当事人应当对其能够控制的危险领域中的事实负证明责任，如高度危险的侵权诉讼中，损害原因、主观过错均属侵害人所能控制的危险领域，所以应当由侵害人就因果关系不存在及主观上无过错的事实承担证明责任。

损害归属说认为，证明责任的分配应当由以公平正义为基本原则的实体法确定的责任归属或者损害归属来决定。根据实体法的立法意图，某具体案件的类型化责任归属于谁，就由谁来承担证明责任。在实际运用中，该原则又细分为盖然性原则、保护原则、信赖原则、惩罚原则、社会风险分配原则等，由法官根据案件具体情况酌情适用这些原则。

利益衡量说认为，在解决具体案件的证明责任分配问题时，法官应当综合考虑双方当事人距离证据的远近、举证的难易、举证能力以及诚实信用原则，公平合理地分配证明责任。也就是说，通过法官的利益衡量来实现证明责任分配的实质公平。

从上述民事诉讼证明责任分配理论的介绍中可以看出，民事诉讼证明责任分配是一个相当复杂的问题，其理论经历了一个从简到繁、从追求形式公平到追求实质正义、从单纯遵循制定法的规定到注重发挥法官自由裁量权的发展历程。

第十八章

二、我国民事诉讼证明责任分配的相关法律规定

（一）民事诉讼证明责任分配的一般规则

我国民事诉讼法和相关的司法解释对证明责任分配的基本原则作了具体规定，可以将其总结为：提出主张的当事人承担证明责任原则。《民事诉讼法》第64条规定："当事人对自己提出的主张，有责任提供证据。"但是，该规定过于笼统，并未涉及到具体证明责任的分配，对司法实践无法发挥应有的指导作用。最高人民法院《关于民事诉讼证据的若干规定》第2、5条详细规定了举证责任分配的一般规则。第2条规定："当事人对自己提出的诉讼请求所依据的事实或者反驳对方诉讼请求所依据的事实有责任提供证据加以证明。没有证据或者证据不足以证明当事人的事实主张的，由负有举证责任的当事人承担不利后果。"第5条规定："在合同纠纷案件中，主张合同关系成立并生效的一方当事人对合同订立和生效的事实承担举证责任；主张合同关系变更、解除、终止、撤销的一方当事人对引起合同关系变动的事实承担举证责任。对合同是否履行发生争议的，由负有履行义务的当事人承担举证责任。对代理权发生争议的，由主张有代理权一方当事人承担举证责任。"上述关于举证责任分配的规则，吸收了法律要件分类说的观点。

（二）民事诉讼证明责任分配的特殊规则

民事诉讼法中没有关于证明责任分配特殊规则的规定。最高人民法院《关于适用〈中华人民共和国民事诉讼法〉若干问题的意见》第74条规定了由被告承担举证责任的六种情况，可以视为我国民事诉讼证明责任分配的特殊规则，将以下几种案件的证明责任分配给被告承担：①因产品制造方法发明专利引起的专利侵权诉讼；②高度危险作业致人损害的侵权诉讼；③因环境污染引起的损害赔偿诉讼；④建筑物或者其他设施以及建筑物上的搁置物、悬挂物发生倒塌、脱落、坠落致人损害的侵权诉讼；⑤饲养动物致人损害的侵权诉讼；⑥有关法律规定由被告承担举证责任的。但是，该《意见》并未明确被告针对这些案件中的何种要件事实承担证明责任，缺乏可操作性，在司法实践中难以发挥实际分配证明责任的作用。

最高人民法院《关于民事诉讼证据的若干规定》第4条对此进一步细化，并且增加了共同危险行为致人损害、医疗行为致人损害的侵权诉讼的举证责任。该条规定采用法律要件分类说的理论，将八种侵权诉讼案件中的某些要件事实的证明责任分配给被告承担。这些案件和要件事实分别是：

（1）因新产品制造方法发明专利引起的专利侵权诉讼，由制造同样产品的单位或者个人对其产品制造方法不同于专利方法承担举证责任。

（2）高度危险作业致人损害的侵权诉讼，由加害人就受害人故意造成损害的事实承担举证责任。

（3）因环境污染引起的损害赔偿诉讼，由加害人就法律规定的免责事由及其行为与损害结果之间不存在因果关系承担举证责任。

（4）建筑物或者其他设施以及建筑物上的搁置物、悬挂物发生倒塌、脱落、坠落致人损害的侵权诉讼，由所有人或者管理人对其无过错承担举证责任。

（5）饲养动物致人损害的侵权诉讼，由动物饲养人或者管理人就受害人有过错或者第三人有过错承担举证责任。

（6）因缺陷产品致人损害的侵权诉讼，产品的生产者就法律规定的免责事由承担举证责任。

（7）因共同危险行为致人损害的侵权诉讼，由实施危险行为的人就其行为与损害结果之间不存在因果关系承担举证责任。

（8）因医疗行为引起的侵权诉讼，由医疗机构就医疗行为与损害结果之间不存在因果关系及不存在医疗过错承担举证责任。

除此之外，最高人民法院《关于民事诉讼证据的若干规定》第6条针对劳动争议纠纷案件中的证明责任分配规则进行了专门规定："在劳动争议纠纷案件中，因用人单位作出开除、除名、辞退、解除劳动合同、减少劳动报酬、计算劳动者工作年限等决定而发生劳动争议的，由用人单位负举证责任。"该条规定了劳动者不服用人单位的决定而产生的劳动争议案件的证明责任的特殊分配规则。该规定的立法理由在于，根据劳动者和用人单位在距离证据远近和举证能力上的差距分配证明责任。其目的在于切实保障劳动者的合法权益。在用人单位与劳动者之间的劳动法律关系中，劳动者处于弱势地位，其权利容易受到用人单位的侵犯，需要得到法律的特殊保护。因此，在劳动者不服用人单位的某些决定而产生劳动争议的案件中，应当向有利于劳动者的方向倾斜，由用人单位对争议事实负证明责任，由其证明管理和处罚行为的合法性及合理性，以实现扶持弱者，实现实质正义的宗旨。但是，需要进一步说明的是，尽管该条规定用人单位应对这些特定争议事实承担证明责任，但劳动者也可能就某些特定的事实承担一定的证明责任。例如，《劳动法》第29条规定："劳动者有下列情形之一的，用人单位不得依据本法第26条、第27条的规定解除劳动合同：①患职业病或者因工负伤并被确认丧失或者部分丧失劳动能力的；②患病或者负伤，在规定的医疗期内的；③女职工在孕期、产期、哺乳期内的；④法律、行政法规规定的其他情形。"依此条的规定，当用人单位就其作出开除等决定的依据尽到了证明责任后，劳动者如想否定用人单位决定的正当性，可以主张用人单位的行为违反了第29条的规定，劳动者则应对其这一主张提供证据。

（三）证明责任分配中的司法裁量

从比较法的角度看，各国证明责任的分配基本上都是由制定法完成的，或者由实体法规定，或者由实体法和诉讼法共同规定。当制定法所确定的证明责任分配原则无法保证实现司法实践中出现的个案正义时，就需要发挥法官造法对于制定法漏洞的弥补作用，这就是证明责任分配中的司法裁量。由于成文法规定的证明责任分配规则有时无法适应诉讼实践中复杂多样的案件，往往会出现无法依据现行法律和司法解释确定证明责任的分担的情形，因此需要发挥法官在确定特殊案件证明责任分配方面的重要作用。

最高人民法院《关于民事诉讼证据的若干规定》规定了证明责任分配中的司法裁量，即授权法官根据一定的原则，综合衡量相关因素以确定证明责任的承担。最高人民法院《关于民事诉讼证据的若干规定》第7条规定："在法律没有具体规定，依本规定及其他司法解释无法确定举证责任承担时，人民法院可以根据公平原则和诚实信用原则，综合当事人举证能力等因素确定举证责任的承担。"该条确立了分配证明责任的三个层次的依据，即法律、司法解释以及法官裁量权。依据该条的规定，民事诉讼证明责任的分配首先应当依据民事诉讼法和民事实体法的有关规定，在无法律明确规定的情况下，再参照司法解释的规定，当依上述法律和司法解释都无法确定时，才能诉诸法官自由裁量，同时还必须根据公平原则和诚实信用原则，综合当事人举证能力等因素确定证明责任的承担。同时，为了将法官自由裁量权限制在合理的范围内，必须规定其自由裁量的依据和边界。法官在遵循公平原则和诚实信用原则的前提下，综合当事人的举证能力等因素进行衡量。从司法实践看，当事人的举证能力取决于以下几个因素：双方当事人距离证据的远近、接近证据的难易以及收集证据能力的强弱等。除此之外，法官还应考虑当事人双方对于危险领域的控制支配能力以及待证事实发生的盖然性等因素。

第四节　行政诉讼中的证明责任

一、行政诉讼证明责任分配的一般规则

在行政诉讼法颁布之前，我国行政案件往往通过民事程序处理，在证明责任分配上适用民事诉讼法所规定的由原告提供证据的规则，由此造成的后果是，行政主体作为被告常常不应诉或者不主动提供证据，而法院审理行政案件没有相应的法律依据来确定被告的不利负担，从而造成行政诉讼久拖不决和行政主体不遵守诉讼程序而无从处理的尴尬局面。1989年颁布的《行政诉讼法》在第

32 条明确规定了被告负有举证责任，促使作为被告的行政主体积极主动地提供证据和参与诉讼活动。最高人民法院《关于执行〈中华人民共和国行政诉讼法〉若干问题的解释》以及最高人民法院《关于行政诉讼证据若干问题的规定》进一步对行政诉讼证明责任分配原则和具体规则作出了详细的规定。根据行政诉讼法及相关司法解释，行政诉讼证明责任分配的一般规则是由被告对其作出的具体行政行为承担证明责任。具体情况如下：

（一）被告对作出的具体行政行为承担证明责任

《行政诉讼法》第 32 条规定："被告对作出的具体行政行为负有举证责任，应当提供作出该具体行政行为的证据和所依据的规范性文件。"据此，行政诉讼的被告承担举证责任成为证明责任分配的基本原则。

在行政诉讼中，尽管原告一般不承担证明责任，但是有权提出抗辩和反证。依据《关于行政诉讼证据若干问题的规定》第 6 条的规定，原告可以提供证明被诉具体行政行为违法的证据。原告提供的证据不成立的，不免除被告对被诉具体行政行为合法性的举证责任。

在行政诉讼中，确立由被告承担证明责任的基本原则具有合理性：首先，被告行政机关与原告（一般为行政法律关系中的行政相对人）相比具有更强的举证能力，因为行政机关具备专业知识和技术条件，了解自己职权范围内的规范性文件，可以为自己所实施的具体行政行为收集到充分的证据。其次，行政诉讼的特殊性决定了应当由被告承担证明责任。行政法律关系是一种纵向的管理与被管理关系。行政机关的具体行政行为必须有事实根据和法律依据，认定事实必须有充足的证据。法院通过行政诉讼审查行政机关具体行政行为的合法性，作出该具体行政行为的行政机关理所当然地有责任提供证据证明其行为的合法性。由被告对其具体行政行为承担证明责任的意义主要有两个方面：其一，有利于促进"依法行政"原则的贯彻。"依法行政"原则要求行政机关作出具体行政行为应当遵循有关实体法规范和法定程序。行政诉讼中由被告证明其具体行政行为有充分的事实依据和法律依据，否则其作出的具体行政行为将被法院撤销，这样，能够在很大程度上督促行政机关在作出具体行政行为时以事实为根据，遵守法律规定，真正做到依法行政。其二，有利于保护公民、法人及其他组织的合法权益。与行政机关相比，作为行政相对人的公民、法人及其他组织处于弱势地位，在行政诉讼中以自身的知识和实际能力很难承担对自己所提出的诉讼主张的举证责任，如果法律规定由主张者举证，则会导致其合法权益无法得到保护的严重后果。确立由被告方承担证明责任的原则，有助于保障公民、法人及其他组织的合法权益。

（二）被告对起诉超过诉讼时效的事实承担证明责任

最高人民法院《关于行政诉讼证据若干问题的规定》第 4 条第 3 款规定："被告认为原告起诉超过法定期限的，由被告承担举证责任。"在行政诉讼实践中，原、被告双方对起诉是否超过时效发生争议，多数是因为被告未履行告知原告起诉权和起诉期限所致，也有一部分是由于送达发生争议所引起的。由被告对起诉超过诉讼时效的事实承担证明责任，其合理性主要在于：首先，符合公平原则。根据行政管理法规所规定的程序，作为被告的行政机关掌握着起诉期限的全部环节，很容易提供关于原告起诉是否超过诉讼时效的证据，将证明责任分配给被告符合公平原则。其次，符合诉讼时效的一般原理。诉讼时效一般从权利人知道或者应当知道自己的权益被侵犯时起算。例如，最高人民法院《关于执行〈中华人民共和国行政诉讼法〉若干问题的解释》第 42 条规定："公民、法人或者其他组织不知道行政机关作出的具体行政行为内容的，其起诉期限从知道或者应当知道该具体行政行为内容之日起计算。"行政机关负有法定的告知行政相对人起诉权和诉讼期限的义务，如果行政机关主张行政相对人知道诉权和诉讼期限，必须向法庭提供证据证明原告知道或者应当知道这些相关信息。否则，法庭可以推定相对人对此不知情而认定被告的主张不能成立。

二、行政诉讼证明责任分配的例外规则

由被告行政机关承担证明责任是行政诉讼中证明责任分配的一般规则，但是行政诉讼中除合法性事实以外，还有其他争议事实，因此，在某些情况下，原告也要对特定的要件事实承担证明责任。根据行政诉讼法及相关司法解释，行政诉讼中的原告对下列事项承担证明责任：

（一）原告对起诉符合法定条件负有证明责任

根据最高人民法院《关于行政诉讼证据若干问题的规定》第 4 条第 1 款的规定，公民、法人或者其他组织向人民法院起诉时，应当提供其符合起诉条件的相应的证据材料。关于行政诉讼的起诉条件，《行政诉讼法》第 41 条作了明确的规定，原告是认为具体行政行为侵犯其合法权益的公民、法人或者其他组织；有明确的被告；有具体的诉讼请求和事实根据；属于人民法院受案范围和受诉人民法院管辖。原告应对其起诉符合上述条件提供证据加以证明，否则，人民法院不予受理或者裁定驳回起诉。

这里需要注意的是，由于起诉条件主要是程序性条件，原告主张符合起诉条件的事实属于程序性事实，其证明标准比较低，在证明理论中属于自由证明或者释明的范畴。

（二）在起诉被告不作为的案件中，原告对其提出申请的事实承担证明责任

依据最高人民法院《关于行政诉讼证据若干问题的规定》第 4 条第 2 款的规定，在起诉被告不作为的案件中，原告应当提供其在行政程序中曾经提出申请的证据材料。例如，在行政许可争议案件中，原告认为其符合法定条件向行政机关申请颁发许可证或者执照，而行政机关超过法定期限不予答复或者拒绝颁发而提起行政诉讼的，原告应当提供证据证明其曾经依法向行政机关提出过申请的事实。

在行政不作为案件中，之所以只将"提出过申请的事实"的证明责任分配给原告承担而不是由原告承担被告存在不作为等事实的证明责任，是因为证明行政不作为，实际上是证明行政机关没有作出某种法定的行为，属于"否定事实"，这种证明是十分困难的，而行政机关证明其作为或者有合理理由不作出某种行为是相对容易的。这也符合"事物之性质上，否定之人无须证明"的原理。

在起诉被告行政机关不作为的案件中，虽然原告对提出申请的事实承担证明责任，但是有两种例外情形：

（1）被告应当依职权主动履行法定职责的。因为被告负有无需原告申请而应主动作为的法定职责，因而提出申请并非原告提起诉讼的前提条件，原告即无需提供证据证明其在行政程序中曾提出过申请的事实。

（2）原告因被告受理申请的登记制度不完备等正当事由不能提供相关证据材料并能够作出合理说明的。

（三）原告对行政赔偿案件中具体行政行为造成损害的事实承担证明责任

在行政法律关系中，当公民、法人或者其他组织的合法权益受到行政机关及其工作人员作出的具体行政行为侵犯造成损失的，有权向人民法院提起行政赔偿诉讼。行政赔偿诉讼的证明责任的分配，直接关系到受损害的公民能否通过诉讼救济途径保护自身的合法权益。为此，最高人民法院《关于行政诉讼证据若干问题的规定》第 5 条规定："在行政赔偿诉讼中，原告应当对被诉具体行政行为造成损害的事实提供证据。"另根据最高人民法院《关于审理行政赔偿案件若干问题的规定》第 32 条的规定，被告有权提供不予赔偿或者减少赔偿数额方面的证据。在行政赔偿诉讼中，原告应当证明损害后果的存在、具体行政行为与损害后果之间存在因果关系。但是，具体行政行为合法性的证明责任仍然由被告承担。在公民人身自由受到限制等处于极端不利地位的特殊情况下，具体行政行为与损害结果之间不存在因果关系的证明责任由被告行政机关来承担，既有利于保障原告行政赔偿请求权的实现，又可以督促行政机关依法行政。例如，在公民因行政机关非法限制其人身自由而致其人身受到损害的行政赔偿诉讼中，应当由行政机关对其限制人身自由的行为与原告的人身损害不存在因果

关系承担证明责任，否则，将承担赔偿责任。

本章思考题

1. 证明责任的含义是什么？
2. 证明责任有哪些特征？
3. 如何理解证明责任与举证责任之间的关系？
4. 行为意义上的证明责任与结果意义上的证明责任的联系与区别是什么？
5. 如何理解无罪推定原则与刑事诉讼证明责任分配的关系？
6. 简述我国刑事诉讼证明责任分配的一般原则及特殊规则。
7. 简述民事诉讼证明责任分配的主要理论。
8. 简述我国民事诉讼中证明责任分配的法律规定。
9. 简述行政诉讼证明责任分配的一般规则及特殊规定。
10. 如何理解行政诉讼中原告也应承担一定的证明责任？

第 19 章

证明标准

学习目的与要求：

　　通过本章的学习，掌握证明标准的概念及其意义；了解和理解国内外关于证明标准理论的各种观点；认识国外不同诉讼中相异的证明标准；理解和把握我国刑事、民事以及行政诉讼中的证明标准。

第一节　证明标准概述

一、证明标准的概念

　　证明标准，是指依照法律规定证明主体运用证据证明待证事实所要达到的程度或尺度。换言之，证明标准就是承担证明责任的主体提供证据，对案件事实加以证明所应当达到法律所规定的证明要求的程度或尺度。

　　关于证明标准，中外学者有着多种不同的论述。具体而言，可以大致分为三类：

　　1. 认为证明标准同证明要求、证明任务含义相同。主要观点有："证明标准又称证明要求、证明任务，是指承担证明责任的人提供证据对案件事实加以证明所要达到的程度。"[1] 也有学者认为，证明标准，又称证明要求，是"诉讼中证明主体运用证据证明案件待证事实所需达到的程度要求"。[2] 还有学者认为："证明标准，是指法律规定的运用证据证明待证事实所要达到的程度要求。"[3]

　　2. 认为证明标准同证明要求虽有密切关系，但不能等同。主要观点有："证明要求是法律要求证明案件事实所要达到的程度，证明标准则是衡量是否符合

---

〔1〕 樊崇义主编：《证据法学》，法律出版社 2003 年版，第 304 页。

〔2〕 熊秋红："对刑事证明标准的思考"，载《法商研究》2003 年第 1 期。

〔3〕 卞建林主编：《证据法学》，中国政法大学出版社 2000 年版，第 305 页。

法律规定的证明要求的具体尺度。"[1] 还有学者认为，把证明标准同证明要求、证明任务等同起来，把三个提法当成同义词是不妥当的，提出："证明标准作为衡量证据是否确实充分的尺度，虽然是证明任务是否完成、证明要求是否达到的参照物，但任务和要求不等于标准本身。证明标准与证明任务、证明要求不是同义词，不能混用"[2] 也有学者认为："证明要求是立法者在法律规范中确立的目标模式，它原则而抽象，有时甚至可能过于理想化；而证明责任作为一种具体尺度，必然具有可操作性，能够为办案人员据以衡量对案件事实的证明是否达到法律的要求。"[3]

3. 认为证明标准同证明责任密切相关。主要观点有："证明标准，它指的是负担证明责任的人提供证据对案件事实加以证明所要达到的程度，它像一支晴雨表，昭示着当事人的证明责任能否解除。……所以，证明标准和证明责任本质上是一物两面的概念，它们是从不同角度就同一个诉讼现象进行考察所得出来的不同概念。"[4] 英国证据法学家摩菲认为："证明标准是指证明责任被卸除所要达到的范围和程度，它实际上是在事实裁判者的大脑中证据所产生的确定性或可能性程度的衡量标尺；也是负有证明责任的当事人最终获得胜诉或所证明的争议事实获得有利的事实裁判结果之前，必须通过证据使事实裁判者形成信赖的标准。"

我们认为第二种观点较为合理，因为证明标准虽然同证明要求、证明任务、证明责任等有着相似性和紧密联系性，但却不属于同一概念，它们各有其内涵，必须加以明确的区分。

根据《现代汉语词典》的解释，"要求"是指"所提出的具体愿望或条件"。"任务"是指"指定担任的工作，或指定担负的责任"。"责任"是指"分内应做的事，及没有做好分内应作的事而应承担的过失"。而"标准"则是"衡量事物的准则"，在《法学辞海》中认为"标准"是"规范、样板"。因此，证明要求就是对证明主体完成证明活动的心理期望，是证明主体的证明活动所追求的目标，它属于主观范畴，存在于应然领域；证明任务则是证明主体必须提供证据以完成其证明主张的工作及责任。证明责任是证明主体进行证明活动所必须担负的责任。它们属于司法范畴，存在于实然领域。而证明标准，应当是指在诉讼中衡量证明主体的证明活动是否达到证明要求及达到何种证明程度的准则

[1] 陈光中主编：《刑事诉讼法学新编》，中国政法大学出版社1996年版，第16页。
[2] 徐静村："我的证明标准观"，载陈光中、江伟主编：《诉讼法论丛》（第7卷），法律出版社2002年版，第12页。
[3] 张中："论刑事诉讼的证明标准"，载《法学论坛》1999年第6期。
[4] 江伟主编：《证据法学》，法律出版社1999年版，第108页。

和标尺。证明标准作为诉讼证明活动的衡量标尺，是比证明要求、证明责任等更规范、更科学的概念，实际上是对它们的综合和规范化，具有法定性、规范性、可操作性等特点，它应当是介于应然与实然之间，或两者兼有。同时，证明标准是维系证明要求和证明程度的桥梁和纽带。[1]

众所周知，诉讼证明作为一种认识活动，其目的就是通过证据调查以达到对案件事实的正确认识和把握，而要正确认识和把握案件事实就必须探求"真实"，这是一切诉讼证明的共同目的与追求。证明要求作为证明主体的证明活动所要达到的或追求的目标或目的，其在一定程度上追求的"真实"，应当是所有诉讼证明过程共同的要求。综观古今中外的证据制度，证明要求上的"真实"是各种证据理论和制度的普遍要求和追求目标，因为，从古到今没有一种证据制度会承认自己的制度是建立在虚假和随意的证据基础之上的。任何证据制度都要表明，实际上也在追求某种"真实"。只不过由于社会政治制度及证据制度的不同，对"真实"的理解和追求也就不一样。在古老的奴隶社会的神示证据制度中，诉讼证明中的"真实"被理解为是"神示的真实"，也有人认为是"迷信的真实"。而在封建社会的法定证据制度下，"真实"则表现为"形式的真实"。到了资本主义时期的自由心证的证据制度，"真实"又演变成了"心证的真实"，只是由于影响法官心证的原因，既有坚定的认识论及科学技术，又有一系列的证据制度及其规则，因而这种"真实"也被称为"制度的真实"。目前，我国诉讼法学界及证据法学界所进行的"客观真实"、"实质真实"、"法律真实"等众多学说的争论，我们认为其实应属于证明要求上的争论，而不应属于证明标准的范畴。

因此，我们认为，证明要求和证明标准之间的关系可以表现在以下几个方面：首先，证明要求是确立证明标准的基础或依据；证明标准则是实现和完成证明要求的具体化。其次，证明要求贯穿于整个诉讼过程中，是证明主体始终追求的目标，因而在不同的诉讼阶段，证明要求是一致的、不变的；而证明标准在不同的诉讼阶段如立案、侦查、起诉、审判等阶段都是有所区别的，存在着层次性的差异。再次，证明要求不会因案件的性质、种类不同而不同，即在各种案件中，证明要求都是一样的。但证明标准在刑事案件、民事案件等情况中就表现出了明显的区别。最后，证明要求不因案件的判决结果而改变，而证明标准就可以有所不同，如刑事案件中有罪判决和无罪判决的证明标准就可以不同。由此可见，证明要求是就证明行为过程而言的，体现了证明活动的追求和方向，它是带有一定的理想色彩的目标；而证明标准则是就行为结果而言的，

---

[1]　参见宋世杰、彭海青："刑事诉讼的双重证明标准"，载《法学研究》2001 年第 1 期。

它根据一定的价值观念和需要确定，是法律所认可的具有现实性品格的衡量准则。[1] 因此，在司法证明的实践中，证明要求比较抽象和概括，而证明标准则比较具体、明确，证明标准使证明要求确切化、科学化、规范化。应当说，证明标准是衡量证明要求的具体尺度，是达到证明要求的具体条件或具体化，不能简单地认为证明标准和证明要求二者完全同一。如若把证明要求等同于证明标准，就抹煞了证明标准的规范性和可操作性。

二、证明标准的意义

证明标准在诉讼证明理论中居于十分重要的地位。在诉讼活动中，程序的进行及许多措施的采取，尤其是裁判的作出，都涉及证明标准问题。因此，研究这一问题，不仅具有理论意义，而且具有实践意义。

1. 证明标准的确立，有利于明确举证责任及其程度，调动诉讼主体的积极性，从而推动诉讼活动的顺利进行。证明标准是当事人履行证明责任的灯塔，它作为衡量负举证责任的一方是否履行举证责任的标准，能够促使证明主体积极地承担举证责任，并可以衡量其举证的程度。如果举证责任的承担者对主张事实的证明没有达到法定的证明标准，其诉讼主张就不能成立。另外，如果举证责任的承担者在法定的诉讼期限内其举证行为和程度不能达到法定证明标准，就应承担相应的诉讼后果。

2. 证明标准的确立，有利于保证诉讼程序的公平与公正，实现诉讼构造的平衡。证明标准是衡量负举证责任的一方是否切实履行举证责任的具体尺度，有利于实现诉讼程序的公平与公正，保持诉讼构造的平衡。法律通过对不同诉讼主体的举证活动规定不同的证明标准，可以增加或减轻有关主体举证的责任，从而实现对需要提供必要保障的诉讼主体的保障，保持诉讼构造的合理性。

3. 证明标准的确立，有利于审判机关准确认定案件事实和作出判决。证明标准是审判阶段在证据方面必须达到的程度要求。为了作出裁判，审判人员必须根据法庭调查的证据，在其内心形成对该案件的认识。这种认识必须符合法律规定的证明标准，方可作出对案件的判断。所以，恰当地确定证明标准，有利于保证案件的正确处理，实现诉讼结果的公正。

4. 证明标准的确立，有利于推动证据法学理论和实践的完善与发展。证明标准与举证责任、证明对象、无罪推定、诉讼目的等重大诉讼理论问题密切相关，也与具体诉讼制度有密切联系。因此，关于证明标准问题的确立和研究，

---

[1] 参见何家弘："司法证明的目的是客观真实，司法证明的标准是法律真实"，载陈光中、江伟主编：《诉讼法论丛》（第 7 卷），法律出版社 2002 年版，第 51 页。

对于促进证据法学理论和实践的发展具有重要的意义和价值。

三、有关证明标准的学说

在我国证据理论界，关于证明标准的确立，一直存在着"主观真实说"、"客观真实说"、"法律真实说"、"实质真实说"等多种学说，并有着较大的争论。其中，"客观真实说"与"法律真实说"的争论较为激烈。

（一）主观真实说观点

所谓主观真实，是指司法活动中人们对案件事实的认识是法官或事实认定者确认的真实。主观真实说认为，在诉讼中法官或者事实认定者发现、证明的案件事实，实际上是一种主观事实，并不是诉讼之前在特定时间、地点发生的"客观事实"。

主观真实说的理由主要有：首先，事实认定者是从对事实预先得出的模糊结论出发，然后才寻找有关的证据支持的，如果有关的证据不支持原来的结论，他会放弃这一结论而寻找其他的结论。其次，事实认定者在运用证据对案件事实进行推理时，直觉或者预感占有非常重要的位置。最后，每个法官由于学识、经验、信仰等不同而存在个体差异，他们的思维方式也就会不同，因此，对于同一个案件事实，即使有相同的证据，不同的法官也会据此得出不同的结论。

（二）客观真实说观点

所谓客观真实，是指司法活动中人们对案件事实的认识完全符合客观的实际情况，是符合客观标准的真实。即司法机关在刑事诉讼中认定的有关被告人刑事责任的事实，在民事诉讼中所判明的对当事人的权利、义务有意义的事实，在行政诉讼中所确认的具体行政行为是否合法的事实，必须与客观上实际存在过的事实一致。查明案件的客观真实，归根到底，就是要求司法人员的主观认识符合客观实际。

客观真实说认为，刑事诉讼证明所要追求的是客观真实，当人们运用证据对案件事实的认识达到了与客观的实际情况相符合时就是真实的，否则就是虚假的。判定其是否真实的标准是看人们认识到的案件事实是否与案件的客观实际情况相符合。只要证据事实中包含了足以对犯罪嫌疑人定罪量刑的要件事实，证据事实对定罪量刑来说就是充分的。也就是说，"客观真实"的诉讼证明标准由判定证据是否真实的标准和判定证据是否充分的标准两部分构成。具体来讲，客观真实说的理由主要有以下几点：

1. 我国诉讼程序设置的重要任务之一，就是保障司法机关查明案件客观真实，并以此为依据处理各类案件，而且要保障，一旦查明其将案件事实搞错，其认定不符合客观事实，就一定要通过合法程序予以纠正。

　　2. 对案件事实的认定，不管司法人员认为其把握度有多大，都要接受司法程序的反复考验和客观验证，一旦证明其不合客观实际，都要依法予以纠正。有错必纠是社会主义法治的要求，也正是坚持客观真实原则的重要体现。

　　3. 查明案件的客观真实，不仅是十分必要的，而且是完全可能的。这是因为：其一，马克思主义认识论认为，存在是第一性的，意识是第二性的，存在决定意识；人类具有认识客观世界的能力，能够通过调查研究认识案件的客观真实，查明客观真实具有科学的理论根据。其二，客观上已经发生的案件事实，必然在外界留下这样或那样的物品、痕迹，或者为某些人所感知，这为查明案件客观真实提供了事实根据。其三，我国司法机关有党的坚强、统一的领导，有广大具有觉悟的群众的支持，有一支忠实于人民利益、忠实于法律、忠实于事实真相，具有比较丰富的经验，掌握一定科学技术的司法干部队伍，这是查明客观真实的有力的组织保证。其四，随着社会主义法制的加强，总结司法工作正反经验、反映现实需要的《刑事诉讼法》、《民事诉讼法》和《行政诉讼法》已先后颁布，提供了查明案件客观真实的法律依据。总之，司法人员只要依法正确收集、审查和判断证据，完全有可能对案件事实作出符合客观实际的认定。这种观点在国外也有不少人支持。

（三）法律真实说观点

　　所谓法律真实，是指司法活动中人们对案件事实的认识符合法律规定或认可的真实，是在具体案件中达到法律标准的真实。即诉讼中所呈现的并最终为法院所认定的事实，乃是经过证据法、程序法和实体法调整过的、重塑了的新事实，它是在诉讼过程中形成并成立于诉讼法上、仅具诉讼意义的事实，因此可以称之为诉讼事实或法律事实。

　　法律真实说认为，在刑事诉讼中，不存在超越于法律之外的客观事实，所有的事实必须建立在进入刑事程序之中的证据的基础上，并且依照法定的程序推论出来，即在法律规定的机制和标准上得出关于事实的结论，这也就是法律事实。法律真实证明标准的确立，是建立在客观真实的基础之上的，法律真实如果完全背离案件的客观真实，就会变成无源之水、无本之木。具体来讲，法律真实说的主要理由是：

　　1. 马克思主义哲学原理告诉我们，我们对客观世界的认识，对案件事实的证明，只能达到一种相对真实的程度，所以，被证明的案件事实，就不可能是实际上发生的客观事实。

　　2. 诉讼证明是一种法律活动，它不能只追求证明的真理性，还要追求证明的正当性。尊重法律和法律程序，正是证明活动具有正当性的表现。

　　3. 主张法律真实说，可以使诉讼证明活动变得具体、明确，便于司法人员操作，也容易为普通公民或当事人所接受。相反，主张客观真实说，往往会因为客观真实不好把握，而在司法实践中引起各种各样的问题。[1]

（四）对学说的评析

主观真实说认识到并强调了证明主体认识活动的主观性的一面，有可取之处，但是，它却将证明主体认识活动的客观性的一面完全忽视了，而且，这种观点只看到了法官的认识活动所具有的特殊性，却没有注意到法官作为人的整体中的一员所具有的普遍性认识。

客观真实说的可取之处在于它坚持以马克思主义认识论为指导，坚持可知论、主客观相统一原则以及坚持客观验证和有错必纠的做法。然而，客观真实说却片面理解了马克思主义认识论的原理，过分夸大了真理的绝对性和人类认识能力的至上性，因而有绝对化之嫌，似乎对一切案件、一切事实，不仅都可能，而且都有必要查明其客观真实，其实这既是不可能的，也是不必要的。因为我们要查明的是那些对案件的处理具有意义的事实，而且查明的程度以满足案件正确处理的需要为限。此外，客观真实的目标有时并不是最重要的，有时还需要向效率、人权保障和正当程序让路。[2]

尽管客观真实说和法律真实说从表面上看有水火不容之势，然而它们两者之间却存在一些相通之处。具体表现在：其一，两种学说都认为在诉讼证明活动中，要探求案件的"真实"，并都承认在诉讼活动中追求客观真实的价值。例如，法律真实说的学者指出，对于我们每个人来说，如果在诉讼过程中能够发现案件的客观真实情况，是最好不过的事情，或者说，再没有任何一种主张比这种主张更完美了。正因为如此，人们对于如何发现客观真实，不知倾注了多少热情和精力。其二，两种学说都认识到在每个案件中都或多或少地会有一些客观事实是无法查明的。例如，客观真实论者认为，司法实践中，并非对每个案件的证明均达到了客观真实的程度，其原因是多方面的，或因证据未及时收集而损毁消失，或因未深入调查而没有获得必要的证据，或因缺乏必要的科学技术手段，或因办案人员思想方法主观片面作出错误判断，或因慑于权势、徇于私情故意歪曲事实，等等。对于客观真实与法律真实的关系，有学者认为：客观真实与法律真实的争论，在一定程度上反映了司法理想与司法现实之间的冲突。作为理想，司法活动当然最好是追求客观真实，而且是百分之百的客观真实。但面对现实，面对各种条件的限制，人们往往又不得不在司法活动中满

---

[1] 樊崇义等：《刑事证据法原理与适用》，中国人民公安大学出版社 2003 年版，第 218 页。

[2] 参见刘金友："证明标准之我见"，载陈光中、江伟主编：《诉讼法论丛》（第 7 卷），法律出版社 2002 年版，第 36 页。

足于法律真实。因此，"司法证明的目的是客观真实，司法证明的标准是法律真实"。[1]

我们认为，无论是"主观真实"、"客观真实"，还是"法律真实"都是在探求某种所谓的"真实"，因此，它们都只属于证明要求的范畴，因为如前所述，"真实"作为证明主体的证明活动所要达到的目的或追求的目标，本就是证明要求的内涵所在。而它与作为衡量证明主体的证明活动是否合格的标尺或准则的证明标准，应是既有密切联系但又明显差别的两个概念，不应将它们相互混淆，更不能相互替代。诉讼证明的要求表明，通过诉讼所要达到的目标或价值取向应当是：人类历史上任何一种诉讼证明都是以寻求案件事实的真实情况为己任，都是以给犯罪者准确定罪、恰当量刑为直接目标，以打击犯罪、保护人权，促进社会健康有序的向前发展为终极目标。而诉讼证明标准所要解决的问题则是：判定人们运用证据对案件事实的认识是否真实的标准是什么？对案件事实的认识达到什么程度就可以对犯罪嫌疑人、被告人定罪量刑？由此可见，诉讼证明要求和诉讼证明标准是具有不同的内涵和外延的不可互换的两个概念。不过，在实践应用环节上这两个概念又紧密相关，缺少任何一个，另一个都无法发挥应有的作用。因为诉讼证明要求的任务是证明诉讼证据的真实性和充分性，而诉讼证明的标准则是判定证据真实性的标准和判定证据充分性的标准。只有当证据的真实性和充分性同时具备时，诉讼证明的要求或目的才能真正实现，才能真正做到定罪准确、量刑恰当。[2]

至于诉讼中的证明要求究竟应是何种真实？我们认为，应当是法律真实。因为，尽管寻求客观真实是诉讼的根本目的，是诉讼的终极价值目标，但如果要求最终证明的案件事实与客观上发生的事实完全一致，则有点理想化了，这在现实中是做不到的。由于诉讼证明是一种历史性的证明而非科学技术性的证明，即这种证明只能依据各种痕迹性材料等进行回溯性推断，而不可能进行科学的、仪器式的、具有可重复性的认识检验，再加上诉讼证明的时限性，以及诉讼证明手段的受限制性，如必须依法取证而不能违法操作，还有诉讼证明主体认识能力和方法乃至可获取信息的有限性，等等，因此，相比之下，法律真实更能体现诉讼价值的多元化要求，能使证明活动明确和具体化，引导法院的具体审判，使审判人员易于操作。而且，在具体案件中达到的证明要求，只能是一种具有"合理的可接受性"的真实，即相对的法律真实，而非绝对真实。

---

〔1〕 参见何家弘："司法证明的目的是客观真实，司法证明的标准是法律真实"，载陈光中、江伟主编：《诉讼法论丛》（第7卷），法律出版社2002年版，第50～55页。

〔2〕 参见张继成、杨宗辉："对'法律真实'证明标准的质疑"，载《法学研究》2002年第4期。

即如英国《大不列颠百科全书》所言：由于取得证据的方法有显著不同和区别，证据只能产生程度不同的盖然性，而不会有哲学上的绝对真理的意义。[1]

第二节　刑事诉讼的证明标准

一、外国刑事诉讼的证明标准

（一）英美法系国家刑事诉讼的证明标准

在英美法系国家，因案件证明的具体问题不同，证明标准也分为不同的等级。根据美国的证据法和证据理论，将证明标准的程度分为九等：第一等是绝对确定，由于认识论的限制，认为这一标准无法达到，因此无论出于何种法律目的均无这样的要求；第二等即排除合理怀疑，为刑事案件作出定罪裁决所要求，也是诉讼证明方面的最高标准；第三等是清楚和有说服力的证据，当某些司法机关在死刑案件中拒绝保释时，以及作出某些民事判决时有这样的要求；第四等是优势证据，是作出民事判决以及肯定刑事辩护时的要求；第五等是合理根据，适用于签发令状，无证逮捕、搜查和扣押，提起大陪审团起诉书和检察官起诉书，撤销缓刑和假释，以及公民扭送等；第六等是有理由的相信，适用于拦截和搜身；第七等是有理由的怀疑，足以确定其有罪；第八等是怀疑，可以开始侦查；第九等是无线索，不足以采取任何法律行为。由此可知，在英美法系国家的刑事诉讼中，不同的诉讼阶段存在着不同的证明标准。由于认识论的限制，关于绝对确定的标准，一般认为无法达到，因此无论出于何种法律目的均无这样的要求。而"排除合理怀疑"的标准，则被认为是在刑事诉讼中认定被告人有罪时所要求达到的证明标准。"排除合理怀疑"的证明标准，最早产生于 18 世纪末 19 世纪初。1824 年，英国学者史塔克率先主张，刑事诉讼中的证明标准应当是"具有道德上的确定性以至于排除所有的合理怀疑"。此后，这个标准首先在死刑案件中使用，随后逐步扩大到所有的刑事案件，成为英美法系国家刑事案件中通用的证明标准。

关于"排除合理怀疑"的含义，英美法系国家的学者们有着不同的解释和表述。根据权威的法律词典《布莱克法律词典》解释，"排除合理怀疑"，是指"全面的证实、完全的确信或者一种道德上的确定性；这一词汇与清楚、准确、无可置疑这些词相当。在刑事案件中，被告人的罪行必须被明确到排除合理怀疑的程度方能成立，意思是被证明的事实必须通过它们的证明力使罪行成立"。

---

〔1〕　参见龙宗智："确定无疑——我国刑事诉讼的证据标准"，载《法学》2001 年第 11 期。

"'排除合理怀疑'的证明，并不排除轻微可能的或者想象的怀疑，而是排除每一个合理的假设，除非这种假设已经有了根据；它'达到道德上确信的证明，是符合陪审团的判断和确信的证明，作为理性的人的陪审团成员在根据有关指控犯罪是由被告人实施的证据进行推理时，是如此确信，以至于不可能作出其他合理的推论。"也有学者认为，对于何谓"排除合理怀疑"，不需要过多的解释，这一词汇本身就是最好的解释。如乔恩·R. 华尔兹在《刑事证据大全》一书中指出："大多数法官都拒绝向陪审团给出'合理怀疑'的定义，而将这一证明标准视为不言自明的。正如一位法官所指出的——对'合理怀疑'一词来说，没有比其本身更清楚明确的定义了，人们一直认为这个词的含义是要把能阻止一个合理且公正的人得出有罪结论的怀疑作为衡量的标准。""要想使陪审员认定被告人犯有指控的罪名，就必须说服他们相信该犯罪的全部要素已经得到了超出合理怀疑的证明。如果任何要素未得到这种令陪审团满意的证明，或者如果任何辩护意见未得到公诉方的这种反证，那么该被告人就必须被判无罪。"[1]美国加利福尼亚刑法典对"合理怀疑"的表述为："它不仅是一个可能的怀疑，而是指该案的状态，在经过对所有证据的总的比较和考虑之后，陪审员的心理处于这种状况，他们不能说他们感到对指控罪行的真实性得出永久的裁决已达到内心确信的程度。"

（二）大陆法系国家刑事诉讼的证明标准

在大陆法系国家自由心证的证据制度下，法官的心证可以划分成四个等级：微弱的心证；盖然的心证；盖然的确实心证；必然的确实心证。有罪判决的证明标准为必然的确实心证。法官须以提交庭审辩论并经各方当事人自由争论的材料，作为形成内心确信的依据。可见，大陆法系国家刑事证明的最高标准，是排除了任何疑问的"内心确信"。在证据法理论中，又常将"内心确信"概括为"高度盖然性"。

在大陆法系国家，法国在 1808 年颁布的世界上第一部《刑事诉讼法典》中，最先确定了"内心确信"的证明标准。随后，德国在 1877 年刑事诉讼法典中正式采用自由心证（内心确信）原则后，通过帝国裁判所的判例逐渐形成了"高度盖然性"的公式，即有罪认定除要求法官的诚实、良心和基于此而产生的有罪的内心确信外，还要求通过证据在量和质上的积累而使待证事实达到客观的"高度盖然性"。这里的高度盖然性，其含义主要有两方面：一是在公开的法庭上通过对证据的提出和调查以及当事人客观状态所反映出来的要证事实的明

---

[1]　[美] 乔恩·R. 华尔兹：《刑事证据大全》，何家弘等译，中国人民公安大学出版社 1993 年版，第 313～314 页。

白性和清晰性；二是法官对这种客观状态的认识，即证据的客观状态作用于法官的心理过程而使其达到的确信境地。此外，在德国的判例和学说中，这一标准还被表述为"紧邻确实性的盖然性"等，以强调其必须达到的高度。日本的刑事诉讼法一开始接受了大陆法系国家的内心确信的证明标准，只是到了"二战"以后，受英美法系国家的影响增加，转变为"排除合理怀疑"的证明标准。

（三）两大法系刑事诉讼证明标准之比较

尽管大陆法系国家所采取的"内心确信"的证明标准和英美法系国家奉行的"排除合理怀疑"的证明标准存在一定的差异，如在表达方式上，"内心确信"或者"高度盖然性"的措辞是从正面来表达证明标准的含义的，而"排除合理怀疑"则是从反面来表达证明标准的含义。另外，"内心确信"的表达方式更为强调证明标准的主观方面，而"排除合理怀疑"的表达方式则更为注意主观方面和客观方面的平衡。但是仔细分析，二者在本质上确有一些共同性或者一致性。首先，这两种证明标准，都是人类诉讼认识活动的规律在刑事诉讼中的体现或反映，是现实的刑事证明活动的经验总结和概括。其次，它们要求法官或陪审团达到的证明程度在本质上是相同的，即在信念上确信，并且这种确信是出于良知或者是真诚地形成的，是合理的，也是理性的。最后，这两种证明标准并不是完全主观的和任意的，二者都要求据以形成确信的证据基础。因此，大陆法系国家的"内心确信"的证明标准，与英美法系的"排除合理怀疑"的证明标准，体现了共同的价值追求，两者相互依存。要达到"内心确信"就必须排除合理的怀疑，也只有"排除了合理怀疑"，才能够形成真正的内心确信。日本学者田口守一指出，"高度盖然性"（内心确信）的标准是双重肯定的评价方法，"无合理的怀疑"的证明标准是排除否定的评价方法。两者是同一判断的表里关系。[1] 而《英国大百科全书》对"内心确信"或者"高度盖然性"与"排除合理怀疑"之间的关系作了权威的诠释："在普通法国家……刑事案件要求盖然性超过合理怀疑。而在大陆法系国家中，则要求排除合理怀疑的盖然性。"

二、我国刑事诉讼的证明标准

（一）有关法律规定及存在的问题

严格的讲，我国《刑事诉讼法》中没有关于证明标准的明确规定，但一些条文中却包含了有关刑事证明标准的内容。具体规定有：①《刑事诉讼法》第86条规定："……认为有犯罪事实需要追究刑事责任的时候，应当立案；……"

---

〔1〕 ［日］田口守一：《刑事诉讼法》，刘迪等译，法律出版社2000年版，第223页。

②《刑事诉讼法》第 129 条规定："公安机关侦查终结的案件，应当做到犯罪事实清楚，证据确实、充分，……移送同级人民检察院审查决定。"③《刑事诉讼法》第 141 条明确规定："人民检察院认为犯罪嫌疑人的犯罪事实已经查清，证据确实、充分，依法应当追究刑事责任的，应当作出起诉决定，按照审判管辖的规定，向人民法院提起公诉。"④《刑事诉讼法》第 162 条规定："案件事实清楚，证据确实、充分，依据法律认定被告人有罪的，应当作出有罪判决。"除此以外，公、检、法等机关有关的司法解释中也有类似的规定。

从以上我国刑事诉讼有关证明标准的规定可以看出，我国现行的刑事证明标准存在以下两个方面的问题：一是证明标准呈一元化的倾向。尽管从形式上看，不同诉讼阶段的证明标准有一定的层次性的差异，但深入理解和剖析后可以发现，侦查终结、提起公诉与有罪判决的证明标准在实质上近乎一样，都是"案件事实清楚，证据确实、充分"。二是"案件事实清楚，证据确实、充分"的立法表述，过于原则和抽象，缺乏可操作性。

按照通说，所谓案件事实清楚，是指与定罪量刑有关的事实和情节，都必须查清，那些不影响定罪量刑的轻微情节则无须全部查清。所谓证据确实、充分，是指证据必须达到质和量的总体要求。证据确实，是要求每个证据都必须对案情有证明力；证据充分，是要求足以证明案件真实情况的证据必须达到一定量的程度。根据法律规定和司法实践经验，案件事实清楚，证据确实、充分，具体是指达到下列标准：一是据以定案的每个证据都必须查证属实；二是据以定案的每个证据都必须与案件事实存在客观联系，具有证明力；三是属于犯罪构成的要件事实均有相应的证据加以证明；四是所有证据在总体上已足以对所要证明的案件事实得出确定无疑的结论，并排除了其他一切可能性。我们认为，虽然"案件事实清楚，证据确实、充分"的立法规定体现了诉讼的严肃性，意在防止草率地将公民推上被告席，然而在不同的诉讼阶段上采用同样的证明标准不仅不符合诉讼规律和司法实践，会造成要么降低了后段诉讼的证明标准，要么提高了前段诉讼的证明标准的结果，而且也与其他国家在刑事诉讼的不同阶段适用不同证明标准的原则和做法不一致，这样规定可能会使侦、诉、审三机关的诉讼职能发生混淆，而不利于刑事诉讼目的的实现。

（二）我国刑事诉讼证明标准的重新构建

我们认为，要重新构建刑事证明标准，必须考虑以下因素：首先，必须符合诉讼证明的规律。不同的证明过程有着不同的证明任务，也就应有不同的证明标准，即使是同一诉讼过程，案件的实体事实与程序事实的证明标准也应有所不同。其次，要将查明事实真相同其他价值目标的实现结合起来。既要实现司法公正，又要注意人权保障及提高司法效率、降低诉讼成本等。再次，应当为大多数诉讼所能达到。如果设置标准过多，就会造成可望不可及的结果，因为诉讼证明受时空限制和司法资源的限制。最后，必须是明确、可操作的证明标准，不能将证明标准理解为一种应然模式或理想状态。主要内容有：

1. 构建不同层次的证明标准。由于不同诉讼阶段的不同证明过程也即对案件事实的证明过程，是遵循认识论的一般原理，逐步地、渐进地由感性认识上升到理性认识，因此，不同证明过程的证明标准也应当是由低到高的"阶梯式"的层次性证明标准。如前所述，在英美法系国家的刑事诉讼中，从侦查、审查起诉到审判，不同的证明过程有着不同的证明标准，并呈递进的态势。在大陆法系国家，不同的诉讼阶段的证明过程，适用不同的证明标准也很明显。例如，《德国刑事诉讼法》第152条第2款规定，须有足够的事实根据时，检察院具有对所有的不予以追究的犯罪行为做出行动的义务。第203条规定，须认为被诉人有足够的犯罪行为嫌疑，方可裁定开始审判。第261条规定，对于有罪判决，适用自由心证的证明标准。因此，鉴于英美及大陆法系国家的做法，结合我国的司法证明之需要，建立不同证明过程的层次性的证明标准既是需要的，也是必要的和可行的。

关于不同层次的证明标准的具体构建，我们认为，目前我国立案阶段的证明标准，即认为"有犯罪事实需要追究刑事责任"的规定是适当和可行的，可以继续沿用。侦查阶段是收集证据、查获犯罪嫌疑人的阶段，其证明过程主要是获取感性认识即对案件事实的表面的、片面的认识，还不可能把握案件的本质和规律，因此侦查阶段不应设立过高的证明标准。此证明过程的证明标准应规定为"认为犯罪事实清楚，有定罪的可能"。这样规定，既与侦查的认识阶段与证明过程相符，又便于实践操作，还能够充分体现"惩罚犯罪"和"保障人权"的价值目标。对于提起公诉的证明标准可以规定为"认为犯罪事实清楚，足以作出有罪判决"。这样规定，一方面能够保证起诉的有效性，提高公诉的效率；另一方面将公诉的证明标准定位于侦查和判决的证明标准之间。因而既符合诉讼证明的规律，也便于证明任务的完成。至于审判阶段有罪判决的证明标准应当如何确立，是目前学术界争议较大的问题。我们认为，可表述为"证据确实、充分，排除其他可能性"。这样规定，既能保留、沿袭我国传统的表达方式，符合中国国情，又有借鉴吸收"排除合理怀疑"的排除法认知方式；同时兼融主、客观因素为一体，可操作性强，也符合我国的司法实践之需要，因而是比较合理的、适当的，也应当是能为学术界和实务界所普遍接受的表述方式。

2. 构建不同证明对象的层次性证明标准。在大陆法系国家，对不同的证明对象运用不同的证明标准。一般而言，实体法事实的证明标准高于程序法事实，这是由于程序法事实中不涉及人身、财产权益，且对诉讼权利、案件实体处理并无实际影响，因而可以适用低于实体法事实"证明"的一般标准，而采用"释明"即可。例如在日本，根据不同的证明对象，证明标准有"证明"和"释明"两种。"证明"一般适用于实体法上的事实，即有关定罪量刑的事实，对事实的认定要达到"内心确信"或"排除合理怀疑"的程度。"释明"一般适用于法律有明文规定的程序法事实，它只要求法官形成"可以推定事实存在"的心证即可。

我们认为，对于刑事诉讼中的有关犯罪构成要件的事实，以及从重、加重或从轻、减轻、免除刑罚等实体法事实，由于这些事实直接关系到被告人的定罪量刑问题，就应当确立较高的证明标准，即作出有罪判决时应达到"证据确实、充分，排除其他可能性"的标准。而对于程序法事实，如回避、强制措施、诉讼期限、违反法定程序方面的事实等，则应适用较实体法事实较低的证明标准，即达到"存在的可能性明显大于不存在的可能性"即可，也即"优势证据标准"。

三、刑事疑难案件的处理

刑事疑难案件，通常是指因事实不清或证据不足而造成的既不能证实犯罪嫌疑人、被告人有罪也不能排除其犯罪嫌疑的案件。也有人称其为疑罪案件。疑难案件又可分为罪疑案件和刑疑案件两种。所谓"罪疑案件"，即对于犯罪嫌疑人、被告人是否构成犯罪存在疑问的案件。所谓"刑疑案件"，即对于犯罪嫌疑人、被告人构成犯罪没有疑问，但对其构成轻罪还是重罪存在疑问的案件。[1]

在刑事诉讼证明中，理想的证明状态是收集到确实、充分的证据，并通过证据查明案件的事实真相。然而，在司法实践中，有时由于主、客观原因，有些案件可能会出现证据已经灭失，案件事实无法证明的状态，从而形成处断难明的疑难案件。具体来讲，疑难案件通常表现为两种情形：一是没有证据，或者虽有证据但这些证据被证明为虚假、不具有证据能力而被排除，从而无法进行证明，造成疑案；二是有一些证据证明被追诉人有犯罪嫌疑，但已有的证据尚未达到法定的证明标准，从而出现既不能证实其有罪也不能排除其有罪的悬疑状态。

对于疑难案件应当如何处理，不同国家、不同诉讼制度有着不同的做法。在欧洲中世纪及旧中国的封建专制时期，在刑事诉讼中，由于实行的是有罪推定原则，因此，对于疑难案件采取"疑罪从有"的处理方式，即尽管没有足够的证据能确定被告人犯罪，却仍然可以将被告人作为罪犯来处罚。这是封建专

---

[1] 刘金友主编：《证据法学（新编）》，中国政法大学出版社 2003 年版，第 261～262 页。

制社会野蛮、落后、践踏人权在刑事诉讼中的具体反映。随着资产阶级革命的胜利，资本主义国家普遍确立了无罪推定原则。按照无罪推定原则，被告人在被法院依法判决有罪以前，应当视为无罪，即采取"疑罪从无"的方式和原则。

我国 1979 年的刑事诉讼法强调对被告人作出任何最终的法律处理，都必须建立在案件事实清楚，证据确实、充分的基础上。对于事实不清、证据不足的案件，要求继续侦查或补充侦查，直到查清为止。但对经过反复补充侦查仍然事实不清、证据不足的疑难案件应当如何处理，并未明确作出规定，因而导致实践中有些疑难案件久拖不决，被告人被超期羁押的状况。这种疑难案件的处理方式，既不能及时有效地惩罚犯罪，也不利于公民权益的保障，还不利于社会的长治久安。因此，在 1996 年修订后的刑事诉讼法中，对疑难案件的处理作出了明确规定，主要表现在：首先，《刑事诉讼法》第 12 条规定了"未经人民法院依法判决，对任何人都不得确定有罪"的原则；其次，规定了疑难案件的具体处理程序。即在审查起诉阶段，经过两次补充侦查，人民检察院仍然认为证据不足、不符合起诉条件的，可以作出不起诉的决定；在审判阶段，人民法院对证据不足、不能认定被告人有罪的，应当作出证据不足、指控的犯罪不能成立的无罪判决。可见，目前我国对于疑难案件采取"从无"的原则。具体在司法实践中，通常是根据案件的实际情况作出不同的处理：对于"罪疑案件"，就是当被告人的罪行尚不能被确实、充分地证明时，应以无罪处理，即"罪疑从无"；对于"刑疑案件"，就是当被告人是罪重还是罪轻难以确定时，只认定证据充足的轻罪，即"刑疑从轻"。

第三节　民事诉讼的证明标准

一、外国民事诉讼的证明标准

（一）英美法系国家民事诉讼的证明标准

在英美法系国家，对民事案件与刑事案件适用不同的证明标准，称为"证明标准的二元制"。在刑事诉讼中要求控方对被告人的指控必须达到"排除合理怀疑"的程度，而在民事诉讼中则相对宽松得多，只要求达到"或然性权衡"或"盖然性优势"的标准。正如英国大法官丹宁勋爵指出的："在刑事案件中，法官经常告诉陪审团说，原告有责任提出'无可置疑'的证据。在民事案件中，它将是在'可能性的天平上'。"因此，通常英美法系国家的学者认为，刑事诉讼的证明标准高于民事诉讼的证明标准。在刑事诉讼中，控诉一方的证明只要对被告人是否有罪仍存在任何合理的怀疑，被告人就必须被释放。即当控诉证据与辩护证据相对峙时，它必须消除任何合理的怀疑，否则将败诉。而在民事诉讼中，负有证明责任的一方当事人，只要其能够证明其事实主张存在的可能性大于不可能性即可，虽然这种事实主张此时仍存在某种质疑的情形。由此可见，在英美法系国家，民事诉讼的证明标准是"盖然性占优势"标准，或称为"优势证据"标准，也有人称其为"或然性的权衡"的证明标准。

所谓盖然性，是一种可能的状态，其性质是有可能而不是必然。具体到案件中，盖然性的证明，是指如果诉讼一方证明其主张的根据与另一方证明其主张的根据相比占优势，其主张就可以成立，即便只是51%对49%的微弱优势。丹宁勋爵对盖然性所作的解释是："如果证据能够让审理者认为'我们宁信其有，而不信其无'，那么当事人的证明责任就可以卸除。但如果两种盖然性势均力敌，则没有达到要求。"

所谓"盖然性占优势"或"优势证据"标准，是指证明某一事实存在的证据比反对该事实存在的证据更有说服力，或者比反对证明其真实性的证据的可靠性更高时，法官即应对该证据及其所证明的案件事实予以确认。也就是说，在民事诉讼中，负有证明责任的一方当事人，其最终所证明的结果能达到使一般具有普通常识的正常人认为具有某些必然性或合理的盖然性或确信程度就够了，而非要达到刑事案件所要求的情理毋庸置疑的程度。英国证据法学家彼德·摩菲认为："在民事案件中，证明标准无非是要求'或然性权衡'和'盖然性占优势'的标准，也就是说，足以表明案件中负有法定举证责任的当事人就其主张的事实上的真实性大于不真实性。"在美国，"民事诉讼中的证据证明标准，一般为盖然性占优势标准。当一事实主张被陪审团确信为在证据上具有占优势的盖然性，即存在的可能性要大于不存在的可能性时，那么，此项事实主张就被认定为真实"。

在理解"盖然性占优势"证明标准时，需要注意以下两个问题：其一，这里的"盖然性占优势"，指的应是证据在说服力和证明力上占优势，而与证人数量或者证据的数量无关。即"证据优势"在于证据具有一种令人信服的能力或力量来确立所主张的事实的存在。其二，"盖然性占优势"并不是所有民事案件的证明标准，而是普通民事案件最低限度的证明标准。因民事案件的性质不同，证明标准中所包含的盖然性程度也有所区别，对于某些特殊类型的民事案件，如口头信托、口头遗嘱等，则有着比普通民事案件更高的证明标准。

（二）大陆法系国家民事诉讼的证明标准

在大陆法系国家，从证据法的条文上来看，对刑事诉讼和民事诉讼的证明标准原则上没有区别对待，其证明标准一般可以概括为"内心确信"，两者都要求达到高度的盖然性。国外的学者认为："大陆法系的欧洲各国法律，就证据的标准来说，在民事和刑事案件中没有区别。两者都需要高度的盖然率，就是说，在日常生活经验中，这种盖然性要达到排除一切怀疑，接近必然发生的程度。"[1] 其实，在大陆法系国家，由于刑事案件与民事案件性质上的不同，民事诉讼对于"盖然性"的要求，在实质上是低于刑事诉讼的。

在大陆法系国家，民事案件的证明标准一般为"特定"高度的盖然性，即达到依据日常经验可能达至的高度，疑问即告排除，产生近似确然性的可能。这与大陆法系各国通常实行在评判证据上的自由心证主义有密切的关系。大陆法系学者认为，对于民事案件，法院所裁判的事实问题不必达到绝对真实的程度，而只要具备某种盖然性就已满足充分条件。这主要是由于刑事案件关系到人的自由甚至生命等利益的重大性，因此，在刑事诉讼中，如果在证据不足或虽有相当数量的证据能证明被告人有罪但仍存在合理怀疑的情况下，实行有利于被告人的解释。而在民事诉讼中，其实体权益属私权性质，当事人实体权利和诉讼权利均可放弃，当事人间亦可通过诉讼上的调解以及诉讼外的和解协调其利害关系，法院还可借助推定、司法认知等方式实现多重证明功能来认定案件事实。可见，虽然在大陆法系国家的两大诉讼中都实行自由心证原则，但二者在盖然率的高低上，仍然存在差别。

二、我国民事诉讼的证明标准

我国 1991 年的《民事诉讼法》未就证明标准作出明文规定。然而有人认为，该《民事诉讼法》第 63、64 条的规定，即对证据"必须查证属实，才能作为认定事实的根据"；"人民法院应当按照法定程序，全面地、客观地审查核实证据"，是我国民事诉讼立法对证明标准的一般要求性规定。另外，也有人认为，在二审法院对一审案件进行监督审理时涉及到了有关证明标准的规定，此即 1991 年《民事诉讼法》第 153 条的规定。[2] 该条规定："第二审人民法院对上诉案件，经过审理，按照下列情形，分别处理：①原判决认定事实清楚，适用法律正确的，判决驳回上诉，维持原判决；②原判决适用法律错误的，依法改判；③原判决认定事实错误，或者原判决认定事实不清，证据不足，裁定撤销原判决，发回原审人民法院重审，或者查清事实后改判；④原判决违反法定程序，可能影响案件正确判决的，裁定撤销原判决，发回原审人民法院重审。"目前，学术界和实务界普遍认为，根据《民事诉讼法》第 153 条的规定，民事

---

〔1〕 上海社会科学院法学研究所编译：《诉讼法（国外法学知识译丛）》，知识出版社 1981 年版，第 213 页。转引自卞建林主编：《证据法学》，中国政法大学出版社 2002 年版，第 291～292 页。

〔2〕 江伟主编：《证据法学》，法律出版社 1999 年版，第 111 页。

诉讼的证明标准是从否定的方面进行表达的，即"认定事实错误或者认定事实不清，证据不足"。那么，正面的表达就应当是"事实清楚，证据充分"。由于证据充分必须以其确实为条件，所以，《民事诉讼法》所规定的证明标准与刑事诉讼的证明标准实际上是一样的。即"事实清楚，证据确实、充分"。

最高人民法院在经过广泛的理论探讨，并积极借鉴国外有益经验的基础上，于2001年12月21日公布了《关于民事诉讼证据的若干规定》。其中第73条第1款规定："双方当事人对同一事实分别举出相反的证据，但都没有足够的依据否定对方证据的，人民法院应当结合案件情况，判断一方提供证据的证明力是否明显大于另一方提供证据的证明力，并对证明力较大的证据予以确认。"该条第2款规定："因证据的证明力无法判断导致争议事实难以认定的，人民法院应当依据举证责任分配的规则作出裁判。"

有学者认为，最高人民法院《关于民事诉讼证据的若干规定》第73条仅适用于双方当事人分别举出相反证据，"但都没有足够的依据否定对方证据"的场合，具有适用对象上的特殊性。而不是对一般性情况作出的规定，因而很难说是原则性的证明标准的规定。[1]

我们认为，最高人民法院《关于民事诉讼证据的若干规定》第73条第1款有两层含义：其一，双方当事人对同一事实分别举出相反的证据，但都没有足够的依据否定对方的证据的情况下，法官可以借鉴现代自由心证的规则，结合案件情况对双方证据的证明力大小进行自由裁量；其二，比较双方证据证明力大小的结果一经确定，即采信证明力较大的证据作为认定案件争议的事实的依据。可见，此款的规定，不仅赋予了法官根据案件情况对案件事实进行认定的权力，而且也确立了我国民事诉讼"高度盖然性占优势"的证明标准，即在当事人对同一事实举出了相反证据且都无法否定对方证据的情况下，由人民法院对当事人证据的证明力进行衡量。如果一方提供的证据的证明力明显大于另一方，则可以认为证明力较大的证据所支持的事实具有高度盖然性，人民法院应当依据这一事实作出裁判。如果通过证明力的比较，仍无法对待证事实作出认定，待证事实仍处于真伪不明的状态，双方证据的证明力大小不明显或无法判断，即双方证据支持的事实均不能达到高度盖然性程度，人民法院应当依据举证责任的分配规则作出裁判，由负有举证责任的一方当事人承担举证不能的不利后果。

另外，最高人民法院《关于民事诉讼证据的若干规定》第73条第2款规定的"因证据的证明力无法判断导致争议事实难以认定"，大致可以分为两种情

---

[1] 参见张卫平：《民事证据制度研究》，清华大学出版社2004年版，第225页。

况：一是比较双方证据证明力大小的结果是双方证据的证明力势均力敌，无法分出明显的强弱；二是比较的结果是双方的证据均不能作为认定案件事实的依据。无论出现上述哪一种情况，人民法院裁判的依据都应当是举证责任分配的分配规则。这款规定主要是赋予了人民法院在案件事实真伪不明的状况下根据举证责任的规则作出裁判的权力。但实际上，此款也含有人民法院根据证据证明力的大小、强弱等依据"高度盖然性占优势"的证明标准作出裁判的权力。

由此，我们认为，最高人民法院《关于民事诉讼证据的若干规定》的第73条的规定，就是我国关于民事诉讼证明标准的规定，并且可以概括为：高度盖然性占优势的证明标准。

第四节　行政诉讼的证明标准

一、外国行政诉讼的证明标准

（一）英美法系国家行政诉讼的证明标准

在英美法系国家，行政案件没有独立的归类，而属于民事案件的一部分。即在其案件类型中，只有民事案件和刑事案件之分，而不存在居于两者之间的行政案件。正如英国学者所说，"几乎所有关于行政法的案件都是民事的，其为刑事诉讼的对称"。[1] 因此，一般而言，英美法系国家存在两种基本证明标准，即刑事案件的排除合理怀疑标准和民事案件的盖然性占优势（或称优势证据）标准，而没有明文规定的行政诉讼证明标准。但是，没有法律明文规定的行政诉讼制度，并不等于英美法系国家就不存在行政诉讼实践。在司法实践中，还可能派生出介于两者之间的一种标准，如对于限制人身自由等民事案件（相当于我国行政案件的司法审查案件）则适用高于一般的优势证据、低于排除合理怀疑的证明标准。另外，在1966年，美国联邦法院在一起驱除出境的案件中确立了"清楚的、明确的和令人信服"的标准。对于这一证明标准，美国联邦最高法院的解释是："由于该案涉及公民的基本权利的严重剥夺，并会给相关公民的生活造成立竿见影的障碍，如果仅适用较低的盖然性优势标准，则显得有失法律的严肃性，并显得轻率，故而应当适用新的证明标准。"有学者认为，这类特殊的民事案件，从实质上说就是行政案件。[2]

〔1〕 参见孔祥俊：《最高人民法院〈关于行政诉讼证据若干问题的规定〉的理解与适用》，中国人民公安大学出版社2002年版，第251页。
〔2〕 樊崇义主编：《证据法学》，法律出版社2003年版，第309页。

所谓"清楚的、明确的和令人信服"的标准，就是要求裁判者在认定事实时，其内心必须相信诉争之事实很有可能，也就是具有一种高度的可能性。也可称为"明晰可信"的标准。应当说，"清楚的、明确的和令人信服的"证明标准，与排除合理怀疑的标准和盖然性占优势的标准相比，更不容易界定。如果用量化的数字界定，盖然性占优势的标准至少要达到51%以上的盖然性，而排除合理怀疑的标准则一般要达到95%以上的盖然性。尽管有学者认为清楚的、明确的和令人信服的标准可以量化为75%以上，但在实际的操作上是比较复杂和困难的。

在美国，"清楚的、明确的和令人信服"的证明标准主要适用于特殊民事诉讼，如影响当事人人身自由的案件；而且由于美国各个州因实体法的规定不同，其适用范围也不太一致，而且具体掌握的程度也不同。通常情况下，这种证明标准适用于涉及如下内容的民事诉讼：欺诈、不当影响、生前口头契约、灭失遗嘱的内容、口头契约的履行、书面协议事项的撤销或变更、因欺诈或疏忽或不合格而发生的行政行为等。但在一些如驱除出境和剥夺国籍等类案件中，清楚的、明确的和令人信服的证明标准似乎更接近于排除合理怀疑的证明标准。而在民事羁押程序中，其证明标准就更接近于优势证据标准。

（二）大陆法系国家行政诉讼的证明标准

在大陆法系国家的德国，由于民事诉讼与行政诉讼发生交叉影响的情况，因而行政诉讼的证明标准是类似于排除合理怀疑的高度盖然性的证明标准。当然，行政诉讼并不等同于民事诉讼。出于平衡当事人诉求的需要，法律不得不对实际力量不对等的行政诉讼原被告之间的诉讼权利和诉讼程序作一些特别的安排，其中包括证明标准。

德国行政诉讼的证明标准一般分为两种：一是高度盖然性证明标准，也即一般行政诉讼的证明标准。尽管行政诉讼中可以应用民事诉讼高度盖然性证明标准，但这并不表明这一证明标准在司法实践中就能取得与民事诉讼实践相同的效果，或者能够进行同样的操作。二是在特别情形下降低高度盖然性证明标准。由于行政诉讼案件的案情千变万化，尤其是被告行政机关拥有强大的实力。因此，要求所有诉讼证明都达到高度盖然性是有相当难度的，而且有时也显得没有必要。因为行政诉讼案情复杂，有时其性质接近刑事案件，要求较高的证明标准（即高度盖然性证明标准），而有时又相当于民事案件，没有必要要求很高的证明标准。故而，高度盖然性证明标准在实践中根本无法作为统一的证明标准。在实践中最常见的是降低证明标准的适用。主要有：一是立法明文降低证明标准，即通过立法的方式来明确降低诉讼证明标准，这在德国的法律中普遍存在。这实质上就是降低对高度盖然性证明标准的适用。二是法院通过司法解释予以降低，即通过法院判决来降低证明标准。这种方式已成为目前德国行政法院中比较常见的现象。[1]

二、我国行政诉讼法关于证明标准的规定

我国的《行政诉讼法》与《民事诉讼法》一样，没有直接对证明标准作出规定。《行政诉讼法》第54条规定，人民法院经过审理，根据不同情况，分别作出以下判决：①具体行政行为证据确凿，适用法律、法规正确，符合法定程序的，判决维持。②具体行政行为有下列情形之一的，判决撤销或者部分撤销，并可以判决被告重新作出具体行政行为：主要证据不足的；适用法律、法规错误的；违反法定程序的；超越职权的；滥用职权的。③被告不履行或者拖延履行法定职责的，判决其在一定期限内履行。④行政处罚显失公正的，可以判决变更。根据上述规定，为了证明其具体行政行为的合法性，行政机关必须提出证据予以证明。另外，《行政诉讼法》第61条规定："人民法院审理上诉案件，按照下列情形，分别处理：①原判决认定事实清楚，适用法律、法规正确的，判决驳回上诉，维持原判；②原判决认定事实清楚，但是适用法律、法规错误的，依法改判；③原判决认定事实不清，证据不足，或者由于违反法定程序可能影响案件正确判决的，裁定撤销原判，发回原审人民法院重审，也可以查清事实后改判。当事人对重审案件的判决、裁定，可以上诉。"由此可见，《行政诉讼法》也是采用的"案件事实清楚，证据确实、充分"的证明标准。

2002年7月24日颁布的最高人民法院《关于行政诉讼证据若干问题的规定》第65条规定："在庭审中一方当事人或者其代理人在代理权限范围内对另一方当事人陈述的案件事实明确表示认可的，人民法院可以对该事实予以认定。但有相反证据足以推翻的除外。"第67条规定："在不受外力影响的情况下，一方当事人提供的证据，对方当事人明确表示认可的，可以认定该证据的证明效力；对方当事人予以否认，但不能提供充分的证据进行反驳的，可以综合全案情况审查认定该证据的证明效力。"这两条规定的内容，是关于行政诉讼中自认制度的规定。由此可见，《关于行政诉讼证据若干问题的规定》没有像《关于民事诉讼证据的若干规定》那样明确确立"高度盖然性"的证明标准。但可以看出，行政诉讼中的证明标准要比刑事诉讼的证明标准低，但一般认为它应比民事诉讼的证明标准高。

我们认为，在行政诉讼中，由于具体行政行为的性质不同，因而在不同案件中，对证明标准的要求也应有所区别。具体而言，首先，行政诉讼中最严格、

---

[1] 参见段书臣、刘澍：《证明标准问题研究》，人民法院出版社2007年版，第346~349页。

最高的证明标准，应与刑事诉讼的证明标准相同，采取严格证明的标准，即案件事实清楚，证据确实、充分（或证据确实、充分，排除其他可能性）的标准，主要应适用于：限制人身自由的案件、适用听证程序作出具体行政行为的案件、适用一般程序作出具体行政行为的案件及人民法院作出变更判决和履行判决的案件等。其次，对一般行政诉讼案件，则应适用盖然性占优势的证明标准。具体来讲，适用于对行政机关适用简易程序作出具体行政行为的案件、涉及预测性事实的行政案件、行政裁决案件及行政机关采取临时保全措施的案件等。这主要是考虑到提高行政效率，保护公共利益和公民权益的需要。

需要指出的是，由于具体行政行为不同，即使是适用理论上的同一标准，但对具体案件的证据及证明标准，在质和量上的要求也应有所差异。

本章思考题

1. 如何理解证明标准？证明标准与证明要求的关系如何？
2. 对"客观真实"与"法律真实"的认识和评析。
3. 如何理解"排除合理怀疑"的证明标准？
4. 简述对我国刑事诉讼证明标准的规定的认识。
5. 如何理解"盖然性占优势"的证明标准？
6. 简述对我国民事诉讼证明标准的认识和理解。
7. 简述对我国行政诉讼证明标准的理解。
8. 简述我国证明标准的特点。
9. 如何重新构建刑事诉讼的证明标准？

第 20 章
推定与司法认知

学习目的与要求：

　　通过本章学习，掌握推定的概念及特征；了解有关推定的学说及历史演进及我国立法及司法解释有关推定的规定；理解推定与相关范畴的关系及作用；掌握法律推定及其适用条件；了解法律推定的分类、事实推定及其作用；掌握无罪推定及其在我国立法中的体现；了解其历史发展及无罪推定的不同表述；掌握司法认知的含义及其特征，了解司法认知与相关范畴的关系、司法认知的程序等。

第一节　推定概述

一、推定的概念及历史演进

（一）推定的概念和特征

　　所谓推定，是指由法律规定或者按照经验法则，根据前提事实推断并确定推定事实的存在，并允许当事人举证推翻的一种证据法则。

　　从司法实践中的情况看，对案件事实的证明和确定在绝大多数情况下都是靠证据来进行的，但在有些情况下，对案件事实的确定并不是用证据以证明的方式来进行的，推定就是不用证据确定案件事实的情形之一。用推定来确定案件事实，在英美法系国家和大陆法系国家都是存在的。不用证据而用推定来确定案件事实，就其属性看，当属于诉讼证明的范畴，所以，在证据法学上就应当研究推定问题。事实上，对推定的研究和运用，已成为证据法学的重要内容之一。

　　那么，我们首先必须弄清楚什么是推定、什么是证据法学上的推定，在对推定的一般含义作解释时，有人认为，"推定，顾名思义，就是推理、推论、假定、推断的意思"[1] 如果我们仔细体味推定与推理、推论、假定、推断的语义，便会发现它们之间虽然有一定的交叉联系，但并不能完全吻合，推理、推论、假定或推断都是在描述一个动态的过程或者假设的过程，而推定则兼含有推论、推断、推理之后的确定，即推定是指经过推论、推断、推理而确定。我们之所以要研究上述词语的含义，是因为涉及到推定与相关概念的联系与区别问题。

证据法学上的推定是一般语义上推定的特殊化、具体化，既含有一般意义上的推定的含义，又具有证据法学上的特定意义。关于证据法学上推定的概念，理论界没有一种通行的定义，较为典型的有以下几种：

（1）推论或法则论。此种观点认为推定通常是指一种推论或一种法则。使用此种法律术语时，推定即指描述某一事实或若干事实与另一事实或若干事实之间的关系，某一事实即为基础事实甲，另一事实则为推论事实乙，它仅用以表示若甲事实于诉讼中一经确定，除非另有特殊的条件构成，即必须假定乙事实的存在。

（2）推断论。这种观点认为推定是指从审判知识或已经证明的事实或假定它为真的事实，来推断出另一问题的结论。

（3）认定论。这种观点认为推定是指法律对某种事实或责任所作的、允许当事人举证否认的一种认定。

（4）推测论。这种观点认为推定是法理学上的证明法则之一，用以推测未知事实真相，法官得利用此法则，以决断诉讼中举证责任之归属。

上述对推定所作的定义，是从不同角度对推定进行的分析，侧重面不同，但在实质上都从不同的角度剖析了推定的性质，并没有实质性的区别。综观立法和司法解释对推定的规定及司法实践中对推定的运用，可以看出，诉讼过程中的推定具有如下特征：

（1）推定属于一种证明方法或者说是一种证据规则。综观各种诉讼活动对涉案事实的确定，无非采用两种方法进行：一是采用证据进行证明后确定；二是通过推定的方法确定。通过推定的方式更方便、简捷，但有时可能不会十分准确。所以，各国首选的方式是通过证据来证明案件事实，只是在一些特定情况下才使用推定这种方法。使用推定这种方法并不运用证据进行，而是运用经验法则。所以，推定本身并非证据，也非证据方法，而属于一种证明方法或证据法则，是法律所认可或间接允许的证明案件事实的一种特殊规则。

（2）推定的结构有其特殊性。推定的结构由前提事实和推断事实两部分构

〔1〕　卞建林主编：《证据法学》，中国政法大学出版社 2000 年版，第 370 页。

成。前提事实是基础，推断事实是结果。如果缺少任何一个，推定就无从谈起。

（3）推定允许当事人提出反证推翻。推定不是运用证据证明案件事实，但属于一种证明方法，如果当事人能够举出证据推翻推定事实，则是许可的，从这个意义上讲，推定与举证责任是有紧密的关系的。

（4）推定既可以以法律规定为根据，亦可以以经验法则为根据进行。前者称为法律上的推定，后者称为事实上的推定。法律上的推定与事实上的推定，是最典型的推定分类。

（二）推定的历史演进

运用推定确定案件事实由来已久。举世闻名的《十二铜表法》第八表第26条的规定可以看做是有关推定的最早的立法。该条规定："任何人不得在城市里举行夜间集会，否则，就可以推定为聚众叛国。"当然，这一规定并非是现代意义上的推定，它将推定与拟制混杂在一起，属于推定在立法和理论上的萌芽状态。后来，意大利法学家沿用罗马法上的学说并对其进行了进一步的研究，进而将推定依其效力分成三类：既"强固的推定"，类似于现代意义上的绝对推定；"薄弱的推定"，类似于现代意义上的推定；"中庸的推定"，类似于现代意义上的相对推定。到19世纪初，1804年的《法国民法典》将推定在立法上作了正式规定，该法典第1349条明文规定了推定的含义——为法律或法官从已知的事实推论未知事实所得出的结果，并利用多个条文对推定进行了较为详细的分类，如法律与事实的推定，绝对与相对的推定，确立了推定的法学理论。从此以后，各国民事立法纷纷效仿，在不同程度上肯定了推定理论并加以适用。德国1888年公布的《德国民法典（第一草案）》第198条明确规定，对推定事实为否认之人，应就其事实为举证。随着研究的深入和对推定制度的完善，德国立法委员将其从民法典移植到现行的《民事诉讼法典》之中，规定：法律上推定的事实，勿用举证。体现了德国推定制度和举证责任制度的发达和完备。

推定在英美法系国家也受到了重视，在实践中运用的同时，在理论上也有深入的研究。1743年的英国诉爱尔兰一案中首次使用了推定法则，引发了学者们对推定极为浓厚的研究兴趣，英国学者的研究主要是针对案件进行的，而美国学者则致力于推定一般原理的研究，试图制定出适用于一切推定的法则。英美两国学者对推定在证据法学中的地位的认识也不一致，英国学者注重的是推定的法律效果，重视推定对举证责任和证明标准的影响，而推定本身则没有独立的研究地位，学者们将推定附随在举证责任之中进行研究；而美国学者则恰好相反，认为推定在证据法学中具有独立的地位，证明责任和证明标准在某种程度上甚至附属于推定。

我国历史上同样存在着推定法则。董仲舒在《春秋决狱》中所论述的一个案例就是典型的推定案例，其案件事实和推定过程为：甲父乙，与丙争言相斗，丙以佩刀刺乙，甲即以杖击丙，误伤乙。甲当何论？或曰"殴父，当枭首"。论曰："臣愚以父子至亲也，闻其斗，莫不有怵怅之心，执杖而救之，非所以欲诋父也，《春秋》之义，许止父病，进药于其父而卒。君子原心，赦而不诛。甲非律所谓殴父，不当坐。"这是典型的事实推定。推定的适用在唐律中也有记载，例如，《唐律疏仪·断狱·拷囚限满不首》篇记载："诸拷囚限满而不首者，反拷告人。其被杀、被盗家人及亲属告者，不反拷。……拷满不首，取保并放。违者，以故失论。"就是说，被告人经过刑讯达法定次数而仍不招认，应当取保释放。否则，即可认为刑讯者主观上有过错，并予治罪。这是标准的法律推定。此后，推定在立法和司法上都有广泛的应用。[1]

在我国现代的立法和司法解释中，不乏一些推定或具有推定性质的规定，具有代表性的主要有：

1. 明确规定推定的。如 1985 年 9 月最高人民法院在《关于贯彻执行〈中华人民共和国继承法〉若干问题的意见》第 2 条规定："相互有继承关系的几个人在同一事件中死亡，如不能确定死亡先后时间的，推定没有继承人的人先死亡。死亡人各自都有继承人的，如几个死亡人辈份不同，推定长辈先死亡；几个死亡人辈份相同，推定同时死亡，彼此不发生继承，由他们各自的继承人分别继承。"

2. 没有使用推定一词，但属于推定性质的。如《民法通则》第 23 条规定："公民有下列情形之一的，利害关系人可以向人民法院申请宣告他死亡：①下落不明满 4 年的；②因意外事故下落不明，从事故发生之日起满 2 年的。"

3. 刑法中类似推定的规定。这指的是《刑法》第 395 条关于巨额财产来源不明罪的规定："国家工作人员的财产或者支出明显超过合法收入，差额巨大的，可以责令说明来源。本人不能说明其来源是合法的，差额部分以非法所得论，处 5 年以下有期徒刑或者拘役，财产的差额部分予以追缴。"

4. 民事诉讼法中类似于推定的规定。如《民事诉讼法》第 67 条规定："经过法定程序公证证明的法律行为、法律事实和文书，人民法院应当作为认定事实的根据。但有相反证据足以推翻公证证明的除外。"

5. 不提供证据推定为证据对其不利的规定。如最高人民法院《关于民事经济审判方式改革问题的若干规定》第 30 条规定："有证据证明持有证据的一方当事人无正当理由拒不提供，如果对方当事人主张该证据的内容不利于证据持有人，可以推定该主张成立。"

---

〔1〕　参见樊崇义主编：《证据法学》，法律出版社 2003 年版，第 340～341 页。

二、推定与相关范畴的关系

1. 推定与假定。假定是指对过去没有、现在也不存在的某种事实进行猜测的一种思维方式。它是一种不需要任何前提条件的假设，属于思维范畴，是主观性的产物，因而不具有任何法律约束力。法院应当避免借助假定处理案件。而推定是法律规定或允许的一种确定案件事实的特殊规则，只要在法律规定的案件和范围之内，就能产生一定的法律后果。推定只有经反证才能推翻，假定必须有证据证明其真；推定无需证明其真，假定无需证明其假。推定只能适用于法院认定案件事实之时，而假定适用于侦查阶段，并且没有法律上的依据。为了侦破案件，侦查人员往往会作出不同的假定（假设），为侦破案件提供思路。可见，二者是有着本质区别的。

2. 推定与法律拟制。在理论上，有些人认为推定是一种法律拟制，这种看法是不确切的。虽然二者有一定的联系，但绝对不能相提并论。所谓法律拟制，是指根据实际需要，把某种事实甲看作某种事实乙，使甲事实与乙事实发生同一的法律后果，不能用反证来否定，因而不涉及举证责任问题。法律拟制的惯常用语是"视为"一词，如：在民法上如果公民经常居住地与住所地不一致时，把经常居住地视为住所；按照合同法规定，商业广告的内容符合要约规定的，视为要约；民事诉讼法规定，第二审人民法院审理上诉案件，经调解达成协议的，调解书送达后，原审人民法院的判决视为撤销。

法律拟制与推定在形式上极为相似，都涉及到两个事实，并且只要前一事实得到证明，后一事实的法律属性就予以确定并产生相应的法律效果。但实质上二者是不同的法律概念，存在以下主要区别：首先，性质不同。法律拟制纯粹是一种立法技巧，是立法者为了避免法律用语重复、冗长而采用的一种文句表达方式，它实质上并非由一事实的存在推论出与其相关的另一事实的存在。推定则不同，它通常包含着推论，是从基础事实推论出推定事实的。其次，能否用反证推翻不同。法律拟制的目的是使甲事实产生与乙事实相同的法律效果，甲事实的存在被证明后，自然不允许对方当事人再提出证据来推翻乙事实。推定则不同，法律允许当事人提出反证推翻推定事实。只有在不能用反证推翻推定事实的情况下，推定事实才会被确定。最后，对举证责任的影响不同。在法律拟制中，尽管一方当事人主张的是后一项事实的法律后果，但双方发生争议时需要证明的始终是前一项事实，而不允许对后一项事实进行争议。所以，不发生将后一项事实的举证责任转移于对方当事人的问题。因此，法律拟制不影响举证责任的分担。而在推定中，主张推定事实存在的一方当事人在证明基础事实后，法律便推论并确定推定事实的存在，这样，就把证明推定事实不存在的举证责任转移给了对方当事人。

3. 推定与举证责任倒置。推定中的法律推定可以表现为诉讼上的举证责任倒置，但推定与举证责任倒置不同。首先，从形式上看，前者为举证责任的实体分配，为实体法所调整，后者是证明责任的程序分配，为程序法所调整，并且在出现的时间上后者在先。其次，从实质上看，推定与举证责任倒置的差别主要在于实体法上的推定往往是可以推翻的，只要当事人提出相反的证据就可以驳倒；而举证责任倒置是一种程序法上的技巧，它大大地改变了实体法上的举证责任分配，并且使得诉讼程序的价值发生逆转。

三、推定的作用

作为一种确定案件事实的法则，确立并实施推定制度，对诉讼活动具有重要的作用。

1. 推定是接近案件事实的便捷手段。虽然用推定确定案件事实不及用证据确定案件事实准确，但仍然可以基本达到准确的程度。推定制度的出现、设立，就是根据事物之间的法律性联系进行的。日常生活经验告诉我们，当某一事实存在时，只要不存在例外情况，就会合乎逻辑地引发另一事实的发生。事物之间的这种规律性的联系使立法者和司法者相信，通过运用这种规律性的联系来认定案件事实与运用证据证明案件事实同样可靠，而且，使用这种方法确定案件事实既可靠又便捷，可以省去运用证据证明案件事实的许多繁杂的证明过程。

2. 推定可以缓解一些事实证明上的困难。运用证据确定案件事实，是实践中最常用的证明手段，绝大多数案件事实的确定都是用证据进行的，这是因为一方面运用证据确定案件事实相比之下更可靠、准确，而且一般情况下争讼案件都是有证据可资运用的，但是，另一方面，在有些情况下，运用证据证明案件事实却相当困难，或者按照人类现有的收集证据的水平可能根本收集不到证据，如空难事件中多个死亡者死亡的先后顺序的证据的收集。在这种情况下，推定就可以解决没有证据或证据不足的情况下确定案件事实的难题，为问题的解决确定一个途径。

3. 推定可以公正合理地分配举证责任。当争议事实的有关证据完全处于一方当事人持有或其他形式的控制之下，由该当事人而不是由无法取得证据的当事人负举证责任是公平的。基于公平合理地分配举证责任的考虑，立法得通过推定形式将举证责任倒置，由控制证据、有条件证明案件事实的一方负举证责任，就成为解决问题的重要方法。推定在举证责任的合理分配上就能起到这一作用。如在有关新产品的制造方法发明专利的侵权纠纷中，我国专利法关于制造同样产品的单位或个人（被告）就自己的产品制造方法不同于原告的专利方法负举证责任的规定，就是适例。

4. 推定有助于实现诉讼经济的目的。在缺乏相反证据的情况下，法院可以根据已查明的事实或显著的事实直接对另一事实作出认定，而不必再耗费时间和精力进行证明，免去了当事人的举证活动和法院对证据的审查核实活动。推定的这一作用，极大地简化了诉讼证明过程。可见，推定可以起到使法院和当事人以较小的诉讼投入，收到较高诉讼效益的效果，实现诉讼经济的目的。

应当指出的是，推定虽然具有诸多的正面效用，但其适用仍然有一定的局限性，在诉讼过程中，通过推定认定的案件事实和得出的结论有时会与客观实际存在一定的差距，即存在错误的可能性，所以，在司法实践中应当严格地按照法律规定运用，防止滥用。适用时，一定要给不利的一方当事人足够的提供证据、进行反驳的机会。

第二节　推定的分类与运用

自从推定产生以来，人们对推定进行了大量的研究，其中的分类研究是非常重要的一方面。人们发现不同的推定既具有自身的特殊性，在适用时亦有其应当遵循的规则。下面仅介绍最常见的法律上的推定与事实上的推定的划分及其适用问题。

一、法律上的推定及其适用

（一）法律推定的含义

所谓法律上的推定，就是由法律明文规定的推定，即法律要求事实的认定者在基础事实被证实时必须作出的推断。立法上的推定一般以"推定"一词来表达，但也存在没有使用推定一词但精神实质为推定的情况。具体说来，法律上的推定是指当某法律规定的要件事实（甲）有待证明时，立法者为避免举证困难或举证不能的情况发生，明文规定其在就较易证明的其他事实（乙）获得证明时，如无相反的证明（即甲事实不存在），则认为甲事实因其他法律规范的规定而获得证明。

（二）法律推定的适用条件

从立法上规定的法律推定来看，法律推定必须具备两个条件：

1. 适用推定必须先确认基础事实。在一般情况下，推定事实是由基础事实推断出来的，所以，首先应当把基础事实确定下来。基础事实确定不下来，推定法则就没有办法适用，推定就无从谈起。那么，基础事实如何确定呢？具体途径有二，一是由法院直接确认，二是由当事人举证证明。除法院直接确认的以外，都要由主张该事实的当事人予以证明。也就是主张基础事实的当事人对该事实的存在要负举证责任。如果负举证责任的当事人没有提供证据，或者提供的证据不足以证明基础事实的存在，推定就不能进行。可见，法律推定仅免除了推定对其有利的一方当事人对推定事实的举证责任，而没有免除其对基础事实的举证责任。在无法确定基础事实的情况下，法院不能应用推定来确定推定事实。总之，确定基础事实是适用推定的基础和前提。

通过上述分析可以看出，法律推定实际上是通过变更证明主题，用对基础事实的证明替代对推定事实的证明，使当事人得以通过对基础事实的证明较容易地完成对证明困难的推定事实的证明。从这个意义上看，可以说推定是一种减轻主张推定事实的当事人举证责任的制度。

2. 适用法律推定须以无反证推翻为条件。法律推定的事实，必须是能够以相反证据推翻的事实。不能以相反证据推翻的推定，不是法律推定。当推定事实因基础事实的确定而被假定存在后，否认推定事实的一方要推翻该推定事实，就必须对其认为不存在的推定事实负举证责任。例如，按照相关法律规定，夫妻关系存续期间所生子女，视为婚生子女。一方当事人要否认这一推定事实，必须提出证据证明夫妻于该子女出生前，已经分居，且无往来，从而使推定事实是否存在陷入真伪不明的状态。在这种情况下，就不能再适用推定法则认定该子女为婚生子女。

反证可以推翻推定事实，但反证必须充分，其具体标准是能够使推定事实存在与否陷入真伪不明状态。当相反证据不足以否认推定事实时，法院应当认定推定事实；当相反证据足以否定推定事实时，法院就不能认定推定事实。

当然，对法律推定的反驳并不限于针对推定事实的反证，为阻碍法院作出有利于对方的推定，当事人还可以就基础事实的存在与否提供证据，证明基础事实的不存在。只要当事人提出的相反证据能够证明基础事实不存在，就从根本上否定了推定事实的存在。因为在这种情况下，利用推定规则来确定所谓的推定事实是不可能的。

（三）法律推定的分类

在理论上，法律推定可以按其适用对象和方式进行划分，也就是对法律推定的分类。这种划分是对法律推定的二级分类。法律推定的分类主要有：

1. 不可反驳的推定与可反驳的推定。不可反驳的推定与可反驳的推定是以推定在诉讼上所具有的法律效力进行的划分。这种划分主要存在于英美法系国家，是在对推定进行研究过程中的一种划分。

不可反驳的推定主要有两种：一是知悉法律的推定，另一个是预料行为当然结果的推定。知悉法律的推定指的是任何人都不得以其不知法律有如此之规定为由来提出反证请求免责。这种推定源自于罗马法谚:"任何人均不容许不知法律。"即所谓的"任何人皆知法律"。预料行为当然结果的推定仅适用于精神正常的成年人,对未成年人或心智丧失、精神耗弱者不能适用这种推定。不可反驳的推定,在具体适用过程中,又派生出四种判例或推定:①书面损害他人名誉者,推定有损害他人的意思;②使用凶器或毒物致人于死者,推定有杀人的故意;③关于未成年人的推定,未满 7 岁的未成年人推定为无犯罪能力;未满 14 岁的男子无犯强奸罪的性能力,未满 13 岁的女子推定为无承受性交的能力;④古文书的推定,30 年间正当保管人保管且无任何涂改的文书,推定其为合法作成。在司法实践中,不可反驳的推定是很少的。

可反驳的推定成立的条件是有别的证据与被推定的事实相矛盾或冲突。主张为案件事实提供表面上看来确凿无误的证明,除非被其他更有力的证据所推翻。比较而言,可反驳的推定在数量上远多于不可反驳的推定。在英美法判例上,典型的和经常适用的可反驳的推定有:①无罪推定。②不道德行为的推定。男女在外观上犹如夫妻一般生活时,即推定其为合法婚姻。它能够对案件作出表面的确凿的证明。但此类推定的效力有限,即如果甲与乙同居又与丙结婚,甲与乙的同居不能成为他们之间存在婚姻关系的证明,不能因此认定甲构成重婚罪。③行为方式正当性的推定。一切事物推定为正当并经正确的手续所为。④所有权存续的推定。财产的拥有者被初步推定为财产的所有者。这种人的关系或事物的状态经证明存在后,在与其相反的关系或状态被证明前,推定其依然存续。这种推定源自于罗马法关于占有的两个原则:一是"占有人推定为所有人";二是"占有人推定其为以所有的意思善意、和平及公然占有者"。这一原则在日本和德国民法典中有相应的体现。《日本民法典》第 162 条、《德国民法典》第 937 条规定的取得时效就属于此,"以所有的意思,10 年间和平继续占有他人未登记的不动产,而其占有之始为善意并无过失者,得请求登记为所有人。"这种 10 年间的和平、继续占有,举证亦非常困难。立法上采取了减轻当事人举证责任的推定规则,"经证明前后两时为占有者,推定前后两时之间继续占有。"据此,当事人只需就 10 年间的始点和终点皆为其占有的事实举证证明,就会被确认为 10 年持续占有。⑤对不正当行为人不利的推定。这种推定亦源自于罗马法谚:"一切事物推定为对不正当行为人的不利益。"这种推定常常适用于举证妨害之中,当事人湮灭或毁损证据时,不得再受无罪或无责的推定,反而应受与此相反的推定,即推定为不正当行为人的不利益。⑥精神状态的推定。每一个人都被推定为精神正常,除非其反面得到了证实。这意味着每一个精神正常的成年人都会被推定为能够预见自己的有意识行为所产生的后果。

不可反驳的推定与可反驳的推定是对推定分类进行研究中较早的一种划分。

第二十章

现今有些学者对其提出了质疑和否定。英美两国学者一致认为，所谓不可反驳的推定，仅决定了应由何方当事人首先举证，与举证责任的转换无关，只是实体法律规范的一种表述方式，与推定没有任何关系。大陆法系学者已将其划归到拟制的范畴。为什么会出现这种情况呢？这是因为传统证据法理论关于不可反驳的推定与可反驳的推定的划分，是不符合实际情况的。

2. 直接推定与推论推定。这是以是否需要证明前提事实为标准进行的划分。直接推定是指不需要证明基础事实的推定。典型的直接推定当属无罪推定和精神正常的推定。大陆法系将此类推定称为"暂时的真实"。此类推定属于实体法则，起到了确定举证责任首先由谁负担的作用。对这种推定有异议的当事人，应就其主张的事实负举证责任。这种推定和举证责任的分担是由法律规定的，而不是从对方当事人那里转移过来的。因此，直接推定并非是真正的推定。推论推定是建立在基础事实被证明的前提下的推定，也就是具有基础事实，且基础事实得到了证明的推定。这种推定可将举证责任由一方转移给另一方，完全符合推定的要求。所以，人们称其为"真正的法律上的推定"。

3. 基础事实的推定与无基础事实的推定。基础事实的推定是指有基础事实的推定。法律规定从基础事实中可以或者应当推断出推定事实是证据法上推定的一般规则，如公民的死亡就是基础事实的推定，只要公民失踪的事实得到了证明之后，就可以得出其死亡的推定事实。无基础事实的推定是有基础事实推定的对称。其适用范围非常广泛，不仅对涉讼案件适用，也适用于其他情况。

二、事实推定及其适用

（一）事实推定概述

所谓事实上的推定，也称裁判上的推定、诉讼上的推定，其与法律上的推定相对应，具体是指法律规定法院有权根据已知事实，依据经验法则进行逻辑上的演绎，从而得出待证事实是否存在及其真假的结论。事实推定在法律上没有具体规定，但在实践中按照经验法则和习惯在运用。有无法律明文规定，是区别事实推定与法律推定的主要标志。从产生过程看，事实推定产生在先，法律推定产生在后，因为法律推定是对事实推定总结之后才依法规定下来的。可以说，法律推定是事实推定的法律化、定型化。事实推定是法律推定产生的前提，是被上升为法律的事实推定。事实推定被长期验证之后，有可能转化为法律推定。事实推定就其法律属性看，实质上是立法者赋予司法者在一定情形下的自由裁量权来调节举证责任的运作，从而认定案件事实的司法原则。一般情况是立法者在立法时没有预见到此类推定，或者已经预见到，但不能肯定其法律效果，难以对所有具体案件作出统一规范。在这种背景下，立法者就把权力让与司法者，由司法者根据具体问题，具体分析进行处理。事实推定是在实践过程中根据一种事实与另一种事实的联系的反复出现而形成的。

事实推定在立法上没有具体规定，由司法人员依逻辑推理进行。但这并不是说事实推定可以随意进行。它是经过理论和实践长期总结而形成的一种不可言传、但可意会的程式化的规则。需要特别说明的是，事实推定与司法人员所进行的一般性推理是不同的。基于这一点，事实推定在英美法系国家通常被认为属于推定范畴。但在我国，有些学者并不承认其为推定，认为所谓的事实推定只不过是司法人员的一种稳定的推理经验。其理由是它不是法律规定，没有法律约束力。诉讼证明是为了作出具有法律效力的裁判，必须依法进行。如果认为事实推定具有法律推定的效力，实际上就是承认司法人员的经验与法律具有同等效力。这是不符合法律原则的，因此，在法律作出规定之前，都只能是事实，不是法律。这种观点实际上是不同意事实推定的效力。但大多数人认为，事实推定与法律推定的根据都是事实之间常态的联系，法律只能对重要的事实作出推定，并以立法的形式肯定下来。这样，法律推定规定较少，而实践是丰富多彩的，遇到的推定必然较多。事实推定作为法律推定的重要补充，对于解决实践中遇到的既没有证据证明，立法又没有作出法律推定而用事实推定可以解决的问题是十分必要的，同时，亦可为法律推定积累素材，还可调动司法人员的主观能动性。所以，承认并运用事实推定是必要的。

运用事实推定，必须弄清事实推定与法律推定的区别。二者的主要区别如下：①法律效果不同。法律推定，司法人员必须适用，而事实推定，司法人员可以考量是否适用；②产生的方式不同。法律推定由法律明文规定，而事实推定来自于司法人员的逻辑推理；③适用的范围不同。法律推定主要适用于非刑事诉讼领域，而事实推定适用于任何诉讼之中；④推定的具体种类不同。法律推定有可反驳的推定和不可反驳的推定之分，而事实推定均是可反驳的推定。

（二）事实推定与推论的区别

总体来看，事实推定属于逻辑上的推论或推理的范畴，是法院认定案件事实的一种方法，而推论是一个内涵更为广泛的概念，是另一种从已有判断推出新的判断的思维形式，二者具体区别如下：

1. 是否需要提出反证不同。当同一前提事实存在多种可能性结果时，推论的结果可能是其中的任何一个，可见推论具有可能性，不具有必然性，当事人可以无视推论的存在，不具有反证的义务；推定则不然，推定的结果只能有一个，具有必然性，当事人必须正视推定的结果，不承认这一结果时，有义务举证予以否定。否则，就有可能被确定出对己不利事实的危险。

2. 可靠程度不同。推论可以不断的进行，形成"推论之推论"，这一过程越多，可靠性就越小；推定则仅适用于由间接事实直接推断待证事实是否存在，而不允许连续推定，因而其可靠性程度较高。

3. 发挥作用的领域不同。推定在认定案件事实方面发挥作用，推论被经常运用在收集、调取证据，特别在刑事侦查之时。可见推论与事实推定的性质不同，推论与举证责任不发生任何关系，而事实推定可以引起举证责任的转移。

（三）事实推定的适用条件

事实推定不是法律所规定的，而是由司法人员以自由裁量权进行的，但不是说事实推定可以随意进行。根据长期的司法实践经验，适用事实推定必须同时具备如下条件：

1. 必须无法直接证明案件事实是否存在。只有在无法直接证明案件事实存在与否的情况下，才可用推定来确定案件事实。没有证据或者证据不充分，是事实推定的必要条件和前提。反之，如果有证据并且运用证据能够证明案件事实，就没有适用事实推定的必要。

2. 基础事实必须已经得到法律上的确认。这是事实推定的前提条件。所谓基础事实得到法律上的确认，通常指下列情形之一：①众所周知的事实；②法院于职务上所已知的事实；③判决所预见的事实；④经过公证证明的事实；⑤诉讼上承认的事实；⑥已用证据证明的事实；⑦其他已经得到确认的事实。

3. 基础事实与推定事实之间须有必然的联系。适用事实推定的基础事实与推定事实之间必须有必然的联系，这是适用事实推定在逻辑上的要求。这种联系或为因果，或为主从，或相互排斥，或相互包容。必然联系性是适用事实推定的一个关键条件。

4. 许可对方当事人提出反证，并以反证的成立与否确定推定的成立与否。这是事实推定的生效条件。在法律推定中，有些情况不得予以推翻，而任何事实推定都是可反驳的推定。对方当事人可以就前提事实提出反证，也可就推定事实提出反证，其反证程度仅需使得反证对象处于真伪不明状态即可。

5. 事实推定必须符合经验法则。如前所述，尽管立法赋予司法人员事实推定的自由裁量权，但并不是说司法人员在进行事实推定时，可以随心所欲，主观臆断，没有根据的进行，而是必须遵循一定的经验法则。所以，正确地确定经验法则十分必要，也十分重要。所谓经验法则，是指由一般生活经验总结出的关于事物的因果关系或性质状态的知识或法则。英美法称之为"人类的理性与经验"、"人类的共同经验"。经验法则并不是由法律规定的，而是人们从实际生活中抽象总结出来的，是客观的普遍的知识，是不需要证据证明的生活常识。其一般的现象是：按照经验法则办事，与一般人的愿望相符，大家都能接受；违背经验法则，则不能为一般人所接受。根据实践经验，经验法则可以分为普通的经验法则和特殊的经验法则，但其法律属性是一致的。无论哪种经验法则，都由三部分构成：一是该生活经验必须是由一般发生的同样的生活现象出现规律性的同一性；二是该生活经验必须与该种经验的最新发展趋势相一致；三是该经验法则随时可以清楚地用验证的方法进行描述。它既可以是关于自然现象的，也可以是关于社会现象的，范围极其广泛。例如关于季节更替的规律：春夏秋冬，依次更替，而每一季节都有其特征，春暖夏热，秋爽冬寒。关于地理方面的规律有：接近赤道地区，风猛雨多，两极地区，终年寒冷，冰雪覆盖。关于人事人情方面的规律有：年老力衰者不易生育，人一般不为对己不利的行为，等等。

（四）事实推定的分类

事实推定的范围广泛，内容繁杂，但也可以以一定的标准对其进行分类。常见的是以推定的结果为标准进行分类。按这一标准可以将事实推定划分为行为推定、状态推定、因果关系推定和过错推定，其中过错推定具有更为重要的作用。

第三节　无罪推定

在刑事诉讼中无罪推定是一项最重要的诉讼原则，它与罪刑法定、罪刑相适应原则被认为是刑事法律的三大基石性法律原则，同时，它也是一项适用证据认定案件事实的规则。虽然现今世界各国法律规定的无罪推定的内容和作用早已超出无罪推定初始时的界限，但它毕竟是一种重要的推定，而且其影响和作用力的空前性使我们将其作为独立的一节进行介绍。

一、无罪推定的基本含义及在立法上的体现

无罪推定，是指在刑事诉讼中，任何被怀疑犯罪、受到刑事控告的人在未经司法程序最终确定有罪之前，在法律上被推定为无罪的人。无罪推定解决的基本问题是被追诉人在未被生效裁判确定有罪之前，其在法律上是处于有罪的地位还是无罪的地位。从实然性上讲，被追诉人在被生效裁判确定有罪或无罪之前，其有罪还是无罪处于不确定的状态，但从法律上看，在一定的时空范围内，一个人要么是罪犯，要么不是罪犯，不可能超出这种选择而存在第三种状态。这是近现代法律对一个人在罪犯与非罪犯问题上的科学认识和界定。另外，对被追诉中的犯罪嫌疑人、被告人罪与非罪身份的定位，关系到其在追诉期间的权利和义务，关系到控辩对抗诉讼机制的界定。对于一个人的罪犯身份的确定是以法院生效裁判为标志的，实践中某人虽被追诉，但法院最后裁判其没有

犯罪的情况也时有发生，这些情况使人们认识到"被告人不等于罪犯"，在法律上，无论任何人，哪怕是现行犯，在法院生效裁判确定有罪之前，其身份只能是"犯罪嫌疑人"、"被告人"，关于案由，只能称之为"涉嫌"什么，"被控"什么，这样的认识和称谓是科学的。只有将其看做是无罪的人，被追诉人才能成为诉讼主体，享有与控方对等的诉讼地位，享有以辩护权为核心的诉讼权利，这样才能使诉讼的机制科学合理，便于弄清事实，适用法律。另一方面，如果将诉讼期间的被追诉人视作罪犯，那么还要诉讼程序做什么？所以，将被追诉期间的犯罪嫌疑人、被告人推定为无罪的人，是一种正确的选择。

　　无罪推定的基本含义是，在法院生效裁判作出之前的追诉期间犯罪嫌疑人、被告人被推定为不是罪犯，这是无罪推定原则的精神所在。那么，这种精神在刑事诉讼过程中如何体现？这才是贯彻、落实无罪推定原则应当解决的具体问题。

　　根据各国的立法和联合国有关的国际法律文件的要求，贯彻、落实无罪推定原则最基本应当做到如下几点：

　　1. 由控告被告人犯罪的机关或人员提供确实充分的证据来证明被告人实施了被控犯罪行为，即控方负举证责任。具体内容包括：①提供证据证明被告人有罪的责任由控诉一方承担；②控诉一方履行证明责任必须达到法律规定的定案要求，若控方不能证明被告人有罪或者证明达不到法律的要求，则应作无罪处理；③控诉一方不得采用酷刑或其他非法方法收集证据，以刑讯逼供等非法手段获得的被告人口供等不得在诉讼中作为证据使用；④被告人有辩护的权利，但没有证明自己无罪的义务，不能因为被告人不能或没有证明自己无罪而认定被告人有罪。

　　2. 只有法院依照法定的诉讼程序，才能确定一个人有罪。具体内容包括：①最终确定被告人有罪的只能是审判机关，即法律意义上的定罪权只能由法院行使，其他任何机关（包括警察机关和检察机关）都无权确定一个人有罪；②对被告人的审判必须由合法的、独立的、中立的法院进行；③法院只有经过公开的审判后，才能确定被告人有罪，同时，为了保证审判的公正性，保障被告人的合法权益，"审判时必须予以辩护上所需之一切保障"，即要保障被告人以辩护权为核心的一切诉讼权利的充分行使。

　　3. 疑案从无。疑案是指当诉讼进行到一定阶段后，被指控人所涉嫌的犯罪事实既不能得到肯定，又不能得到否定的案件。疑案从无就是指当遇到上述不能肯定又不能否定的案件时，应作无罪处理。根据由控方负证明被告人有罪的举证责任的原则，在控方不能完全证实被告人犯有某罪的情况下，应当作出有利于被告人的结论，从这个意义上讲，疑案从无应当是举证责任要求的结果。

有人认为疑案从无是无罪推定原则派生出来的一个原则，这种说法虽然不十分确切，但亦有一定的道理，因为从举证责任的后果看，它应当是举证责任的一种延伸。但从举证不充分应作有利于被告人的处理的方向上看，还有"疑案从轻"的选择，所以，我们将其单列强调。再者，疑案从无本身就是一种典型而具体的推定。

另外，对于沉默权是否亦是无罪推定的内容与要求，在理论上是有争议的。我们认为，从控方负举证责任、任何人不负有证明自己有罪或无罪的责任的角度看，沉默权亦可被看做是无罪推定的体现之一。

二、无罪推定与推定的关系

无罪推定的设立，其最直接的目的在于科学地确定被追诉人在有罪无罪方面的法律地位问题，但在处理方法上适用了推定来解决，所以，有必要弄清推定与无罪推定的关系。

在西方证据法学者看来，无罪推定是一种最主要的推定。有学者明确地指出：无罪推定是一种刑事犯罪的推定，存在于证实任何犯罪的过程中，较之其他的推定，它具有更大的牢固性。还有学者将无罪推定放在更大的背景下进行解释，无罪推定不仅与刑事被告人有关，实际上与任何人都有关，任何人都被推定为无罪。仅就被告人来说，虽然大多数情况下都被判决有罪，真正无罪的只是少数，但诉讼仍然必须以推定被告人无罪为基础进行。这是司法正义的要求。

我们认为，在法院生效裁判作出之前对被追诉人适用无罪推定，将其定位为无罪的人，是正确确定其法律位的需要。而无罪推定是立法采用的处理问题的一种方法，即利用了推定的基本原理来解决这一问题。从这个角度看，无罪推定运用了推定原理，当然属于推定的范围，属推定之一种，是推定应用的典型表现。但是，作为以维护被告人诉讼地位为出发点的无罪推定，其在现代诉讼中的作用已经超出了证据法的范畴，主要表现在下列方面：

（1）无罪推定已经成为受国际公约确认和保护的一项人权制度，也是联合国在刑事司法领域制定和推行的国际刑事诉讼标准之一。

（2）无罪推定是一项贯穿于刑事诉讼全过程的诉讼原则，是在刑事诉讼的立案、侦查、起诉和审判阶段都应当遵守的基本原则。

（3）无罪推定已成为衡量一个国家刑事诉讼制度民主和文明程度的最重要的标准之一，绝大多数国家都承认这一原则，并在司法实践中努力地贯彻、落实。

总体来看，无罪推定仍然属于推定之一种，其之所以影响巨大，是因为它所解决的问题带有普遍性，对每一起刑事案件都是适用的，并且贯彻落实无罪推定会影响到刑事诉讼诸多制度和原则的设置。

三、无罪推定的产生和历史发展

在考察无罪推定原则的产生和发展的时候，有人追根溯源至罗马法的规定，即一切主张在未被证明前推定其不成立。甚至在我国封建社会关于以证据定案的某些规定中，都有一些简单的有关无罪推定的内容和朦胧的无罪推定思想。

将无罪推定确定为刑事诉讼的一项基本原则并使其法制化，是资产阶级革命的成果。资产阶级在封建社会末期诞生后，作为代表社会前进方向的阶级，受到了封建制度的压迫，资产阶级同其进行了针锋相对的斗争，其中包括对封建社会在刑事诉讼中实行的有罪推定的斗争。封建社会在刑事诉讼中实行有罪推定，即凡是受到刑事追诉的人，在审判机关没有作出生效裁判之前，就视其为罪犯。这种不科学的观念落实到具体的刑事诉讼制度上，被告人不被视为诉讼的主体而被看做是诉讼的客体，刑讯逼供成为司空见惯的取证手段，对事实不能查清的案件采取"疑案从有"的处理方法。资产阶级在反封建专制的斗争中，在天赋人权、自由平等、人权保障等观念的指导下，对有罪推定进行了深刻的批判，针锋相对地提出对被追诉人在生效裁判未作出之前，应实行"无罪推定"，视其为无罪。一般认为，提出现代意义上的无罪推定思想的是意大利著名刑法学家贝卡利亚，贝卡利亚在其著名的《论犯罪与刑罚》一书中写到："在法官判决之前，一个人是不能被称为罪犯的。只要还不能断定他已经侵犯了给予他公共保护的契约，社会就不能取消对他的公共保护。"

从立法上对无罪推定作出明确规定的是资产阶级革命后的法国。法国资产阶级取得政权后制定的《人权宣言》第 9 条明确规定："任何人在其未被宣告为有罪以前，应当推定为无罪。"《人权宣言》的这一规定，被视为是将无罪推定原则付诸立法的先例。不过，也有人认为，法国与英国几乎是在同一时期确定了无罪推定原则，但两者所经历的道路不同，法国是先有理论上的论证，再在此基础上进行了立法，走的是从理论到立法的路径；而英国则是从具体的实践通过判例达到了在立法中确定无罪推定的结果，走的是从实践到立法的路径。英法两国的不同途径，说明了人们对问题认识的一致性，也说明了无罪推定原则确立的必然性。法国在立法中规定了无罪推定原则之后，欧洲大陆国家纷纷效仿，相继在宪法或刑事诉讼法中对无罪推定原则作出了规定。俄国十月革命成功之后，也在刑事诉讼实践中适用了无罪推定。1946 年前苏联最高法院全体会议通过决议指出："被告人在他的罪过未经法定程序加以确认之前，不得认为是犯罪人。"在理论上，认为无罪推定是"被告人人身诉讼权利保障的基础"。

当时的东欧其他国家在立法和理论上都与前苏联保持一致。这样一来，无论什么性质的国家，都在不同程度上承认并实施了无罪推定原则。无罪推定逐步发展成为各国刑事诉讼中普遍适用的一项基本原则，成为各国公民宪法性权利中的重要权利之一。

无罪推定从产生到现在，经历了逐步发展完善的过程。这一过程首先表现在对定罪主体的严格限制和程序日益严密的分工上：最初有关无罪推定的法律规定，如法国《人权宣言》和意大利宪法，只是突出被告人在未被宣告为有罪之前被推定为无罪或不得认为有罪，至于谁有权宣告被告人有罪，没有明确。后来才逐渐地把这一问题明确化，即定罪权统一归属于审判机关，只有法庭才有权宣告一个人有罪，而且法庭只能在依法进行审判后才能作出这种宣告，其他任何机关，包括国家的侦查机关和检察机关，都无权从法律上确定一个公民有罪。这样对定罪主体作出了严格的限制，有效地防止了政府等国家机关滥用权力，保证了法律的统一实施。同时，对审判程序的要求也日益严格。这是这一时期无罪推定原则最明显的发展。

第二次世界大战之后，刑事诉讼民主化的发展和人权运动的高涨，给无罪推定原则注入了新的更为丰富的内涵，随着联合国及其所属组织在保障人权和刑事司法领域的积极活动和不懈努力，无罪推定已发展成为一项国际公约确认和保护的基本人权规则，成为联合国制定和推行的刑事司法准则的重要内容之一。1948 年 12 月 10 日联合国大会通过的《世界人权宣言》首次在联合国文件中确认了无罪推定原则，为在全世界范围内贯彻这一原则提供了法律依据，该宣言第 11 条第 1 款规定："凡受刑事控告者，在未经获得辩护上所需的一切保证的公开审判而依法证实有罪以前，有权被视为无罪。"随后，一些重要的地区性人权公约，如 1950 年 11 月 4 日在罗马签署的《欧洲人权公约》，也对无罪推定原则作出了规定。1966 年 12 月 16 日联合国大会通过的《公民权利和政治权利国际公约》再次确认了无罪推定原则，该公约第 14 条第 2 款规定，"凡受刑事控告者，在未依法证实有罪之前，应有权被视为无罪"，将无罪推定作为一项公民权利和政治权利规定下来，要求各缔约国采取必要措施加以尊重和保障实施。除上述联合国文件和地区性公约之外，联合国还制定了一系列有关刑事司法的标准和规范，如《联合国少年司法最低限度标准规则》（《北京规则》）、《关于保护死刑犯权利的保障措施》、《禁止酷刑和其他残忍、不人道或有辱人格的待遇或处罚公约》、《保护所有遭受任何形式拘留或监禁的人的原则》，等等，都将无罪推定原则作为其重要内容作了规定。联合国的这些法律文件在强调无罪推定的适用的同时，还强调和完备了与其实施相关的配套性措施，把被告人依据无罪推定所享有的程序性权利，提高到了前所未有的高度。

在联合国的推动下，各会员国都积极地改革本国的刑事司法制度，许多国家对本国的宪法或刑事诉讼法进行修订，以贯彻联合国制定的刑事司法准则，其中包括无罪推定的内容，如埃及 1971 年 9 月通过的宪法要求对被告人进行审判时应为辩护提供所有手段。菲律宾 1973 年 1 月生效的宪法规定在所有刑事诉讼中，直到犯罪被证明之前被告人应被推定无罪，并享有由其本人和辩护人进行陈述、被告知对其进行的指控的性质和原因，要求进行迅速、公平和公开审判，同证人当面对质，要求以强制程序保证证人出庭并为其提供证据的权利。这些宪法性的规定，都充分体现了联合国刑事司法准则对无罪推定的要求。

四、无罪推定的不同表述及引起的争论

一般情况下，我国的学者及其他人员所看到的关于无罪推定的表述，都是被翻译过来的中文文献，由于种种原因，不同版本的文献中对无罪推定的表述不尽一致，造成我国立法、司法部门及理论界对无罪推定的理解存在分歧。有学者对这些不同的表述进行了详细的比较，力图找出其间的原因。综观各国和国际法律文件，关于无罪推定的表述主要分为两类：一类是被告人在未经法院依法判决有罪之前，应当被推定无罪。如法国《人权宣言》的表述为："任何人在其未被宣告为犯罪以前，应当被推定为无罪。"《世界人权宣言》的表述为："凡受刑事控告者，在未经获得辩护上所需的一切保证的公开审判而依法证实有罪以前，有权被视为无罪。"另一类是被告人在未经法院最终判决之前，不得作为犯罪的人。如意大利 1947 年宪法第 27 条规定："被告人在最终定罪之前，不得被认为有罪。"《苏联和各加盟共和国刑事诉讼法纲要》第 7 条规定："非经法院判决，任何人不能被认定为犯罪人并受到刑事惩罚。"

以上两种表述，第一类明确在未经法院依法判决前应当推定被告人无罪，第二类则强调在法院最终判决前，不得把被告人视为罪犯。我国有些学者认为，第一种规定是典型的无罪推定的表述，绝大多数国家立法采取的是这种表述，联合国制定和推行的人权公约和刑事司法准则中也无一例外地采用这种表述。在目前的中文出版物中出现的无罪推定的表述，同一文献，译法就有不同，比如关于《世界人权宣言》第 11 条第 1 款的规定，过去的译法多为："凡受刑事控告者，在未经依法公开审判证实有罪前，应视为无罪，审判时并须予以答辩上所需之一切保障。"近年来的译文都改为："凡受刑事控告者，在未经获得辩护上所需的一切保证的公开审判而依法证实有罪以前，有权被视为无罪。"上述译文，无论过去的译法还是现在的译法，均未出现"推定"或者"假定"的字样，而在收录的英文版《宣言》原文中，该条款规定原义为受刑事控告者在……之前"有权被假定无罪"，而不是视为无罪。在英文版的其他法律文献

第二十章

中，如《公民权利和政治权利国际公约》第 14 条、《保护所有遭受任何形式拘留或监禁的人的原则》第 36 条、《联合国少年司法最低限度标准规则》第 7 条及《欧洲人权公约》、加拿大《权利和自由宪章》中，都表述为"有权被假定无罪"或"应当假定无罪"，其中《保护所有遭受任何形式拘留或监禁的人的原则》第 36 条第 1 项原义应为："涉嫌或被控犯有刑事罪行的被拘留人，在获得辩护上一切必要保证的公开审判中被依法确定有罪之前，应当被假定无罪或作无罪对待。"而在中文译本中仅译为"应被视为无罪"，既忽略了"假定"的明确表述，又遗漏了"或作无罪对待"的内容。[1] 可见，出现文字上的上述分歧，很大原因在于翻译的准确性问题。

至于意大利宪法中关于无罪推定的表述，是比较特殊的。意大利现行宪法（1989 年）第 27 条第 1 款与 1947 年宪法一样，是关于无罪推定的规定，现行宪法规定为"被告人在最终判决作出之前不被认为有罪"，与 1947 年宪法的"被告人在最终定罪之前，不得被认为有罪"相比较，没有太大的区别。从内容上看，强调在诉讼过程中不能将被告人当罪犯对待，即被告人不等于罪犯，体现了贝卡利亚在《论犯罪与刑罚》中所倡导的思想。意大利刑事立法和司法在阐述和贯彻这一宪法原则时，充分融入了现代无罪推定原则的内涵和要求，如证明被告人有罪的证据由控方承担，当没有证据证明犯罪事实成立或者犯罪由被告人所为，或者证据不充分或相互矛盾时，法官宣告无罪判决，被告人有权不回答讯问，等等。但严格说来，"不得被认为有罪"与"应当推定无罪"在字义上还是有区别的，内涵也不尽相同。所以，类似意大利宪法那样关于无罪推定的第二种表达，距现代无罪推定的概念和联合国刑事司法准则仍有一定差距，鲜为现代国际法律文件和其他国内立法所采用。

五、无罪推定与无罪假定

无罪推定是我国学界和司法界的惯常用语。不过，近年来，我国学界有人提出是无罪推定还是无罪假定的用语问题，这些学者认为无罪推定的译法不够确切，容易引起误解，应改译为无罪假定才更符合这一术语的原义和刑事诉讼的实际情况。从字面含义看，在英文和法文中，其所用词组都有假定和推定的意思，所以，译为假定或推定都符合原义，但中文中的推定与假定含义则有所区别。在中文中，假定为姑且认定，常常表示事件发生的条件或前提，而推定则与推断同义，表示根据已知事实断定其他相关事实，如某人长期失踪，经公告查找后仍无下落，法院根据这一事实推定其死亡。有人认为，在法律上，假

---

[1] 参见陈光中等：《联合国刑事司法准则与中国刑事法制》，法律出版社 1998 年版，第 105～106 页。

定与推定都是关于事实的一种拟制，这种拟制通常是有条件的，允许用反证加以否定。在刑事诉讼中，诉讼的目的是确定被告人是否有罪，而断定被告人有罪还是无罪，从认识论角度要进行科学的证明活动，即根据已知事实（证据）推断案件事实；在诉讼程序上则有待法院进行审理和判决。如果诉讼一开始便断定被告人是无罪的，显然与诉讼目的和人的思维逻辑不符。如果用无罪假定，就较为确切和符合逻辑，即被告人在被法院判决有罪之前，先假定其无罪，然后由控诉一方履行举证责任来否定这一假定，控诉方如果能够提供确实、充分的证据说服法官确信被告人有罪，则推翻对被告人的无罪假定；如果不能提供确实、充分的证据使法官得出被告人有罪的结论，则维持被告人无罪的假定。这样在逻辑上就是非常顺畅的。

正是鉴于这种情况，近年来我国翻译出版的有关联合国的法律文件和国际公约，包括由中国政府部门翻译的《联合国预防犯罪和刑事司法标准和规范简编》，都采用了无罪假定而非无罪推定的表述。在我国香港和澳门特别行政区基本法中，也都使用的是无罪假定而非无罪推定，无罪假定替换无罪推定似乎成为一种趋向。但由于长期惯用无罪推定，理论和实践仍多用无罪推定，其实质人们都能心领神会。

六、无罪推定在我国的适用

（一）理论上的争论

自 1949 年之后，在我国是否适用无罪推定的问题上，经历了一个漫长而曲折的历史过程。在理论上，关于无罪推定原则是否适用于我国的刑事诉讼问题，长期看法不一，20 世纪 50 年代曾有过激烈的争论，批判否定和赞同肯定的观点都有。1957 年"反右"运动殃及到这一问题的讨论，主张在我国适用或者借鉴适用无罪推定的学者受到了严重的冲击。此后学术上对此问题的讨论成为禁区，被迫中止。直至粉碎"四人帮"，中共中央十一届三中全会之后理论界才再次展开讨论，其间虽然有过波折，如在反资产阶级自由化和清除精神污染时受过责难，但为时尚短，冲击不大。再次的讨论从总体上看较为理性，虽然看法没有完全统一，但有了倾向性的意见。

综观我国学术界关于无罪推定问题的讨论，主要观点有二：一为否定论。否定论者认为，虽然无罪推定取代封建专制时代的有罪推定是一大进步，但其本身也存在严重的片面性和局限性，即便能揭示刑事诉讼的本质，也与我国有关刑事诉讼的法律规定不符。我国刑事诉讼法实行的是"以事实为根据，以法律为准绳"的原则，无论是文字表述，还是实际内容，都比无罪推定更科学、更合理。二是肯定论。肯定论者认为，无罪推定符合我国社会主义法制的要求，在被告人未经法院判决确定为有罪之前，只能认为他还是一个无罪的人。不守住这个界限，就不能保证公民的合法权益，就不是维护社会主义法制。无罪推定与"实事求是"和"以事实为根据，以法律为准绳"等原则并行不悖，是在刑事诉讼中贯彻实事求是原则的具体形式和途径。

这次对无罪推定的讨论，环境宽松，气氛还算平和，没有了政治上的压力，学术氛围还算民主。经过讨论，绝大多数人认识到了无罪推定的重要性，认识到它虽然是资产阶级创设的诉讼原则，但符合刑事诉讼的实际，是一种科学的处理办法。

（二）我国立法对无罪推定原则的吸收和运用

1979 年我国制定并颁行了第一部刑事诉讼法典，由于当时的情况，1979 年的刑事诉讼法并没有涉及无罪推定问题。1996 年修改刑事诉讼法时，参与起草修改方案的学者们强烈要求将无罪推定原则写进刑事诉讼法，其理由为：无罪推定为各国刑事诉讼所普遍适用，国际公约对此也反复强调；我国香港、澳门两个特别行政区基本法中已有无罪推定的明确规定，最高人民法院有关的批复和司法解释亦要求对疑案作从无处理，而且，实行无罪推定在人权保障和诉讼制度的科学设计方面是十分必要的。

应当承认，我国理论界对无罪推定的讨论之所以经历了一个曲折的过程，自然与政治环境有关，而是否将其付诸立法，则更是如此。1996 年修改刑事诉讼法时，由于学术环境的宽松，理论研究方面基本弄清了这一问题，而此时其他方面的条件也已具备，诸如经过改革开放之后，我国已开始融入国际社会，认识到包括法制在内与国际接轨的必要性，具体到无罪推定原则方面，立法者已认识到了该原则对刑事诉讼制度的重要性。所有这些条件，促成了这次修改将无罪推定的基本内容写进了刑事诉讼法典。

修改后的《刑事诉讼法》第 12 条规定："未经人民法院依法判决，对任何人都不得确定有罪。"使无罪推定原则在刑事诉讼法的基本原则部分得到了体现。虽然《刑事诉讼法》第 12 条的文字表述与国际上通行的表述不尽一致，但毕竟这一规定，从立法的角度看，具有历史性的意义。这表明被追诉人在生效判决确定之前，在法律上并不是罪犯。除了在基本原则部分有第 12 条的规定之外，我国刑事诉讼法在如下方面的规定，也是无罪推定原则精神的体现：①以是否起诉为标准，将受到刑事追诉的人分为犯罪嫌疑人和被告人。被追诉者在起诉前处于犯罪嫌疑人的地位，起诉后处于被告人的地位。这种区分，不仅仅是一个称谓的变化，而且从本质上界定了被追诉者的诉讼主体资格，避免将其视为有罪的人或罪犯的现象，是无罪推定关于被追诉人法律地位的一个体现。②明确了控诉方的举证责任。在法庭审理中，公诉人负有提出证据证明被告人有罪的责任，审判人员不能履行控诉职能，被告人有辩护的权利，但没有证明自己有罪或者无罪的义务。③规定了疑案从无原则。《刑事诉讼法》第162条第3项规定："证据不足，不能认定被告人有罪的，应当作出证据不足、指控的犯罪不能成立的无罪判决。"可见我国刑事诉讼法确立了疑案从无的有利于被告人的原则。

（三）对《刑事诉讼法》第12条的不同理解

对于《刑事诉讼法》第12条的规定，理论界仍然存在着不同的看法，一般的教科书认为第12条就是规定了无罪推定原则。从这一条的文字表述来看，可以说是规定在法院确定裁判作出之前被告人不是罪犯，与意大利宪法规定的模式相一致。对此，有人存在不同看法，认为刑事诉讼法增加规定的第12条的内容，是为了维护法院定罪权的，即只是强调确定有罪的权力在人民法院。其理由有二：一是在修改刑事诉讼法的过程中，国家立法机关的有关人士在关于修改刑事诉讼法的立法说明中明确表示："封建社会采取有罪推定的原则，资产阶级针对有罪推定提出了无罪推定。我们坚决反对有罪推定，但也不是西方国家那种无罪推定，而是以客观事实为根据。"二是修改后的《刑事诉讼法》第93条规定："……犯罪嫌疑人对侦查人员的提问，应当如实回答。"这与无罪推定原则中的保障性措施之一即赋予犯罪嫌疑人、被告人以沉默权是不相符的。

我们认为，第二种看法的第一点理由是有道理的，不能说《刑事诉讼法》第12条就是有意识地规定了无罪推定，因当时的背景是意在取消免予起诉制度，维护法院的统一定罪权，于是才有了第12条的规定，但定罪权由法院统一行使是无罪推定在发展过程中充实进来的重要的、必备的内容，从这个角度看，第12条的规定与无罪推定又有联系。再就是当时的立法说明，也颇能说明第12条并不是有意识的对无罪推定的规定。总体来看，我国现行立法确实具有无罪推定的一些基本内容，如法院统一行使定罪权，控方负举证责任，疑案从无等。确立和贯彻无罪推定原则已是必然，已成共识，最好的办法是在下次修法时，在刑事诉讼法的基本原则部分对无罪推定作出明确的规定。

七、在我国确定无罪推定的意义

1. 有利于维护犯罪嫌疑人、被告人的合法权益。无罪推定原则的确立，能够确保被追诉人在诉讼过程中受到公平的对待，能够确保被追诉人拥有足以与控诉方相抗衡的权利，从而使其合法权益得到保障。

2. 有利于增强公安司法机关办理案件时的责任心。承担举证责任的公安机关、人民检察院要完成揭露犯罪、证实犯罪的任务，必须提出确实、充分的证据，否则控诉就会失败。这就促使公安机关和人民检察院在侦查、审查起诉过程中以高度的责任心收集、审查和运用证据，把案件事实弄清楚，完成控诉任务。

3. 有利于实现司法公正。无罪推定原则要求法院在审判过程中确保被告人受到公正和人道的待遇，这样才能保证刑事审判程序的公正性和合理性。根据无罪推定原则，设立审判中的证明机制，在要求控诉一方提供确实、充分的证据的同时，要求审判机关从在法庭上进行的理性争辩中形成对案件事实的认识和认定，不预断、不偏信，从而保证司法公正的真正实现。

4. 有助于实现程序的经济效益目标。这是因为，按照无罪推定的要求，法院在对被告人有罪与否尚存疑问时，直接作出对被告人有利的判决，即判处被告人无罪。这样就可以防止诉讼无限地拖延下去，就可以提高诉讼效率，避免司法资源的过度耗损。

5. 有利于推动其他诉讼制度的完善和发展。根据无罪推定精神所形成的规则，必将推动诉讼制度的发展和完善，如法院的定罪权会促使法院进行审判方式的改革，以便更准确、更科学地行使审判权；由控方承担举证责任，会推动证据规则的规范与完善；疑案从无原则的实行，能推动辩护制度和侦控制度的完善和发展，等等。

第四节　司法认知

一、司法认知的概念及其特征

司法认知，也称审判上的认知或审判上的知悉，是指对于应当适用的法律或某一有待认定的事实，法院依申请或依职权初步认定其为真实的一种诉讼证明方式。

司法认知只适用于在法院管辖范围内人所共知的事实或当事人就其准确性不能提出合理争辩的事实。或者说，司法认知是指法院对某些事实，可以无需证明就认为存在。从这个角度看，司法认知与推定和用证据证明案件事实一样，也是证明待定案件事实的诉讼行为或证明方式。经法院司法认知的事实，其法律上的真实性得到确认，当事人无需举证证明，法院也无需进一步调查和审查，除非另一方当事人提出合理的反证，或者法院发现了新的事实，否则，法院就可以直接根据司法认知的事实作出结论，可见，司法认知可以提高诉讼的效率。

作为一种诉讼证明方式，我国证据法理论对其研究还不多。立法上亦没有规定，但司法实践中存在运用司法认知的情况，有关的司法解释亦有一些规定，主要有：最高人民法院《关于适用〈中华人民共和国民事诉讼法〉若干问题的意见》第75条规定："下列事实，当事人无需举证：①一方当事人对另一方当事人陈述的案件事实和提出的诉讼请求，明确表示承认的；②众所周知的事实和自然规律及定理；③根据法律规定或已知事实，能推定出的另一事实；④已为人民法院发生法律效力的裁判所确定的事实；⑤已为有效公证书所证明的事实。"最高人民法院《关于民事诉讼证据的若干规定》第9条也有类似的规定："下列事实，当事人无需举证证明：①众所周知的事实；②自然规律及定律；③根据法律规定或者已知事实和日常生活经验法则，能推定出的另一事实；④已为人民法院发生法律效力的裁判所确认的事实；⑤已为仲裁机构的生效裁决所确认的事实；⑥已为有效公证文书所证明的事实。前款①、③、④、⑤、⑥项，当事人有相反证据足以推翻的除外。"最高人民法院《关于行政诉讼证据若干问题的规定》第68条规定："下列事实法庭可以直接认定：①众所周知的事实；②自然规律及定理；③按照法律规定推定的事实；④已经依法证明的事实；⑤根据日常生活经验法则推定的事实。前款①、③、④、⑤项，当事人有相反证据足以推翻的除外。"司法解释规定的这些当事人无需举证的事实，虽然没有明确使用"司法认知"一词，但人们认为这是从另一个侧面规定了司法认知。

作为一种特殊的诉讼证明方式，司法认知与其他证明方式比较起来具有如下特征：

1. 司法认知的主体仅限于人民法院，即只能由人民法院采用。之所以如此，是因为司法认知具有直接的法律约束力，直接影响案件的处理。当事人可以申请人民法院对特定的事实采用司法认知，而没有自己采用司法认知的资格和权利。在刑事诉讼中，公安机关和人民检察院可以依职权或应有关人员的申请调查收集证据和审查判断证据，可以作出自己认定的结论，但这种行为不是司法认知，因为它不是最终的认定，不会产生法律效力。

2. 司法认知的客体是特定的事实。这里的事实包括证据事实和案件事实，案件事实是法律规定的事实，也就是常说的证明对象；证据事实是用来证明特定案件事实的事实。案件事实是由法律规定的，凡同类案件的案件事实都相同，具有普遍性，而证据事实是公、检、法机关在办理案件的过程中调查、收集和用来证明案件事实的事实，各个案件的证据事实可能不同。案件事实和证据事实都可以成为司法认知的对象，但法院只能对特定的事实采用司法认知。

所谓特定事实，是指明显的事实或当事人不能提出合理争议的事实。只有这样的事实才可以采用司法认知，不能对需要进一步证明（即不明显）的事实及存在合理争议的事实适用司法认知。司法认知的事实必须是明显的或当事人没有合理争议的事实，这是司法认知与推定的一个本质区别。对于适用司法认知的特定事实的范围，立法上一般都有明确的限制，事实上这种限制是十分必要的。

在我国，根据立法和司法解释，能够成为司法认知对象的事实为：众所周知的事实，自然规律及定理，生效裁判裁决的事实，公证证明的事实。我国证据法理论上通常将司法认知的事实与免证事实视为同一范围。英美法系国家对司法认知采取的是较为宽容的态度，对司法认知及适用对象设计得较为宽泛，如英国将司法认知的对象分为四类：①众所周知的事实（但排除法官基于私人身份知悉的事实）；②经过调查后在司法上所知悉的事实；③英国法、欧洲共同体立法和英国国会的立法程序；④成文法的有关规定。《美国联邦证据规则》第201条规定，适用司法认知的事实必须不属于合理争执的事实，司法认知包括两方面的内容：①在审判法院管辖范围内众所周知的事实；②能够准确地确认和随时可借助某种手段加以确认，且该手段的准确性不容受到合理怀疑。大陆法系各国在立法和学理上对司法认知的解释较为原则、审慎，如德国《民事诉讼法》规定：显著的事实无需证明。所谓显著的事实，包括众所周知的事实和对法院已经显著的事实两种，其中众所周知的事实是指社会上具有普遍知识经验的人都深信不疑的事实，对法院显著的事实仅指法院的职务经验上已经明了的事实。可见，适用司法认知的特定事实的范围，在各国确定得并不一致。

3. 司法认知具有可反驳性。在判决生效之前，司法认知只具有形式上的证明力，并未最终确定。法院进行司法认知以后，当事人对认知仍然有权提出异议。为了保证司法认知的正确性和确定性，保护当事人的知情权和质证权，法院在适用司法认知之前和之后，要把进行司法认知和认知的结果告知当事人，为其提供反驳的机会。法院在程序上如此办理，既可加强当事人对认知结果的信任，也为以后的顺利执行打下了基础。

在理解和使用司法认知一词时，应当注意其在不同状况下的不同含义。司法认知在使用上，有时指法院依法进行司法认知的过程，有时指进行司法认知的结果，不同语境下的使用所指不同。

二、司法认知与相关范畴的关系

从司法认知的含义与特征中可以看出，司法认知属于一种认证活动，有自己的规定性。在理解和把握司法认知时，应当弄清司法认知与相关范畴的关系。

1. 司法认知与免证事实。在我国，无论是法律规定还是证据法理论，通常将司法认知的事实与免证事实视为同样的范畴，所以，应当从本质上把二者区别开来。总体说来，免证事实是指当事人无需举证的事实，司法认知是指法院可以直接认定的事实。二者的差别表现在下列方面：

（1）就某一无需举证的事实来说，司法认知和免证事实的认识角度不同，免证事实是从当事人的角度来看的，将某一事实排除出证明对象，同时免除了当事人就该事实举证的责任。司法认知是从法院的角度来看的，强调的是法院的行为，即法院对某一特定事实应当如何认证。

（2）二者的范围并不完全一致。某些事实（如当事人自认的事实），即使免除了当事人的举证责任，也不是说法院就可以直接认定，法院在一些情况下还可以调查取证。

（3）免证事实，指某一不需要当事人举证的事实本身，仅指处于静态的事实，而司法认知动态地反映了法院与双方当事人之间的关系。

2. 司法认知与推定。司法认知与推定同属确认案件事实的方法，但是二者也有所不同。推定的事实只是法律上的一种假定，未必符合客观情况。推定的结构由基础事实与推定事实构成，基础事实是进行推定的依据，必须真实，而推定事实是作为推定结论的事实，为法律所承认，有时候未必真实。根据推定规则，只要查明基础事实，就可以直接认定推定事实，而不论推定事实是否符合案件的真实情况。对司法认知而言，不符合案件真实情况的事实、虚假的事实，法院不能进行司法认知。司法认知与推定虽然都属于特殊的认证方式，但认证的情形不完全一样，司法认知对案件事实的认定，既有直接认定，也有间接认定，而推定属于间接认定。

三、司法认知的分类

同其他事物一样，司法认知亦可以以不同的标准、从不同的角度对其进行分类。对司法认知的分类研究，有助于揭示其实质，掌握其内容，也有利于在司法实践中的运用。现有的分类主要有：

1. 必须认知与可予认知。这是以司法认知的事项是否为法律强行规定为标准进行的划分。也有人称其为强制的司法认知与任意的司法认知。必须认知是指法律规定的不论当事人是否申请，法院必须进行的司法认知，主要适用于无可争议的事实，如自然规律和定理的认知，本国宪法、法律等，法院应当知悉。可予认知是指对于某种事实，法院可依其自由裁量权，酌定是否进行司法认知。必须认知具有强制性，对必须认知，法院必须进行，不得推脱；对可予认知，由法院自由决定是否进行司法认知。

2. 对案件事实的司法认知与对证据事实的司法认知。这是以司法认知的客体属性为标准进行的划分。对案件事实的司法认知是指法院对法定的事实要件所采取的司法认知，对证据事实的司法认知是指法院对作为证据的事实的司法认知。经过司法认知的案件事实，可以直接作为当事人主张成立的案件事实予以认定，经过司法认知的证据事实，可以作为定案的根据。

　　3. 对事实的司法认知和对法律的司法认知。这是以司法认知的内容为标准进行的划分。对事实的司法认知是指对案件事实和证据事实的司法认知，对法律的司法认知是指对法律规范的存在和效力进行的司法认知。这是英美法系国家一部分学者提出来的一种分类。根据这种分类，司法认知不但可以针对事实问题，而且可以针对法律规范进行。

　　我国有些学者对此有不同看法，认为司法认知只能对事实进行，而不能针对法律进行。其理由有二：一是人民法院不能对外国法律进行司法认知。从维护国家主权的立场出发，外国法律对我国法院没有直接的约束力，当事人主张的外国法律是否存在、是否有效，法院先要进行审查，确认其真实性，然后根据惯例和国际条约来确定是否适用。所以，不存在进行司法认知的问题。二是对我国法律，人民法院没有必要进行司法认知。我国的法律是由法定的国家机关依照法定程序制定的，一经公布即视为被法院和公民所知悉，当事人没有提出异议的可能性，人民法院也没有进行司法认知的必要性。当事人不能以其不知道有某项立法为由而主张该法对其不能适用，法官也不能因为自己不知道该法律而不适用该法律。

　　4. 依职权的司法认知与依申请的司法认知。这是以司法认知的提起为标准进行的划分。依职权的司法认知是指法院主动采取的司法认知；依申请的司法认知是指法院依当事人的申请所进行的司法认知。这种分类的意义在于说明当事人享有申请法院采取司法认知的权利，但是，应当明确，当事人申请司法认知权利的行使，对法院没有约束力，当事人提出司法认知的申请之后，法院有权根据其内容决定是否进行司法认知。

　　5. 口头司法认知与书面司法认知。这是以司法认知的外在表现形式为标准进行的划分。口头司法认知是指法院在对案件进行审理过程中以口头裁定的方式直接认定事实的司法认知；书面司法认知是指法院以书面裁定的形式所进行的司法认知。从简便性来看，口头司法认知简便易行，故司法认知应以口头为原则，以书面为例外。但法院如果以口头形式进行司法认知的，必须记录在案。

　　6. 刑事诉讼中的司法认知、民事诉讼中的司法认知、行政诉讼中的司法认知。这是以司法认知适用的诉讼领域为标准进行的划分。刑事诉讼中的司法认知是指人民法院在审理刑事案件的过程中对特定的事实采取的司法认知；民事诉讼中的司法认知是指法院在审理民事案件过程中进行的司法认知；行政诉讼中的司法认知是指人民法院在审查具体行政行为合法性的过程中所进行的司法认知。

　　7. 判决事实的司法认知、立法事实的司法认知和法律的司法认知。这不是我国证据法学界的分类，是美国法学家华尔兹提出来的一类划分方法。在华尔兹看来，法院采用司法认知的判决事实可以划分为两类：一是常识性的事物，二是某种确定的事实。法院可以自己决定对此类事实采用司法认知，不论律师是否提出请求。但是，如果一方当事人提出了司法认知的请求并且提供了相应的帮助，法院必须进行司法认知，前提条件是要给对方当事人以听证的机会。立法事实的司法认知是指在法官造法的情况下，法院可以对判例法采用司法认知的形式予以确认。在美国，对法律的司法认知分为如下几种情况：州和联邦法院对国内法采用司法认知；大多数州法院对其他州的法律采用司法认知，但美国法院从来不对其他国家的法律进行司法认知，外国法律必须经过证明才能被决定是否适用。

四、司法认知的作用

作为一种快捷的认证形式，司法认知在一些国家被大量的运用着，有些国家在探索中运用并且使其规范化。一般来说，司法认知具有如下作用：

1. 司法认知是迅速结案的一条捷径，能减少当事人的讼累，从而提高诉讼效率。从司法认知的含义及特点中我们可以看出，进行司法认知，法院可以及时将已经查明的事实确定下来，避免不必要的调查、审查，避免了当事人的重复举证，可以及时地消除没有必要的争议，这样就能把时间和相关的资源节省下来，减除了当事人不必要的举证负担，就能迅速审结案件，减少当事人的讼累，提高诉讼效率。

2. 司法认知影响到举证责任的分配。从司法认知的结果来看，一旦法院适用了司法认知，就直接确定了某一案件事实的真实性。这样承担举证责任的一方当事人就不需举证，也就是免除了应当承担举证责任一方当事人的举证责任。但是，司法认知在免除一方当事人的举证责任的同时，实际上为另一方当事人增添了举证责任，即另一方当事人对经过司法认知的事实不服，表示异议时，他就必须提出证据来否定经司法认知确定的事实。

3. 司法认知有利于诉讼证明的规范化。司法认知不是随意进行的，除了适用范围受法律调整、确定外，在程序上还应当遵守一系列的规则。这些规则的设计和遵守，是诉讼证明的重要部分，严格地按照经过科学设计的司法认知程序进行司法认知活动，能促进诉讼程序的规范化。

五、司法认知的程序

司法认知是确定案件事实或证据事实的活动，必须依照一定的程序进行，以保证程序的公正性和认知结果的正确性。从有关国家的规定来看，司法认知一般按照下列程序进行。

1. 自动认知或接受申请。司法认知的启动分为两种：法院自动启动和当事人申请后经法院决定启动。法院对法律、众所周知的事实及审判上所知悉的事实，如国家权力机关的议案、政府机关的法规以及其他无可争辩的众所周知的事实，不需经当事人申请，而应当自动进行司法认知；当事人亦有权就法院可以通过司法认知确定的事实向法院提出申请。当事人向法院申请司法认知时，应当提供有关的材料。对当事人的申请，法院应当进行审查，如认为申请的事实不属于司法认知的范围，不能进行司法认知的，可以拒绝司法认知。

2. 告知当事人。法院要通过司法认知确认某一事实，应当向当事人进行告知。如果是自动认知，要告知双方当事人及其诉讼代理人；经申请进行的认知，则应告知另一方当事人及其诉讼代理人，使当事人获得为其提供有关知识的机会，如有关认知事项的正当性及所认知的内容等。法官可以咨询并利用一切有关资料，至于这些材料是否应为当事人所提供，或者由对方当事人所提供，在所不问。提供资料，除可以正当地主张拒绝权之外，不适用排除规则，如果依据资料不能确定属于认知的范围时，则不予认知。

3. 告诉或指示。在美国，在有陪审团审理的案件中，法官应当指示陪审团将已经认知的事实作为结论性的事实加以采纳。在无陪审团的案件中，法官应当在记录中载明该事实是援用司法认知确定的。法官之所以必须这样做，是因为该事项在审判时已经属于司法认知的范围，但上诉法院审判时不一定会认可。

4. 上级法院的认知。法院未予认知或拒绝认知的事项，在以后的诉讼程序中或上诉程序中，如认为该事项无可争辩，仍然可以认知。在认知之前，仍应告知当事人，给予其提供有关资料的机会。如果因下级法院对认知的裁定有误而发生争执，当事人可以在上诉中适当地提出有关请求。所有在下级法院中提出的有关资料，均可在上诉时运用。下级法院的认知或拒绝认知，均应明确记录在案，以供上级法院审查。上级法院不但可以重新考虑有关资料，还可以考虑新增加的资料。

5. 认知界限的辨别。在认知之前，应当告诉当事人提供有关资料，若当事人提供的这些资料虽然不能正式证明，但可以使法院认为该事项尚未明确，或者并非如预想的真实，则不属于正当认知的范围，这些属于认知的调查程序。在对法院已决定认知而为告诉或者指示后，其所为认知的界限，仍须作严格的辨别。

6. 裁判前的反驳。一般情况下，法院在进行认知时，必须在审判前将该事实告知当事人，给予其反驳该被认知事实的机会。但实践中该程序往往容易被忽略，法官经常以其认知确立的事实，作为裁判的基础。这种情况属于审判上的瑕疵，当事人可以对其提起上诉。上诉时，当事人可以向上诉法院提供具有关联性的信息。在对可予认知的事实进行辩论时，可以由当事人提供适当的知识，这种辩论的情形要记载于辩论记录。如果因此认为属于可以争执的事实，便摆脱认知的事项，转入举证责任分配领域。如属于众所周知无可争辩的事实，各审级法院应作出同样的认知，均不容有所争执；如果下级法院未认知，上级法院仍可认知。反之，下级法院如就非属于认知的事项予以认知，上级法院仍可依证据来确定。[1]

从上述国外司法认知的程序中可以看出，其司法认知的程序设计已相当系统和完备。我国的司法认知制度正处于初创阶段，有关的司法解释对其程序亦有一些规定，结合实践中的做法，我国人民法院进行司法认知时，一般按下列程序办理：

1. 人民法院可以依职权或者依申请进行司法认知。人民法院可以依职权主动进行司法认知，也可以依当事人的申请，审查决定后进行司法认知。当事人提出的申请，对人民法院没有约束力，是否进行认知，由人民法院审查后决定。

2. 人民法院进行司法认知之前应当进行必要的调查。为了正确地进行司法认知，法院应当在认知之前进行调查研究。调查研究的方式包括听取当事人陈述、询问证人和有关专家、参阅其他资料等。调查的作用不在于保障司法认知的正确性，而在于保障当事人的诉讼权利。人民法院进行调查的范围不受当事人申请的限制，可以考虑或者驳回任何一方或者双方当事人提出的意见，可以进行庭外调查，也可以仅以现有的或者当事人提供的材料为依据。

3. 采用司法认知时，为当事人提供反驳机会。司法认知的效力最终取决于案件判决的效力，在案件判决生效之前，司法认知并不等于调查程序的结束，案件事实只能在作出裁判时确定下来。为了保证司法认知的正确性，保护当事人的知悉权和抗辩权，法院在进行司法认知时，要给当事人以反驳的机会，当事人可口头也可书面对司法认知提出异议。当事人提出异议的，要提供相应的证据予以证明。

4. 司法认知的决定用裁定的形式。司法认知是人民法院进行的有约束力的诉讼行为，为保证其严肃性，应当以裁定的方式进行。根据实际情况，裁定可以是口头的，也可以是书面的，但口头裁定应当记录在案。人民法院的裁定中应当指明司法认知的事实、进行司法认知的根据和理由。

---

[1]　参见卞建林主编：《证据法学》，中国政法大学出版社 2000 年版，第 321～323 页。

本章思考题

1. 什么是推定，其特征有哪些？推定在诉讼中有哪些作用？
2. 什么是法律推定，法律推定的适用条件有哪些？
3. 什么是事实推定，事实推定与法律推定有何区别？事实推定的适用条件有哪些？
4. 什么是无罪推定，其在诉讼中的体现有哪些？
5. 试述无罪推定与推定的关系。
6. 无罪推定在我国立法中有哪些体现？
7. 什么是司法认知，其特征是什么？
8. 试述司法认知与免证事实的关系。

第 21 章
证据的收集与保全

学习目的与要求：

　　通过本章的学习，掌握证据收集与保全的概念和特征；理解证据收集与保全的分类和意义；了解和领会证据收集与保全的要求；掌握证据收集与保全的各种方法。

第一节　证据收集与保全概述

一、证据收集的概念和特征

　　证据收集也即收集证据、取证，是指诉讼中的证明主体，按照法律规定的方法、手段和程序，发现、采集和提取与案件有关的各种证据材料的活动。

　　证据收集是查明案件事实的前提和基础，是诉讼证明程序的重要组成部分，是正确办理刑事、民事和行政诉讼案件的重要工作。具体来讲，证据收集通常具有以下特征：

　　（一）证据收集的主体是公安司法机关的工作人员、当事人及其律师等，具有广泛性

　　1. 在我国三大诉讼中，证据收集既是公安司法机关运用证据、认定案件事实的基础工作，也是履行法律赋予其职权的活动。在刑事诉讼中，公安机关、人民检察院等是法定的侦查机关，因而在侦查阶段收集证据就成为其履行法定职责的重要组成部分。对于人民法院来说，无论是刑事诉讼，还是民事诉讼或行政诉讼，收集证据的权力是法律所赋予的审判权的重要组成部分，也是人民法院所承担的审理义务的重要组成部分，因此，在符合法律所规定的特定情形时，人民法院有权力也有责任收集证据。法律对此也有明确的规定，例如《刑事诉讼法》第 43 条规定："审判人员、检察人员、侦查人员必须依照法定程序，收集能够证实犯罪嫌疑人、被告人有罪或者无罪、犯罪情节轻重的各种证据。"《刑事诉讼法》第 158 条规定："法庭审理过程中，合议庭对证据有疑问的，可

以宣布休庭，对证据进行调查核实。人民法院调查核实证据，可以进行勘验、检查、扣押、鉴定、和查询、冻结。"因此，在刑事诉讼中，公安机关、人民检察院、人民法院有权力和责任收集证据、查明案情。《民事诉讼法》第 64 条规定："当事人及其诉讼代理人因客观原因不能自行收集的证据，或者人民法院认为审理案件需要的证据，人民法院应当调查收集。"《行政诉讼法》第 34 条第 2 款规定："人民法院有权向有关行政机关以及其他组织、公民调取证据。"另外，最高人民法院《关于适用〈中华人民共和国民事诉讼法〉若干问题的意见》第 73 条规定："依照民事诉讼法第 64 条第 2 款规定，由人民法院负责调查收集的证据包括：①当事人及其诉讼代理人因客观原因不能自行收集的；②人民法院认为需要鉴定、勘验的；③当事人提供的证据互相有矛盾、无法认定的；④人民法院认为应当由自己收集的其他证据。"最高人民法院《关于民事经济审判方式改革问题的若干规定》中规定："下列证据由人民法院调查收集：①当事人及其诉讼代理人因客观原因不能自行收集并已提出调取证据的申请和该证据线索的；②应当由人民法院勘验或者委托鉴定的；③当事人双方提出的影响查明案件主要事实的证据材料相互矛盾，经过庭审质证无法认定其效力的；④人民法院认为需要自行调查收集的其他证据。上述证据经人民法院调查，未能收集到的，仍由负举证责任的当事人承担举证不能的后果。"除以上规定外，2001 年最高人民法院《关于民事诉讼证据的若干规定》第 15～31 条，《关于行政诉讼证据若干问题的规定》第 22～26 条，都更加详细、明确地规定了人民法院调查收集证据的各项内容（包括范围、程序等）。

2. 我国三大诉讼中的当事人及充当诉讼代理人或者辩护人的律师等也有权利收集证据。对于在诉讼中承担证明责任的当事人而言，进行收集证据的活动不仅体现为一种权利活动，也是履行自己的证明责任所必需的活动，如果放弃进行这项活动，就有可能在诉讼中承担败诉的后果。例如，在民事诉讼中，当事人对于自己提出的主张，有责任提供证据。在行政诉讼中，被告承担证明被诉具体行政行为合法的证明责任。如果这些承担证明责任的当事人不收集证据以证明自己的诉讼主张，便有可能承担败诉的后果。律师收集证据是基于其在诉讼中的辩护或代理的职责，行使法律赋予的权利而进行的活动。因此，法律允许和保障其收集证据。为此，我国《民事诉讼法》第 50、61 条规定，当事人及其诉讼代理人有权收集证据。同时，收集证据也是法律赋予律师的一项重要权利。《刑事诉讼法》第 37 条规定："辩护律师经证人或者其他有关单位和个人同意，可以向他们收集与本案有关的材料，也可以申请人民检察院、人民法院收集、调取证据，或者申请人民法院通知证人出庭作证。辩护律师经人民检察院或者人民法院许可，并且经被害人或者其近亲属、被害人提供的证人同意，可以向他们收集与本案有关的材料。"《民事诉讼法》第 61 条规定:"代理诉讼的律师和其他诉讼代理人有权调查收集证据,可以查阅本案有关材料。查阅本案有关材料的范围和办法由最高人民法院规定。"《行政诉讼法》第 30 条规定:"代理诉讼的律师,可以依照规定查阅本案有关材料,可以向有关组织和公民调查,收集证据。"这些法律规定及相关的司法解释为参与诉讼的律师享有收集证据的权利提供了法律依据和保障。新《律师法》第 33 条规定:"犯罪嫌疑人被侦查机关第一次讯问或者采取强制措施之日起,受委托的律师凭律师执业证书、律师事务所证明和委托书或者法律援助公函,有权会见犯罪嫌疑人、被告人并了解有关案件情况。律师会见犯罪嫌疑人、被告人,不被监听。"第 34 条规定:"受委托的律师自案件审查起诉之日起,有权查阅、摘抄和复制与案件有关的诉讼文书及案卷材料。受委托的律师自案件被人民法院受理之日起,有权查阅、摘抄和复制与案件有关的所有材料。"第 35 条规定:"受委托的律师根据案情的需要,可以申请人民检察院、人民法院收集、调取证据或者申请人民法院通知证人出庭作证。"

另外,《刑事诉讼法》第 43 条规定:"必须保证一切与案件有关或者了解案情的公民,有客观地充分地提供证据的条件,除特殊情况外,并且可以吸收他们协助调查。"这说明我国《刑事诉讼法》并不限制公民在同犯罪作斗争中采取有效措施获取有关证据。

(二)证据收集的客体是证据材料,尚不能称为证据,具有待核实性

一切可能与案件有关的事实材料,即证据材料,都是证据收集的客体或者对象。例如《刑事诉讼法》第 89 条规定:"公安机关对已经立案的刑事案件,应当进行侦查,收集、调取犯罪嫌疑人有罪或者无罪、罪轻或者罪重的证据材料。"同时第 36 条规定:"辩护律师自人民检察院对案件审查起诉之日起,可以查阅、摘抄、复制本案的诉讼文书、技术性鉴定材料,可以同在押的犯罪嫌疑人会见和通信。……辩护律师自人民法院受理案件之日起,可以查阅、摘抄、复制本案所指控的犯罪事实的材料,可以同在押的被告人会见和通信。"最高人民法院《关于执行〈中华人民共和国刑事诉讼法〉若干问题的解释》(以下简称最高人民法院《解释》)第 44 条规定:"辩护律师向证人或者其他有关单位和个人收集、调取与本案有关的材料,因证人、有关单位和个人不同意,申请人民法院收集、调取,人民法院认为有必要的,应当同意。"因此,有关证明主体收集的与本案有关的证据材料还不是证据,即还不能作为定案的根据。只有经过法庭的审查判断、查证属实后,才能作为定案的根据。例如,《刑事诉讼法》第 47 条规定:"证人证言必须在法庭上经过公诉人、被害人和被告人、辩护人双方讯问、质证,听取各方证人的证言并且经过查实以后,才能作为定案的根

据。"最高人民法院《解释》第58条规定："证据必须经过当庭出示、辨认、质证等法庭调查程序查证属实，否则不能作为定案的根据。对于出庭作证的证人，必须在法庭上经过公诉人、被害人和被告人、辩护人等双方询问、质证，其证言经过审查确实的，才能作为定案的根据；未出庭证人的证言宣读后经当庭查证属实的，可以作为定案的根据。"由此可见，证明主体所收集的各种证据材料在最终经过人民法院审查判断之前，一般表现为"有待核实、确认"的状态，只有经过人民法院审查、核实的证据材料，才能作为认定案件事实的证据加以使用。

（三）证据收集的目的是在于查明或证明特定的案件事实，具有明确性

不同的证明主体有着不同的证明任务，其证据收集的重点也就有所不同。然而，不同主体收集的证据却有着共同的目的，即查明或证明特定的案件事实。具体来讲，对于依法担负国家侦查、检察和审判职能的国家专门机关而言，收集证据的目的在于查明案件事实，从而对案件作出正确的裁决或者处理决定。因此，在收集证据时要注意避免先入为主，应当站在中立的立场上客观、公正地收集证据，即对当事人有利或者不利的证据材料都应该收集。而对于诉讼当事人以及接受委托的律师来说，收集证据的目的是为了揭示案件事实或者证明本方的诉讼主张，最终维护本方的利益。所以其收集提供证据的行为往往带有倾向性，注重收集并提供对己方有利或者对他方不利的证据材料。然而，不同证明主体收集证据的目的都是明确的，都是为了查明案件的待证事实，也即案件事实。

这里所说的"案件事实"，就是证明主体必须运用证据证明的要件事实，即证明对象。依据法律规定，三大诉讼因案件的性质及类型不同，所需要运用证据证明的案件事实范围有所不同，因而证明主体在收集证据的过程中，应当根据法律的规定明确收集证据的范围和步骤，凡是法律规定的要件事实，都需要相应的证据去证明。也只有按照法律的规定，有目的、有计划的收集证据，才能完成所担负的证明任务，实现诉讼主张或诉讼目的。

（四）证据收集必须按照法律的规定进行，具有法定性

在诉讼证明活动中，证据收集的主体必须遵循法律规定的方法、手段及程序，才能保证所收集的证据材料具有客观性、相关性和合法性，才能保障有关公民的人身权利和民主权利不受侵犯。依据法律规定，在刑事诉讼中，证据的收集可采用各种合法的侦查和调查手段进行；在民事、行政诉讼中，证据只能通过调查的方法取得。例如，在刑事诉讼中，《刑事诉讼法》第89条的规定："公安机关对已经立案的刑事案件，应当进行侦查，收集、调取犯罪嫌疑人有罪或者无罪、罪轻或者罪重的证据材料。"该法第90条规定："公安机关经过侦

查，对有证据证明有犯罪事实的案件，应当进行预审，对收集、调取的证据材料予以核实。"同时，根据《刑事诉讼法》第91～123条的规定以及有关司法解释，公安司法机关收集证据的法定方法主要有：讯问犯罪嫌疑人，询问证人，勘验，检查，搜查，扣押物证、书证，鉴定，辨认和通缉。《刑事诉讼法》第158条规定："法庭审理过程中，合议庭对证据有疑问的，可以宣布休庭，对证据进行调查核实。人民法院调查核实证据，可以进行勘验、检查、扣押、鉴定和查询、冻结。"在民事诉讼中，根据最高人民法院《关于民事诉讼证据的若干规定》第15条规定，《民事诉讼法》第64条规定的、人民法院认为审理案件需要的证据，是指以下情形：①涉及可能有损国家利益、社会公共利益或者他人合法权益的事实；②涉及依职权追加当事人、中止诉讼、终结诉讼、回避等与实体争议无关的程序事项。该规定第16条规定："除本规定第15条规定的情形外，人民法院调查收集证据，应当依当事人的申请进行。"该规定第17条规定："符合下列条件之一的，当事人及其诉讼代理人可以申请人民法院调查收集证据：①申请调查收集的证据属于国家有关部门保存并须人民法院依职权调取的档案材料；②涉及国家秘密、商业秘密、个人隐私的材料；③当事人及其诉讼代理人确因客观原因不能自行收集的其他材料。"相应地，《行政诉讼法》第34条第2款规定"人民法院有权向有关行政机关以及其他组织、公民调取证据"。在行政诉讼中，根据最高人民法院《关于行政诉讼证据若干问题的规定》第22条的规定，有下列情形之一的，人民法院有权向有关行政机关以及其他组织、公民调取证据：①涉及国家利益、公共利益或者他人合法权益的事实认定的；②涉及依职权追加当事人、中止诉讼、终结诉讼、回避等程序性事项的。该规定第23条规定："原告或者第三人不能自行收集，但能够提供确切线索的，可以申请人民法院调取下列证据材料：①由国家有关部门保存而须由人民法院调取的证据材料；②涉及国家秘密、商业秘密、个人隐私的证据材料；③确因客观原因不能自行收集的其他证据材料。人民法院不得为证明被诉具体行政行为的合法性，调取被告在作出具体行政行为时未收集的证据。"

另外，在证据收集时，法律还规定了禁止性的规定，如果违反将导致所收集的证据无效的后果。例如，《刑事诉讼法》第43条规定："审判人员、检察人员、侦查人员必须依照法定程序，收集能够证实犯罪嫌疑人、被告人有罪或者无罪、犯罪情节轻重的各种证据。严禁刑讯逼供和以威胁、引诱、欺骗以及其他非法的方法收集证据。必须保证一切与案件有关或者了解案情的公民，有客观地充分地提供证据的条件，除特殊情况外，并且可以吸收他们协助调查。"最高人民法院《解释》第61条规定："严禁以非法的方法收集证据。凡经查证确实属于采用刑讯逼供或者威胁、引诱、欺骗等非法的方法取得的证人证言、被害人陈述、被告人供述，不能作为定案的根据。"

二、证据保全的概念和特征

（一）证据保全的概念

证据保全，是指在证据可能灭失或者以后难以取得的情况下，有关主体在证据收集时、诉讼前或诉讼中用一定的形式将证据固定下来，加以妥善保管，以便公安司法人员或律师在分析、认定案件事实时使用。可见，证据保全其实就是对证据的固定和保护，其目的是保证证据的完整性和真实性，而不被人为地破坏或者自然灭失。

在诉讼活动中，公安司法机关既可以根据当事人的请求对有关证据进行固定和保全；也可以依照职权主动对有关证据采取一定的固定和保全措施。例如，《民事诉讼法》第74条规定："在证据可能灭失或者以后难以取得的情况下，诉讼参加人可以向人民法院申请保全证据，人民法院也可以主动采取保全措施。"最高人民法院《关于民事诉讼证据的若干规定》第24条第1款规定："人民法院进行证据保全，可以根据具体情况，采取查封、扣押、拍照、录音、录像、复制、鉴定、勘验、制作笔录等方法。"《行政诉讼法》第36条规定："在证据可能灭失或者以后难以取得的情况下，诉讼参加人可以向人民法院申请保全证据，人民法院也可以主动采取保全措施。"《行政处罚法》第37条第2款规定："行政机关在收集证据时，可以采取抽样取证的方法；在证据可能灭失或者以后难以取得的情况下，经行政机关负责人批准，可以先行登记保存，并应当在7日内及时作出处理决定，在此期间，当事人或者有关人员不得销毁或者转移证据。"该款规定的"先行登记保存"实际上就是证据保全。按照最高人民法院《关于行政诉讼证据若干问题的规定》第27条的规定："当事人根据行政诉讼法第36条的规定向人民法院申请保全证据的，应当在举证期限届满前以书面形式提出，并说明证据的名称和地点、保全的内容和范围、申请保全的理由等事项。当事人申请保全证据的，人民法院可以要求其提供相应的担保。法律、司法解释规定诉前保全证据的，依照其规定办理。"该规定第28条规定："人民法院依照行政诉讼法第36条规定保全证据的，可以根据具体情况，采取查封、扣押、拍照、录音、录像、复制、鉴定、勘验、制作询问笔录等保全措施。人民法院保全证据时，可以要求当事人或者其诉讼代理人到场。"这些规定是证据保全的法律依据。

（二）证据保全的特征

1. 证据保全的主体是公安司法机关、行政执法机关和公证机关。在刑事诉讼中，对公诉案件，公安机关和检察机关基于法定的职责，可以采取一定的侦查措施，对可能灭失或者以后难以取得的证据进行保全。人民法院对于刑事附带民事诉讼的民事部分也可以采取证据保全措施。至于刑事自诉案件，《刑事诉讼法》没有规定人民法院是否可以采取证据保全措施。我们认为，人民法院受理刑事自诉案件以后，认为必要的，可以依职权或者应申请采取证据保全。在民事诉讼和行政诉讼中，人民法院可以根据当事人的申请或者依照职权采取证据保全措施，以固定证明一定案情的证据，确保诉讼的顺利进行。在行政执法程序中，行政机关认为证据可能灭失或者以后难以取得时，可以依职权或者应当事人申请采取先行登记的保存措施。同时，证据保全是国家公证机关的一项业务，公证机关根据当事人的申请，在诉讼前通过公证的方式预先将某项证据确定下来，人民法院对于经公证保全的证据，除非有相反证据足以推翻外，应当确认其真实性。应当说，除公安司法机关、行政执法机关和公证机关以外，其他任何单位和个人都不能采取证据保全措施，否则不仅有可能妨害公民的人身和财产权利，而且有可能妨害诉讼的顺利进行。

2. 证据保全是证据的保护性措施，必须具备一定的条件。证据保全作为一项保证证据完整和真实，不被破坏或灭失的保护性措施，是否需要采取，通常必须具备两个条件：①要保全的证据必须有灭失或者以后难以取得之虞。具体来讲主要有两种情形：一是证据存在可能灭失的危险，如作为证据的物品将要腐烂、变质，证人即将死亡，当事人有毁灭证据的危险等，必须先行固定或采取特殊措施保存。二是证据以后将难以取得。例如，被告人可能转移、隐匿证据、证人即将出国等。因此，保全证据是一种在紧急情况下采取的特别保护措施，如果证据没有灭失的危险或者以后难以取得的情形，就没有必要采取这样的措施。②要保全的证据必须与本案的证明对象具有关联性，也就是说该证据能够证明本案的待证事实。如果该证据与本案的证明对象不存在关联性，对于本案不具有任何证明作用，那么即使有灭失或者难以获取的情形存在，也没有必要采取证据保全的措施。

3. 证据保全措施的采取必须符合法定的程序。许多国家的法律对证据保全均作了专门性的程序规定。例如，《日本刑事诉讼法》第179条规定："被告人、犯罪嫌疑人或辩护人如因预先未保全证据致使使用证据发生困难时，只要在第一次审判日期之前，即可向裁判官请求没收、搜查、检查证据以及询问证人或者鉴定处置等。"我国刑事诉讼法、民事诉讼法、行政诉讼法对证据保全有一系列具体的规定，证据保全既可以依职权实施，也可以应申请采取。对刑事案件而言，证据保全主要是证据的固定和保管问题，通常是由担负收集证据义务的公安、检察机关根据需要依职权主动进行；自诉案件中自诉人虽负有举证的责任，其证据保全不需要由公安机关、检察机关或人民法院进行。而在民事诉讼和行政诉讼中，保全证据既可以由诉讼参加人主动申请，也可以由人民法院在认为有必要时而依职权主动采取。对于证据保全的程序要求，由相关的法律规定。例如，最高人民法院《关于民事诉讼证据的若干规定》第 23 条规定："当事人依据《民事诉讼法》第 74 条的规定向人民法院申请保全证据，不得迟于举证期限届满前 7 日。当事人申请保全证据的，人民法院可以要求其提供相应的担保。法律、司法解释规定诉前保全证据的，依照其规定办理。"该规定第 24 条规定："人民法院进行证据保全，可以根据具体情况，采取查封、扣押、拍照、录音、录像、复制、鉴定、勘验、制作笔录等方法。人民法院进行证据保全，可以要求当事人或者诉讼代理人到场。"最高人民法院《关于行政诉讼证据若干问题的规定》第 27、28 条也有类似的规定。此外，最高人民法院《关于民事经济审判方式改革问题的若干规定》明确规定："审判人员收到当事人或者其诉讼代理人递交的证据材料应当出具收据。"

（三）证据保全的要求

证据收集的目的是证明案件事实。因此对于收集的证据应当妥善保管，如果因保管不当而使其受到损坏或者遗失，那么证据收集的任务等于没有完成，而且很可能再也无法完成。因此，对收集到的证据要妥善保管，及时固定和保全。当然，不同的证据所采用的保全方法有所不同。例如，对于证人证言的保全，要注意保障证人的安全并为证人保密，特别是暴力犯罪等重大的刑事案件，证人的安全保障尤为重要。对于物证、书证等证据的固定和保全，应以提取原物、制作模型、拍照等方法进行。其实不管采取何种保全措施，对于已经收集到的证据，都必须按规定和要求写好标签、列出清单，按档案管理办法进行保存和管理，不得随意损坏、使用、调换或变卖等，同时应当由专人负责保管。

对于证据的保全的要求，我国法律有明确的规定，例如《刑事诉讼法》第 198 条规定："公安机关、人民检察院和人民法院对于扣押、冻结犯罪嫌疑人、被告人的财物及其孳息，应当妥善保管，以供核查。任何单位和个人不得挪用或者自行处理。对被害人的合法财产，应当及时返还。对违禁品或者不宜长期保存的物品，应当依照国家有关规定处理。对作为证据使用的实物应当随案移送，对不宜移送的，应当将其清单、照片或者其他证明文件随案移送。人民法院作出的判决生效以后，对被扣押、冻结的赃款赃物及其孳息，除依法返还被害人的以外，一律没收，上缴国库。司法工作人员贪污、挪用或者私自处理被扣押、冻结的赃款赃物及其孳息的，依法追究刑事责任；不构成犯罪的，给予处分。"

具体而言，在证据的保全活动中，主要有以下几方面的要求：①各种物证、书证均应在可能的情况下提取原物或原件。只有在原物灭失或无法搬动等情况下，才提取照片或副本。②对收集到的原物、原件应当妥善保管，防止其受潮或变质、变形等，以免措施不当而影响物证的客观真实性。③提取、固定物证的过程应当制作笔录。笔录中应当载明发现物证、提取物证、固定物证的时间、地点，物证的主要特征及如何被发现等详实内容。④证据在收集以后任何人不得使用、调换、损毁或者自行处理。⑤对于涉及到国家秘密的证据，有关公安司法人员更应妥善保管，不得随意泄密。⑥在诉讼结束后，对证据的处理，应由司法机关负责。

三、证据收集与保全的分类

1. 权力型的证据收集与保全、权利型的证据收集与保全。根据证据收集与保全主体的权限性质不同，可以分为权力型的证据收集与保全、权利型的证据收集与保全。

权力型的证据收集与保全，是指国家公安司法机关或行政执法机关及其工作人员依职权所进行的强制性的收集与保全证据的行为。权利型的证据收集与保全，则是指案件当事人及其律师所开展的非强制性的收集与保全证据的行为。

2. 言词证据的收集与保全、实物证据的收集与保全。根据证据收集与保全的对象不同，可以分为言词证据的收集与保全、实物证据的收集与保全。

言词证据的收集与保全，就是对证人证言、被害人陈述、犯罪嫌疑人、被告人供述和辩解、民事行政当事人陈述以及鉴定结论的收集与保全。实物证据的收集与保全，则是对物证、书证、视听资料以及勘验、检查笔录的收集与保全。这种分类是司法实践中研究证据的收集与保全方法及规则的基本分类。

3. 刑事诉讼中的证据收集与保全、民事诉讼中的证据收集与保全、行政诉讼中的证据收集与保全。根据证据收集与保全存在的程序不同，可以分为刑事诉讼中的证据收集与保全、民事诉讼中的证据收集与保全、行政诉讼中的证据收集与保全。

在刑事、民事、行政诉讼中，三大诉讼法对证据收集与保全的主体、权限、程序等有明确的规定，尤其是最高人民法院《关于民事诉讼证据的若干规定》和最高人民法院《关于行政诉讼证据的若干问题的规定》中更有着详细的规定。有关证明主体应当按照法律的有关规定进行证据的收集与保全活动。

4. 诉讼前（外）的证据收集与保全、诉讼中的证据收集与保全。根据证据收集与保全的时间不同，可以分为诉讼前（外）的证据收集与保全、诉讼中的证据收集与保全。

诉讼前（外）的证据收集与保全，是指当事人、律师及行政机关、人民法院等在诉讼开始前进行的调查、收集并保全证据的活动。需指出的是，人民法院根据当事人的申请采取诉讼前的保全措施的，是诉讼外的证据收集与保全行为。另外，公证机关在诉讼开始前在当事人的申请下进行的证据保全，也属于此类范畴。而诉讼中的证据收集与保全，是指在诉讼过程中，公安司法机关、当事人、律师等进行的收集证据和保全证据的行为。在诉讼过程中的证据收集与保全，不仅是公安司法机关的职责、权力所在，也是当事人、律师等的权利，还是承担举证责任的主体所必须履行的责任。

四、证据收集与保全的意义

1. 证据的收集与保全是正确认定案件事实和公正处理案件的前提和基础。要使案件得到正确地处理，就必须全面地收集和保全证据，在此基础上，才能正确认定案件事实，进而公正地处理案件。在诉讼证明活动中，证明主体依照法律规定的方法，积极、主动、深入、细致地发现和取得与案件相关的各种证据，是正确处理案件的基本前提和必经阶段，特别是一些证据的获得具有紧迫性，如果不能及时收集和固定，证据就可能灭失或者难以提取，从而给认定事实带来困难，因此在收集证据时还必须高度重视对证据的保全。只有收集并保全了确实、充分的证据，才能查明案件事实，准确地对案件事实作出认定，从而使刑事、民事、行政案件依法得到公正处理，使犯罪分子受到应得的惩罚，让无罪的人不受刑事追究；使民事和行政诉讼当事人的合法权益得到切实保护，并有效地保障国家、集体和个人的利益；以维护社会主义秩序，保护社会主义市场经济的健康发展。相反，如果没有证据或者证据不足，在刑事诉讼中就不能有效地打击犯罪，保障无辜者不受追究；在民事、行政诉讼中，就不能保护当事人的合法权益，及时有效地恢复正常的民事、经济生活秩序。而且，如果不能及时收集和保全证据，有些案件的线索就会随着时间或其他人为的因素而灭失，造成诉讼案件的拖延和悬疑。

2. 证据的收集与保全是保护当事人实体权益的重要手段。在诉讼证明过程中，当事人积极地收集、提供证据或者证据线索，不仅是承担举证责任的需要，而且会直接影响到自己诉讼主张的成败。因此，当刑事案件发生以后或者民事、行政纠纷形成以后，有关的当事人为了维护自己的合法权益，应当积极提供证据或者证据线索，在法律允许的前提下，还应当主动地收集并提供证据。而且，向法庭提供证据是承担举证责任的当事人为了避免败诉后果的发生而必须进行的行为。因为，根据现代证明责任的一般原理，在案件事实真伪不明时，承担举证责任的当事人应当承担败诉的风险。即使是不承担举证责任的当事人为了切实维护自己的合法权益，也应当积极主动地提供有利于自己的证据或者证据线索。当存在需要进行证据保全的情形时，当事人往往能够及时发现和掌握情况，积极主动申请证据保全是当事人提供证据的救济方法之一，也有利于保护当事人的合法权益和诉讼活动的顺利进行。所以，为了切实保护当事人的实体权益，诉讼当事人自身应当积极主动地收集证据或提供证据及证据线索，公安司法机关、行政执法机关等也应依职权主动收集和保全证据。

第二节　证据收集与保全的要求

证据收集与保全是重要的诉讼活动，为了保证其能够顺利进行和取得成效，根据三大诉讼法和有关司法解释的规定以及司法实践经验的总结，证据的收集与保全必须遵循以下要求。

一、必须严格依法进行

所谓依法进行，就是在证据收集与保全时必须按照法律规定的程序、权限和要求进行。为了保证证据材料的客观真实、防止取证程序违法带来的权益侵害，使证据收集的诉讼活动客观、公正和有效，我国三大诉讼法及有关的法律对证据收集的步骤、方法、手续、手段和权限都有明确的规定。因此，证明主体在证据收集和保全时，必须严格依照法律规定的程序和权限进行，否则应当承担相应的法律后果。例如，《刑事诉讼法》规定，在侦查阶段，讯问犯罪嫌疑人必须由人民检察院或者公安机关的侦查人员进行。讯问的时候，侦查人员不得少于2人。对于不需要逮捕、拘留的犯罪嫌疑人，可以传唤到犯罪嫌疑人所在市、县内的指定地点或者到他的住处进行讯问，但是应当出示人民检察院或者公安机关的证明文件。侦查人员询问证人，可以到证人的所在单位或住处进行，但是必须出示人民检察院或者公安机关的证明文件。在必要的时候，也可以通知证人到人民检察院或者公安机关提供证言。询问证人应当个别进行，应当告知他如实地提供证据、证言和作伪证、隐匿罪证要负的法律责任等。《民事诉讼法》规定，勘验物证或者现场，勘验人必须出示人民法院的证件，并邀请当地基层组织或者当事人所在单位派人参加。当事人或者当事人的成年家属应当到场，拒不到场的，不影响勘验的进行。有关单位或个人根据人民法院的通知，有义务保护现场，协助勘验工作。勘验人应当将勘验情况和结果制作笔录，由勘验人、当事人和被邀参加人签名或者盖章。《行政诉讼法》规定，被告对作出的具体行政行为负有举证责任，应当提供作出该具体行政行为的证据和所依据的规范性文件。在诉讼过程中，被告不得自行向原告和证人收集证据。而在诉讼过程中，人民法院认为对专门性问题需要鉴定的，应当交由法定鉴定部门鉴定；没有法定鉴定部门的，由人民法院指定的鉴定部门鉴定。同时，法律规定，公安司法机关、行政执法机关等进行收集证据时，应当履行法定的告知义务，告知有关单位和个人必须如实提供证据以及如果拒绝提供证据、提供虚假证据或者伪造、隐匿、毁灭证据应负的法律责任。这种告知的目的在于使有关单位和个人对于自己如实提供证据的义务以及不履行这一义务的法律后果事先有所了解，提高有关单位和个人的责任心，防止拒绝提供证据、提供虚假证据或者伪造、隐匿、毁灭证据的情况发生。

另外，为了确保证据收集与保全工作的有效进行，法律还对非法收集证据的行为规定了制裁措施。例如，《刑事诉讼法》第43条规定："审判人员、检察人员、侦查人员必须依照法定程序，收集能够证实犯罪嫌疑人、被告人有罪或者无罪、犯罪情节轻重的各种证据。严禁刑讯逼供和以威胁、引诱、欺骗以及其他非法的方法收集证据。"《刑法》第247条规定了刑讯逼供罪和暴力取证罪，并规定："司法工作人员对犯罪嫌疑人、被告人实行刑讯逼供或者使用暴力逼取证人证言的，处3年以下有期徒刑或者拘役。致人伤残、死亡的，依照本法第234条、第232条的规定定罪从重处罚。"最高人民法院《解释》第61条规定："严禁以非法的方法收集证据。凡经查证确实属于采用刑讯逼供或者威胁、引诱、欺骗等非法的方法取得的证人证言、被害人陈述、被告人供述，不能作为定案的根据。"《人民检察院刑事诉讼规则》第265条也有类似的规定。可见，公安司法人员若不依法收集证据，而采用非法甚至刑讯逼供的方法收集证据，不仅该司法人员应受到刑事制裁，而且非法收集的口供等言词证据无效，不能作为证据使用。因此，只有依照法律规定的程序和权限收集和保全的证据，才能使证据运用的活动更加客观、公正和有效。

二、必须积极主动、迅速及时

所谓积极主动，是对证据收集与保全主体在工作态度方面的要求，具体是指在证据收集与保全时，证明主体尤其是公安司法人员和行政执法人员等必须要有积极主动的工作态度，在各自的权限范围内既不互相推诿，也不消极等待，而是积极主动地收集和保全证据材料和证据线索。

所谓迅速及时，是对证据收集与保全主体在时间方面的要求，具体是指在证据收集与保全时，证明主体尤其是公安司法人员和行政执法人员等必须要在案件发生后，立即赶赴现场，积极着手证据的收集工作，并且快速进行深入调查，以免失去收集和保全证据的机会。

积极主动、迅速及时是密切联系的。因为，只有树立和强调积极主动的工作态度和办案理念，才能在证据收集与保全时采取迅速快捷的工作方式，才能够提高诉讼效率，节省司法机关的司法成本和当事人的诉讼成本支出。同时，还可以避免证据材料、证据线索的自然灭失和人为破坏。因此，积极主动、迅速及时地进行证据收集与保全，是我国法律对公安司法机关和行政执法机关对证据收集与保全的工作态度和迅速快捷的工作方式等方面提出的特殊要求。当然，积极主动、迅速及时地进行证据收集与保全，既包括积极主动、迅速及时地从正面去收集证据；也包括积极主动、迅速及时地从反面、从排除其他可能性等方面去收集证据。另外，刑事被告人翻供、变供，民事、行政诉讼当事人改变陈述后，也要及时查证。如果发现新的证人还要及时进行询问，发现新的物证还要及时收集和保全。总之，证据收集与保全是一项时间性很强的工作，离案件发生的时间越近，收集与保全证据的容易程度和证据材料的可靠程度也就越高，对案件的最终准确认定也就越有价值。

三、必须客观全面、深入细致

所谓客观全面，是指按照事物的本来面目全方位地去认识事物。在证据收集与保全时必须客观全面，就是要求证明主体尤其是公安司法机关和行政执法机关及其工作人员等，不仅必须从客观实际情况出发去收集客观存在的证据材料，而且必须从不同的角度收集能够证明所有案件事实要素的证据。具体来讲，就是侦查、检察和审判等人员在证据收集与保全时，既不能以主观想象代替客观事实，也不能按主观需要去收集证据，更不能弄虚作假去伪造证据；既要收集和保全正面的支持性证据材料，也要收集和保全反面的排除其他可能性的证据材料；既要收集和保全对当事人有利的证据，也要收集和保全对当事人不利的证据。

所谓深入细致，是指认识事物要透过现象把握事物的本质，并应当精细周密。在证据收集与保全时必须深入细致，就是要求证明主体尤其是公安司法机关和行政执法机关及其工作人员等，必须培养和保持敏锐的观察能力和分析能力，不轻信现有证据材料的表面现象，更不能被假象所迷惑；必须保持耐心和细心，不放过任何细小的线索和疑点。具体来讲，就是侦查、检察和审判等人员在收集和保全证据时，必须透过现象看本质，深入群众，调查、了解与案件有关的情况，不放过任何与案件有关的蛛丝马迹，不忽略任何与案件有关的细枝末节，切忌粗枝大叶，只有这样才能查清案件主要情节和重要情节，收集到确实、充分的证据，排除扰乱视线的障碍，把案件事实真正查清。

客观全面和深入细致是紧密相连的。一方面，只有树立客观全面地收集与保全证据的思想和观念，才可能深入实际，细致地观察、分析和收集证据材料。另一方面，只有作到深入细致地去观察、分析和收集、保全证据，才可能保证收集到的证据材料是客观全面和有价值的。客观全面、深入细致地收集和保全证据，是我国法律对公安司法机关和行政执法机关对收集和保全证据的内容及工作方法和手段等方面提出的特殊要求，它要求司法机关和行政执法机关在收集和保全证据时，必须收集所有与本案有关的证据材料，特别是不能只注意收集某一方面的证据而不注意收集相反方面的证据。因为，只有客观全面、深入细致地收集和保全证据，才能了解案件的真实情况，为客观公正地认定案件事实提供可靠的证据材料和线索。收集和保全证据的目的是为了查清和证明案件事实。因此，在诉讼中无论处于何种地位，都应该采取实事求是的科学态度，客观全面、深入细致地收集和保全证据。而且无论是刑事案件还是民事案件，或者是行政诉讼案件，只有这样才能正确认识案件事实，为正确处理案件奠定基础。公安司法人员及行政执法人员不能只凭主观想象先入为主，更不能弄虚作假，歪曲事实真相。当然，对于当事人及充当诉讼代理人或者辩护人的律师而言，完全要求不带倾向性或者全面地收集证据，显然不切实际。但是，如果他们在收集证据时能够尽可能地做到客观全面，不仅有利于诉讼活动的顺利进行，还能够针对不利于己方的材料做好应对准备，并予以反驳，从而增强己方证据的可信程度和胜诉的可能性。因此，客观全面地收集证据对证明主体完成其证明任务应当是有益的。

四、必须依靠群众并利用现代科学技术

所谓依靠群众，就是要相信群众，在证据收集与保全时应努力取得广大群众的理解和支持，充分调动群众参与和协助公安司法机关调查、收集证据的积极性。因为，任何案件都发生在一定的社会环境之中，一切违法犯罪活动都逃不脱人民群众的眼睛。而且，依靠群众也是我国长期司法经验的总结。在诉讼活动中，只有深入群众、尊重群众和依靠群众的帮助和支持，才能最大限度地发现证据材料和线索，尽快查明案件事实。关于依靠群众，我国刑事诉讼法、民事诉讼法、行政诉讼法都有明确的规定。例如，我国《刑事诉讼法》第6条规定："人民法院、人民检察院和公安机关进行刑事诉讼，必须依靠群众，……"该法第43条规定："必须保证一切与案件有关或者了解案情的公民，有客观地充分地提供证据的条件，除特殊情况外，并且可以吸收他们协助调查。"除此之外，《刑事诉讼法》第45条、《民事诉讼法》第65条、《行政诉讼法》第34条，均规定了人民法院（刑事诉讼中还包括人民检察院和公安机关）有权向有关的机关、团体、企业事业单位、公民个人调取证据。这些规定，一方面说明法律赋予了这些收集证据的主体一定的权力，另一方面也说明收集证据的活动只有依靠群众才能顺利进行。

所谓利用现代科学技术，是指在证据收集与保全时，要重视和充分利用现

代科学技术手段和设备，以保证收集到确实充分的证据来认定案情。随着现代科学技术的不断发展，科学技术已渗透到社会生活的各个领域，各种案件都出现了高科技化的趋势。在刑事诉讼中，违法和犯罪分子开始利用高科技手段违法、犯罪和逃避侦查。许多证据单靠传统的方法是无法收集的，必须将科学技术的最新成果运用到收集证据中来，用现代科学手段提取证据。例如，利用计算机网络犯罪已经成为一种新的犯罪形式。还有利用高科技手段逃避侦查、反侦查的情况，如先利用计算机系统犯罪后又用病毒破坏计算机系统反侦查。在民事诉讼中，以科学技术或者高科技产品为标的的民事法律关系越来越多，商标、专利、著作权、房地产、电子商务纠纷等案件中出现的专门科技问题层出不穷。行政诉讼也大量涌现医药卫生、环境保护、建筑工程管理等科技含量高的案件。因此，为了查获犯罪嫌疑人，证实其犯罪行为，认定民事当事人之间的民事责任，认定行政机关与相对人之间的权利义务关系等，都必须运用现代的、先进的科学技术手段和设备去发现、收集和保全证据。当然，现代科学技术也为公安司法人员查明案情开辟了广阔的前景。例如，运用紫外线检验法判断被检查物的发光性能，可以恢复被掩盖或消退的文字和血迹，辨别伪造的钞票、证券、票证，鉴别肉眼看不清的印迹、被洗掉或刮掉的文字，辨别商品的真伪，纸张、墨水、胶水等的种类，还可以用紫外线摄影来收集固定这些证据。利用红外线检验法，显示被涂污、掩盖的字迹和模糊不清的印文、看不见的字迹，判别添写、改写的文字，暗色纺织品上的斑点等。利用红外线热成像法，还可以根据人留存的体热或某些物体留下的余温拍摄出已经移去的人或物的形象。诸如 X 射线拍照、激光拍照、缩微拍照、全息拍照等方法，对各种毒物、物品的检验方法，对血型、指纹、唇纹、声纹的同一性鉴定方法，利用 DNA 手段鉴定等，这些科学方法都有助于我们收集和识别证据，无论在刑事证据还是民事证据的收集上都具有极其广泛的作用。这些都迫使司法人员在收集证据时必须运用现代科学技术手段。要做到这一点，司法人员应就专门问题，请专业技术部门和人员协助解决、鉴定。[1]

五、必须保守秘密

所谓保守秘密，是指公安司法机关及行政执法机关在证据收集的活动中，对于国家秘密、商业秘密和个人隐私等，应当注意保密，不得扩散和传播。应当说，保守秘密其实是对公安司法机关、行政执法机关及其工作人员的特殊要求。无论是刑事、民事还是行政诉讼案件，在证据的收集与保全时，对于涉及

---

〔1〕　樊崇义主编：《证据法学》，法律出版社 2003 年版，第 244～245 页。

国家秘密、商业秘密和个人隐私等的证据都应当注意保密。

在证据的收集与保全过程中，要求必须保守国家秘密，是因为收集证据的公安司法人员对于涉及国家秘密的证据负有保密的责任，而且也是保卫国家安全所必需的。一般情况下，应当保守的国家秘密可以分为两个方面：一是所收集的证据本身是涉及《保守国家秘密法》规定的文件、事项、物品，司法人员必须遵守《保守国家秘密法》的规定，不得扩散。二是按照《保守国家保密法》第8条规定，追查刑事犯罪中的秘密事项也属于《保守国家秘密法》中规定的国家秘密。[1]另外，在刑事、民事、行政诉讼案件中，凡收集到涉及公民个人隐私的证据材料，有关司法人员等也应当注意保密。总之，无论是刑事案件、民事案件或者是行政诉讼案件，只要在证据收集与保全过程中涉及到国家秘密或个人隐私的，都必须保守秘密。因为，如果在收集证据过程中泄露秘密，不仅会产生不良的社会影响，侵犯国家利益和当事人的隐私权和商业秘密权，还会影响到案件的查明。

第三节　证据收集与保全的方法

证据收集与保全的方法，是指证明主体进行证据收集与保全时所采用的具体手段或措施。在诉讼证明活动中，案件的性质、证据的种类以及证明主体的身份不同，证据收集与保全的方法也就不同。例如，对于证人证言等言词证据，通常采取询问、讯问和制作询问、讯问笔录的方法，有时也辅以录音、录像等方法；对于书证，通常采取复制、拍照的方法；对于物证，通常采取提取封存的方法，也可以由人民法院进行勘验、制作勘验笔录，或者采取拍照、绘图、摄像等方法。而且，证据的收集与保全通常和发现证据、审查判断证据交错进行，有时很难截然分开。因此，证据收集与保全应当根据不同证据的特点，有针对性地采取与之相应的不同方法，以保证证据的证明价值不因提取方法不当而有所减损。根据法律规定和司法实践的经验，证据收集与保全的主要方法包括：

一、提取原物或制作模型

提取原物，是指公安司法机关等证明主体提取与案件有关的物品或者文书。它主要适用于可以并且便于移动的物证、痕迹载体、书证和视听资料。《民事诉讼法》第68条规定："书证应当提交原件。物证应当提交原物。提交原件或者

---

〔1〕　樊崇义主编：《证据法学》，法律出版社2003年版，第245页。

原物确有困难的，可以提交复制品、照片、副本、节录本。"据此，在诉讼活动中，应当以提交或提取原物为原则，只有在提供原物、原件和原始载体确有困难时，才可以提供与原物、原件和原始载体核对无误的复制件、照片、录像、复印件、节录本等。这是因为复制件容易在复制过程中发生歪曲、失真等情况，影响对案件事实的正确判断。而原物或原件只要提取、保存方法得当，使用及时，一般能够基本保持原貌，并正确反映与案件有关的事实情况。所以，收集物证和书证等，都应当以提取原物为原则。

另外，当存在某些特殊情况而无法提取原物时，可采用近似于提取原物的方法。例如：当存在立体感较强的痕迹物证而又无法提取原物时，可采用制模提取法，即通过制作模型来提取证据材料，这种方法主要用于各种立体痕迹物证的提取。常用的方法有石膏制模法、硅胶制模法和硬塑料制模法等。还有主要用于各种平面痕迹物证提取的粘印提取法，即通过粘贴、吸附等方法来提取痕迹物证。

二、询问（或讯问）并制作笔录

在诉讼活动中，任何类型的案件都可以适用询问（或讯问），这是最基本、最常用的言词证据的收集与保全方法。它不仅对证明主体没有什么特别要求，方式也灵活多样，而且询问或讯问的对象较为广泛，既可以对当事人进行，也可以对证人、鉴定人进行。在不同的国家，"询问"与"讯问"能否互易是不同的。如在我国台湾地区、香港、澳门特别行政区对证人进行询问时，可以使用"询问"或者"讯问"一词来表达。但在我国大陆，通常"询问"和"讯问"是有严格区别的。询问一般适用于案件中的证人、鉴定人、被害人以及民事、行政诉讼中的原告和被告；而"讯问"只适用于刑事诉讼中的犯罪嫌疑人、被告人和一般的违法行为人。从语义上推敲，"询问"具有地位平等、气氛和谐的意味，"讯问"则具有上对下、下必须回答的意味。不过，讯问者特定为司法机关和行政执法机关，律师向犯罪嫌疑人、被告人提出与案件有关的问题、要求其回答时，仍称为"询问"。[1]

通过询问或讯问，获取了当事人（包括犯罪嫌疑人、被告人）、证人、鉴定人等对有关案件事实的回答，具有重要的证据价值，应当及时予以固定和保全。司法实践中常见的固定保全方法是制作询问笔录或者讯问笔录。依据法律规定，询问或讯问、制作笔录有一定的程序要求，如询问、讯问必须由两个以上侦查人员、检察人员或者审判人员进行，笔录制作后须交被询问人或者被讯问人阅

---

[1]　卞建林主编：《证据法学》，中国政法大学出版社2007年版，第314页。

读或向其宣读，被询问人或者被讯问人可以要求补充、改正，记录无误或者补充、更正后，被询问人或者被讯问人都应当签名。

三、勘验、检查并制作笔录

勘验、检查，是指侦查人员或审判人员等对与案件有关的场所、物品、尸体、人身等进行勘查和检查，以发现、收集和固定能够证明案件事实的各种痕迹和物品的侦查活动。勘验的对象一般为与案件有关的场所、物品和尸体。勘验不仅适用于刑事案件证据的收集与保全，而且适用于许多民事、行政诉讼证据的收集与保全的场合。勘验通常包括现场勘验、物证检验、尸体检验等。检查对象是活人的人身，是为了确定被害人、犯罪嫌疑人的某些特征、伤害情况或者生理状态，而依法对人身进行查验的活动。检查是刑事案件专有的取证方式之一，而且为了保证刑事诉讼中人身检查的顺利进行，《刑事诉讼法》明确规定：犯罪嫌疑人如果拒绝检查，侦查人员认为必要的时候，可以强制检查。检查妇女的身体，应当由女工作人员或者医师进行。

依据三大诉讼法及有关的法律法规，勘验、检查的主体只能是负责侦查、检察和审判工作的司法机关及其工作人员，当事人及其代理人、辩护人（包括律师）无权进行勘验。勘验是一种收集证据的主要方法，勘验应当制作笔录，勘验笔录同时也是一种法定的证据形式。勘验笔录通常包括文字笔录、绘图、拍照或录像等多种形式。拍照就是使用一定的设备将一定的影像固定到底片和冲洗完成的照片上。拍照的目的就是通过光化学作用将景物影像记录下来的过程。在刑事诉讼中，侦查人员进行现场勘验，应当按照现场勘查规则的要求拍摄现场照片。检查也应当制作笔录，它是一种刑事证据的特定形式。无论是勘验笔录还是检查笔录，都应当由参加勘验、检查的人和见证人等签名或者盖章，否则不具有证据的效力。

四、搜查并制作笔录

搜查是刑事诉讼中特有的一种强制收集与保全证据的重要方法。具体是指侦查人员、检察人员依法对犯罪嫌疑人以及可能隐藏罪犯或者罪证的人的身体、物品、住所和其他有关地方进行搜寻、检查的行为。其目的不仅在于收集和保全犯罪证据，而且在于查获犯罪嫌疑人。搜查既可以对犯罪嫌疑人，也可以对可能隐藏犯罪证据的人员进行。搜查的范围，既包括有关犯罪或留有犯罪证据的建筑物、住宅，也包括犯罪嫌疑人的人身以及隐藏罪犯、罪证的其他场所如车船等物体。可见搜查的对象和范围是比较广泛的，它是发现和提取各种物证、书证等证据材料的重要途径。依据法律规定，搜查应当制作笔录，以固定和保全有关的证据材料。

需要指出的是，搜查作为刑事案件中一种重要的侦查措施和取证方法，直接关系到公民的人身权利和住宅权利，因而必须严格依法进行，即除在执行拘留、逮捕时遇有紧急情况下不用搜查证外，通常必须由不少于两名侦查人员在持有搜查证时进行搜查。所谓"紧急情况"是指犯罪嫌疑人身上可能带有凶器、自杀器具，可能隐藏爆炸、剧毒等危险品，以及可能毁弃、转移犯罪证据等情况。

五、查封、扣押并制作笔录

查封是民事、行政诉讼中证据的收集与保全的方法，具体是指人民法院把需要保全的证据贴上封条，禁止他人转移或处理。对此，最高人民法院《关于民事诉讼证据的若干规定》第 24 条和最高人民法院《关于行政诉讼证据若干问题的规定》第 28 条有明确的规定。一般情况下，查封是针对不易或不能移动的物品。对于作为证据的动产和不动产，查封的方式略有不同：对于动产的查封，一般采用加贴封条的方式，不便加贴封条的应张贴公告；对于有产权证照的不动产的查封，应当向有关管理机关发出协助执行通知书，要求其不得办理被查封财产的转移过户手续，同时也可以责令该不动产的权利人将有关的财产权证照交人民法院保管。此外，对于财务凭证等的查封，也可以采用加贴封条的方式。对于被查封的证据，人民法院可以指定该证据的持有者或保管者保管。

扣押是刑事、民事、行政诉讼中都使用的一种证据收集与保全的方法，具体是指侦查人员或审判人员等依法强行提取、扣留和封存与案件有关的物品、文件的行为。在民事、行政诉讼中，扣押与查封不同，它以容易移动的物品为对象在异地进行，而且被扣押的证据只能由人民法院自行保管或委托其他单位或个人保管。

需要说明的是，在《刑事诉讼法》中只规定了扣押物证、书证，而没有规定查封。但我们认为，在刑事诉讼中，对于作为证据使用的物品、文件所进行的扣押，在本质上与查封相同（或者说包含查封），其目的都是为了获取和保全证据。因此，及时进行查封、扣押并制作相应的笔录，可以防止能够作为证据使用的物品、文件被隐匿、毁弃或者丢失，从而发挥其证据作用。

六、辨认并制作笔录

辨认，是指侦查机关或司法机关为查明案件事实而组织安排熟悉或了解辨认对象特征的人对与案件有关的人、物、场所等进行辨别和确认的活动。辨认是司法实践中很多案件都采用的证据收集方法，辨认的主体通常就是案件中的当事人和证人。辨认的对象可以是与案件有关的人，也可以是与案件有关的物品或场所。

辨认具有双重性，即它不仅可以作为收集证据的方法，也可以作为检验证据的方法。前者如被害人从许多物品中辨认出与犯罪行为有关的物证，就是将辨认作为收集证据的一种方法来使用的；后者如在法庭调查过程中，当事人对于出示的物证是否与案件有关进行的辨认，起到的就是验证证据真伪的作用。另外，辨认人的陈述和辨认过程的笔录，往往可以成为案件中的证据。

七、鉴定及制作鉴定结论

鉴定，是指具有专门知识和技能的人员，接受公安机关、人民检察院、人民法院的指派或聘请，或接受诉讼当事人及其律师的委托，对案件中的某些专门性问题进行检验、分析、鉴别和判断的活动。鉴定的主体是有关的鉴定机构以及负责鉴定的人员。鉴定的对象范围十分广泛，既可以是物品、痕迹，也可以是文件；既可以是活人，也可以是尸体等。常用的司法鉴定包括：法医鉴定、刑事技术鉴定、物证技术鉴定、文书鉴定、司法精神病鉴定、司法会计鉴定等。

鉴定是司法实践中查明案件事实的重要方法，鉴定的材料来源主要有两种渠道：一是鉴定人亲自勘查现场，发现并提取物品或痕迹等；二是鉴定人接受有关机关或单位委托送检的物品或痕迹等。由于鉴定既能够揭示证据的特性（如书证的形成时间），又能够印证证据的真伪，而且鉴定人进行鉴定后所制作的鉴定结论是一种法定的独立证据种类，因此，也是刑事、民事及行政诉讼中许多案件经常使用的证据收集与保全方法。

八、实验及有关笔录

实验是司法实践中证据的收集与保全方法之一，也是验证案件证据的重要措施。在刑事诉讼中称为侦查实验，具体是指为了确定和判明与案件有关的某些事实或者行为在某种条件下能否发生或者怎样发生，而由侦查人员进行的按照原有条件对该事实或情节进行的一种模拟试验活动。实验可以验证案件发生或者证据的某些特定情况，实验的结果可以作为证据使用。

除了刑事诉讼中的侦查实验外，在其他案件中也可能需要用这种再现性实验方法来查明事故的原因或验证当事人或证人的陈述，如环保部门等执法机关在依法执行行政职权作出具体行政行为时，也时常藉此获取必要的证据。

有关人员应当将实验过程和结果制成笔录，实验笔录是固定和保全证据及其线索的方法之一。

九、复制、拍照、录音和录像等

复制，是指使用一定的设备或者采用一定的方法，按照原物、原件或者视听资料原始载体的特征等制作仿制品的行为。具体来讲就是采用复印、转录、制作模型等方法保全证据证明的价值，主要适用于各种痕迹物证、书证、视听资料等证据。在司法实践中，具体的复制方法主要包括：摹写、复印、翻拍、转录等方法。由于复制方法和技术的特殊性，使得复制不仅是证据的主要收集方法，也是证据保全的常用方法之一。例如，为防止视听资料被伪造、破坏或者磨损，往往采取转录复制的方法加以固定和保存。

拍照，是指采用照相的方法将有关的证据加以收集、固定和保全的方法。拍照主要适用于现场勘验以及不易提取原物的物证和不宜长期保存的书证等。拍照一般既可以在案件发生过程中产生，也可以在诉讼过程中对现场、物证、书证等进行拍照。但在证据的收集与保全活动中，拍照通常是在诉讼过程中对与案件有关的现场、物品、文件等进行的活动。

录音、录像是指用一定的技术和设备将有关的音响、活动、影像记录下来的活动。在案件发生过程中产生的录音、录像资料，是法定的证据种类——视听资料。在诉讼过程中制作的录音、录像，如在诉讼过程中对当事人陈述、证人证言等的录音、录像，才是证据的收集与保全的方法和措施。在司法实践中，录音、录像是重要的证据收集与保全的方法，它主要适用于证人证言、犯罪嫌疑人口供以及民事、行政诉讼当事人的陈述等言词证据，对于现场勘验、搜查等综合取证活动和过程，尤其是刑事诉讼中对重大案件的现场进行勘验时，也可以使用。

本章思考题

1. 什么是证据的收集？它有哪些特征？
2. 什么是证据的保全？它有哪些特征？
3. 简述证据收集与保全的分类。
4. 在诉讼活动中进行证据收集与保全有哪些意义？
5. 进行证据收集与保全应遵循那些要求？
6. 证据收集与保全的方法有哪些？
7. 言词证据与实物证据的收集与保全有何不同？

第22章

证据的审查判断

学习目的与要求：

通过本章学习，掌握证据审查判断的概念和特征；了解证据审查判断的意义；理解证据审查判断的内容；明确审查判断证据的步骤和方法；把握各种证据审查判断的内容等。

第一节　证据审查判断概述

一、证据审查判断的概念

证据的审查判断，是指侦查人员、检察人员和审判人员等在诉讼过程中，对所收集到的各种证据材料进行分析、研究和鉴别，以确定其有无证据能力和证明力以及证明力的大小，从而对案件事实作出结论的一种诉讼活动。

在诉讼活动中，对证据进行审查判断之前，必须先收集证据。收集证据是对证据进行审查判断的前提和基础，而审查判断证据是收集证据的发展和延伸，二者是密切联系、交替进行的，即收集证据时必然伴随着证据的审查判断，审查判断证据时有时也可能需要进一步收集证据。但是，要对有关证据材料有无证据能力和证明力以及证明力的大小作出正确的判断，对整个案件事实作出正确的结论，则必须在收集到相应的证据材料的基础上，经过一番"去粗取精、去伪存真、由表及里、由此及彼"的全面审查过程才能做到。

二、证据审查判断的特征

1. 证据的审查判断在本质上是侦查人员、检察人员和审判人员等的一种理性思维活动。这种活动是主体通过科学地运用概念、判断和推理来完成的。证据的审查判断是在证据收集的基础上进行的。如果说收集证据是认识过程的第一个阶段，即感性认识阶段，那么审查判断证据则是认识的第二个阶段，即理性认识阶段。因此，这项活动并不是仅仅停留在表面的感性认识层面上，而是建立在感性认识基础上的、更深刻的认识，是关系到对证据的真实与否，证据对案件事实的证明程度如何等实质性问题的认识。

2. 证据审查判断的主要内容是证据能力和证明力。对证据能力的审查判断主要是针对单个证据而言的，对证明力的审查判断则不仅针对单个证据，而且要针对一组证据乃至全案证据。对证据能力的审查判断是初始审查，而对证明力的审查判断是深入审查，前者往往是后者的前奏。

3. 证据审查判断的目的在于鉴别证据真伪，查明事实真相，认定案件事实。对证据的审查判断既包括对单个或多个证据的审查判断，也包括对全案所有证据的审查判断。侦查人员、检察人员和审判人员等对单个或多个证据进行审查判断，是为了审查核实某一证据或某几个证据是否具有证据能力和证明力；而对全案所有证据进行审查判断，则是为了判明所有已查证具有证据能力和证明力的证据能否对案件事实作出认定。

三、证据审查判断的意义

审查判断证据是诉讼过程中的一项重要活动，是证明案件事实的中心环节和决定性步骤，它直接关系到案件事实能否得到正确认定及案件能否得到正确的处理。因此，在诉讼证明活动中，证据审查判断具有十分重要的意义，主要表现在以下几个方面：

1. 证据审查判断是确定证据有无证据能力和证明力以及证明力的大小，并运用查证属实的证据认定案件事实的重要环节。由于在诉讼活动中，无论是司法机关收集到的证据材料，还是当事人及其辩护人、代理人提供的证据材料，都有真实的，也有虚假的；有直接的，也有间接的；有正面的，也有反面的。这些证据材料，只有经过办案人员认真地审查判断，才能辨明真伪，进而确定其有无证据能力和证明力以及证明力的大小，进而运用查证属实的证据认定案件事实。如果缺少对证据审查判断这一环节，证据材料的真伪就无法查清，就不能准确地认定案件事实，对案件作出正确的结论。

2. 证据审查判断是完成诉讼证明任务的必经程序。我国三大诉讼法均明确规定，证据必须经过查证属实，才能作为定案的根据。所谓查证属实，其实质就是审查判断。离开了对证据的审判判断，对证据的查证属实就无法落到实处；证据如果不查证属实，对案件事实的认定就无法进行，诉讼证明的任务就无法实现。

3. 对证据进行审查判断，有利于根据确实、充分的证据定案，为正确适用法律奠定坚实的基础，确保司法机关正确处理案件。

第二节　证据审查判断的内容

证据审查判断的内容是指侦查人员、检察人员和审判人员等在审查判断证据时所针对的对象及应当注意的问题。作为定案根据的证据，必须具有证据能力且与待证事实具有关联性，对待证事实具有证明作用。因此，审判判断证据的内容就是要分析、研究证据是否具有证据能力、关联性和证明力的大小，从而确定所收集的证据能否用作定案的根据以及证明价值的大小。

一、审查判断证据的客观性

客观性是指作为证据内容的事实是客观存在的。我们通常所说的证据的客观性，就是指证据的真实性或可靠性。客观性是证据的本质属性，因此，审查判断证据的客观性是审查判断证据的首要任务。最高人民法院《关于行政诉讼证据若干问题的规定》第56条规定："法庭应当根据案件的具体情况，从以下方面审查证据的真实性：①证据形成的原因；②发现证据时的客观环境；③证据是否为原件、原物，复制件、复制品与原件、原物是否相符；④提供证据的人或者证人与当事人是否具有利害关系；⑤影响证据真实性的其他因素。"最高人民法院《关于民事诉讼证据的若干规定》第65条规定："审判人员对单一证据可以从下列方面进行审核认定：①证据是否原件、原物，复印件、复制品与原件、原物是否相符；②证据与本案事实是否相关；③证据的形式、来源是否符合法律规定；④证据的内容是否真实；⑤证人或者提供证据的人，与当事人有无利害关系。"根据上述规定，结合司法实践经验，审查判断证据的客观性，主要应从以下两个方面进行：

1. 审查判断证据的来源。证据的来源是指证据是由谁收集或提供的，是怎样形成的以及收集证据的方法是否正确，收集的方式是否合法等。证据的来源不同，其真实可靠性即证明力也会有所差异。一般来说，中立的证人、与本案无关的人提供的证据，或者由办案人员采取科学的方法，并依照法定的程序收集的证据，其真实可靠性较大。但如果证据是当事人自己提供的，因其与案件的处理结果有切身的利害关系，他（们）很可能从维护自己的利益出发，提供有利于己的证据。根据证据的来源审查判断证据所反映的事实是否真实可靠，一般应着重审查：收集证据的人员收集、固定和保全证据的方法是否科学，其收集证据时是否受到外界的影响，收集证据时有没有注意证据本身的特点；证人是否出于不良动机或者因认识、表达的原因，提供了虚假的证言；当事人是否因生理、心理、认识、表达的原因提供了不真实的陈述等。

2. 审查判断证据的内容。证据的内容是指证据所反映的人、事、物的情况。例如，证言所讲述的案件经过情况，物证所反映的人体特征情况等。审查判断证据的内容是否真实，不仅要分析证据所反映的事或物本身的情况，而且要分析这些情况与所证明的案件事实之间有无联系，有怎样的联系，能证明案件中的什么问题。审查判断证据的内容，首先，要判断证据所反映的情况有没有可能发生。其次，要审查判断证据内容是否协调一致，包括证据内容内部能否协调一致（如犯罪嫌疑人的供述前后有无矛盾）、证据内容与本案其他证据能否协调一致（如被告人口供与证人证言是否一致）以及证据内容与本案已知事实能否协调一致（如被害人所述的伤势情况与鉴定结论是否一致）。再次，要审查判断证据内容是否合理，包括证据所表明的情况是否合理，证据内容与其所要证明的案件事实之间的关系是否合理。最后，审查证据能否反映某事件的具体细节或某客体的细节特征。比如，犯罪嫌疑人供述犯罪事实时是否提供了具体的情节，包括犯罪的动机、目的、手段、使用的工具、具体的犯罪经过等。

二、审查判断证据的关联性

证据的关联性，又称证据的相关性，是指证据必须与案件事实有实质性联系并对案件事实有证明作用。关联性是证据的一种客观属性，根源于证据事实同案件事实之间的客观联系。作为证据的事实如果是能够证明案件的某一真实情况的事实，则说明该证据事实与案件事实之间有关联性，对案件事实能起到证明作用。如果证据事实与案件事实之间没有这种关联性，就起不到证明作用，也就不能成为诉讼证据。因此，审查判断证据的关联性，就成为审查判断证据的一项重要内容。在审查判断证据的关联性时，应从以下几个方面进行：

1. 审查判断证据与案件事实之间有无客观联系。证据是客观存在的事实，但并非客观存在的事实都是证据。在实践中，案发现场往往会留下各种各样的痕迹、物品，这些痕迹、物品虽然都是客观存在的，但并非每个痕迹、物品都会对案件事实起到证明作用。只有那些与案件事实有关联性的痕迹、物品才能成为本案的证据。对于那些与案件事实之间只存在某种表面联系的痕迹、物品，由于他们本身并不能证明案件的什么问题，因而即使它们是真实的，也不能作为证据加以使用。而对于那些与案件事实无关的痕迹、物品，均应将其排除在诉讼证据之外。

2. 审查判断证据与案件事实之间联系的形式和程度。证据证明力的大小，取决于证据与案件事实联系的程度。联系紧密的，证明力就较强，在诉讼中所起证明作用也较大。证据与案件事实之间的联系形式是多种多样的，有必然联系与偶然联系、内在联系和外部联系、直接联系与间接联系、因果联系与非因果联系之分。证据与案件事实之间因联系的程度不同而表现出不同的证明价值。一般来说，直接联系的证明价值高于间接联系的价值，必然联系的证明价值高于偶然联系的价值，内在联系的证明价值高于外部联系的价值，因果联系的证明价值高于非因果联系的价值。

三、审查判断证据的合法性

证据的合法性，是指证据必须是依法收集、具有法定的形式，并依法查证属实的事实。最高人民法院《关于行政诉讼证据若干问题的规定》第55条规定："法庭应当根据案件的具体情况，从以下方面审查证据的合法性：①证据是否符合法定形式；②证据的取得是否符合法律、法规、司法解释和规章的要求；③是否有影响证据效力的其他违法情形。"另外，《刑事诉讼法》、《民事诉讼法》及相关的司法解释也对证据的法定形式、收集的程序等作了明确规定，根据这些法律、司法解释的规定，结合司法实践经验，对证据合法性的审查判断，应从以下几个方面进行：

1. 审查判断证据是否具备法定的形式。对证据的形式进行审查判断，能够确认证据是否伪造，形式是否完备，从而确定证据的真伪。我国三大诉讼法对证据的形式均作了明确的规定。《刑事诉讼法》规定的证据有：物证、书证、证人证言、被害人陈述、犯罪嫌疑人、被告人供述和辩解、鉴定结论、勘验检查笔录和视听资料。《民事诉讼法》规定的证据有：书证、物证、视听资料、证人证言、当事人陈述、鉴定结论、勘验笔录。《行政诉讼法》规定的证据除与《民事诉讼法》规定的证据相同外，还有现场笔录。任何证据都必须具备上述法定形式之一，才能成为诉讼证据。另外，有些证据种类还必须同时具备其他形式要件。例如，对于犯罪嫌疑人、被告人供述和辩解，以及被害人的陈述应当制作笔录，并由陈述人和办案人员签名或盖章；鉴定结论必须由鉴定人签名或盖章等。

2. 审查判断证据的收集主体是否合法。证据必须由法定的主体提供和收集。例如，证人证言必须出自合格的证人，生理上、精神上有缺陷或者年幼、不能辨别是非，不能正确表达的人，不能作为证人；对精神病的医学鉴定必须由省级人民政府指定的医院进行；口供必须由犯罪嫌疑人、被告人本人作出等。

3. 审查判断证据的收集程序是否合法。证据的收集是否符合法定程序，直接影响着证据内容的真实性和证据的可采性，因而在审查证据的合法性时，应着重查明收集证据的程序是否合法。我国三大诉讼法对各种证据的收集、调取程序作了较详细的规定，涉及到收集证据的方法、手段、步骤等。如《刑事诉讼法》规定，辩护律师向被害人收集与本案有关的材料，要经人民法院或者人民检察院许可，并且经过被害人同意；讯问犯罪嫌疑人必须由两名以上侦查人员在看守所或侦查机关工作场所进行，并且必须当场制作讯问笔录等。《民事诉讼法》规定，勘验物证或者现场，勘验人必须出示人民法院的证件，并邀请当地基层组织或者当事人所在单位派人参加。勘验人应当将勘验情况和结果制作笔录，由勘验人、当事人和被邀请参加人签名或者盖章。

4. 审查判断证据的运用是否合法。我国三大诉讼法和相关的司法解释对如何运用证据作了许多规定。比如，一切证据必须查证属实，才能作为定案的根据；证人证言必须在法庭上经过控辩双方或诉辩双方询问、质证，并经查实后，才能作为定案根据。在刑事诉讼中，用作证据的鉴定结论必须告知犯罪嫌疑人、被害人；只有被告人供述，没有其他证据的，不能认定被告人有罪和处以刑罚，没有被告人供述，证据确实充分的，可以认定被告人有罪和处以刑罚。在民事诉讼中，人民法院应当按照法定程序，全面、客观地审查核实证据；证据应当在法庭上出示，并由当事人互相质证；人民法院对视听资料，应当辨别真伪，并结合本案的其他证据，审查确定能否作为认定事实的根据。在行政诉讼中，证据应当在法庭上出示，并经庭审质证；对书证、物证和视听资料进行质证时，除特殊情况外，当事人应当出示证据的原件或者原物；法庭在质证过程中，对与案件没有关联性的证据材料，应予排除并说明理由；等等。这些要求是衡量证据运用是否合法的标准。

第三节　审查判断证据的步骤和方法

一、审查判断证据的步骤

对证据的审查判断，是指办案人员对案件中各种证据的认识活动，应当以辩证唯物主义认识论为指导。由于各种证据都有自身的特点，因此，在对其审查判断时必须坚持从实际出发，具体问题具体分析的原则。对证据进行审查判断的过程，是一个由浅入深，从个别到整体，循序渐进的过程，虽然不同案件审查判断证据的过程各有特点，但一般来说，都应当包括以下三个基本步骤：

（一）单个证据的审查判断

单个证据的审查判断就是对每个证据进行分析、鉴别和研究，审查判断其来源、内容及其与案件事实的关联性等情况，看其是否真实可靠，是否具有证明力及证明力的大小。对于那些明显虚假和毫无证明价值的证据，经单独审查判断后即可排除其证明力。

根据司法实践经验，对单个证据的审查判断可以按以下两种顺序进行：一种是按时间顺序进行，即按照证据所证明的案件事实发生的先后顺序来逐个审查判断证据。这种方法适用于证据的时间顺序比较明确的案件。另一种是按主次顺序进行，即按照证据所证明的案件事实的主次关系和证据本身的主次关系来逐个审查判断证据。这种方法适用于核心事实与核心证据比较明确的案件。

（二）多个证据的审查判断

在实践中，多数情况下，因案件事实的发生所留下的证据都是各种各样的，只留下单一证据的情况较为少见。对于案件事实的发生留下的各种证据是否具有证据能力，是否具有证明力及证明力的大小，有时仅仅从单个证据本身无法作出准确的判断，这时就需要对案件中证明同一案件事实的两个或多个证据进行比较和对照，看其内容和所反映的情况是否一致，看其能否合理地共同证明该案事实。一般来说，经过比对分析，如果该两个或多个证据材料互相矛盾，则可能其中之一有问题或者都存在问题。当然，相互一致的证据材料也未必都是真实可靠的，因为串供、伪证、刑讯逼供等也可能会造成虚假的一致。由于各种证据都有自己的特点，所以不同的证据材料之间存在差异是在所难免的。对于相互矛盾或者有差异的证据材料也不应一概否定，应当认真分析这些矛盾和差异产生的原因和性质。比如，由于每个人的感知能力、记忆能力和表达能力存在差异，不同的证人对同一案件事实的陈述不完全一致是很正常的。如果不同的证人对同一案件事实的陈述完全一致，那反倒不正常了。因此，对多个证据进行审查判断的关键不在于找出不同证据之间的相同点和差异点，而在于分析这些相同点和差异点，看其是否合理，是否符合客观规律。

对多个证据进行审查判断一般有两种方式：一是纵向比对审查，即对同一个人就同一案件事实提供的多次陈述做前后对比，看其陈述的内容是否前后一致，有无矛盾之处。比如，对犯罪嫌疑人、被告人就同一犯罪事实所作的多次供述和辩解进行前后对比，看其是否一致，有无矛盾。如果有矛盾，就应当进一步查明发生矛盾的原因。二是横向比对审查，即对证明同一案件事实的不同证据做并列分析，看其内容是否协调一致，有无矛盾。比如，将证明同一犯罪事实的证人证言与被害人陈述以及犯罪嫌疑人、被告人的口供做对比分析，看他们能否协调一致，有无矛盾。发现有矛盾的，应进一步查清楚。

（三）全案证据的审查判断

对全案证据的审查判断，是指对案件中的所有证据进行综合的分析、鉴别和研究，看其内容和反映的情况是否协调一致，能否相互印证，能否确实充分地证明案件的全部事实。

对全案证据进行审查判断应当注意根据各种证据的特点确定对其审查判断的重点。由于直接证据与案件事实之间的联系是直接的和明显的，因此审查判断的重点是其真实性。直接证据大多表现为言词证据，易受主客观因素的影响而出现虚假或失真的可能性较大，因此，办案人员对这种证据既不能盲目轻信，也不能简单否定，只有经过认真仔细的审查并确认属实的，方可作为定案的根据。而间接证据与案件事实之间的联系是间接的，而且往往是不明显的，因此审查判断的重点不仅在于其真实可靠性，更在于其证明价值，即其究竟能证明哪些案件事实，以及证明的确定程度。实践中，对间接证据的审查判断需要经过严密的逻辑推理才能完成。

对全案证据进行审查判断，最基本的方法就是将案件中的各个证据进行比较，看其能否相互印证。如果不能相互印证，则其中必然有真有假。这时就需要办案人员从细微之处发现不同证据之间的矛盾之处，然后认真分析这些矛盾的性质和形成的原因，以便对案件中的证据材料作出整体性评价。

对全案证据进行审查判断，不仅要注意审查证据的可靠性，而且要注意判断证据的证明价值。换言之，对全案证据进行审查判断，不仅要注意审查证据是否属实，而且要注意判断证据是否充分。从某种意义上讲，单个证据和多个证据的审查判断，其任务主要是查明证据是否确实；而全案证据的审查判断，其主要任务是查明证据是否充分。较之于单个证据和多个证据的审查判断，全案证据的审查判断更加全面，也更为复杂，更需要发挥办案人员的思维能力和聪明才智。对全案证据进行审查判断并不是对单一证据和多个证据审查判断的简单重复和相加，办案人员需要遵循认识规律，运用审查判断证据的各种具体方法，根据个人的直觉和经验，善于在众多的证据材料中发现矛盾，并找出矛盾的症结，再通过进一步收集证据去排除这些矛盾，从而对全案事实作出正确的认定。

二、审查判断证据的方法

要正确地审查判断证据，除了遵循前面讲的审查判断证据的基本步骤外，还必须掌握科学的方法。根据司法实践经验，审查判断证据通常采用以下几种方法：

（一）甄别法

甄别即审查鉴别的意思，因此，甄别法又称鉴别法。运用甄别法审查判断证据，要求根据客观事物发生、发展、变化的一般规律和常识去辨别证据的真伪，确定其是否具有证明力。这种方法主要用于对单个证据的审查判断，而对单个证据进行审查判断，主要是看每个证据是否符合客观规律，是否合情合理，来源是否真实可靠。

甄别法是审查判断证据最常见的方法，也往往是最先使用的方法。此方法可以对证据进行初次净化和筛选，为进一步的审查判断打下基础。

（二）现场实验法

现场实验法，是指为了验证某一现象在一定的时间、空间、条件下能否发生，而在相同的时间、空间、条件下进行现场实验的方法。现场实验的目的可以是为确定在一定的条件下有关人员能否看到、听到、感觉到有关声音或形象，确定在一定的条件下能否发生某种现象或有关人员能否完成有关动作，确定用某种工具是否会留下有关痕迹等。现场实验应遵循如下规则：①重要的实验应有必要的审批手续；②应尽量在原条件下或与原条件近似的条件下进行；③严禁一切足以造成危险、侮辱人格或者有伤风化的实验；④应尽量进行反复实验并取得稳定性的实验结果；⑤实验应作好笔录，由见证人、参加实验人、主持实验人签名；⑥对实验结果应作实事求是的评价。

（三）比对法

比对法，又称比较法或对比法，是指对证明同一案件事实的证据进行比较或对照以判断其是否具有证据能力和证明力的方法。这种方法主要用于对两个或两个以上证据的分析判断。

在采用比对法判断证据时，应当注意各个证据之间必须具有"可比性"，即各个证据所证明的对象必须是同一事实。如果用来进行比对的证据之间不具有这种"可比性"，就不能进行比对。例如，在一起民事案件中，原告诉称被告借钱不还，并拿出有被告人签名的借据。而被告则辩称借据不是自己所写。在该案中，要弄清借据到底是否是被告所写，就应当将借据上的笔迹与被告的笔迹进行比对。如果将借据上的笔迹与其他人的笔迹进行比对，就不具有可比性，也不可能得出正确的结论。

一般来说，运用比对法对两个或两个以上证据进行比较后，如果这些证据所反映的内容基本一致，没有矛盾，就说明证据是真实可靠的；反之，则说明其中一个或几个证据还存在问题或矛盾，应当予以排除或者采取进一步措施查证核实。

（四）鉴定法

鉴定法，是指对案件中涉及专门知识的有关专门问题，通过指定或聘请鉴定人进行鉴定或者要求重新鉴定、补充鉴定予以查明的方法。

在实践中，有一些物品或物质痕迹仅凭办案人员的一般知识和观察往往难以判明其性质和特征，例如，化学物品的性质，现场提取的血迹的血型，现场遗留的指纹和脚印与犯罪嫌疑人的指纹和脚印是否具有同一性，当事人之间争执产品的质量如何，录音带、录像带是否被删节、篡改或剪接等，都需要运用各种鉴定方法才能判明。因此，鉴定就成为审查判断某些物证、书证或视听资料的必要手段。

运用鉴定法审查判断证据，应当注意以下几个方面的问题：①鉴定主体必须合格。鉴定人必须是与本案没有利害关系的自然人，由司法机关聘请或指定，并具有解决案件中某些专门性问题的知识或技能。刑事技术鉴定由县级以上侦查机关刑事技术部门或其他专职人员进行，对于人身伤害的医学鉴定有争议需要重新鉴定或对精神病的医学鉴定应当由省级人民政府指定的医院进行。重新鉴定时，应当另行指定医院或聘请鉴定人进行。②鉴定材料必须充分可靠。③鉴定应严格遵守操作规程。鉴定人鉴定完毕后，应写出鉴定结论并签名。对难以作出鉴定结论的，应当实事求是地加以说明。有几名鉴定人共同鉴定的，可以讨论研究，提出共同的鉴定结论，但每一名鉴定人都应当签名。如果意见有分歧，可以分别提出自己的鉴定意见，分别签名。

（五）印证法

印证法，是指将若干个证据所分别证明的同一案件的若干个事实联系起来进行考察，以判明他们之间是否互相呼应、协调一致的方法。

列宁曾经说过："如果从事实的全部总和、从事实的联系去掌握事实，那么，事实不仅是胜于雄辩的东西，而且是证据确凿的东西。如果不是从全部总和，不是从联系中去掌握事实，而是片段的和随便挑出来的，那么事实就只能是一种儿戏，或者连儿戏也不如。"运用印证法审查判断证据，就是要求从事物的联系中去掌握事实。辩证唯物主义者认为，事物总是互相联系的。当某一案件发生后，不仅证据与一定的案件事实之间存在着必然的联系，而且证据与证据之间也存在着一定的联系，甚至某些证据的形成是互为条件的，这就使得我们在审查判断某一证据时，可以把该证据与案件事实以及案件的其他证据联系起来进行考察，看它们之间能否相互印证，协调一致。如果能够相互印证、协调一致，就说明它们是真实的；反之，就说明其中有的证据是虚假的或有问题的，不能作为定案的根据。

（六）辨认法

辨认法，是指在司法人员的主持下，由当事人、证人对与案件有关的物证、书证或者犯罪嫌疑人以及尸体、场所等进行辨别和确认的方法。通过辨认，可以确认与案件有关的物证、书证的真伪，确定犯罪嫌疑人是否为作案人；可以印证其他证据是否真实，从而有利于司法机关查明案情，正确处理案件。

依据不同的标准，可以将辨认划分为不同的类型：依辨认的方式不同，可分为公开辨认和秘密辨认；依辨认的对象不同，可分为对人的辨认、对物的辨认、对尸体的辨认和对场所的辨认；依辨认的主持者不同，可分为侦查人员主持的辨认和审判人员主持的辨认；等等。

辨认法是审查判断证据的一种十分有效的方法，不仅可以在刑事诉讼中，也可以在民事诉讼和行政诉讼中运用。但实践中，辨认多发生在刑事侦查活动中以及刑事、民事和行政审判中。

在刑事侦查活动中，对犯罪嫌疑人进行辨认时，需要经过侦查机关负责人的批准。辨认应当在两名以上侦查人员主持下进行，必要时，可以邀请与案件无关的见证人到场。侦查人员组织辨认前，应当向辨认人详尽询问辨认对象的具体特征，禁止辨认人与辨认对象相见，并告知辨认人故意作虚假辨认应负的法律责任。辨认时应将辨认对象混杂在其他对象中，不得给辨认人以任何提示或暗示。几名辨认人对同一被辨认人或同一物品进行辨认时，应当分别进行，以避免辨认人之间相互干扰，影响辨认效果。辨认可以公开进行，也可以秘密进行。辨认人不愿公开的，辨认犯罪嫌疑人时，可以在不暴露辨认人的情况下进行，侦查人员应为其保密。对辨认的过程和结果，应详细制作辨认笔录，由侦查人员、辨认人、见证人签字或盖章。

审判活动中的辨认与刑事侦查过程中的辨认不同之处在于：辨认必须公开进行，只能对物证、书证进行辨认；对物的辨认，不需要将辨认对象混杂在其他对象中，而应单独进行；辨认人为多人时，可以共同进行辨认。

不管是刑事侦查过程中的辨认，还是审判活动中的辨认，对辨认结果的使用都应持慎重态度，必须结合其他证据查证属实后，才能作为定案的根据。

（七）质证法

质证法，是指审判人员在法庭调查中组织诉讼双方对有关证据材料进行交叉审查，以查明案件事实真相的方法。

质证一般是由一方当事人或其辩护人、诉讼代理人对另一方当事人或该方证人、鉴定人的陈述进行盘诘，以判断其陈述的真伪和可信度。我国三大诉讼法均规定，证人证言、鉴定结论必须在法庭上经过质证并查实以后，才能作为定案的根据。最高人民法院《关于执行〈中华人民共和国刑事诉讼法〉若干问题的解释》第58条规定："证据必须经过当庭出示、辨认、质证等法庭调查程序查证属实，否则不能作为定案的根据。"最高人民法院《关于民事诉讼证据的若干规定》和《关于行政诉讼证据若干问题的规定》中对质证作了更加详细的规定，这些规定包括了质证的方式、质证的顺序、质证的重点、质证的程序等内容。一般来讲，质证是以交叉发问和诘问的方式进行的。例如，在刑事案件审判过程中，控方（包括公诉人、自诉人和被害人及其诉讼代理人）可以对被告方的证人、鉴定人进行诘问，辩方（包括被告人及其辩护人）也可以对控方证人、鉴定人进行诘问。在刑事附带民事案件审判过程中，原告或其诉讼代理人对被告方的证人、鉴定人可以进行诘问，被告或其诉讼代理人对原告方的证人、鉴定人也可以进行诘问。

（八）对质法

对质法，是指为了确认某一事实的真实性，司法人员依法组织了解该事实的两个或两个以上的人，就有关事实情况进行相互质询、诘问的活动。

司法实践中，对质一般发生在当事人之间、当事人与证人之间或者证人与证人之间。使用对质法的前提条件是两个或两个以上的人对同一案件事实的陈述之间出现尖锐矛盾而办案人员难以确认其真假。通过对质，办案人员可以发现对质人陈述之间的矛盾，掌握矛盾的症结所在，进而判明哪一方的陈述是真实的。特别是在缺少旁证的情况下，或者只有"一对一"证据的案件之中，对质法更加有助于办案人员查明证据的真实性和可靠性。

使用对质法应当注意以下几个问题：①对质应在个别讯问或询问的基础上进行。因此，在进行对质之前，办案人员必须个别详细讯问或询问参加对质的人员，并做好讯问或询问笔录。②对质时，先让对质人员对所了解的有关案件事实分别进行陈述；然后让他们各自对对方不符合事实的陈述提出质问并说明其不符合事实的根据和理由，由对方回答和辩驳；主持质问的办案人员也应抓住争执问题，对双方分别进行诘问。③对质的情况，应详细做好笔录。④对质应当慎重进行，并做好充分的准备，事先制定好对质计划，严防对质人员互相串供的情况发生。

第四节　各种证据的审查判断

一、物证的审查判断

物证虽然是客观存在的实物和痕迹，但它可能会因自然原因或者人为原因而发生变化。"自然原因"如现场遗留的物证可能因受到风吹、雨淋、日晒、有害气体侵入引起化学反应、光电反应。"人为原因"如收集物证的方法不当，误入现场人员有意无意的毁坏，犯罪分子故意伪造等。因此，对于物证必须进行审查判断，以识别其真伪，判明其对证明案件事实有无实际价值以及各个物证在整个案件证据体系中的证明作用。审查判断时，应当根据物证的特点，着重查清以下问题：

1. 审查物证的来源。主要审查物证是从何处来的，何人收集、提供的，发现的时间、地点，形成的原因、经过，收集方法是否得当，是原物还是复制品等。经审查，如果发现物证不是原物的，要努力取得原物。在刑事案件中一般不允许用同类物或复制品代替原物；在民事诉讼中，提交原物确有困难的，允许提交复制品或者照片，但也要直接审查或查看原物，把原物同复制品或照片加以比较，以查清其是否一致。对于不一致的，要查明原因。对于原物已经灭失的，要查明灭失的原因。无法与原物核对的复制品，不能单独作为认定案件事实的依据。

2. 审查物证是否客观真实。这主要应从两个方面进行审查：①审查物证有无发生变形、变色或变质等改变物证原始特征的情况；②审查物证是否经过了伪造。在实践中，物证出现伪造大体有两种情形：一是犯罪嫌疑人或者民事、行政诉讼的当事人为了逃避罪责或责任，而对物证加以伪造或变造。例如，犯罪嫌疑人为了掩盖罪行有时会把勒死或掐死伪装成上吊自杀，把毒死伪造成正常死亡，把被伤伪造成自伤等。二是基于诬告陷害他人或实现某种利益而告发他人或使他人处于不利的境地，而伪造或者变造物证。例如，犯罪嫌疑人故意穿别人的鞋、衣服去作案，在犯罪现场故意遗留下别人的鞋印、衣服；民事诉讼当事人为了胜诉，故意改变原物形状、规格或者用他物冒充原物等。对此，必须认真查清。

3. 审查物证与案件事实有无客观联系，有何客观联系。这主要应从两个方面进行审查：①审查物证与案件事实之间有无客观联系。这是确定物证是否具有证据价值的关键问题。例如，犯罪现场遗留的脚印、指纹是否与案件有关；犯罪嫌疑人、被告人身上的血迹是否为被害人被杀害时所溅的血迹；物证是否是民事诉讼的标的物等。②审查物证与案件事实有何客观联系。要确定物证的证明力，仅仅查明物证与案件事实有客观联系是不够的，还应当在此基础上，查明物证与案件事实有何客观联系。物证与案件事实之间的客观联系有两种情形：一是直接联系。在此情形下，物证的存在足以影响发现案件事实的重要部分或其中一部分。二是间接联系。在此情形下，物证的存在有助于查明案件事实，或者为发现案件事实提供线索。

4. 审查物证与案内其他证据是否一致，有无矛盾。案件事实是由多个方面构成的，犯罪过程中遗留的物证只能在一定范围内对案件事实作出片断的反映。通常情况下，单一的物证只能证明案件事实的某一个方面。因此，在审查判断物证时，必须把物证与案内其他证据结合起来，看其有无矛盾，能否互相印证，才能确定其真实性。

5. 物证应当在法庭上经过被告人、被害人和其他知情人的辨认，确定其真实可靠后，才能作为定案的根据。

二、书证的审查判断

书证与物证一样，也可能因自然原因或人为原因而发生变化，因此，必须进行审查判断，确定真实可靠后，才能作为证据使用。对书证的审查判断主要从以下几个方面进行：

1. 审查书证是如何形成的。书证是特定的主体基于一定的目的而制作的。因此，对书证的审查主要应从以下三个方面进行：①查明书证是否确系某人制作。如果制作人没有制作该文件，则表明该文件是他人伪造的，不具有证明作用。②查明制作人是在何种情况下制作该书证的。制作人在制作书证时是否出于自愿，是否受到暴力胁迫或利益驱使的不良影响。例如，离婚协议书、遗嘱、合同等是否是在违背制作人意愿的情况下制作的。③审查书证是原件，还是抄件，有无伪造、增删、涂改等情形。如果是抄件，应查明在传抄过程中是否抄错，有无断章取义等情况。

对书证形成过程的审查，可以通过多种方式进行。例如，询问当事人、在场证人；交制作人、在场证人进行辨认；核对书证上的笔迹、印章；进行鉴定；交制作人进行现场实验等。

2. 审查书证的内容与案件事实有无联系，与案内其他证据能否协调一致。书证必须与案件事实有联系，才能证明案情。但在现实生活中，有些书证所记载的内容与案件事实之间的关系显得牵强附会或模棱两可、似是而非。因此，对此类书证与案件事实所涉及内容的关联性必须结合其他证据，加以相互衔接、印证才能作为证据使用。

3. 审查书证的内容。这主要应从以下几个方面进行审查：①查明书证记载的内容表述的确切含义。书证是以文字、符号或图案等作为表现形式的，如果书证内容前后矛盾，或者模糊不清，则必然影响到对书证内容的正确理解或识别，容易引起歧义。②查明书证的内容是否为制作人真实的意思表示。这是对书证内容审查的重点。审查书证可以通过询问当事人、制作人来进行。如果双方当事人对书证所表述的内容存在不同的理解或解释时，则可以要求他们就该内容进行说明及辩论，以便确定该书证对案件事实的证明价值和作用。③审查书证的内容是否合法。在实践中，有些书证虽然是当事人真实的意思表示，且在形式上完全符合有效书证的要件，但是因其内容违反了国家法律的相关规定，则该书证中与国家法律相抵触的内容无效，从而也就失去了证明价值。

4. 审查书证的形式是否合格。书证的形式对书证的有效性有重要影响，不具备法定形式的书证，不能作为定案的证据。有些书证是由国家机关、企事业单位、社会团体依照法定程序行使职权制作的，其格式有严格的要求。例如，法院制作的裁判文书、公证机关出具的公证书等，都要载明当事人的基本情况、有关事实的认定情况、法律评价结论，并需由制作人员和机关签名或盖章，注明年月日。有些书证虽然是个人制作的，但也有形式上的要求。例如，合同书上应当有双方当事人的签名或盖章；双方当事人约定应当经过公证才能生效的合同，必须经过公证。

5. 审查书证的获取途径，即审查书证是如何获取的。书证一般应当是办案人员收集的或者是由当事人提供的。应当查清书证是谁收集或提供的，在什么情况下获取的，对书证采取了何种固定或保管措施等。例如，收集书证的办案人员在扣押书证时是否履行了法定的程序，他们有无扣押书证的权力。

6. 书证必须在法庭审理过程中当庭宣读，听取公诉人、当事人和辩护人、代理人的意见，查证属实后，才能作为定案的根据。

三、证人证言的审查判断

证人证言是有思维能力的人对保留在其意识中的关于案件情况的追述，不仅各种社会的、自然的客观因素，而且证人自身的各种主观因素都会对其真实可靠性产生一定的影响。因此，证人证言容易发生变化。对证人证言必须进行审查判断，才能作为定案的证据。对证人证言的审查判断，主要应从以下几个方面进行：

1. 审查证人证言的来源。要审查证人对案件事实是亲自耳闻目睹的，还是听他人转述而间接得知的，或者是猜测推想的。如果是直接感知的，证人证言就具有较强的真实性，但还是应当审查在当时的客观环境和条件下，证人能否获得其感知的情况，当时的环境和条件对其感知的内容有无影响及影响的程度；如果是间接得知的，证人证言的证明力就有所削弱，在此情形下，必须查明有无确切来源以及在何种情况下得知的；如果是猜测推想的，则不得作为证据使用。

2. 审查证人证言的真实可靠程度。这主要是审查证人与当事人有无利害关系，与案件结局有无利害关系；证人是否受他人指使、收买、威胁、引诱或欺骗等。如果存在上述因素，证人就有了作伪证的动机，从而可能影响其证言的真实可靠性。虽然我国三大诉讼法均未禁止与案件当事人或案件本身有利害关系的人作为证人，但是最高人民法院《关于民事经济审判方式改革问题的若干规定》第 27 条规定："证人提供的对与其有亲属关系或者其他密切关系的一方当事人有利的证言，其证明力低于其他证人证言。"因此，对这种证人提供的证言，司法机关应仔细的审查，以辨别其真伪。

3. 审查证人证言的形成过程。证人证言的形成较复杂，易受一系列主客观条件和因素的影响。例如，证人距离案发现场的远近、光线明暗、天气情况等客观环境和条件，都会对证人正确感知案件事实及感知的程度产生重要影响。证人的感知能力、记忆能力和表达能力也会影响证人证言的客观性、准确性。

第二十二章

因此，必须认真审查证人证言。

4. 审查证人的自身情况。包括证人资格，证人的身体和生理、年龄状况，文化知识，生活阅历等情况，这些都可能影响证人的感知、记忆和表达能力，其中证人资格直接关系到证言的可采性。如年幼的证人富于幻想，容易受人唆使，对其提供的证言内容和使用的语言，要审查是否符合其年龄和智力发育程度。另外，还应注意审查证人的品格、操行、精神心理状态，因为这些内容也可能影响证人证言的真实性。一般来说，凡是品格、操行一贯优良的证人，其如实作证的可能性就大，证言的证明力就强；而品行不好的证人，其证言就容易出现不真实甚至虚假的情况，其证言的证明力就弱。

5. 审查收集证人证言的程序是否合法，方法是否得当，有无足以影响如实作证的违法因素。例如，办案人员有无采取威胁、引诱、欺骗或其他非法方法收集证人证言；有无采取暗示、诱导性方式进行询问；询问证人是否个别进行等。如果发生了这些情况，证言就很可能有虚假的成分，对此必须予以查明。

6. 审查证人证言的内容是否合情合理、前后有无矛盾，与案内其他证据及案件事实是否协调一致。审查时应把证人证言与案内其他证据结合起来进行对比分析。如果有几名证人就同一案件情况作证，需要审查他们的证言是否一致，有无矛盾。如果只有一名证人作证，则要审查其证言前后有无矛盾。如果发现证人的证言之间有矛盾，或者证人证言与其他证据之间有矛盾，尤其是在案件关键情节上有出入，就应进一步核实清楚。

7. 证人证言在法庭审理时，必须经过诉讼双方询问、质证，查证属实后，才能作为定案的根据。未出庭作证的证人证言笔录也应在法庭上宣读，经查证属实后，才能作为定案的根据。

四、民事、行政诉讼当事人陈述的审查判断

在民事、行政诉讼中，当事人往往是有关案件的实际参与者，他们最了解案件事实的基本情况，因此，当事人陈述对查明案件事实有重要意义。但是，由于当事人与案件结局有直接的利害关系，其陈述不可避免地带有片面性或倾向性，他们可能会扩大某些对自己有利的事实，也可能缩小对自己不利的事实，甚至有可能作虚假的陈述。因此，对当事人的陈述必须进行审查判断，才能作为定案的根据。对当事人陈述的审查判断，主要应从以下几个方面进行：

1. 审查当事人陈述的内容。这主要是审查当事人陈述的内容是否符合案件事实所涉及实体法律关系的发生、发展和消灭的实际过程，是否合情合理，有无矛盾之处。发现矛盾，可责令其说明具体情况，以便进一步调查核实。

审查当事人陈述，不能仅仅局限于陈述本身，还应当结合其他证据来验证

陈述的真实性。《民事诉讼法》第 71 条第 1 款规定："人民法院对当事人的陈述，应当结合本案的其他证据，审查确定能否作为认定事实的根据。"

2. 审查当事人的陈述是否受到外界因素的影响。在民事诉讼中，双方当事人是平等的诉讼主体，参与诉讼的目的都是为了维护自己的合法权益，因此，由于外界压力而作出对自己不利陈述的情况一般不会发生。但是，实践中确实也存在这样的现象：一方当事人承认另一方当事人提出的对自己不利的事实或诉讼请求是由于误解，或者是受到另一方当事人的欺骗或压制，或者可能是双方通谋以合法形式掩盖非法目的，以侵害国家利益或他人的合法权益。在行政诉讼中，由于原告是被告行政管理的对象，有些被告就借助行政权威胁被告，迫使其作出不符合实际的陈述。在上述情况下，必须认真仔细地审查当事人陈述的动机和目的，以判明其是否真实可靠，能否作为定案的根据。

3. 审查当事人陈述的内容是否一致，与其他证据有无矛盾，能否相互印证。对此，不仅应审查各方当事人陈述与其所提供的其他证据是否存在矛盾，还应审查一方当事人陈述与对方当事人陈述及其所提供的其他证据是否存在矛盾。如果发现矛盾，就应仔细分析矛盾的症结所在，以便有针对性的予以核实。

五、刑事被害人陈述的审查判断

由于被害人与案件结局有切身利害关系，他们可能因为个人怨恨而夸大事实，或者因突然遭受犯罪行为的侵害，精神高度紧张、情绪激动而发生认识上、记忆上的错误，还可能因为受到威胁、利诱或者出于名誉、利益的考虑，而不敢或不愿陈述真实情况。因此，被害人陈述具有相当的复杂性，对这种证据既不能盲目轻信，也不能随意否定，必须进行认真仔细地审查核实。审查被害人陈述主要应从以下几个方面进行：

1. 审查被害人陈述内容的来源。这主要是审查被害人陈述的内容是亲自感知的，还是别人转告的或是推测的。如果是亲自感知的，应进一步查清他感知案件事实的主客观条件。如果是别人转告的，要查明是谁转告的，在转述过程中有无差错，并尽可能地找到转告者进行核实。如果是推测的，不能作为证据使用。

2. 审查被害人与犯罪嫌疑人、被告人的关系。审查被害人与犯罪嫌疑人、被告人是否相识，关系是否正常，有无仇怨、利害关系，以此判断其陈述的可靠程度。

3. 审查被害人的思想品质与平时表现。有的被害人由于思想品质不好，在陈述时往往言过其实；有的出于私心杂念，可能会掩盖或缩小案件事实；有的因为工作失职怕受处分，而捏造事实，谎报假案。因此，审查被害人的思想品质与平时表现，可以判断其陈述是否真实可靠。

4. 审查被害人陈述的收集程序是否合法。收集被害人陈述应当依照法定程序进行。《刑事诉讼法》第 37 条第 2 款规定："辩护律师经人民检察院或者人民法院许可，并且经被害人或者其近亲属、被害人提供的证人同意，可以向他们收集与本案有关的材料。"《人民检察院刑事诉讼规则》第 265 条第 1 款规定："严禁以非法的方法收集证据。以刑讯逼供或者威胁、引诱、欺骗等非法的方法收集的犯罪嫌疑人供述、被害人陈述、证人证言，不能作为指控犯罪的根据。"最高人民法院《关于执行〈中华人民共和国刑事诉讼法〉若干问题解释》第 61 条规定："严禁以非法的方法收集证据。凡经查证确实属于采用刑讯逼供或者威胁、引诱、欺骗等非法的方法取得的证人证言、被害人陈述、被告人供述，不能作为定案的根据。"

5. 审查被害人陈述的内容是否合情合理，与案内其他证据是否协调一致，有无矛盾。对被害人陈述的内容，应从所涉及的犯罪的时间、地点、环境、手段、情节、目的、步骤和造成的后果上分析其是否合情合理。有几次陈述时，应审查陈述的内容前后是否一致。审查不应仅仅局限于被害人陈述本身，还应结合其他证据进行对比审查。发现矛盾，应进一步查证。

6. 被害人陈述必须在法庭审理阶段，经过询问、质证，查证属实后才能作为定案依据。

六、犯罪嫌疑人、被告人供述和辩解的审查判断

由于犯罪嫌疑人、被告人供述和辩解的虚伪性大，且具有反复性，因此在将其作为证据使用时，必须进行审查判断。审查主要应从以下几方面进行：

1. 审查犯罪嫌疑人、被告人供述和辩解的动机。主要审查犯罪嫌疑人、被告人是在何种情况下，出于何种动机作供述的。实践中，犯罪嫌疑人、被告人供述和辩解的动机是多种多样的。有的慑于法律威严而真诚悔罪，彻底交代全部犯罪事实；有的交代问题避重就轻；有的出于"江湖义气"，把他人的罪行揽在自己身上；有的为了获得从宽处理或者企图将侦查工作引入歧途，而故意"坦白交代"并非自己所犯的罪行等。因此，犯罪嫌疑人、被告人出于何种动机作供述和辩解，对口供真实性影响较大，必须细加鉴别。

2. 审查取得犯罪嫌疑人、被告人供述和辩解的方法和程序是否合法。主要审查犯罪嫌疑人、被告人供述和辩解是在何种情况下以何种方法获取的，是否存在刑讯逼供、威胁、引诱、欺骗等非法取证行为。以刑讯逼供等非法手段获取的犯罪嫌疑人、被告人供述和辩解很容易造成口供的虚伪，因此不能作为定案的根据。

3. 审查犯罪嫌疑人、被告人供述和辩解是否合理，前后有无矛盾和翻供。要根据案件具体情况，从犯罪的时间、地点、动机、目的、手段和后果等方面分析犯罪嫌疑人、被告人是否存在实施犯罪的可能性，其口供内容是否合理，前后有无矛盾，有无翻供。如有，应进一步调查核实。

4. 审查犯罪嫌疑人、被告人供述和辩解与案内其他证据是否协调一致，有无矛盾。审查犯罪嫌疑人、被告人供述和辩解时，应特别注意将其与案内其他证据联系起来进行对比分析，查清犯罪嫌疑人、被告人供述和辩解前后是否一致，有几名犯罪嫌疑人、被告人，他们的供述和辩解是否一致，犯罪嫌疑人、被告人供述和辩解与其他证据以及案件事实是否一致。如果基本一致，则说明犯罪嫌疑人、被告人供述和辩解是真实可靠的。反之，就说明其中存在虚假成分，应进一步审查清楚。

5. 犯罪嫌疑人、被告人供述和辩解必须在法庭审理时，经过调查和辩论，查证属实后才能作为定案依据。

七、鉴定结论的审查判断

鉴定结论虽然具有科学性的特点，但因其是鉴定人对鉴定材料鉴定后作出的分析判断意见，如果鉴定人受外界影响或者推理不合逻辑，或者鉴定材料本身不真实、不充分，也不能得出正确的鉴定结论。因此，对鉴定结论必须进行审查判断。审查判断应主要从以下几方面进行：

1. 审查鉴定人是否符合条件。主要审查鉴定人是否是司法机关聘请或指定的；是否是自然人；是否与本案当事人或案件处理结果有利害关系；是否具有解决案件中某些专门性问题的知识或技能。鉴定人如果不合格，其所作鉴定结论就是无效的，因为其真实性、科学性无法得到保证。

2. 审查鉴定人鉴定时的工作态度、责任心、经验。这些往往涉及到其所作出的鉴定结论可靠与否。

3. 审查鉴定材料是否符合鉴定要求。由于鉴定结论是鉴定人在分析、研究司法机关提供的鉴定材料的基础上作出的，只有鉴定材料充分且真实可靠，才能得出正确的鉴定结论。否则，无论鉴定人水平多高，鉴定方法多科学，也难以得出正确的结论。

4. 审查鉴定方法是否科学，鉴定程序是否合法，使用的设备和其他条件是否齐备。先进的科学方法，精密的仪器设备，优良的工作条件，是做好鉴定工作的物质保证。因此，必须审查鉴定所使用的设备和方法以及鉴定时的工作条件。另外，也应审查鉴定人在鉴定过程中所适用的程序。例如，鉴定材料的提取、保管、鉴定过程是否严格按照法定的程序进行等。

5. 审查鉴定人是否受到外界影响，有无影响鉴定结论准确性的其它因素。如果鉴定人受到了威胁、引诱或者徇私、受贿，其所作出的鉴定结论就可能不准确，就需要进一步核实。

6. 审查认定鉴定结论的论据是否充分，推理过程是否符合逻辑，得出的结论是否肯定、唯一。

7. 审查鉴定结论同案件事实和案内其他证据之间有无矛盾，是否协调一致。由于鉴定结论涉及不同领域的专门知识和技能，司法人员仅就鉴定结论本身进行审查的难度较大，这就需要将鉴定结论与案件事实及案内其他证据结合起来，进行对比、分析。如果发现存在矛盾或似有抵触之处而认为鉴定结论可能有错误的，应进行补充鉴定，或另行指定或聘请鉴定人重新鉴定。

8. 鉴定结论必须在法庭上进行宣读，听取诉讼双方的意见，查证属实后，才能作为定案依据。

八、勘验、检查、现场笔录的审查判断

勘验、检查、现场笔录是对现场状况的客观记载，一般来说是比较客观的。但因其是由人制作的，如果制作人的责任心不强，或者受到外界影响，也可能发生差错。因此，同样需要进行审查判断。审查时主要从以下几方面进行：

1. 审查勘验、检查、现场笔录的制作是否符合要求。主要审查：①笔录的制作主体是否合法。对此，应审查现场勘验、检查笔录是否为承办该案的侦查人员、检察人员、审判人员及其主持下的专门工作人员所制作，现场笔录是否确为有权作出该项具体行政行为的国家行政机关工作人员依法行使职权所制作。②进行勘验、检查时是否遵循法定程序，使用的手段、方法是否妥当。③有无邀请见证人到场，是否通知民事、行政诉讼当事人或者其成年家属到场。④笔录上有无制作笔录的人员和见证人、当事人和被邀请参加人的签名或盖章。

2. 审查勘验、检查、现场笔录的内容是否全面、准确。例如，现场的重要情况有无漏记；笔录每一部分的内容是否详细、具体；所使用的文字、术语是否确切；有关数字是否准确；照片、绘图是否清晰、符合要求。

3. 审查勘验、检查、现场笔录内容是否真实。这主要是审查笔录所记载的现场的物品、痕迹是否被破坏或伪造，被检查人的特征、伤情、生理状态是否有伪装或变化；笔录中记载的物证、书证是否与收集到的物证、书证相吻合；笔录中记载的情况与案件其他证据之间有无矛盾。对于行政机关提交的现场笔录，还应审查是现场制作的还是事后制作的。如果是事后制作的，应当由提供者作出必要的解释，以便对其真实性和可靠性加以确认。

4. 审查勘验、检查人员的业务能力和工作责任心，专业性较强的勘验活动是否有具有专门知识的人参加。

5. 审查勘验、检查、现场笔录与其他证据能否协调一致。应联系全案证据进行对比分析，发现矛盾应进一步审查核实，必要时可重新进行勘验、检查。

6. 勘验、检查、现场笔录在开庭审理时应当庭宣读，听取诉讼双方的意见，查证属实后才能作为定案依据。

九、视听资料的审查判断

视听资料由于是通过现代科技设备所记录的音像或其他信息资料再现案情经过，具有其他证据无法比拟的准确性和可靠性。但是视听资料容易被伪造。例如，录音带、录像带容易被冲洗、消磁、剪辑，计算机易被输入病毒等。视听资料被伪造、篡改后，仅凭人的感官往往难以发现，难以识破和恢复。因此，在使用视听资料作为认定事实的证据时，必须进行审查判断。审查时主要从以下几方面进行：

1. 审查视听资料的来源。应当查明视听资料的持有人是从何处获得视听资料的，是本人录制的，还是从别人处得到的；是原版，还是复制品。如果是复制品，应尽力找到原版。

2. 审查视听资料的形成过程。这主要是审查视听资料的制作者是在何种情况下制作视听资料的，制作的时间、地点及周围环境；制作的起因和过程，以及制作的仪器设备是否完好等。

3. 审查视听资料的真实性。应当审查视听资料有无伪造、删节、篡改或剪接等情况；有无影响其所储存信息真实性的情况；必要时，应进行技术鉴定，以验证是否为原版，是否存在伪造、删节、篡改或剪接等情况。另外，也应审查视听资料的收集和保管过程，看有无影响其真实性的情况。

4. 审查视听资料与案件事实及案内其他证据是否存在矛盾，能否协调一致。由于视听资料是以其所记载或反映的声音、图像、数据或其他信息发挥证明作用的，因此，应审查其内容与案件事实有无客观联系，视听资料前后所反映的内容是否连贯，是否具有一定的逻辑性。如果发现可疑之处，就应进一步核实清楚。

5. 视听资料应当在法庭上播放，听取诉讼双方的意见，查证属实后才能作为定案的根据。

本章思考题

1. 什么是证据的审查判断？对证据进行审查判断有何意义？
2. 如何认识证据审查判断的特征？
3. 如何审查证据的客观性、关联性和合法性？
4. 审查判断证据应采取什么步骤？
5. 试述审查判断证据的常用方法。
6. 对全案证据进行审查判断最基本的方法是什么？
7. 各种法定证据审查判断的内容是什么？

第二十二章

第 23 章
证据规则 ◀

学习目的与要求：

　　通过本章学习，掌握证据规则的概念和特征；理解证据规则的意义和证据规则的分类；认识国外证据规则的内容；了解我国证据规则的现状及现行证据规则的内容；理解完善我国证据规则的必要性及完善证据规则应考虑的因素等。

第一节　证据规则概述

一、证据规则的概念及特征

　　所谓证据规则（Rule of Evidence），是指约束诉讼证明活动中取证、举证、质证和认证等运用证据查明案件事实的法律规范与准则，它是确认证据的范围、证据的使用、调整和约束证明行为的法律规范的总称。我国台湾学者称之为"证据法则"。例如，陈朴生认为，"何种资料，可为证据，如何收集及如何利用，此与认定之事实是否真实，及适用之法律能否正确，极关重要。为使证据认定之事实真实，适用之法律正确，不能无一定之法则，以资准绳。称此为法则，为证据法则。"[1]

　　证据规则是在英美法系国家长期的司法实践中以判例形式积累起来并逐步法典化的。证据规则的内容可以分为三个方面：首先，证据规则是确认证据范围的法律规范。所谓证据范围，是指什么事实材料是证据，什么事实材料不是证据或者不能作为证据使用。其次，证据规则是调整和约束证明主体的证明行为的法律规范。所谓证明行为，是指形成、发现、展示、质辩、采纳或者排除证据以证明特定案件事实的专门活动，即取证、举证、质证和认证等运用证据查明案件事实的活动。最后，证据规则约束的主体，包括一切与证据或者证明

---

[1]　转引自樊崇义主编：《证据法学》，法律出版社 2003 年版，第 86 页。

行为有关的单位和个人，包括执法机关、执法人员、律师、犯罪嫌疑人、被告人、原告人、被害人、证人、鉴定人、勘验人等。

证据规则作为规范证明主体进行证据收集、运用和判断的法律准则，其本身所具有的特征，主要表现在以下几方面：

1. 证据规则具有强制的规范性。证据规则是公安司法机关、行政执法机关、律师、当事人等证明案件事实的行为规范，具有法律约束力。公安司法机关、行政执法机关、律师、当事人等都应当遵守，否则，其行为构成违法行为，所收集的证据无效，所作出的裁判可能被撤销，不能产生预期的法律效果。

2. 证据规则具有明确的指导性。证据规则蕴含着更高层次的、抽象的证据原理或原则，尽管它本身不是原则，但却是约束证明主体证明行为的具体规范和操作规程。因此，公安司法机关、行政执法机关、律师、当事人等在取证、举证、质证、认证活动中，可以直接根据证据规则知道自己应当或者可以做什么以及不能做什么。

3. 证据规则具有明显的程序性。尽管证据规则与实体法有着密切的联系，一方面，证据规则是执行实体法的手段之一，其着眼点在于案件事实的证明过程，主要任务是为适用实体法提供必要的事实要件；另一方面，实体法的规定是形成或者确立证据规则的根据之一，在证明对象和举证责任的分配等方面，实体法的规定起了决定性的作用。然而证据规则总体上、本质上仍属于程序法的范畴，是程序法中一个相对独立的组成部分，它是当事人在诉讼中进行公平竞赛的规则。

二、证据规则的体系

证据规则是程序法中的相对独立的组成部分。证据规则的许多内容规定在程序法中，且本身就是程序法的规范。但作为程序法的一个特殊部分，证据规则又有自己的特殊性，是一个相对独立的规范体系。

英美法系国家大多在判例法中规定证据规则，而大陆法系国家一般在诉讼法中对证据进行规定，但是这并不意味着大陆法系国家忽略或者轻视证据规则。有的大陆法系国家是在诉讼法中专章对证据进行专门规定，有的则是将证据规则散落于各个诉讼程序的环节中规定，由此可见，证据规则可以分为实体性规定和程序性规定两部分，其中，"证据评价、心证形成、证据能力、证明力等为关于证据之实体规定部分；而证据之收集、证据之保全、证据之调查等为关于证据之程序规定部分"[1]现在无论是英美法系国家还是大陆法系国家，在证

---

〔1〕 黄朝义：《刑事证据法研究》，台湾元照出版公司2000年版，第6页。

据制度中"都有证据规则的限制，只是限制程度的大小存在差别而已，而且其中大部分规则各国是相同的"。[1]

证据规则的建立，主要是用来约束证据能力的，因此，证据规则在一定程度上也就是证据能力的限制规则。在英美法系国家，证据能力通常是由法律通过排除的方式，明确规定了没有证据能力的情形，除此以外的其他情况下则具有证据能力。关于证据能力的排除规则可以分为以下几种情形：

（1）法律明文规定排除的。包括：①非任意性自白排除规则；②传闻证据排除规则。

（2）性质上当然不应承认证据能力的。包括：①有关案件的意思表示的文书，也就是侦查机关的起诉意见书、检察机关的起诉书、辩护人的辩护词等不能作为证据使用；②意见、猜测、传说排除规则；③不具有关联性的证据不具有证据能力；④以无效的证据调查程序获得的证据没有证据能力。

（3）关于证据能力有无的问题，典型的就是非法证据排除规则。[2]

可见，证据规则在总体上是关于证据能力排除方面的规定，广义的证据规则就是关于证据能力的排除规则。

在证明力方面，许多国家一般实行自由心证，对裁判者关于证据价值的判定不作事先规定，对其内心确信法律也不作限制规定。但是，这方面也有例外，如单一口供不能定案规则或者说补强证据规则，规定只有被告人的口供不能认定其有罪，这就是对法官判定证明力时的约束。再如，我国司法解释规定的"书证的副本、复制件，物证的照片、录像，只有经与原件、原物核实无误或者经鉴定证明真实的，才具有与原件、原物同等的证明力"，即是非原始证据证明力受限制的规定，也是对证据证明力的约束。[3]

证据规则还包括确立有关司法证明的各种规则，司法证明作为一个动态的过程，要求司法裁判据以定案的事实，必须由当事人提供充分的证据证明和经过法院的确认。"刑事证据法不仅要对所有证据的证据能力作出严格的规范，而且还必须对控、辩双方的这种司法证明活动作出有效的约束；否则，控、辩双方就可能在举证、质证和辩论过程中出现混乱无序的现象，法庭也可能滥用其

---

〔1〕　刘善春、毕玉谦、郑旭：《诉讼证据规则研究》，中国法制出版社 2000 年版，第 19 页。

〔2〕　［日］土本武司：《日本刑事诉讼法要义》，董璠舆、宋英辉译，台湾五南图书出版公司 1997 年版，第 308~309 页。

〔3〕　最高人民法院《关于民事诉讼证据的若干规定》第 77 条规定"人民法院就数个证据对同一事实的证明力，可以依照下列原则认定……"，就是关于证据价值和效力的全面明确规定，与大多数国家证据规则对证据能力的限制相比，是不适宜的。

自由裁量权，以至于损害公平游戏规则。"[1]　因此，证据规则主要是对证明能力的认定规则，限制的是一项材料、物品在法律上的容许性，同时还包括关于司法证明过程的各项规则，但在证据证明力上则交由裁判者自由裁量，很少进行限制性规定。

当然，证据规则作为诉讼中的竞争规则，从动态上看，可以将证明程序分为取证程序、举证程序、质证程序和认证程序等几大步骤，在每项程序环节上都要奉行相应的证据规则，当然有些是存在一定交叉的，例如证人出庭问题，既涉及到传闻证据规则、意见证据规则，又涉及到交叉询问规则等，贯穿于证明程序的各个阶段。[2]

三、证据规则的意义

证据规则的意义或作用，主要表现为以下四个方面：

1. 证据规则有助于查明案件事实。现代诉讼普遍实行证据裁判主义，《日本刑事诉讼法》规定，"认定事实应当根据证据"，"犯罪事实应依证据认定之，无证据不得推定其犯罪事实"，证据裁判主义被认为是查明事实的最好理性方式。无论是刑事诉讼还是民事诉讼、行政诉讼，都依据证据来证明过去发生之事实，我国台湾地区学者黄朝义认为，"审判程序之核心部分，可谓系在于依证据而无误地认定事实"。[3]　许多证据规则是有助于事实真相之发现的，例如司法认知规则和推定规则直接确认了某项事实的存在。可以说，如果证据规则一旦完全丧失了发现真相的功能，那么它也就失去了正当性的基础。例如，传闻证据（hearsay evidence）[4] 排除规则就是为了避免证言经过多渠道传播而产生失真的可能性，通过促进证人作证、排除庭外陈述，从而达到发现事实真相的目的；意见证据规则是排除普通证人在耳闻目睹之外的主观意见，让其客观陈述，目的也是为了揭示真相；而对于品格证据排除规则，由于一个人以前的品行与以后事实的发生根本就没有关联性而丧失证据的资格；还有最佳证据规则、交叉询问规则都是发现真相、识别虚假的良好办法。因此，发现事实，确保证据的客观性，避免证据失真，不能不说是证据规则最大的贡献。

---

〔1〕　陈瑞华："从'证据学'走向'证据法学'——兼论刑事证据法的体系和功能"，载《法商研究》2006年第3期。

〔2〕　刘善春、毕玉谦、郑旭：《诉讼证据规则研究》，中国法制出版社2000年版，第56页。

〔3〕　黄朝义：《刑事证据法研究》，台湾元照出版公司2000年版，第5页。

〔4〕　美国《联邦证据规则》第801条（c）项规定："'传闻'是指除陈述者在审理或听证作证时所作陈述外的陈述，行为人提供它旨在用作证据来证明所主张事实的真实性。"传闻证据规则除保证证言的真实性之外，另一重要目的就是防止当事人被剥夺向原始陈述者交叉询问的机会。

　　然而，我们也要意识到，证据规则就如"双刃剑"，它在客观上具有一定的负面影响，在一定程度上又会制约事实真相的发现。例如证人特权规则，犯罪嫌疑人、被告人不被强迫自证其罪规则，其目的显然不是为了"发现真相"，而是为了维护特定的社会利益，按照这种证据规则运行，诉讼就相当于"障碍赛跑"，由此所得出的事实只能是一种"相对事实"、"法律事实"。同时，由于规则的复杂性，即使目的是为了确保"发现真实"的证据规则，由于确立了大量的例外，使其适用存在巨大的模糊性。例如，对于传闻证据规则，不仅确立了该规则的几十项例外，甚至又会产生"例外之例外"。

　　2. 证据规则增强了诉讼程序的可操作性，同时对裁判者自由裁量权的行使进行约束。证据规则作为限制证据能力和规范司法证明程序的规则，能够为裁判者提供细致、具体的操作规程，有效地解决案件事实问题。英美证据规则的发达主要与陪审团制度相关，鉴于陪审团成员不懂法律，需要在立法上对证据的资格，即哪些证据可以进入陪审团的视野作出明确限定，对于证据资格问题"不容许自由判断"，以期防止不可靠的证据进入审判、集中庭审焦点、确保认定案件事实的准确。

　　由于裁判者在证据的证明力问题上除了受补强证据等少数规则的约束以外，享有广泛的自由裁量权，并且对其裁断的结果不需要说明理由，这时如果法律对证据能力不作限定，将会使裁判者无所适从或者任意处置。因此，"对于各种证据的可采性以及司法证明的对象、责任分配和标准问题，证据规则必须作出明确的限制和规范；否则，法官在这些环节上就会有太大的处置权和自由解释空间，而这不仅会破坏法庭上的公平游戏规则，还会带来证据采纳和司法证明上的任意化和随机性问题，以致损害司法裁判的权威性和公信力。"[1]

　　3. 证据规则有助于保障人权和保护其他社会价值。证据规则并不是以查明事实真相为唯一目的，其具有多目的性。即证据规则除了具有发现事实的功能以外，还具有多项社会价值。证据规则的确立，是因为在查明案件事实与保护人权、诉讼文明、限制公权力恣意以及其他更为重要的社会价值的权衡中，于某些特定情况下，特别确认和保护人权和其他社会价值。因此，需要确立不同的证据规则，发挥一种政策导向作用，保护更为重要的社会利益。

　　我国台湾学者黄朝义认为，"证据之存在，一方面即使得以达成事实认定之重要功能"，而在另一方面，"在为证据之处理上对其予以法律上之规制也就变为事实认定时之重要课题"，或者说，"证据是否具有证据能力以及是否得以采

---

〔1〕　陈瑞华："从'证据学'走向'证据法学'——兼论刑事证据法的体系和功能"，载《法商研究》2006 年第 3 期。

用，原则上系借助于实体之正义（真实发现）与程序之正义（人权保障）两者之利益衡量而为价值判断"。[1] 例如，犯罪嫌疑人、被告人享有的不被强迫自证其罪的权利，其直接目的就是为了保障人权；对于非法证据排除规则和证据禁止理论，属于此类之证据即使拥有极高的证明力，但由于某种政策上的考量和对社会正义的维护而排除其作为证据的资格。这一程序性制裁机制倘能得到真正实施，将会有效地约束办案机关的行为，极大限度地限制刑讯逼供、威胁、引诱、欺骗等违法行为的发生。在此情况下，保证被告人供述任意性的需要远远超过了逼取口供发现事实的价值。再如关于作证特免权，对于重要的国家公务人员、律师、宗教人员、医师、牙科医师、助产士、护士、代办人、公证人，或者是一定的亲属之间免除作证的义务，其目的更是为了保护国家利益、特定的职业利益和一定的亲属关系。对于这些证据规则，在发现事实真相的意义上是无法解释的。毕竟，"当我们在保护一种社会利益的同时，不宜忽视其他利益的保障，还应照顾各种利益的均衡，也就是说，当我们维护一项社会正义的时候，还应考虑这同时会不会造成另一种不公正"，[2] 现代证据规则正是多元社会价值选择的结果。[3]

4. 证据规则能提高诉讼效率。诉讼案件必须合理的以尽可能迅速的方式解决，而证据规则的确立可以有效地控制审判的范围和时间。比如，美国联邦证据规则授权法官规范和组织法庭上纠纷审理的进行，该规则第 403 条允许法官排除那些本来具有可采性的证据，只是因为该证据的采用会花费过多的时间或者有可能误导陪审团。而美国联邦证据规则的第 601 条则授权法官控制证明的顺序和询问证人的方式。另外，该规则中关于推定和司法认知的规定也都具有有利于迅速结案的特点，由于推定和司法认知都属于无需证据证明的证明，是法院对事实进行的直接认定，减轻了当事人的举证责任，明确案件的争议要点，从而达到提高诉讼效率迅速结案的目的。

第二节　证据规则的分类

一、英美法系证据规则和大陆法系证据规则

根据证据规则存在法系的不同，可以将证据规则分为英美法系的证据规则

---

〔1〕　黄朝义：《刑事证据法研究》，台湾元照出版公司 2000 年版，第 228 页。

〔2〕　房保国："证人作证豁免权探析"，载《法律科学》2001 年第 4 期。

〔3〕　房保国："证人作证豁免权探析"，载《法律科学》2001 年第 4 期。

和大陆法系的证据规则。

英美法系证据规则，就是在英美法系国家规定并广泛适用的规则。虽然英美法系证据规则的内容十分庞大和复杂，但从制定目的来看，可将其分为三类：一是为了保证诉讼的顺利进行，对论辩的范围和方法所作的限制性规定；二是为了防止错误认定事实，对保证证据的真实性所作的措施性规定；三是为了保证诉讼的公正性，规定了禁止非法取证。大陆法系证据规则，就是在大陆法系国家规定并广泛适用的规则。在大陆法系证据制度中，证据规则的内容相对简化，它是以自由心证为中心和基本原则而建立的证据规则体系。

两大法系证据规则的差别主要表现在以下几个方面：①关于证据规则调整的对象，英美法系证据规则注重约束当事人双方的举证活动，而大陆法系证据规则重视调整法官"心证"的形成过程。②关于证据规则的主要内容，英美法系证据规则主要规定了所调查证据的容许性条件，即证据能力问题；而大陆法系证据规则主要规定了调查证据应遵从的程序性条件，即未经法定程序调查的证据不得作为定案的根据。③关于证据规则适用的时间，英美法系的证据规则大多适用于证据提交裁判者审查判断之前，目的在于防止裁判者接触不适当的证据材料而形成预判；而大陆法系证据规则主要适用于裁判者对证据形成"心证"的过程，其目的在于防止裁判者在对证据的评判过程中将未经法庭公开查证属实的证据作为认定案件事实的根据。

两大法系的证据规则存在区别的根本原因在于不同的诉讼模式，在英美法系的当事人主义诉讼模式之下，当事人的举证是其权利也是其责任，举证对诉讼结果有着决定性的意义，裁判者只能依据当事人提出的证据来认定事实。而在大陆法系的职权主义诉讼模式之下，调查证据是法官的职责之一，法官认定案件事实不仅仅依靠当事人提出的证据，真正对诉讼结果起决定性作用的是法官的证明活动。虽然两大法系在证据规则的建构上有所区别，但目的却是一样的，都是为了抑制评价和判断证据过程中不正当的心证的形成，进而保证诉讼结果的公正。

二、通用的证据规则和个别适用的证据规则

根据证据规则在民事、刑事和行政诉讼中是否普遍适用的不同，可以将证据规则分为通用的证据规则和个别适用的证据规则。

通用的证据规则，就是在三大诉讼中都普遍通用的证据规则，主要有最佳证据规则、一般举证规则、品格证据规则、质证证据规则和相似证据规则等。个别适用的证据规则，就是只在个别程序中适用的证据规则，主要有民事诉讼中适用的优势证据规则、行政诉讼中的被告举证规则和刑事诉讼中的排除合理怀疑规则及补强证据规则等。

三、成文法证据规则、判例法证据规则和习惯法证据规则

根据证据规则的表现形式不同，可以将证据规则分为成文法证据规则、判例法证据规则和习惯法证据规则。

成文法规则，是指以制定法的形式表现的证据规则，如诉讼法中有关证据的种类、调查收集和质证的规定；判例法证据规则，是指在司法判例中发生和发展起来的证据规则，英美法系国家的判例法是证据规则法典化以前的主要渊源；习惯法规则，是指在长期的司法实践中逐步发展起来的证据规则。

四、证据能力规则和证明行为规则

根据证据规则适用客体或范围的不同，可以将证据规则分为证据能力规则和证明行为规则。

证据能力规则，是指确认和调整证据的范围和资格的行为规则，即什么样的证据材料可以作为证据采纳，如非法证据排除规则、传闻证据排除规则、相关性规则、最佳证据规则等。证明行为规则，指主要规定在诉讼法中关于证据的制作、调查收集、审查判断和举证、质证的行为规范，如对证明标准、证明对象、举证责任及其分配等作的规范性规定。

五、证据本身的规则与运用证据的规则

根据证据规则设立目的的不同，可以将证据规则分为证据本身的规则与运用证据的规则。

证据本身的规则，是指关于证据的证据能力和证明力的规则。不具有证据能力的证据资料，不仅不能作为证据提出，更不能作为定案的依据。而对于证明力的判断，一般应当由法官根据案件的实际情况进行，不得由法律预先加以规定。有关证据证明力的规则包括相关性规则、传闻证据规则、最佳证据规则、意见证据规则、非法证据排除规则、不能仅凭口供定案规则和补强证据规则等。运用证据规则，是指诉讼各方在运用证据时必须遵守的规则，是一种动态的规则。它通常不是针对某一项证据本身，而是针对证据获得或者提出的过程、或者是针对运用证据的结果所作的规范。它规定了证据的收集、提出、审查、定案等内容，具体包括控方负举证责任、疑罪从无、证明标准、证人拒绝作证特权、令状主义、不得强迫自证其罪、证人证言须当庭质证、司法认知、司法推

定等。[1]

第三节 外国证据规则评介

一、外国主要证据规则介绍

（一）交叉询问规则

交叉询问（Cross‐examination）是英美法系国家在庭审时对证人的一种询问方式。首先由提出证据的一方对本方提出的证人进行"主询问"，然后由对方提出"诱导性"问题进行"交叉询问"，其目的在于揭示证人的偏见和不可信。交叉询问规则要求证人必须出庭作证并应进行宣誓。

交叉询问是当事人主义辩论式诉讼程序的主要内容，无论是控方还是辩方，都必须按照这种程序提出言词证据。即诉讼的任何一方提出证人到庭作证的，都需要由提出证人的一方当事人当庭对证人就待证事实进行连续的提问，由证人逐一回答，其回答仅限于问题所涉及的内容，而不能连续不断地陈述，问什么回答什么，不能超出提问范围陈述事实。提出证人一方当事人的询问称为"主询问"。之后，由对方当事人对该证人进行"反询问"，目的是就证人陈述的事实及有关问题作反驳性的发问，以发现证言的矛盾和不可信之处。之后，提出证人的一方又可以进行"再询问"，目的在于阐明该证人原先陈述的内容并对反询问中受到质疑的内容作补充解释，以增强证言的可信性。但是，所询问的范围只限于反询问中涉及的事项，对没有涉及的不能再作询问。一般而言，双方当事人询问的机会是均等的。

（二）最佳证据规则

最佳证据规则（Best Evidence Rules）是现代英美法系国家中关于文字材料可采性的一项重要的证据规则。关于其表述，因学者不同而有所不同，但其基本精神是以文件内容而不是以文件本身作为证据的一方当事人，必须提出文件内容的原始证据。最佳证据规则包含有三层含义：①原始文字材料是证明案件事实最真实的证据，即最佳证据。当事人应当向法官提出能够提供的原始文字材料作为证据。②法官应当采纳原始文字材料认定事实。③在具备法律规定的正当理由时，当事人可以不提供原始材料，法官也可以采纳非原始材料（非最佳证据）为证据。

现代意义上的最佳证据规则是"关于文书内容的证据可采性规则"。之所以

〔1〕 参见樊崇义主编：《证据法学》，法律出版社2003年版，第102～104页。

要确立最佳证据规则，主要原因有三：①防止发生错误与欺诈的需要。"盖文字或其他符号，如差之毫厘，其意义则可能失之千里；观察时之错误危险甚大，尤以当其在实质上对于视觉有所似时为然。因此之故，除提出文书之原本以供检阅外，于证明文书之内容时，诈伪及类似错误之机会自必甚多。"[1] ②对法官审核认定证据的行为进行必要规制。③有利于指导当事人按照证据规则来收集证据，减少诉讼耗费、节约诉讼资源。

（三）意见证据规则

意见规则（Opinion Evidence）是规范证人作证范围的证据规则。意见证据规则是指，证人只能陈述自己亲身感受和经历的事实，不得陈述对该事实的意见或者结论。

在英美证据法上，作为一般原则，证人只应就其曾经亲身感知的事实提供证言，而不得就这些事实进行推论。意见规则以否定性形式表达了此项要求。意见规则的基本内容是，证人有关事实的意见、信念或据此进行的推论，为证明所信事实或推论事实为真，一般不具有可采性。当然，意见规则也有若干例外规定，主要包括专家证人例外规则和一般证人例外规则。专家意见可以采纳是意见规则最重要的例外。所谓专家，是指具有专业知识、特长或者相关技能的人，专家不限于通常所说的专业人士，还包括具有特长或者某一方面技能的人。由于在英美国家，任何具有专门知识的人都是专家，都可以在法庭上就其专门知识领域中的问题提出专家意见。因此，在诉讼中，当某证人被作为专家证人提出时，该证人就实质问题作证之前，一般应当通过一个所谓的"证人资格"认定程序，即由对方律师（或本方律师）就该证人接受专业训练或获得专门技能等相关问题提问，以揭示其专门知识之有无，确认其专家证人的资格。意见规则的另一个例外是对普通证人的例外事项。对于普通证人的意见，如果明显不是以其亲身体验的事实为基础作出的，应予排除。但是，如果该意见是以其亲身体验的事实为基础而作出的，判例法上则形成了许多例外。这些例外中，大多数属于几乎不可能以其他方式表达的"速记性"证言。具体而言，有以下几种：①尝和闻的问题，如"闻起来像火药味"；②车辆的速度，如"他开得非常快"；③声音、笔迹的辨认，如"是他的声音"；④证人自己的意图，如"我正打算过马路"；⑤另一个人的情感或状态，如"他醉醺醺地，喝了好多酒"，"他看上去很紧张"。近年来，随着对借口所作证言为意见证言而中断证人陈述之弊端的认识，普通证人意见证言的可采性也有所放开。美国埃德华州最高法院曾宣称："只须意见证言为适当，证人得就其受询问之事实，关于其可能

[1] [美] 摩根：《证据法之基本问题》，李学灯译，台湾地区"教育部" 1982年版，第385页。

性，或然率，或精确性，表示其意见，此种答复并非侵犯或僭越陪审团之职权，纵涉及陪审团应决定之主要事实亦然。"当然，对于罪与非罪等重大的最终性问题，证人仍然不得表达自己的意见。

（四）相关性规则

相关性规则（Rule of Relevancy），又称关联性规则，是指只有与本案有关的事实材料才能作为证据使用，它是英美法系的一项基础性证据规则，不具相关性的证据不具可采性。[1] 所谓相关性，一般是指证据必须与案件事实有关，从而具有能够证明案件待证事实的作用。相关性规则的意义在于明确本案的证据范围，避免当事人在不相关的问题上花费时间，而且要求执法人员在调查收集证据时，应当限于与本案有关的证据材料；在审查判断证据时，应当注意及时排除与本案无关的证据材料。

英美证据法还专门对一些证据的关联性作了限定，以防止此类证据被不适当地使用。比如美国联邦证据法就对下述证据的关联性作了规定：

1. 品格证据。品格证据的一般规则是一个人的品格或者品格特征的证据在证明这个人于特定环境下实施了与此品格一致的行为问题上不具有关联性。但是，如果被告首先提出了关于其品格或被害人品格的证据，那么控诉方提出的反驳被告的品格证据则具有可采性。例如，在刑事案件中，如果被告提出其品格端正来说明其不可能实施指控的罪行，那么起诉方亦可以提出有关被告品行不良的事实，作为证据反驳被告。

2. 类似行为。关于相似犯罪、错误或行为的证据不能用来证明某人的品格以说明其行为的一贯性，即"一次为盗，终生为贼"的逻辑是不成立的。例如，某人5年前曾多次实施强奸犯罪，对目前的强奸指控来说不具有关联性。然而，上述证据可以用来证明动机、机会、意图、预备、计划、知识、身份或缺乏过失或意外事件等其他目的。

3. 特定的诉讼行为。下列诉讼行为在民事和刑事诉讼中一般不得作为不利于被告的证据采纳：①曾作有罪答辩，后来又撤回；②作不愿辩解又不承认有罪的答辩；③在根据《联邦刑事诉讼规则》第11条或类似的州程序进行的诉讼中作出以上答辩的陈述；④在答辩讨论中对代表控诉方的律师所作的陈述，该答辩讨论并未产生被告作有罪答辩的结果，或者被告有罪答辩后又撤回。但是，作为例外，上述行为用于证明被告作伪证时，或者与其同时产生的其他陈述已被提交法庭时，可以采纳为证据。

4. 特定的事实行为。关于事件发生后某人实施补救措施的事实，关于支

---

[1]　参见宋英辉、吴宏耀："相关性规则——外国证据规则系列之二"，载《人民检察》2001年第4期。

付、表示或允诺支付因伤害而引起的医疗、住院或类似费用的事实，关于某人曾经或者没有进行责任保险的事实，和解或要求和解而实施的特定行为，一般情况下不得作为行为人对该事实负有责任的证据加以采用。但符合法定例外情形的除外。

5. 被害人的品格。在过去很长的一段时期里，在性犯罪案件中，关于被害人过去性行为方面的名声或评价的证据是可以采纳的。因而，被害人在诉讼中往往被迫回答来自辩护律师的令人窘迫的贬低性盘问。随着美国女权运动的开展，国会和各州的立法机关开始限制在性犯罪案件中使用以前性行为的证据。

（五）传闻证据规则

传闻证据规则（the Hearsay Rule），是指除非法律另有规定，传闻证据不得采纳。即原则上如无法定理由，所有证人在庭审或庭审准备期日外所作的陈述不得作为证据使用。据此，除非法律另有规定，间接转述他人亲身感知经历的陈述以及代替亲自陈述的书面记录均不得作为法庭证明的证据提交法庭进行调查质证；已经在法庭出示的，不得提交陪审团作为评议的根据。[1] 但是，传闻证据的排除在英美法系国家并不是绝对的，有时也有例外。在许多情况下，如果绝对排除传闻证据，则有可能导致相当一部分案件的真相根本无法查明，或者查明真相的成本过大，造成诉讼拖延，甚至可能妨碍查明事实真相，有违设立传闻法则的初衷。因此英美法系国家在坚持传闻证据排除规则的同时又规定了许多例外。

大陆法系国家借鉴传闻证据规则的合理内核，在要求亲身感知事实的证人必须当庭提供证言的同时，对符合特定条件的在之前程序中制作的笔录，也规定了必要的例外。总之，随着现代社会动态性的不断增强，要求所有相关的证人都出庭作证已经不太可能；而另一方面，在相关制度或科技的保障下，文件的真实性也确实在不断提高。因此，在此社会大背景下，传闻证据应予排除的一般法则有着愈加松动的趋势。但是，在英美法系国家的司法实践中，传闻证据的采用主要表现在"书证"类传闻；至于具有亲身感知经验的人，当庭提供证言仍然是十分普遍的现象。因此，所谓传闻规则适用上的宽松化趋势，与其说是对传闻规则的否定，毋宁说是对过去极端做法的一种缓解或修正。

（六）特权规则

特权规则（Privilege of Witness），是指即使证人具备了作证的适格性与可强迫作证性，只要他符合法定的条件，就能以此为依据拒绝就特定的案件事实提

---

〔1〕　参见宋英辉、吴宏耀："传闻证据排除规则——外国证据规则系列之三"，载《人民检察》2001 年第 6 期。

供口头的或书面的证据。特权规则主要适用于以下情况：其一是配偶的特权，包括拒绝提供不利于对方的证明权和夫妻间谈话的保密权。其二是当事人与律师谈话的保密权。其三是患者与医生间的谈话保密的特权，但以合法目的为限。其四是忏悔者与牧师间的谈话保密的特权。其五是公民享有不得自证其罪的特权。其六是政府官员享有公务特权，有权拒绝提供可能泄露国家机密或者官方情报危险的证据。

确立特权规则的目的主要是为了寻求社会价值的平衡，在日益进步和民主的现代社会，人们的主体观念、权利观念、平等观念在不断地得到加强并逐渐深入人心，因而打击和惩治犯罪就不能不择手段地进行，而必须认可和维护其他社会关系和群体利益的存在，比如家庭亲情、特殊职业的职业道德以及个人隐私等。因此，为捍卫这种社会关系而不惜失去与案件结局关系重大的情报，就是特权规则存在的一个基本理由。

特权规则是可以放弃的，并且也存在例外，如夫妻间的特权不适用于一方配偶或者子女为另一方配偶犯罪行为的被害人的情形，夫妻双方互殴、夫妻密谋实施犯罪或者殴打子女等情况下，其特权资格也将因此消失。

（七）非法证据排除规则

非法证据排除规则（Exclusionary Rule of Illegally Obtained Evidence），是指在刑事诉讼中，对非法取得供述与非法实施的搜查、扣押所取得的证据应当依法予以排除，不得作为证据采纳的统称。

对于非法证据排除规则，各国的做法与态度有别，英国采用法官权衡原则，即对非法证据是否排除，规定如果证据的采纳将对审判产生不公正的影响，那么法官应行使裁量权将其排除。法国、德国一般采取对非法取得的口供和实物证据区别对待的原则。只有美国的态度最严厉，规定对非法证据一般予以排除，除非法律规定的极个别情况下的"例外"。现代社会，任何国家都禁止以违反法律的方式获取证据，然而对非法获得的证据能否取得证据能力，成为定案根据，却既有共识又有不同的意见和相异的处置。美国是当今世界注重正当程序而排除非法搜查和扣押最为彻底的国家。在英国，对是否采纳非法搜查、扣押获取的证据，由法官自由裁量，形成了自由裁量的排除法则。依据该法则，法官可以根据案件的具体情况，通过对证据证明价值与其对诉讼公正性产生的影响加以权衡，决定是否排除该项证据。大陆法系国家总体上来讲，对非法搜查、扣押证据的排除持谨慎态度。他们并非一味地排斥违法取得的物证，而是一定程度上赋予法官对证据取舍的自由裁量权或者确认在一定条件下排除其可采性。总的来看，排除违法物证并未在这些国家形成一个确定的证据规则。

（八）自白任意性规则

自白任意性规则（Confession Illegally Obtained），也可以称为非任意自白排除规则，是指英美法系国家和大陆法系国家以无罪推定原则为基础，赋予犯罪嫌疑人、被告人沉默权和反对强迫自证其罪的特权。根据该规则，犯罪嫌疑人、被告人的口供要取得作为指控证据的资格，必须建立在该口供的获得是基于被告人真实自愿的基础上，否则不具有证据资格。

非法任意自白排除规则存在的主要理论根据有四个方面：其一，反对强迫自我归罪的价值理念。由这一价值观念，西方发展出"沉默权"制度，即犯罪嫌疑人和被告人对警察、检察官和法官的询问享有沉默的权利，根据这一权利，只有嫌疑人自动放弃沉默权作出的供述才是合法和有效的。其二，鼓励正当的警察行为。要求对那些即使有正当理由被怀疑从事了犯罪行为的人，也应当以合理和文明的方式对待，而不应使用不适当的审讯方法。其三，认为这一规则有利于在刑事诉讼中维持控辩双方适当的平衡，而强迫供述必然打破这种平衡。其四，是防止判决受到不可靠的强迫性口供的影响。西方比较普遍的对被告非自愿口供的真实性持怀疑态度，因此反对将其用作证据。

值得注意的是，违反任意性规则的情况并非只有刑讯逼供等极端方式，它还包括所谓"内在性逼迫环境"以及"间接性强迫影响"等。前者如辱骂、恐吓、长时间的审讯、未依法及时将嫌疑人交司法官员、未告知嫌疑人的合法权利或禁止其行使这些权利（如会见律师等）等。后者如许诺不予起诉或放弃指控从而骗取被告供述等。这些做法由于违反了自白任意性规则，所获口供原则上不能作为证据使用。

（九）补强规则

补强规则（Corrobratiave Evidence），是指为了保护犯罪嫌疑人、被告人的权利，防止对案件事实的误认，对于犯罪嫌疑人、被告人自白以外的其他供述要求有其他证据予以证实，才能作为定案依据的规则。

现代当事人主义的证据规则对于何种资料可以作为证据，即何种资料有证据能力，设有详细的规定；而对于各种证据的证明力如何，则很少硬性规定。英美法比较注重证据的个别衡量，其判断证据的一般原则是：证明犯罪事实须使审判者的确信达到排除合理怀疑的程度。至于何种证据可以导致这样强烈的内心确信则没有什么限制。这一原则一直到现代都没有什么变化，只是为了保障被告利益，就特殊重大的案件，以及某些证明力显然薄弱的证据，仍要求有法定证据或者补强证据。[1]

---

[1] 参见宋英辉、魏晓娜："自白规则——外国证据规则系列之五"，载《人民检察》2001年第8期。

第四节　我国证据规则的现状与完善

一、我国证据规则的现状

我国没有专门的证据法和明确的证据规则，只是在诉讼法内以专章对证据制度的有关内容作出规定，虽然其内容包含有规制诉讼证明活动的证据规则，但与英美法系国家相比，简直可以用简陋来概括。我国的诉讼法就证据的证明力判断应当由谁来进行，是否由判断者自由判断、何种证据具有证明力等没有进行明确的规定。应当说，我国的证据制度既不同于英美法系证据制度，也不同于大陆法系自由心证的证据制度。其不同于英美法系证据制度之处在于，法律并没有规定详细的证据规则，对证据能力（证据的可采性）几乎没有限制；其不同于自由心证证据制度之处在于，法律并没有明确赋予证据的判断者自由判断证据证明力的权力，在学理上一般认为我国并不实行自由心证的证据制度，认为自由心证制度是以主观唯心主义为思想基础，以"内心确信"这种理性状态作为判断证据的依据是违背客观规律的，因而具有反科学性。虽然我国证据制度的理论基础与自由心证证据制度不同，但仍然属于自由证明的范畴，即对证据证明力的判断是由判断者自由判断的。理由是，我国《刑事诉讼法》并没有就证据的证明力如何判断作出具体的规定。究其原因，大概是与我国传统上受大陆法系影响比较深，职权主义色彩比较浓厚等因素有关，与我国古代法律甚少规定证据证明能力和证明力的传统，由法官主观决断的诉讼方式也有着一定的继承关系。

尽管如此，我国的诉讼法和相关司法解释也规定了一些有关证据能力和证明力的规则。概括而言，我国现行证据规则呈现以下特点：

1. 在立法形式上，法典与司法解释并存。我国证据规则的法律渊源包括各诉讼法典，最高人民法院的司法解释、最高人民检察院的适用意见等多种形式。

2. 在规则形式上，多种类型的证据规则并存。包括：

（1）规范证据能力的规则。例如，1998 年 9 月 8 日起施行的最高人民法院《关于执行〈中华人民共和国刑事诉讼法〉若干问题的解释》第61条规定："严禁以非法的方法收集证据。凡经查证确实属于采用刑讯逼供或威胁、引诱、欺骗等非法的方法取得的证人证言、被害人陈述、被告人供述，不能作为定案的根据。"

（2）规范证明力的规则。例如，1998 年 7 月 11 日起施行的最高人民法院《关于民事经济审判方式改革问题的若干规定》第 27 条规定："判断数个证据的效力应当注意以下几种情况：①物证、历史档案、鉴定结论、勘验笔录或者经过公证、登记的书证，其证明力一般高于其他书证、视听资料和证人证言。②证人提供的对与其有亲属关系或者其他密切关系的一方当事人有利的证言，其证明力低于其他证人证言。③原始证据的证明力大于传来证据。④对证人的智力状况、品德、知识、经验、法律意识和专业技能等进行综合分析。"

（3）规范证据形式的规则。例如，我国《民事诉讼法》第 63 条、《刑事诉讼法》第 42 条、《行政诉讼法》第 31 条关于证据种类的规定，从证据形式的角度对允许进行调查的证据范围予以限制。

（4）规范定案根据的证据的规则。例如，《民事诉讼法》第 63 条第 2 款规定，证据必须查证属实，才能作为认定事实的根据。又如 1998 年 9 月 8 日起施行的最高人民法院《关于执行〈中华人民共和国刑事诉讼法〉若干问题的解释》第 58 条规定："证据必须经过当庭出示、辨认、质证等法庭调查程序查证属实，否则不能作为定案的根据。对于出庭作证的证人，必须在法庭上经过公诉人、被害人和被告人、辩护人等双方询问、质证，其证言经过审查确实的，才能作为定案的根据；未出庭证人的证言宣读后经当庭查证属实的，可以作为定案的根据。"

（5）规范证据收集方法的规则。例如，《刑事诉讼法》第 43 条规定"严禁刑讯逼供和以威胁、引诱、欺骗以及其他非法的方法收集证据"。

（6）规范证据审查程序的规则。例如《刑事诉讼法》中规定的质证的程序等。

3. 证据规则的内容过于粗疏，体系不完整。我国立法对证据规则的规定，散见于诉讼法关于证据规范和程序的规定之中，缺乏系统性、完整性。而最近几年虽然屡有司法解释规定了证据规则，但没有形成完整的、内在体系协调的证据规则。[1]

二、我国现行证据规则的内容

依据我国现行立法和司法解释，我国的证据规则主要有以下几种：

（一）关于证据能力的规则

1. 部分的非法证据排除规则。最高人民法院《关于执行〈中华人民共和国刑事诉讼法〉若干问题的解释》第 61 条明确规定："严禁以非法的方法收集证据。凡经查证确实属于采用刑讯逼供或者威胁、引诱、欺骗等非法的方法取得的证人证言、被害人陈述、被告人供述，不能作为定案的根据。"《人民检察院

---

[1]　参见卞建林：《证据法学》，中国政法大学出版社 2007 年版，第 368～369 页。

刑事诉讼规则》第265条第1款规定："严禁以非法的方法收集证据。以刑讯逼供或者威胁、引诱、欺骗等非法的方法收集的犯罪嫌疑人供述、被害人陈述、证人证言，不能作为指控犯罪的根据。"这一规定实际上是采纳了非法获得的言词证据不具有可采性的规则，由此可见，我国在刑事诉讼中已初步确立了非法证据排除规则。

根据先取证后处理的行政法原则，《行政诉讼法》对被告方的取证时间作了限制性的规定。因而，在行政诉讼中，证据的合法性表现在要求被告方收集证据的时间必须合乎法律的规定。我国《行政诉讼法》第33条规定："在诉讼过程中，被告不得自行向原告和证人收集证据。"最高人民法院《关于执行〈中华人民共和国行政诉讼法〉若干问题的解释》第30条规定，被告及其诉讼代理人在做出具体行政行为后自行收集的证据，不能作为认定被诉具体行政行为合法的依据。最高人民法院《关于行政诉讼证据若干问题的规定》第57条规定，下列证据材料不能作为定案依据：严重违反法定程序收集的证据材料；以偷拍、偷录、窃听等手段获取侵害他人合法权益的证据材料；以利诱、欺诈、胁迫、暴力等不正当手段获取的证据材料；当事人无正当理由超出举证期限提供的证据材料；在中华人民共和国领域以外或者在中华人民共和国香港特别行政区、澳门特别行政区和台湾地区形成的未办理法定证明手续的证据材料；当事人无正当理由拒不提供原件、原物，又无其他证据印证，且对方当事人不予认可的证据的复制件或者复制品；被当事人或者他人进行技术处理而无法辨明真伪的证据材料；不能正确表达意志的证人提供的证言；不具备合法性和真实性的其他证据材料。该规定第58条还规定，以违反法律禁止性规定或者侵犯他人合法权益的方法取得的证据，不能作为认定案件事实的依据。

目前对于非法取得的言词证据（包括犯罪嫌疑人供述、被害人陈述、证人证言）应当排除，各国的认识基本是一致的，我国也不例外。但对于非法取得的实物证据应如何处理却分歧很大。从外国来看，美国采取了较严格的排斥法，他们认为非法证据一般都应排除，不能作为证据采信，但也设置了"最终和必然发现的例外"、"善意例外"等例外情形，缩小了非法证据的范围；英国虽同属英美法系，但对非法物证原则上不予排除，将自由裁量权赋予法官。德国刑事诉讼法对非法获取的物证的证据效力没有涉及，但对侵犯人的尊严和人格自由取得的证据予以禁用，但对重大犯罪，则前者应当让步。日本对于非法获得的物证的排除要求较为严格，如果不是因"重大违法"所获得的物证，或者当事人无异议的，一般都可采信，只有因"重大违法"所获得的物证，才可以排除。

结合我国实际，我们认为，目前我国非法取证（包括物证和书证）的情况比较突出，因此应确定非法物证、书证排除的基本原则，以进一步规范执法行为，限制并力求杜绝非法取证行为。但基于追诉犯罪的需要，我国的非法物证、书证排除规则应具有一定的灵活性，不能仅因轻微违法行为就彻底排除物证、书证的使用，否则很可能造成放纵犯罪的情形。因此可以考虑对以明显违法，情节严重的非法行为获得的证据，基于利益平衡原则考虑排除其证明力；对轻微违法行为取得的证据，经查证属实或者重新取证，且该证据与犯罪事实有密切联系时可以采信。

具体来说，可以在排除非法物证、书证思想确立的前提下，从制度和立法上做以下的设计：①对取证过程中有轻微违法行为的，可以依法重新取证，或者补办合法手续，按照法定程序和方法重新取证；②对取证过程中有重大违法行为的，取得的非法证据一律排除，法庭不得采信。对重大违法行为的判断，可以界定为：首先，非法取证行为是应受到法律处罚或受到行政处罚的行为；其次，手段恶劣、后果严重、影响较大的非法取证行为，如以暴力、胁迫方法强行侵入民宅搜查或强行搜查人身的行为，损坏财产、伤害人身的搜查行为等；最后，排除非法证据有危及国家安全之虞，或对社会重大公共安全存在威胁的重大犯罪应作为例外情形处理。例外情形的认定由法官自由裁量。

2. 最佳证据规则和物证必须是原物的规则。最高人民法院《关于执行〈中华人民共和国刑事诉讼法〉若干问题的解释》第53条规定："收集、调取的书证应当是原件。只有在取得原件确有困难时，才可以是副本或者复制件。收集、调取的物证应当是原物。只有在原物不便搬运、不易保存或者依法应当返还被害人时，才可以拍摄足以反映原物外形或者内容的照片、录像。"最高人民法院《关于民事诉讼证据的若干规定》第10条规定，当事人向人民法院提供证据应当提供原件或者原物。如需自己保存证据原件、原物或者提供原件、原物有困难的，可以提供经人民法院核对无异的复制件或者复制品。

按照法学理论界通说，最佳证据规则适用于书证，是指原始文字材料的效力优于复制件，因而是"最佳证据"。随着复制技术、计算机技术等现代科技的不断发展，这一原则也发生了一些变化，在法律规定的一些例外情况下，复制件的效力等同于原件。最高人民法院《关于执行〈中华人民共和国刑事诉讼法〉若干问题的解释》第53条规定："收集、调取的书证应当是原件。只有在取得原件确有困难时，才可以是副本或者复制件。收集、调取的物证应当是原物。只有在原物不便搬运、不易保存或者依法应当返还被害人时，才可以拍摄足以反映原物外形或内容的照片、录像。"这表明我国刑事诉讼法律所规定的最佳证据规则是有变通的最佳证据规则，而且不仅适用于书证，也适用于物证。应该说这一规定是符合我国的国情的。根据这一规则，书证、物证原则上应采用原件和原物，只有在特殊情况下才可以采用副本、复制件和照片、录像，但在司法实践中这一规则的执行情况还很不理想。目前司法实践中最佳证据意识还不强，绝大多数书证都是复制件，而原物移送的情况极少，且原件、原物的保管也存在很多不规范的情形，甚至有些原件、原物发生了遗失现象，这不利于证据的充分展示，不利于证明案件事实。

（二）关于证明力的规则

1. 补强证据规则。《刑事诉讼法》第46条规定："只有被告人供述，没有其他证据的，不能认定被告人有罪和处以刑罚。"最高人民法院《关于民事诉讼证据的若干规定》第69条也规定，下列证据不能单独作为认定案件事实的依据：①未成年人所作的与其年龄和智力状况不相当的证言；②与一方当事人或其代理人有利害关系的证人出具的证言；③存有疑点的视听资料；④无法与原件、原物核对的复印件、复制品；⑤无正当理由未能出庭作证的证人证言。

口供补强规则，是适用于口供的一项证据规则。现代各国刑事证据法基于自由心证原则，只是对证据的可采性作出某些限制（如排除传闻证据、排除非任意性口供等），对证据的证明力，则不作更多的限制，而是交由法官自由判断。但对口供则有某些例外，许多国家限制口供的证明能力，不承认其对案件事实的独立和完全的证明力，禁止以被告人口供作为有罪判决的唯一依据，而要求提供其他证据予以"补强"。在英美法系当事人主义刑事诉讼中，由于重视诉讼当事人的意愿和自决权利，如果被告人在法官面前自愿作出有罪供述，法官可径行作出有罪判决，不要求提供其他证据予以补强。只有对审判庭外的自白鉴于对被告人身心进行强制的可能性大，其信用性较低，因而须有补强证据担保其真实性。

从我国的立法来看，《刑事诉讼法》第46条的规定要求对被告人的有罪供述必须要有其他证据作补强证明，从而确认了对口供的补强规则。应该说，我国确立口供证据补强规则作为自由判断证据原则的例外，符合我国《刑事诉讼法》追求客观真实的价值取向，有利于刑事诉讼的正确实施。理由主要有二：一是有利于防止偏重口供的倾向。由于真实的口供具有极强的证明力，如果允许口供作为定案的唯一根据，势必使侦查、审判人员过分依赖口供，甚至不惜以非法手段获取，以至侵犯嫌疑人和被告人的人权。二是可以担保口供的真实性，避免以虚假供述导致误判。由于口供可能因种种原因而存在虚假的可能性，因此为了防止基于虚假口供作出错误判决，确立补强规则是完全必要的。

然而口供补强规则在司法实践中暴露出一个很重要、很现实的问题，就是在共同犯罪中，共犯的口供能否作为补强证据。对此问题，目前我国法学界主要存在四种观点：①肯定说。认为共同被告人的供述可以互相印证，在供述一致的情况下，可以对一致的部分予以定案。②否定说。认为共同被告人的供述仍然是"被告人供述"，同样具有真实性和虚伪性并存的特点，应受《刑事诉讼法》第 46 条的制约，适用证据补强规则。③区别说。认为同案处理的共犯的供述均应视为"被告人供述"，适用补强规则。但不同案处理的共犯，可以互作证人，不适用补强规则。④折衷说。认为共同被告人供述一致，在符合一定条件的情况下，可以认定被告人有罪和处以刑罚。这些条件是：共同被告人之间无串供可能；排除了以指供、诱供、刑讯逼供等非法手段获取口供的情况等。

我们认为，结合我国的司法实践，应采用折衷说，因为我国目前的刑事侦查水平还比较落后，存在对案件的破获主要依靠口供的客观现状，如果一概否认共犯口供的补强作用，不利于对犯罪的打击，也不符合我国的实际情况。但如不加分析地一概承认其相互证明作用，又不利于制约因口供存在虚假性而发生的误判。

2. 原始证据优先规则。在刑事诉讼中，根据最高人民法院《关于执行〈中华人民共和国刑事诉讼法〉若干问题的解释》的规定，收集、调取的书证应当是原件，只有在取得原件有困难时，才可以是副本或者是复制件。收集、调取的物证应当是原物，只有在原物不便搬运、不易保存或者依法应当返还被害人时，才可以拍摄足以反映原物外形或者内容的照片、录像。书证的副本、物证的照片、录像，只有经与原件、原物核实无误后或者经鉴定证明真伪后，才具有与原件、原物同等的证明力。

我国《民事诉讼法》第 68 条规定，书证应当提交原件。物证应当提交原物。提交原件、原物有困难的，可以提交复制品、照片、副本、节录本。据此，在诉讼活动中，当事人以提交原件或者原物为原则，提交复制品为例外。最高人民法院《关于民事诉讼证据的若干规定》第 20～22 条也作了类似的规定。

3. 证据的证明力确定规则。最高人民法院《关于行政诉讼证据若干问题的规定》第 63 条规定，证明同一事实的数个证据，其证明效力一般可以按照下列情形分别认定：①国家机关以及其他职能部门依职权制作的公文文书优于其他书证；②鉴定结论、现场笔录、勘验笔录、档案材料以及经过公证或者登记的书证优于其他书证、视听资料和证人证言；③原件、原物优于复制件、复制品；④法定鉴定部门的鉴定结论优于其他鉴定部门的鉴定结论；⑤法庭主持勘验所制作的勘验笔录优于其他部门主持勘验所制作的勘验笔录；⑥原始证据优于传来证据；⑦其他证人证言优于与当事人有亲属关系或者其他密切关系的证人提供的对该当事人有利的证言；⑧出庭作证的证人证言优于未出庭作证的证人证言；⑨数个种类不同、内容一致的证据优于一个孤立的证据。第 64 条规定，以有形载体固定或者显示的电子数据交换、电子邮件以及其他数据资料，其制作

第二十三章

情况和真实性经对方当事人确认，或者以公证等其他有效方式予以证明的，与原件具有同等的证明效力。同样，最高人民法院《关于民事诉讼证据的若干规定》第77条也规定，人民法院就数个证据对同一事实的证明力，可以依照下列原则认定：①国家机关、社会团体依职权制作的公文书证的证明力一般大于其他书证；②物证、档案、鉴定结论、勘验笔录或者经过公证、登记的书证，其证明力一般大于其他书证、视听资料和证人证言；③原始证据的证明力一般大于传来证据；④直接证据的证明力一般大于间接证据；⑤证人提供的对与其有亲属或者其他密切关系的当事人有利的证言，其证明力一般小于其他证人证言。

三、完善我国证据规则的必要性

除了以上由法律或司法解释明确规定的证据规则以外，学理上还有其他的一些证据规则，如举证责任由控方承担、疑罪从无等。可以看出，我国目前的证据制度是以审理者自由判断为主、以证据规则的限制为辅的证据制度。因此，我们的证据规则有必要进一步完善。

1. 完全地实行自由证明是有缺陷的。对于自由心证的批判，我国法学界已经进行了数十年，现在的学者们仍然认为"这种判断如果是司法官根据所谓'理性与良心'作内心求证，势必陷入主观臆断"，"……自由心证证据制度，授予司法机关以主观妄断之权，它不是一种科学的证据制度，既不能防止法官的专横，也不能保证查明案件的真实情况"。即便是日本、我国台湾地区这种实行自由心证历史较长的国家和地区也已经认识到不受限制的自由证明是不利于案件的查明和诉讼价值的实现的，从而对其证据制度进行改革。我国的证据制度对证据的可采性和证明力的判断都较少规定，不免会使法官判断证据的自由裁量权过大，甚至会导致"衡证无方"。即使法官个人愿意遵循某种规则判断案件，由于法律没有规定这些规则，法官也无法排除他认为应当排除的证据，因为他这样做没有法律根据；控辩双方也没有办法主张某一种证据应当排除或者某一种证据应当认定，同样是因为法律对这些问题并没有规定。因此，对法官采纳证据和判断证据不加以任何限制，是不利于刑事诉讼目的的实现的，既无法查明案件的事实，也不利于保护被告人的权利。赋予法官自由判断证据的权力实际上是把案件能否得到正确处理寄希望于法官恪尽职守、学识渊博、道德高尚。对于这种危险，有学者作过如下的论述："司法者也是有其自己利益追求的社会成员，对刑事诉讼标的——犯罪事实的认定以及犯罪行为与刑事规范相关性的判断难免不受其自身认识水平与行为能力的制约，甚至受到其自身利益的影响。如果司法者认知能力与行为能力的局限乃至个人利益影响或者决定着刑事诉讼活动的进程和结果，刑事诉讼就会以无辜者的人权为代价，刑事诉讼也就失去了意义。实现刑罚目的，维护法律的社会基础，但刑事诉讼活动中可能的权力运作错误乃至滥用又可能危害法律的社会基础，这是刑事诉讼中的价值冲突。因此，需要对刑事诉讼规定一系列的原则和具体的操作规范，使司法者认知能力与行为能力的局限乃至个人利益对刑事诉讼的影响减少到最低限度乃至消除，以保证国家追究行为人刑事责任行为的正确性与公正性。"[1]

2. 明确规定证据规则是我国刑事诉讼制度吸收英美法系当事人主义的必然结果。1979年的《刑事诉讼法》偏重于职权主义，强调法官在诉讼中的主导地位，法官可以依职权查明案件事实，证明的范围、举证的次序都是由法官决定的，控辩双方都是在法官的指挥下提出证据，在诉讼中处于被动地位，控辩双方的举证活动是法官调查证据活动的补充。在这种情况下，不规定证据规则，由法官来决定可以作为证据提出的资料的范围、证据的可采性、证明力的强弱，问题并不是很突出。正如陈朴生先生论述的那样："英美法采彻底的当事人主义，重在证据能力，即证据之许容性，凡未经赋予当事人反对发问机会之资料，不得采为认定犯罪事实之证据，与大陆法系职权主义，重在调查程序，未经判决法院调查之证据，不得采用。"[2] 也就是说，英美法系当事人主义重视证据的可采性问题，而大陆法系重视法院的调查程序，因此在大陆法系国家的刑事诉讼法中传统上并不规定证据可采性规则，证据的可采性问题和证明力问题都交给法官自由判断。

我国1996年修改的《刑事诉讼法》，在很大程度上改变了原《刑事诉讼法》中职权主义的做法，借鉴了当事人主义的某些做法，使新的刑事诉讼程序成为以职权主义传统为基调，吸收当事人主义对抗制因素的诉讼模式。庭审中，控辩双方的对抗力度得以加强，举证由控辩双方进行，法官只在必要时讯问被告人，询问证人、鉴定人，只有在对证据有疑问时才主动调查核实证据。这样，在法庭调查中，就不可避免地涉及到控辩双方提出的证据是否具有相关性和可采性的问题，如果完全不加以限制，就有可能使庭审调查的范围无限扩大，事实争议的焦点模糊不清。不具有可采性的证据如果不加以排除，就有可能影响裁判的正确性。如果这些问题都交由法官在法庭上自由裁量，则控辩双方对何种证据可以提出、对方的哪些证据可以反对就无从知晓，不利于诉讼的顺利进行。因此，必须在法律上明确规定证据的关联性和可采性规则，使庭审的进行有规可循，限制举证和辩论的范围。

3. 确立证据规则是排除可能不真实的证据的需要。英美法的证据规则中有

---

[1] 王洪祥、欧阳春："刑事诉讼的价值与冲突"，载《法律科学》1997年第1期。
[2] 陈朴生：《刑事证据法》，台湾三民书局1979年版，第16页。

很多是用来保证证据的真实可靠性的。以传闻证据规则为例，排除传闻证据最主要的理由是因为传闻证据不真实的可能性比证人在法庭上的陈述要大。其一，在口头陈述的情况下，证人复述他所听到的话时存在着不准确报告的危险。其二，对方当事人被剥夺了向原始陈述者交叉询问的机会，因为该原始陈述者没有在证人席上作证。由于这两个原因，英美法规定传闻证据原则上不可采，除非符合法律规定的例外。可见，传闻证据规则的主要价值就在于排除有可能不真实的证据，确保证据的真实性。意见证据规则、最佳证据规则、证人在法庭上接受交叉询问的规则都是基于这一理论基础产生的。

4. 确立证据规则是保证诉讼公正，加强刑事诉讼人权保障的需要。除了关于证据关联性、可采性的规则以外，还有一种证据规则应当加以确立，这就是关于被告人权利保障的规则。英美法中的另外一些证据规则主要是基于确保程序公正的价值，其中的突出代表是非法证据排除规则。非法证据排除规则包括非法搜查和扣押的排除规则和米兰达规则等内容。可以看出，米兰达案件中对米兰达供述的排除并不是基于证据的真实可靠性的考虑。米兰达的自愿供述可以说是具有可信性的，为什么还要排除呢？其理论依据就在于，刑事诉讼的目的不仅在于查明案件的事实，而且在于实现诉讼程序的公正，确保犯罪嫌疑人宪法权利的实现，制止警察的非法取证行为。实际上，美国联邦最高法院就是把非法证据排除规则作为对警察非法取证的最严厉的惩罚来防止警察的违法行为的。所以说，非法证据排除规则的理论基础不再是保证证据的真实性，而是确保诉讼程序的公正性，保护诉讼中的人权，特别是被追诉者——犯罪嫌疑人和被告人的人权。

四、完善我国证据规则应考虑的因素

我们认为，要完善、健全我国的证据规则，建立符合我国实际的证据规则体系，应当考虑以下几方面的因素：

1. 我国诉讼模式传统上属于大陆法系，法官在审判过程中起主导作用，这与英美法系国家采用陪审制审判有很大区别，在规划设置证据规则时要充分注意到这一点。

2. 应当注重对外国有关立法、理论和司法实践经验的研究，并结合我国国情和实际需要甄别并有选择地吸收、借鉴。英美法系国家在证据规则方面因长期的积累和演变已形成相对完备的体系，具有丰富的制度资源和实践经验，若能为我们合理地借鉴吸收，可收"他山之石，可以攻玉"之效。但同时应当看到，英美证据规则因判例而形成，历史久远，又具有结构散乱、内容庞杂并随形势和判例的变化而变化的特点，且部分内容与其特有的诉讼制密切相关。因此，切忌盲目推崇、形而上学、生搬硬套。

3. 证据规则的建设与完善应当针对司法实践的实际需要并尊重我国的现实社会条件，解决司法实践中迫切需要解决的问题，不能脱离实际，闭门造车，也不能过于理想，过于超前。

4. 证据规则的建设与完善应当坚持一般性与特殊性相结合，原则性与灵活性相结合。在证据规则的具体设置上，要结合我国的司法实践，一方面，证据规则的内容应尽可能地明确、具体、完备，富有可操作性，既有一般适用的普遍规则，又有适当的例外，以应对丰富多彩、千变万化的诉讼实践；另一方面，应将证据规则的建设与发挥司法人员主观能动性有机地结合，为证据规则随着司法实践的需要而发展留下空间。

本章思考题

1. 什么是证据规则？证据规则有哪些特征？
2. 证据规则有什么意义？
3. 证据规则有哪些分类？
4. 两大法系证据规则的区别及原因如何？
5. 试述我国证据规则的现状。
6. 如何理解传闻证据规则？
7. 如何理解相关性证据规则？
8. 确立最佳证据规则的意义是什么？
9. 如何理解意见证据规则的含义及运用？
10. 什么是特权规则？为什么要建立特权规则？
11. 简述非法证据排除规则及其在我国的适用。
12. 什么是自白任意规则？什么是补强规则？
13. 如何理解完善我国证据规则的必要性？
14. 试述完善我国证据规则应考虑的因素。

附录：我国有关证据的立法规定及司法解释

中华人民共和国刑事诉讼法（节录）[1]

1979 年 7 月 1 日第五届全国人民代表大会第二次会议通过 根据 1996 年 3 月 17 日第八届全国人民代表大会第四次会议《关于修改〈中华人民共和国刑事诉讼法〉的决定》修正 1996 年 3 月 7 日中华人民共和国主席令第 64 号公布 自 1997 年 1 月 1 日起施行

第五章 证 据

第四十二条 证明案件真实情况的一切事实，都是证据。

证据有下列七种：

（一）物证、书证；

（二）证人证言；

（三）被害人陈述；

（四）犯罪嫌疑人、被告人供述和辩解；

（五）鉴定结论；

（六）勘验、检查笔录；

（七）视听资料。

以上证据必须经过查证属实，才能作为定案的根据。

第四十三条 审判人员、检察人员、侦查人员必须依照法定程序，收集能够证实犯罪嫌疑人、被告人有罪或者无罪、犯罪情节轻重的各种证据。严禁刑讯逼供和以威胁、引诱、欺骗以及其他非法的方法收集证据。必须保证一切与案件有关或者了解案情的公民，有客观地充分地提供证据的条件，除特殊情况外，并且可以吸收他们协助调查。

第四十四条 公安机关提请批准逮捕书、人民检察院起诉书、人民法院判决书，必须忠实于事实真相。故意隐瞒事实真相的，应当追究责任。

第四十五条 人民法院、人民检察院和公安机关有权向有关单位和个人收集、调取证据。有关单位和个人应当如实提供证据。

对于涉及国家秘密的证据，应当保密。

凡是伪造证据、隐匿证据或者毁灭证据的，无论属于何方，必须受法律追究。

---

[1] 《中华人民共和国逮捕拘留条例》、《全国人民代表大会常务委员会关于迅速审判严重危害社会治安的犯罪分子的程序的决定》、《全国人民代表大会常务委员会关于刑事案件办案期限的补充规定》同时废止。

第四十六条　对一切案件的判处都要重证据，重调查研究，不轻信口供。只有被告人供述，没有其他证据的，不能认定被告人有罪和处以刑罚；没有被告人供述，证据充分确实的，可以认定被告人有罪和处以刑罚。

第四十七条　证人证言必须在法庭上经过公诉人、被害人和被告人、辩护人双方讯问、质证，听取各方证人的证言并且经过查实以后，才能作为定案的根据。法庭查明证人有意作伪证或者隐匿罪证的时候，应当依法处理。

第四十八条　凡是知道案件情况的人，都有作证的义务。

生理上、精神上有缺陷或者年幼，不能辨别是非、不能正确表达的人，不能作证人。

第四十九条　人民法院、人民检察院和公安机关应当保障证人及其近亲属的安全。

对证人及其近亲属进行威胁、侮辱、殴打或者打击报复，构成犯罪的，依法追究刑事责任；尚不够刑事处罚的，依法给予治安管理处罚。

最高人民法院关于执行
《中华人民共和国刑事诉讼法》若干问题的解释（节录）

1998 年 6 月 29 日最高人民法院审判委员会第九百八十九次会议通过　1998 年 9 月 2 日最高人民法院公告公布　自 1998 年 9 月 8 日起施行　法释〔1998〕23 号

四、证　据

第五十二条　需要运用证据证明的案件事实包括：

（一）被告人的身份；

（二）被指控的犯罪行为是否存在；

（三）被指控的行为是否为被告人所实施；

（四）被告人有无罪过，行为的动机、目的；

（五）实施行为的时间、地点、手段、后果以及其他情节；

（六）被告人的责任以及与其他同案人的关系；

（七）被告人的行为是否构成犯罪，有无法定或者酌定从重、从轻、减轻处罚以及免除处罚的情节；

（八）其他与定罪量刑有关的事实。

第五十三条　收集、调取的书证应当是原件。只有在取得原件确有困难时，才可以是副本或者复制件。

收集、调取的物证应当是原物。只有在原物不便搬运、不易保存或者依法应当返还被害人时，才可以拍摄足以反映原物外形或者内容的照片、录像。

书证的副本、复制件，物证的照片、录像，只有经与原件、原物核实无误或者经鉴定证明真实的，才具有与原件、原物同等的证明力。

制作书证的副本、复制件，拍摄物证的照片、录像以及对有关证据录音时，制作人不得少于二人。提供证据的副本、复制件及照片、音像制品应当附有关于制作过程的文字说明及原件、原物存放何处的说明，并由制作人签名或者盖章。

第五十四条　人民法院依法向有关单位和个人收集、调取、调查、核实证据，认为必要时，可以通知检察人员、辩护人到场。

人民法院向有关单位收集、调取的书面证据材料，必须由提供人署名，并加盖单位印章；人民法院向个人收集、调取的书面证据材料，必须由本人确认无误后签名或者盖章。

第五十五条　人民法院对公诉案件依法调查、核实证据时，发现对认定案件事实有重要作用的新的证据材料，应当告知检察人员和辩护人。必要时，也可以直接提取，复制后移送检察人员和辩护人。

第五十六条　人民法院对有关单位和个人提供的证据，应当出具收据，注明证据的名称、收到的时间、件数、页数以及是否原件等，由书记员或者审判员签名。

第五十七条　对于证人能否辨别是非，能否正确表达，必要时可以进行审查或者鉴定。

第五十八条　证据必须经过当庭出示、辨认、质证等法庭调查程序查证属实，否则不能作为定案的根据。

对于出庭作证的证人，必须在法庭上经过公诉人、被害人和被告人、辩护人等双方询问、质证，其证言经过审查确实的，才能作为定案的根据；未出庭证人的证言宣读后经当庭查证属实的，可以作为定案的根据。

法庭查明证人有意作伪证或者隐匿罪证时，应当依法处理。

第五十九条　对鉴定结论有疑问的，人民法院可以指派或者聘请有专门知识的人或者鉴定机构，对案件中的某些专门性问题进行补充鉴定或者重新鉴定。

第六十条　人民法院在开庭审理时，对省级人民政府指定的医院作出的鉴定结论，经质证后，认为有疑问，不能作为定案根据的，可以另行聘请省级人民政府指定的其他医院进行补充鉴定或者重新鉴定。

第六十一条　严禁以非法的方法收集证据。凡经查证确实属于采用刑讯逼供或者威胁、引诱、欺骗等非法的方法取得的证人证言、被害人陈述、被告人供述，不能作为定案的根据。

第六十二条　在公开审理案件时，对于公诉人、诉讼参与人提出涉及国家秘密或者个人隐私的证据时，审判长应当制止。如确与本案有关的，应当决定案件转为不公开审理。

人民检察院刑事诉讼规则（节录）

1997 年 1 月 15 日最高人民检察院第八届检察委员会第六十九次会议通过
1998 年 12 月 16 日最高人民检察院第九届检察委员会第二十一次会议修订
高检发释字〔1999〕1 号

第二百六十五条　严禁以非法的方法收集证据。以刑讯逼供或者威胁、引诱、欺骗等非法的方法收集的犯罪嫌疑人供述、被害人陈述、证人证言，不能作为指控犯罪的根据。

人民检察院审查起诉部门在审查中发现侦查人员以非法方法收集犯罪嫌疑人供述、被害人陈述、证人证言的，应当提出纠正意见，同时应当要求侦查机关另行指派侦查人员重新调查取证，必要时人民检察院也可以自行调查取证。

侦查机关未另行指派侦查人员重新调查取证的，可以依法退回侦查机关补充侦查。

第二百八十二条　人民检察院提起公诉的案件，应当向人民法院移送起诉书、证据目录、证人名单和主要证据复印件或者照片。

起诉书应当一式八份，每增加一名被告人增加起诉书五份。

证人名单应当包括在起诉前提供了证言的证人名单，证人名单应当列明证人的姓名、年龄、性别、职业、住址、通讯处。人民检察院对于拟不出庭的证人，可以不说明不出庭的理由。

证据目录应当是起诉前收集的证据材料目录。

关于被害人姓名、住址、通讯处，有无扣押、冻结在案的被告人的财物及存放地点，被告人被采取强制措施的种类、是否在案及羁押地点等问题，人民检察院应当在起诉书中列明，不再单独移送材料，其中对于涉及被害人隐私或者为保护被害人人身安全，而不宜在起诉书中列明被害人姓名、住址、通讯处的，单独移送人民法院。

鉴定结论、勘验检查笔录已经作为主要证据移送复印件的，鉴定人、勘验检查笔录制作人姓名已载明，不再另行移送。

第二百八十三条　人民检察院针对具体案件移送起诉时，"主要证据"的范围由办案人员根据本条规定的范围和各个证据在具体案件中的实际证明作用加以确定。

主要证据是对认定犯罪构成要件的事实起主要作用，对案件定罪量刑有重要影响的证据。

主要证据包括：

（一）起诉书中涉及的各种证据种类中的主要证据；

（二）多个同种类证据中被确定为"主要证据"的；

（三）作为法定量刑情节的自首、立功、累犯、中止、未遂、正当防卫的证据。

对于主要证据为书证、证人证言笔录、被害人陈述笔录、被告人供述与辩解笔录或者勘验、检查笔录的，可以只复印其中与证明被告人构成犯罪有关的部分，鉴定书以只复印鉴定结论部分。

第二百八十四条 人民法院认为人民检察院起诉移送的有关材料不符合刑事诉讼法第一百五十条规定的条件，向人民检察院提出书面意见要求补充提供的，人民检察院应当自收到通知之日起三日内补送。

对于人民法院要求补充提供的材料超越刑事诉讼法第一百五十条规定的范围或者要求补充提供材料的意见其他不当情况的，人民检察院应当向人民法院说明理由，要求人民法院开庭审判，必要时人民检察院应当根据刑事诉讼法第一百六十九条的规定向人民法院提出纠正意见。

第二百八十五条 对提起公诉后，在人民法院开庭审判前，人民检察院自行补充收集的证据材料，应当根据刑事诉讼法第一百五十条的规定向人民法院移送有关的证人名单、证据目录和主要证据的复印件或者照片。

公安机关办理刑事案件程序规定（节录）

1998 年 4 月 20 日公安部部长办公会议通过 1998 年 5 月 14 日第 35 号
公安部令发布实施

第五章　证　据

第五十条 证据是指证明案件真实情况的一切事实。

证据有下列七种：

（一）物证、书证；

（二）证人证言；

（三）被害人陈述；

（四）犯罪嫌疑人供述和辩解；

（五）鉴定结论；

（六）勘验、检查笔录；

（七）视听资料。

证据必须经过查证属实，才能作为定案的根据。

第五十一条 公安机关必须依照法定程序，收集能够证实犯罪嫌疑人有罪或者无罪、犯罪情节轻重的各种证据。严禁刑讯逼供和以威胁、引诱、欺骗或者其他非法的方法收集证据。必须保证一切与案件有关或者了解案情的公民，有客观充分地提供证据的条件，除特殊情况外，并且可以吸收他们协助调查。

第五十二条 公安机关向有关单位和个人收集、调取证据时，应当告知其必须如实提供证据。

对于涉及国家秘密的证据以及获取犯罪证据的技术侦查措施，应当保守秘密。

凡是伪造证据、隐匿证据或者毁灭证据的，都必须受法律追究。

第五十三条 公安机关向有关单位和个人调取实物证据，应当经县级以上公安机关负责人批准，开具《调取证据通知书》。被调取单位、个人应当在通知书上盖章或者签名，拒绝盖章或者签名的，公安机关应当注明。

公安机关向有关单位收集、调取的书面证据材料，必须由提供人签名，并加盖单位印章；公安机关向个人收集、调取的书面证据材料，必须由本人确认无误后签名或者盖章。

第五十四条　凡是知道案件情况的人，都有作证的义务。

生理上、精神上有缺陷或者年幼，不能辨别是非，不能正确表达的人，不能作证人。

对于证人能否辨别是非，能否正确表达，必要时可以进行审查或者鉴别。

第五十五条　公安机关应当保障证人及其近亲属的安全。对证人及其近亲属进行威胁、侮辱、殴打或者打击报复，构成犯罪的，依法追究刑事责任；尚不够刑事处罚的，依法给予治安管理处罚。

第五十六条　需要查明的案件事实包括：

（一）犯罪嫌疑人的身份；

（二）立案侦查的犯罪行为是否存在；

（三）立案侦查的犯罪行为是否为犯罪嫌疑人实施；

（四）犯罪嫌疑人实施犯罪行为的动机、目的；

（五）实施犯罪行为的时间、地点、手段、后果以及其他情节；

（六）犯罪嫌疑人的责任以及与其他同案人的关系；

（七）犯罪嫌疑人有无法定从重、从轻、减轻处罚以及免除处罚的情节；

（八）其他与案件有关的事实。

第五十七条　收集、调取的书证应当是原件。取得原件有困难或者因保密工作需要的，可以是副本或者复制件。

收集、调取的物证应当是原物。原物不便搬运、保存或者依法应当返还被害人的，可以拍摄足以反映原物外形或者内容的照片、录像。

第五十八条　书证的副本、复制件，视听资料的复制件，物证的照片、录像，应当附有关制作过程的文字说明及原件、原物存放处的说明，并由制作人签名或者盖章。

第五十九条　公安机关提请批准逮捕书、起诉意见书必须忠实于事实真相。故意隐瞒事实真相的，应当追究责任。

中华人民共和国民事诉讼法（节录）

1991 年 4 月 9 日第七届全国人民代表大会第四次会议通过　根据 2007 年 10 月 28 日第十届全国人民代表大会常务委员会第三十次会议《关于修改〈中华人民共和国民事诉讼法〉的决定》修正

第六章　证　据

第六十三条　证据有下列几种：

（一）书证；

（二）物证；

（三）视听资料；

（四）证人证言；

（五）当事人的陈述；

（六）鉴定结论；

（七）勘验笔录。

以上证据必须查证属实，才能作为认定事实的根据。

第六十四条　当事人对自己提出的主张，有责任提供证据。

当事人及其诉讼代理人因客观原因不能自行收集的证据，或者人民法院认为审理案件需要的证据，人民法院应当调查收集。

人民法院应当按照法定程序，全面地、客观地审查核实证据。

第六十五条　人民法院有权向有关单位和个人调查取证，有关单位和个人不得拒绝。

人民法院对有关单位和个人提出的证明文书，应当辨别真伪，审查确定其效力。

第六十六条　证据应当在法庭上出示，并由当事人互相质证。对涉及国家秘密、商业秘密和个人隐私的证据应当保密，需要在法庭出示的，不得在公开开庭时出示。

第六十七条　经过法定程序公证证明的法律行为、法律事实和文书，人民法院应当作为认定事实的根据。但有相反证据足以推翻公证证明的除外。

第六十八条　书证应当提交原件。物证应当提交原物。提交原件或者原物确有困难的，可以提交复制品、照片、副本、节录本。

提交外文书证，必须附有中文译本。

第六十九条　人民法院对视听资料，应当辨别真伪，并结合本案的其他证据，审查确定能否作为认定事实的根据。

第七十条　凡是知道案件情况的单位和个人，都有义务出庭作证。有关单位的负责人应当支持证人作证。证人确有困难不能出庭的，经人民法院许可，可以提交书面证言。

不能正确表达意志的人，不能作证。

第七十一条　人民法院对当事人的陈述，应当结合本案的其他证据，审查确定能否作为认定事实的根据。

当事人拒绝陈述的，不影响人民法院根据证据认定案件事实。

第七十二条　人民法院对专门性问题认为需要鉴定的，应当交由法定鉴定部门鉴定；没有法定鉴定部门的，由人民法院指定的鉴定部门鉴定。

鉴定部门及其指定的鉴定人有权了解进行鉴定所需要的案件材料，必要时可以询问当事人、证人。

鉴定部门和鉴定人应当提出书面鉴定结论，在鉴定书上签名或者盖章。鉴定人鉴定的，应当由鉴定人所在单位加盖印章，证明鉴定人身份。

第七十三条　勘验物证或者现场，勘验人必须出示人民法院的证件，并邀请当地基层组织或者当事人所在单位派人参加。当事人或者当事人的成年家属应当到场，拒不到场的，不影响勘验的进行。

有关单位和个人根据人民法院的通知，有义务保护现场，协助勘验工作。

勘验人应当将勘验情况和结果制作笔录，由勘验人、当事人和被邀参加人签名或者盖章。

第七十四条　在证据可能灭失或者以后难以取得的情况下，诉讼参加人可以向人民法院申请保全证据，人民法院也可以主动采取保全措施。

最高人民法院关于民事诉讼证据的若干规定

2001 年 12 月 6 日最高人民法院审判委员会第一千二百零一次会议通过
2001 年 12 月 21 日公布　自 2002 年 4 月 1 日起施行　法释〔2001〕33 号

为保证人民法院正确认定案件事实，公正、及时审理民事案件，保障和便利当事人依法行使诉讼权利，根据《中华人民共和国民事诉讼法》（以下简称《民事诉讼法》）等有关法律的规定，结合民事审判经验和实际情况，制定本规定。

一、当事人举证

第一条　原告向人民法院起诉或者被告提出反诉，应当附有符合起诉条件的相应的证据材料。

第二条　当事人对自己提出的诉讼请求所依据的事实或者反驳对方诉讼请求所依据的事实有责任提供证据加以证明。

没有证据或者证据不足以证明当事人的事实主张的，由负有举证责任的当事人承担不利后果。

第三条　人民法院应当向当事人说明举证的要求及法律后果，促使当事人在合理期限内积极、全面、正确、诚实地完成举证。

当事人因客观原因不能自行收集的证据，可申请人民法院调查收集。

第四条　下列侵权诉讼，按照以下规定承担举证责任：

（一）因新产品制造方法发明专利引起的专利侵权诉讼，由制造同样产品的单位或者个人对其产品制造方法不同于专利方法承担举证责任；

（二）高度危险作业致人损害的侵权诉讼，由加害人就受害人故意造成损害的事实承担举证责任；

（三）因环境污染引起的损害赔偿诉讼，由加害人就法律规定的免责事由及其行为与损害结果之间不存在因果关系承担举证责任；

（四）建筑物或者其他设施以及建筑物上的搁置物、悬挂物发生倒塌、脱落、坠落致人损害的侵权诉讼，由所有人或者管理人对其无过错承担举证责任；

（五）饲养动物致人损害的侵权诉讼，由动物饲养人或者管理人就受害人有过错或者第三人有过错承担举证责任；

（六）因缺陷产品致人损害的侵权诉讼，由产品的生产者就法律规定的免责事由承担举证责任；

（七）因共同危险行为致人损害的侵权诉讼，由实施危险行为的人就其行为与损害结果之间不存在因果关系承担举证责任；

（八）因医疗行为引起的侵权诉讼，由医疗机构就医疗行为与损害结果之间不存在因果关系及不存在医疗过错承担举证责任。

有关法律对侵权诉讼的举证责任有特殊规定的，从其规定。

第五条　在合同纠纷案件中，主张合同关系成立并生效的一方当事人对合同订立和生效的事实承担举证责任；主张合同关系变更、解除、终止、撤销的一方当事人对引起合同关系变动的事实承担举证责任。

对合同是否履行发生争议的，由负有履行义务的当事人承担举证责任。

对代理权发生争议的，由主张有代理权一方当事人承担举证责任。

第六条　在劳动争议纠纷案件中，因用人单位作出开除、除名、辞退、解除劳动合同、减少劳动报酬、计算劳动者工作年限等决定而发生劳动争议的，由用人单位负举证责任。

第七条　在法律没有具体规定，依本规定及其他司法解释无法确定举证责任承担时，人民法院可以根据公平原则和诚实信用原则，综合当事人举证能力等因素确定举证责任的承担。

第八条　诉讼过程中，一方当事人对另一方当事人陈述的案件事实明确表示承认的，另一方当事人无需举证。但涉及身份关系的案件除外。

对一方当事人陈述的事实，另一方当事人既未表示承认也未否认，经审判人员充分说明并询问后，其仍不明确表示肯定或者否定的，视为对该项事实的承认。

当事人委托代理人参加诉讼的，代理人的承认视为当事人的承认。但未经特别授权的代理人对事实的承认直接导致承认对方诉讼请求的除外；当事人在场但对其代理人的承认不作否认表示的，视为当事人的承认。

当事人在法庭辩论终结前撤回承认并经对方当事人同意，或者有充分证据证明其承认行为是在受胁迫或者重大误解情况下作出且与事实不符的，不能免除对方当事人的举证责任。

附录

第九条　下列事实，当事人无需举证证明：

（一）众所周知的事实；

（二）自然规律及定理；

（三）根据法律规定或者已知事实和日常生活经验法则，能推定出的另一事实；

（四）已为人民法院发生法律效力的裁判所确认的事实；

（五）已为仲裁机构的生效裁决所确认的事实；

（六）已为有效公证文书所证明的事实。

前款（一）、（三）、（四）、（五）、（六）项，当事人有相反证据足以推翻的除外。

第十条　当事人向人民法院提供证据，应当提供原件或者原物。如需自己保存证据原件、原物或者提供原件、原物确有困难的，可以提供经人民法院核对无异的复制件或者复制品。

第十一条　当事人向人民法院提供的证据系在中华人民共和国领域外形成的，该证据应当经所在国公证机关予以证明，并经中华人民共和国驻该国使领馆予以认证，或者履行中华人民共和国与该所在国订立的有关条约中规定的证明手续。

当事人向人民法院提供的证据是在香港、澳门、台湾地区形成的，应当履行相关的证明手续。

第十二条　当事人向人民法院提供外文书证或者外文说明资料，应当附有中文译本。

第十三条　对双方当事人无争议但涉及国家利益、社会公共利益或者他人合法权益的事实，人民法院可以责令当事人提供有关证据。

第十四条　当事人应当对其提交的证据材料逐一分类编号，对证据材料的来源、证明对象和内容作简要说明，签名盖章，注明提交日期，并依照对方当事人人数提出副本。

人民法院收到当事人提交的证据材料，应当出具收据，注明证据的名称、份数和页数以及收到的时间，由经办人员签名或者盖章。

二、人民法院调查收集证据

第十五条　《民事诉讼法》第六十四条规定的"人民法院认为审理案件需要的证据"，是指以下情形：

（一）涉及可能有损国家利益、社会公共利益或者他人合法权益的事实；

（二）涉及依职权追加当事人、中止诉讼、终结诉讼、回避等与实体争议无关的程序事项。

第十六条　除本规定第十五条规定的情形外，人民法院调查收集证据，应当依当事人的申请进行。

第十七条　符合下列条件之一的，当事人及其诉讼代理人可以申请人民法院调查收集证据：

（一）申请调查收集的证据属于国家有关部门保存并须人民法院依职权调取的档案材料；

（二）涉及国家秘密、商业秘密、个人隐私的材料；

（三）当事人及其诉讼代理人确因客观原因不能自行收集的其他材料。

第十八条　当事人及其诉讼代理人申请人民法院调查收集证据，应当提交书面申请。申请书应当载明被调查人的姓名或者单位名称、住所地等基本情况、所要调查收集的证据的内容、需要由人民法院调查收集证据的原因及其要证明的事实。

第十九条　当事人及其诉讼代理人申请人民法院调查收集证据，不得迟于举证期限届满前七日。

人民法院对当事人及其诉讼代理人的申请不予准许的，应当向当事人或其诉讼代理人送达通知书。当事人及其诉讼代理人可以在收到通知书的次日起三日内向受理申请的人民法院书面申请复议一次。人民法院应当在收到复议申请之日起五日内作出答复。

第二十条　调查人员调查收集的书证，可以是原件，也可以是经核对无误的副本或者复制件。是副本或者复制件的，应当在调查笔录中说明来源和取证情况。

第二十一条　调查人员调查收集的物证应当是原物。被调查人提供原物确有困难的，可以提供复制品或者照片。提供复制品或者照片的，应当在调查笔录中说明取证情况。

第二十二条　调查人员调查收集计算机数据或者录音、录像等视听资料的，应当要求被调查人提供有关资料的原始载体。提供原始载体确有困难的，可以提供复制件。提供复制件的，调查人员应当在调查笔录中说明其来源和制作经过。

第二十三条　当事人依据《民事诉讼法》第七十四条的规定向人民法院申请保全证据，不得迟于举证期限届满前七日。

当事人申请保全证据的，人民法院可以要求其提供相应的担保。

法律、司法解释规定诉前保全证据的，依照其规定办理。

第二十四条　人民法院进行证据保全，可以根据具体情况，采取查封、扣押、拍照、录音、录像、复制、鉴定、勘验、制作笔录等方法。

人民法院进行证据保全，可以要求当事人或者诉讼代理人到场。

第二十五条　当事人申请鉴定，应当在举证期限内提出。符合本规定第二十七条规定的情形，当事人申请重新鉴定的除外。

对需要鉴定的事项负有举证责任的当事人，在人民法院指定的期限内无正当理由不提出鉴定申请或者不预交鉴定费用或者拒不提供相关材料，致使对案件争议的事实无法通过鉴定结论予以认定的，应当对该事实承担举证不能的法律后果。

第二十六条　当事人申请鉴定经人民法院同意后，由双方当事人协商确定有鉴定资格的鉴定机构、鉴定人员，协商不成的，由人民法院指定。

第二十七条　当事人对人民法院委托的鉴定部门作出的鉴定结论有异议申请重新鉴定，提出证据证明存在下列情形之一的，人民法院应予准许：

（一）鉴定机构或者鉴定人员不具备相关的鉴定资格的；

（二）鉴定程序严重违法的；

（三）鉴定结论明显依据不足的；

（四）经过质证认定不能作为证据使用的其他情形。

对有缺陷的鉴定结论，可以通过补充鉴定、重新质证或者补充质证等方法解决的，不予重新鉴定。

第二十八条　一方当事人自行委托有关部门作出的鉴定结论，另一方当事人有证据足以反驳并申请重新鉴定的，人民法院应予准许。

第二十九条 审判人员对鉴定人出具的鉴定书，应当审查是否具有下列内容：

（一）委托人姓名或者名称、委托鉴定的内容；

（二）委托鉴定的材料；

（三）鉴定的依据及使用的科学技术手段；

（四）对鉴定过程的说明；

（五）明确的鉴定结论；

（六）对鉴定人鉴定资格的说明；

（七）鉴定人员及鉴定机构签名盖章。

第三十条 人民法院勘验物证或者现场，应当制作笔录，记录勘验的时间、地点、勘验人、在场人、勘验的经过、结果，由勘验人、在场人签名或者盖章。对于绘制的现场图应当注明绘制的时间、方位、测绘人姓名、身份等内容。

第三十一条 摘录有关单位制作的与案件事实相关的文件、材料，应当注明出处，并加盖制作单位或者保管单位的印章，摘录人和其他调查人员应当在摘录件上签名或者盖章。

摘录文件、材料应当保持内容相应的完整性，不得断章取义。

三、举证时限与证据交换

第三十二条 被告应当在答辩期届满前提出书面答辩，阐明其对原告诉讼请求及所依据的事实和理由的意见。

第三十三条 人民法院应当在送达案件受理通知书和应诉通知书的同时向当事人送达举证通知书。举证通知书应当载明举证责任的分配原则与要求、可以向人民法院申请调查取证的情形、人民法院根据案件情况指定的举证期限以及逾期提供证据的法律后果。

举证期限可以由当事人协商一致，并经人民法院认可。

由人民法院指定举证期限的，指定的期限不得少于三十日，自当事人收到案件受理通知书和应诉通知书的次日起计算。

第三十四条 当事人应当在举证期限内向人民法院提交证据材料，当事人在举证期限内不提交的，视为放弃举证权利。

对于当事人逾期提交的证据材料，人民法院审理时不组织质证。但对方当事人同意质证的除外。

当事人增加、变更诉讼请求或者提起反诉的，应当在举证期限届满前提出。

第三十五条 诉讼过程中，当事人主张的法律关系的性质或者民事行为的效力与人民法院根据案件事实作出的认定不一致的，不受本规定第三十四条规定的限制，人民法院应当告知当事人可以变更诉讼请求。

当事人变更诉讼请求的，人民法院应当重新指定举证期限。

第三十六条 当事人在举证期限内提交证据材料确有困难的，应当在举证期限内向人民法院申请延期举证，经人民法院准许，可以适当延长举证期限。

当事人在延长的举证期限内提交证据材料仍有困难的，可以再次提出延期申请，是否准许由人民法院决定。

第三十七条 经当事人申请，人民法院可以组织当事人在开庭审理前交换证据。

人民法院对于证据较多或者复杂疑难的案件，应当组织当事人在答辩期届满后、开庭审理前交换证据。

第三十八条 交换证据的时间可以由当事人协商一致并经人民法院认可，也可以由人民法院指定。

人民法院组织当事人交换证据的，交换证据之日举证期限届满。当事人申请延期举证经人民法院准许的，证据交换日相应顺延。

第三十九条 证据交换应当在审判人员的主持下进行。

在证据交换的过程中，审判人员对当事人无异议的事实、证据应当记录在卷；对有异议的证据，按照需要证明的事实分类记录在卷，并记载异议的理由。通过证据交换，确定双方当事人争议的主要问题。

第四十条 当事人收到对方交换的证据后提出反驳并提出新证据的，人民法院应当通知当事人在指定的时间进行交换。

证据交换一般不超过两次。但重大、疑难和案情特别复杂的案件，人民法院认为确有必要再次进行证据交换的除外。

第四十一条 《民事诉讼法》第一百二十五条第一款规定的"新的证据"，是指以下情形：

（一）一审程序中的新的证据包括：当事人在一审举证期限届满后新发现的证据；当事人确因客观原因无法在举证期限内提供，经人民法院准许，在延长的期限内仍无法提供的证据。

（二）二审程序中的新的证据包括：一审庭审结束后新发现的证据；当事人在一审举证期限届满前申请人民法院调查取证未获准许，二审法院经审查认为应当准许并依当事人申请调取的证据。

第四十二条 当事人在一审程序中提供新的证据的，应当在一审开庭前或者开庭审理时提出。

当事人在二审程序中提供新的证据的，应当在二审开庭前或者开庭审理时提出；二审不需要开庭审理的，应当在人民法院指定的期限内提出。

第四十三条 当事人举证期限届满后提供的证据不是新的证据的，人民法院不予采纳。

当事人经人民法院准许延期举证，但因客观原因未能在准许的期限内提供，且不审理该证据可能导致裁判明显不公的，其提供的证据可视为新的证据。

第四十四条 《民事诉讼法》第一百七十九条第一款第（一）项规定的"新的证据"，是指原庭审结束后新发现的证据。

当事人在再审程序中提供新的证据的，应当在申请再审时提出。

第四十五条 一方当事人提出新的证据的，人民法院应当通知对方当事人在合理期限内提出意见或者举证。

第四十六条 由于当事人的原因未能在指定期限内举证，致使案件在二审或者再审期间因提出新的证据被人民法院发回重审或者改判的，原审裁判不属于错误裁判案件。一方当事人请求提出新的证据的另一方当事人负担由此增加的差旅、误工、证人出庭作证、诉讼等合理费用以及由此扩大的直接损失，人民法院应予支持。

四、质　证

第四十七条　证据应当在法庭上出示，由当事人质证。未经质证的证据，不能作为认定案件事实的依据。

当事人在证据交换过程中认可并记录在卷的证据，经审判人员在庭审中说明后，可以作为认定案件事实的依据。

第四十八条　涉及国家秘密、商业秘密和个人隐私或者法律规定的其他应当保密的证据，不得在开庭时公开质证。

第四十九条　对书证、物证、视听资料进行质证时，当事人有权要求出示证据的原件或者原物。但有下列情况之一的除外：

（一）出示原件或者原物确有困难并经人民法院准许出示复制件或者复制品的；

（二）原件或者原物已不存在，但有证据证明复制件、复制品与原件或原物一致的。

第五十条　质证时，当事人应当围绕证据的真实性、关联性、合法性，针对证据证明力有无以及证明力大小，进行质疑、说明与辩驳。

第五十一条　质证按下列顺序进行：

（一）原告出示证据，被告、第三人与原告进行质证；

（二）被告出示证据，原告、第三人与被告进行质证；

（三）第三人出示证据，原告、被告与第三人进行质证。

人民法院依照当事人申请调查收集的证据，作为提出申请的一方当事人提供的证据。

人民法院依照职权调查收集的证据应当在庭审时出示，听取当事人意见，并可就调查收集该证据的情况予以说明。

第五十二条　案件有两个以上独立的诉讼请求的，当事人可以逐个出示证据进行质证。

第五十三条　不能正确表达意志的人，不能作为证人。

待证事实与其年龄、智力状况或者精神健康状况相适应的无民事行为能力人和限制民事行为能力人，可以作为证人。

第五十四条　当事人申请证人出庭作证，应当在举证期限届满十日前提出，并经人民法院许可。

人民法院对当事人的申请予以准许的，应当在开庭审理前通知证人出庭作证，并告知其应当如实作证及作伪证的法律后果。

证人因出庭作证而支出的合理费用，由提供证人的一方当事人先行支付，由败诉一方当事人承担。

第五十五条　证人应当出庭作证，接受当事人的质询。

证人在人民法院组织双方当事人交换证据时出席陈述证言的，可视为出庭作证。

第五十六条　《民事诉讼法》第七十条规定的"证人确有困难不能出庭"，是指有下列情形：

（一）年迈体弱或者行动不便无法出庭的；

（二）特殊岗位确实无法离开的；

（三）路途特别遥远，交通不便难以出庭的；

（四）因自然灾害等不可抗力的原因无法出庭的；

（五）其他无法出庭的特殊情况。

前款情形，经人民法院许可，证人可以提交书面证言或者视听资料或者通过双向视听传输技术手段作证。

第五十七条 出庭作证的证人应当客观陈述其亲身感知的事实。证人为聋哑人的，可以其他表达方式作证。

证人作证时，不得使用猜测、推断或者评论性的语言。

第五十八条 审判人员和当事人可以对证人进行询问。证人不得旁听法庭审理；询问证人时，其他证人不得在场。人民法院认为有必要的，可以让证人进行对质。

第五十九条 鉴定人应当出庭接受当事人质询。

鉴定人确因特殊原因无法出庭的，经人民法院准许，可以书面答复当事人的质询。

第六十条 经法庭许可，当事人可以向证人、鉴定人、勘验人发问。

询问证人、鉴定人、勘验人不得使用威胁、侮辱及不适当引导证人的言语和方式。

第六十一条 当事人可以向人民法院申请由一至二名具有专门知识的人员出庭就案件的专门性问题进行说明。人民法院准许其申请的，有关费用由提出申请的当事人负担。

审判人员和当事人可以对出庭的具有专门知识的人员进行询问。

经人民法院准许，可以由当事人各自申请的具有专门知识的人员就有案件中的问题进行对质。

具有专门知识的人员可以对鉴定人进行询问。

第六十二条 法庭应当将当事人的质证情况记入笔录，并由当事人核对后签名或者盖章。

五、证据的审核认定

第六十三条 人民法院应当以证据能够证明的案件事实为依据依法作出裁判。

第六十四条 审判人员应当依照法定程序，全面、客观地审核证据；依据法律的规定，遵循法官职业道德，运用逻辑推理和日常生活经验，对证据有无证明力和证明力大小独立进行判断，并公开判断的理由和结果。

第六十五条 审判人员对单一证据可以从下列方面进行审核认定：

（一）证据是否原件、原物、复印件、复制品与原件、原物是否相符；

（二）证据与本案事实是否相关；

（三）证据的形式、来源是否符合法律规定；

（四）证据的内容是否真实；

（五）证人或者提供证据的人，与当事人有无利害关系。

第六十六条 审判人员对案件的全部证据，应当从各证据与案件事实的关联程度、各证据之间的联系等方面进行综合审查判断。

第六十七条 在诉讼中，当事人为达成调解协议或者和解的目的作出妥协所涉及的对案件事实的认可，不得在其后的诉讼中作为对其不利的证据。

第六十八条 以侵害他人合法权益或者违反法律禁止性规定的方法取得的证据，不能作为认定案件事实的依据。

第六十九条 下列证据不能单独作为认定案件事实的依据：

（一）未成年人所作的与其年龄和智力状况不相当的证言；

（二）与一方当事人或者其代理人有利害关系的证人出具的证言；

（三）存有疑点的视听资料；

（四）无法与原件、原物核对的复印件、复制品；

（五）无正当理由未出庭作证的证人证言。

第七十条 一方当事人提出的下列证据，对方当事人提出异议但没有足以反驳的相反证据的，人民法院应当确认其证明力：

（一）书证原件或者与书证原件核对无误的复印件、照片、副本、节录本；

（二）物证原物或者与物证原物核对无误的复制件、照片、录像资料等；

（三）有其他证据佐证并以合法手段取得的、无疑点的视听资料或者与视听资料核对无误的复制件；

（四）一方当事人申请人民法院依照法定程序制作的对物证或者现场的勘验笔录。

第七十一条 人民法院委托鉴定部门作出的鉴定结论，当事人没有足以反驳的相反证据和理由的，可以认定其证明力。

第七十二条 一方当事人提出的证据，另一方当事人认可或者提出的相反证据不足以反驳的，人民法院可以确认其证明力。

一方当事人提出的证据，另一方当事人有异议并提出反驳证据，对方当事人对反驳证据认可的，可以确认反驳证据的证明力。

第七十三条 双方当事人对同一事实分别举出相反的证据，但都没有足够的依据否定对方证据的，人民法院应当结合案件情况，判断一方提供证据的证明力是否明显大于另一方提供证据的证明力，并对证明力较大的证据予以确认。

因证据的证明力无法判断导致争议事实难以认定的，人民法院应当依据举证责任分配的规则作出裁判。

第七十四条 诉讼过程中，当事人在起诉状、答辩状、陈述及其委托代理人的代理词中承认的对己方不利的事实和认可的证据，人民法院应当予以确认，但当事人反悔并有相反证据足以推翻的除外。

第七十五条 有证据证明一方当事人持有证据无正当理由拒不提供，如果对方当事人主张该证据的内容不利于证据持有人，可以推定该主张成立。

第七十六条 当事人对自己的主张，只有本人陈述而不能提出其他相关证据的，其主张不予支持。但对方当事人认可的除外。

第七十七条 人民法院就数个证据对同一事实的证明力，可以依照下列原则认定：

（一）国家机关、社会团体依职权制作的公文书证的证明力一般大于其他书证；

（二）物证、档案、鉴定结论、勘验笔录或者经过公证、登记的书证，其证明力一般大于其他书证、视听资料和证人证言；

（三）原始证据的证明力一般大于传来证据；

（四）直接证据的证明力一般大于间接证据；

（五）证人提供的对与其有亲属或者其他密切关系的当事人有利的证言，其证明力一般小于其他证人证言。

第七十八条　人民法院认定证人证言，可以通过对证人的智力状况、品德、知识、经验、法律意识和专业技能等的综合分析作出判断。

第七十九条　人民法院应当在裁判文书中阐明证据是否采纳的理由。

对当事人无争议的证据，是否采纳的理由可以不在裁判文书中表述。

六、其　他

第八十条　对证人、鉴定人、勘验人的合法权益依法予以保护。

当事人或者其他诉讼参与人伪造、毁灭证据，提供假证据，阻止证人作证，指使、贿买、胁迫他人作伪证，或者对证人、鉴定人、勘验人打击报复的，依照《民事诉讼法》第一百零二条的规定处理。

第八十一条　人民法院适用简易程序审理案件，不受本解释中第三十二条、第三十三条第三款和第七十九条规定的限制。

第八十二条　本院过去的司法解释，与本规定不一致的，以本规定为准。

第八十三条　本规定自二〇〇二年四月一日起施行。二〇〇二年四月一日尚未审结的一审、二审和再审民事案件不适用本规定。

本规定施行前已经审理终结的民事案件，当事人以违反本规定为由申请再审的，人民法院不予支持。

本规定施行后受理的再审民事案件，人民法院依据《民事诉讼法》第一百八十四条的规定进行审理的，适用本规定。

附录

中华人民共和国行政诉讼法（节录）

1989 年 4 月 4 日第七届全国人民代表大会第二次会议通过　1989 年 4 月 4 日中华人民共和国主席令第 16 号公布　自 1990 年 10 月 1 日起施行

第五章　证　据

第三十一条　证据有以下几种：

（一）书证；

（二）物证；

（三）视听资料；

（四）证人证言；

（五）当事人的陈述；

（六）鉴定结论；

（七）勘验笔录、现场笔录。

以上证据经法庭审查属实，才能作为定案的根据。

第三十二条　被告对作出的具体行政行为负有举证责任，应当提供作出该具体行政行为的证据和所依据的规范性文件。

第三十三条　在诉讼过程中，被告不得自行向原告和证人收集证据。

第三十四条　人民法院有权要求当事人提供或者补充证据。

人民法院有权向有关行政机关以及其他组织、公民调取证据。

第三十五条　在诉讼过程中，人民法院认为对专门性问题需要鉴定的，应当交由法定鉴定部门鉴定；没有法定鉴定部门的，由人民法院指定的鉴定部门鉴定。

第三十六条　在证据可能灭失或者以后难以取得的情况下，诉讼参加人可以向人民法院申请保全证据，人民法院也可以主动采取保全措施。

最高人民法院关于行政诉讼证据若干问题的规定

2002 年 6 月 4 日最高人民法院审判委员会第一千二百二十四次会议通过

法释〔2002〕21 号

为准确认定案件事实，公正、及时地审理行政案件，根据《中华人民共和国行政诉讼法》（以下简称行政诉讼法）等有关法律规定，结合行政审判实际，制定本规定。

一、举证责任分配和举证期限

第一条　根据行政诉讼法第三十二条和第四十三条的规定，被告对作出的具体行政行为负有举证责任，应当在收到起诉状副本之日起十日内，提供据以作出被诉具体行政行为的全部证据和所依据的规范性文件。被告不提供或者无正当理由逾期提供证据的，视为被诉具体行政行为没有相应的证据。

被告因不可抗力或者客观上不能控制的其他正当事由，不能在前款规定的期限内提供证据的，应当在收到起诉状副本之日起十日内向人民法院提出延期提供证据的书面申请。人民法院准许延期提供的，被告应当在正当事由消除后十日内提供证据。逾期提供的，视为被诉具体行政行为没有相应的证据。

第二条　原告或者第三人提出其在行政程序中没有提出的反驳理由或者证据的，经人民法院准许，被告可以在第一审程序中补充相应的证据。

第三条　根据行政诉讼法第三十三条的规定，在诉讼过程中，被告及其诉讼代理人不得自行向原告和证人收集证据。

　　第四条　公民、法人或者其他组织向人民法院起诉时，应当提供其符合起诉条件的相应的证据材料。

　　在起诉被告不作为的案件中，原告应当提供其在行政程序中曾经提出申请的证据材料。但有下列情形的除外：

　　（一）被告应当依职权主动履行法定职责的；

　　（二）原告因被告受理申请的登记制度不完备等正当事由不能提供相关证据材料并能够作出合理说明的。

　　被告认为原告起诉超过法定期限的，由被告承担举证责任。

　　第五条　在行政赔偿诉讼中，原告应当对被诉具体行政行为造成损害的事实提供证据。

　　第六条　原告可以提供证明被诉具体行政行为违法的证据。原告提供的证据不成立的，不免除被告对被诉具体行政行为合法性的举证责任。

　　第七条　原告或者第三人应当在开庭审理前或者人民法院指定的交换证据之日提供证据。因正当事由申请延期提供证据的，经人民法院准许，可以在法庭调查中提供。逾期提供证据的，视为放弃举证权利。

　　原告或者第三人在第一审程序中无正当事由未提供而在第二审程序中提供的证据，人民法院不予接纳。

　　第八条　人民法院向当事人送达审理案件通知书或者应诉通知书时，应当告知其举证范围、举证期限和逾期提供证据的法律后果，并告知因正当事由不能按期提供证据时应当提出延期提供证据的申请。

　　第九条　根据行政诉讼法第三十四条第一款的规定，人民法院有权要求当事人提供或者补充证据。

　　对当事人无争议，但涉及国家利益、公共利益或者他人合法权益的事实，人民法院可以责令当事人提供或者补充有关证据。

　　附
　　录

二、提供证据的要求

　　第十条　根据行政诉讼法第三十一条第一款第（一）项的规定，当事人向人民法院提供书证的，应当符合下列要求：

　　（一）提供书证的原件，原本、正本和副本均属于书证的原件。提供原件确有困难的，可以提供与原件核对无误的复印件、照片、节录本；

　　（二）提供由有关部门保管的书证原件的复制件、影印件或者抄录件的，应当注明出处，经该部门核对无异后加盖其印章；

　　（三）提供报表、图纸、会计账册、专业技术资料、科技文献等书证的，应当附有说明材料；

　　（四）被告提供的被诉具体行政行为所依据的询问、陈述、谈话类笔录，应当有行政执法人员、被询问人、陈述人、谈话人签名或者盖章。

　　法律、法规、司法解释和规章对书证的制作形式另有规定的，从其规定。

第十一条　根据行政诉讼法第三十一条第一款第（二）项的规定，当事人向人民法院提供物证的，应当符合下列要求：

（一）提供原物。提供原物确有困难的，可以提供与原物核对无误的复制件或者证明该物证的照片、录像等其他证据。

（二）原物为数量较多的种类物的，提供其中的一部分。

第十二条　根据行政诉讼法第三十一条第一款第（三）项的规定，当事人向人民法院提供计算机数据或者录音、录像等视听资料的，应当符合下列要求：

（一）提供有关资料的原始载体。提供原始载体确有困难的，可以提供复制件；

（二）注明制作方法、制作时间、制作人和证明对象等；

（三）声音资料应当附有该声音内容的文字记录。

第十三条　根据行政诉讼法第三十一条第一款第（四）项的规定，当事人向人民法院提供证人证言的，应当符合下列要求：

（一）写明证人的姓名、年龄、性别、职业、住址等基本情况；

（二）有证人的签名。不能签名的，应当以盖章等方式证明；

（三）注明出具日期；

（四）附有居民身份证复印件等证明证人身份的文件。

第十四条　根据行政诉讼法第三十一条第一款第（六）项的规定，被告向人民法院提供的在行政程序中采用的鉴定结论，应当载明委托人和委托鉴定的事项、向鉴定部门提交的相关材料、鉴定的依据和使用的科学技术手段、鉴定部门和鉴定人鉴定资格的说明，并应有鉴定人的签名和鉴定部门的盖章。通过分析获得的鉴定结论，应当说明分析过程。

第十五条　根据行政诉讼法第三十一条第一款第（七）项的规定，被告向人民法院提供的现场笔录，应当载明时间、地点和事件等内容，并由执法人员和当事人签名。当事人拒绝签名或者不能签名的，应当注明原因。有其他人在现场的，可由其他人签名。

法律、法规和规章对现场笔录的制作形式另有规定的，从其规定。

第十六条　当事人向人民法院提供的在中华人民共和国领域外形成的证据，应当说明来源，经所在国公证机关证明，并经中华人民共和国驻该国使领馆认证，或者履行中华人民共和国与证据所在国订立的有关条约中规定的证明手续。

当事人提供的在中华人民共和国香港特别行政区、澳门特别行政区和台湾地区内形成的证据，应当具有按照有关规定办理的证明手续。

第十七条　当事人向人民法院提供外文书证或者外国语视听资料的，应当附有由具有翻译资质的机构翻译的或者其他翻译准确的中文译本，由翻译机构盖章或者翻译人员签名。

第十八条　证据涉及国家秘密、商业秘密或者个人隐私的，提供人应当作出明确标注，并向法庭说明，法庭予以审查确认。

第十九条　当事人应当对其提交的证据材料分类编号，对证据材料的来源、证明对象和内容作简要说明，签名或者盖章，注明提交日期。

第二十条　人民法院收到当事人提交的证据材料，应当出具收据，注明证据的名称、份数、页数、件数、种类等以及收到的时间，由经办人员签名或者盖章。

第二十一条 对于案情比较复杂或者证据数量较多的案件，人民法院可以组织当事人在开庭前向对方出示或者交换证据，并将交换证据的情况记录在卷。

三、调取和保全证据

第二十二条 根据行政诉讼法第三十四条第二款的规定，有下列情形之一的，人民法院有权向有关行政机关以及其他组织、公民调取证据：

（一）涉及国家利益、公共利益或者他人合法权益的事实认定的；

（二）涉及依职权追加当事人、中止诉讼、终结诉讼、回避等程序性事项的。

第二十三条 原告或者第三人不能自行收集，但能够提供确切线索的，可以申请人民法院调取下列证据材料：

（一）由国家有关部门保存而须由人民法院调取的证据材料；

（二）涉及国家秘密、商业秘密、个人隐私的证据材料；

（三）确因客观原因不能自行收集的其他证据材料。

人民法院不得为证明被诉具体行政行为的合法性，调取被告在作出具体行政行为时未收集的证据。

第二十四条 当事人申请人民法院调取证据的，应当在举证期限内提交调取证据申请书。

调取证据申请书应当写明下列内容：

（一）证据持有人的姓名或者名称、住址等基本情况；

（二）拟调取证据的内容；

（三）申请调取证据的原因及其要证明的案件事实。

第二十五条 人民法院对当事人调取证据的申请，经审查符合调取证据条件的，应当及时决定调取；不符合调取证据条件的，应当向当事人或者其诉讼代理人送达通知书，说明不准许调取的理由。当事人及其诉讼代理人可以在收到通知书之日起三日内向受理申请的人民法院书面申请复议一次。人民法院应当在收到复议申请之日起五日内作出答复。

人民法院根据当事人申请，经调取未能取得相应证据的，应当告知申请人并说明原因。

第二十六条 人民法院需要调取的证据在异地的，可以书面委托证据所在地人民法院调取。受托人民法院应当在收到委托书后，按照委托要求及时完成调取证据工作，送交委托人民法院。受托人民法院不能完成委托内容的，应当告知委托的人民法院并说明原因。

第二十七条 当事人根据行政诉讼法第三十六条的规定向人民法院申请保全证据的，应当在举证期限届满前以书面形式提出，并说明证据的名称和地点、保全的内容和范围、申请保全的理由等事项。

当事人申请保全证据的，人民法院可以要求其提供相应的担保。

法律、司法解释规定诉前保全证据的，依照其规定办理。

第二十八条 人民法院依照行政诉讼法第三十六条规定保全证据的，可以根据具体情况，采取查封、扣押、拍照、录音、录像、复制、鉴定、勘验、制作询问笔录等保全措施。

人民法院保全证据时，可以要求当事人或者其诉讼代理人到场。

第二十九条 原告或者第三人有证据或者有正当理由表明被告据以认定案件事实的鉴定

结论可能有错误，在举证期限内书面申请重新鉴定的，人民法院应予准许。

第三十条　当事人对人民法院委托的鉴定部门作出的鉴定结论有异议申请重新鉴定，提出证据证明存在下列情形之一的，人民法院应予准许：

（一）鉴定部门或者鉴定人不具有相应的鉴定资格的；

（二）鉴定程序严重违法的；

（三）鉴定结论明显依据不足的；

（四）经过质证不能作为证据使用的其他情形。

对有缺陷的鉴定结论，可以通过补充鉴定、重新质证或者补充质证等方式解决。

第三十一条　对需要鉴定的事项负有举证责任的当事人，在举证期限内无正当理由不提出鉴定申请、不预交鉴定费用或者拒不提供相关材料，致使对案件争议的事实无法通过鉴定结论予以认定的，应当对该事实承担举证不能的法律后果。

第三十二条　人民法院对委托或者指定的鉴定部门出具的鉴定书，应当审查是否具有下列内容：

（一）鉴定的内容；

（二）鉴定时提交的相关材料；

（三）鉴定的依据和使用的科学技术手段；

（四）鉴定的过程；

（五）明确的鉴定结论；

（六）鉴定部门和鉴定人鉴定资格的说明；

（七）鉴定人及鉴定部门签名盖章。

前款内容欠缺或者鉴定结论不明确的，人民法院可以要求鉴定部门予以说明、补充鉴定或者重新鉴定。

第三十三条　人民法院可以依当事人申请或者依职权勘验现场。

勘验现场时，勘验人必须出示人民法院的证件，并邀请当地基层组织或者当事人所在单位派人参加。当事人或其成年亲属应当到场，拒不到场的，不影响勘验的进行，但应当在勘验笔录中说明情况。

第三十四条　审判人员应当制作勘验笔录，记载勘验的时间、地点、勘验人、在场人、勘验的经过和结果，由勘验人、当事人、在场人签名。

勘验现场时绘制的现场图，应当注明绘制的时间、方位、绘制人姓名和身份等内容。

当事人对勘验结论有异议的，可以在举证期限内申请重新勘验，是否准许由人民法院决定。

四、证据的对质辨认和核实

第三十五条　证据应当在法庭上出示，并经庭审质证。未经庭审质证的证据，不能作为定案的依据。

当事人在庭前证据交换过程中没有争议并记录在卷的证据，经审判人员在庭审中说明后，可以作为认定案件事实的依据。

第三十六条　经合法传唤，因被告无正当理由拒不到庭而需要依法缺席判决的，被告提供的证据不能作为定案的依据，但当事人在庭前交换证据中没有争议的证据除外。

第三十七条　涉及国家秘密、商业秘密和个人隐私或者法律规定的其他应当保密的证据，不得在开庭时公开质证。

第三十八条　当事人申请人民法院调取的证据，由申请调取证据的当事人在庭审中出示，并由当事人质证。

人民法院依职权调取的证据，由法庭出示，并可就调取该证据的情况进行说明，听取当事人意见。

第三十九条　当事人应当围绕证据的关联性、合法性和真实性，针对证据有无证明效力以及证明效力大小，进行质证。

经法庭准许，当事人及其代理人可以就证据问题相互发问，也可以向证人、鉴定人或者勘验人发问。

当事人及其代理人相互发问，或者向证人、鉴定人、勘验人发问时，发问的内容应当与案件事实有关联，不得采用引诱、威胁、侮辱等语言或者方式。

第四十条　对书证、物证和视听资料进行质证时，当事人应当出示证据的原件或者原物。但有下列情况之一的除外：

（一）出示原件或者原物确有困难并经法庭准许可以出示复制件或者复制品；

（二）原件或者原物已不存在，可以出示证明复制件、复制品与原件、原物一致的其他证据。

视听资料应当当庭播放或者显示，并由当事人进行质证。

第四十一条　凡是知道案件事实的人，都有出庭作证的义务。有下列情形之一的，经人民法院准许，当事人可以提交书面证言：

（一）当事人在行政程序或者庭前证据交换中对证人证言无异议的；

（二）证人因年迈体弱或者行动不便无法出庭的；

（三）证人因路途遥远、交通不便无法出庭的；

（四）证人因自然灾害等不可抗力或者其他意外事件无法出庭的；

（五）证人因其他特殊原因确实无法出庭的。

第四十二条　不能正确表达意志的人不能作证。

根据当事人申请，人民法院可以就证人能否正确表达意志进行审查或者交由有关部门鉴定。必要时，人民法院也可以依职权交由有关部门鉴定。

第四十三条　当事人申请证人出庭作证的，应当在举证期限届满前提出，并经人民法院许可。人民法院准许证人出庭作证的，应当在开庭审理前通知证人出庭作证。

当事人在庭审过程中要求证人出庭作证的，法庭可以根据审理案件的具体情况，决定是否准许以及是否延期审理。

第四十四条　有下列情形之一，原告或者第三人可以要求相关行政执法人员作为证人出庭作证：

（一）对现场笔录的合法性或者真实性有异议的；

（二）对扣押财产的品种或者数量有异议的；

（三）对检验的物品取样或者保管有异议的；

（四）对行政执法人员的身份的合法性有异议的；

（五）需要出庭作证的其他情形。

第四十五条　证人出庭作证时，应当出示证明其身份的证件。

法庭应当告知其诚实作证的法律义务和作伪证的法律责任。

出庭作证的证人不得旁听案件的审理。法庭询问证人时，其他证人不得在场，但组织证人对质的除外。

第四十六条　证人应当陈述其亲历的具体事实。证人根据其经历所作的判断、推测或者评论，不能作为定案的依据。

第四十七条　当事人要求鉴定人出庭接受询问的，鉴定人应当出庭。鉴定人因正当事由不能出庭的，经法庭准许，可以不出庭，由当事人对其书面鉴定结论进行质证。

鉴定人不能出庭的正当事由，参照本规定第四十一条的规定。

对于出庭接受询问的鉴定人，法庭应当核实其身份、与当事人及案件的关系，并告知鉴定人如实说明鉴定情况的法律义务和故意作虚假说明的法律责任。

第四十八条　对被诉具体行政行为涉及的专门性问题，当事人可以向法庭申请由专业人员出庭进行说明，法庭也可以通知专业人员出庭说明。必要时，法庭可以组织专业人员进行对质。

当事人对出庭的专业人员是否具备相应专业知识、学历、资历等专业资格等有异议的，可以进行询问。由法庭决定其是否可以作为专业人员出庭。

专业人员可以对鉴定人进行询问。

第四十九条　法庭在质证过程中，对与案件没有关联的证据材料，应予排除并说明理由。

法庭在质证过程中，准许当事人补充证据的，对补充的证据仍应进行质证。

法庭对经过庭审质证的证据，除确有必要外，一般不再进行质证。

第五十条　在第二审程序中，对当事人依法提供的新的证据，法庭应当进行质证；当事人对第一审认定的证据仍有争议的，法庭也应当进行质证。

第五十一条　按照审判监督程序审理的案件，对当事人依法提供的新的证据，法庭应当进行质证；因原判决、裁定认定事实的证据不足而提起再审所涉及的主要证据，法庭也应当进行质证。

第五十二条　本规定第五十条和第五十一条中的"新的证据"是指以下证据：

（一）在一审程序中应当准予延期提供而未获准许的证据；

（二）当事人在一审程序中依法申请调取而未获准许或者未取得，人民法院在第二审程序中调取的证据；

（三）原告或者第三人提供的在举证期限届满后发现的证据。

五、证据的审核认定

第五十三条　人民法院裁判行政案件，应当以证据证明的案件事实为依据。

第五十四条 法庭应当对经过庭审质证的证据和无需质证的证据进行逐一审查和对全部证据综合审查，遵循法官职业道德，运用逻辑推理和生活经验，进行全面、客观和公正地分析判断，确定证据材料与案件事实之间的证明关系，排除不具有关联性的证据材料，准确认定案件事实。

第五十五条 法庭应当根据案件的具体情况，从以下方面审查证据的合法性：

（一）证据是否符合法定形式；

（二）证据的取得是否符合法律、法规、司法解释和规章的要求；

（三）是否有影响证据效力的其他违法情形。

第五十六条 法庭应当根据案件的具体情况，从以下方面审查证据的真实性：

（一）证据形成的原因；

（二）发现证据时的客观环境；

（三）证据是否为原件、原物，复制件、复制品与原件、原物是否相符；

（四）提供证据的人或者证人与当事人是否具有利害关系；

（五）影响证据真实性的其他因素。

第五十七条 下列证据材料不能作为定案依据：

（一）严重违反法定程序收集的证据材料；

（二）以偷拍、偷录、窃听等手段获取侵害他人合法权益的证据材料；

（三）以利诱、欺诈、胁迫、暴力等不正当手段获取的证据材料；

（四）当事人无正当事由超出举证期限提供的证据材料；

（五）在中华人民共和国领域以外或者在中华人民共和国香港特别行政区、澳门特别行政区和台湾地区形成的未办理法定证明手续的证据材料；

（六）当事人无正当理由拒不提供原件、原物，又无其他证据印证，且对方当事人不予认可的证据的复制件或者复制品；

（七）被当事人或者他人进行技术处理而无法辨明真伪的证据材料；

（八）不能正确表达意志的证人提供的证言；

（九）不具备合法性和真实性的其他证据材料。

第五十八条 以违反法律禁止性规定或者侵犯他人合法权益的方法取得的证据，不能作为认定案件事实的依据。

第五十九条 被告在行政程序中依照法定程序要求原告提供证据，原告依法应当提供而拒不提供，在诉讼程序中提供的证据，人民法院一般不予采纳。

第六十条 下列证据不能作为认定被诉具体行政行为合法的依据：

（一）被告及其诉讼代理人在作出具体行政行为后或者在诉讼程序中自行收集的证据；

（二）被告在行政程序中非法剥夺公民、法人或者其他组织依法享有的陈述、申辩或者听证权利所采用的证据；

（三）原告或者第三人在诉讼程序中提供的、被告在行政程序中未作为具体行政行为依据的证据。

第六十一条 复议机关在复议程序中收集和补充的证据，或者作出原具体行政行为的行政机关在复议程序中未向复议机关提交的证据，不能作为人民法院认定原具体行政行为合法的依据。

第六十二条　对被告在行政程序中采纳的鉴定结论，原告或者第三人提出证据证明有下列情形之一的，人民法院不予采纳：

（一）鉴定人不具备鉴定资格；

（二）鉴定程序严重违法；

（三）鉴定结论错误、不明确或者内容不完整。

第六十三条　证明同一事实的数个证据，其证明效力一般可以按照下列情形分别认定：

（一）国家机关以及其他职能部门依职权制作的公文文书优于其他书证；

（二）鉴定结论、现场笔录、勘验笔录、档案材料以及经过公证或者登记的书证优于其他书证、视听资料和证人证言；

（三）原件、原物优于复制件、复制品；

（四）法定鉴定部门的鉴定结论优于其他鉴定部门的鉴定结论；

（五）法庭主持勘验所制作的勘验笔录优于其他部门主持勘验所制作的勘验笔录；

（六）原始证据优于传来证据；

（七）其他证人证言优于与当事人有亲属关系或者其他密切关系的证人提供的对该当事人有利的证言；

（八）出庭作证的证人证言优于未出庭作证的证人证言；

（九）数个种类不同、内容一致的证据优于一个孤立的证据。

第六十四条　以有形载体固定或者显示的电子数据交换、电子邮件以及其他数据资料，其制作情况和真实性经对方当事人确认，或者以公证等其他有效方式予以证明的，与原件具有同等的证明效力。

第六十五条　在庭审中一方当事人或者其代理人在代理权限范围内对另一方当事人陈述的案件事实明确表示认可的，人民法院可以对该事实予以认定。但有相反证据足以推翻的除外。

第六十六条　在行政赔偿诉讼中，人民法院主持调解时当事人为达成调解协议而对案件事实的认可，不得在其后的诉讼中作为对其不利的证据。

第六十七条　在不受外力影响的情况下，一方当事人提供的证据，对方当事人明确表示认可的，可以认定该证据的证明效力；对方当事人予以否认，但不能提供充分的证据进行反驳的，可以综合全案情况审查认定该证据的证明效力。

第六十八条　下列事实法庭可以直接认定：

（一）众所周知的事实；

（二）自然规律及定律；

（三）按照法律规定推定的事实；

（四）已经依法证明的事实；

（五）根据日常生活经验法则推定的事实。

前款（一）、（三）、（四）、（五）项，当事人有相反证据足以推翻的除外。

第六十九条 原告确有证据证明被告持有的证据对原告有利，被告无正当事由拒不提供的，可以推定原告的主张成立。

第七十条 生效的人民法院裁判文书或者仲裁机构裁决文书确认的事实，可以作为定案依据。但是如果发现裁判文书或者裁决文书认定的事实有重大问题的，应当中止诉讼，通过法定程序予以纠正后恢复诉讼。

第七十一条 下列证据不能单独作为定案依据：

（一）未成年人所作的与其年龄和智力状况不相适应的证言；

（二）与一方当事人有亲属关系或者其他密切关系的证人所作的对该当事人有利的证言，或者与一方当事人有不利关系的证人所作的对该当事人不利的证言；

（三）应当出庭作证而无正当理由不出庭作证的证人证言；

（四）难以识别是否经过修改的视听资料；

（五）无法与原件、原物核对的复制件或者复制品；

（六）经一方当事人或者他人改动，对方当事人不予认可的证据材料；

（七）其他不能单独作为定案依据的证据材料。

第七十二条 庭审中经过质证的证据，能够当庭认定的，应当当庭认定；不能当庭认定的，应当在合议庭合议时认定。

人民法院应当在裁判文书中阐明证据是否采纳的理由。

第七十三条 法庭发现当庭认定的证据有误，可以按照下列方式纠正：

（一）庭审结束前发现错误的，应当重新进行认定；

（二）庭审结束后宣判前发现错误的，在裁判文书中予以更正并说明理由，也可以再次开庭予以认定；

（三）有新的证据材料可能推翻已认定的证据的，应当再次开庭予以认定。

六、附 则

第七十四条 证人、鉴定人及其近亲属的人身和财产安全受法律保护。

人民法院应当对证人、鉴定人的住址和联系方式予以保密。

第七十五条 证人、鉴定人因出庭作证或者接受询问而支出的合理费用，由提供证人、鉴定人的一方当事人先行支付，由败诉一方当事人承担。

第七十六条 证人、鉴定人作伪证的，依照行政诉讼法第四十九条第一款第（二）项的规定追究其法律责任。

第七十七条 诉讼参与人或者其他人有对审判人员或者证人、鉴定人、勘验人及其近亲属实施威胁、侮辱、殴打、骚扰或者打击报复等妨碍行政诉讼行为的，依照行政诉讼法第四十九条第一款第（三）项、第（五）项或者第（六）项的规定追究其法律责任。

第七十八条 对应当协助调取证据的单位和个人，无正当理由拒不履行协助义务的，依照行政诉讼法第四十九条第一款第（五）项的规定追究其法律责任。

第七十九条 本院以前有关行政诉讼的司法解释与本规定不一致的，以本规定为准。

第八十条 本规定自二〇〇二年十月一日起施行。二〇〇二年十月一日尚未审结的一审、二审和再审行政案件不适用本规定。

　　本规定施行前已经审结的行政案件，当事人以违反本规定为由申请再审的，人民法院不予支持。

　　本规定施行后按照审判监督程序决定再审的行政案件，适用本规定。

图书在版编目（CIP）数据

证据法学教程 / 魏虹主编． —北京：中国政法大学出版社，2008.8
ISBN 978-7-5620-3279-3

Ⅰ．证… Ⅱ．魏… Ⅲ.证据-法学-中国-高等学校-教材　Ⅳ.D925.013

中国版本图书馆CIP数据核字（2008）第128162号

出版发行	中国政法大学出版社
经　　销	全国各地新华书店
承　　印	固安华明印刷厂

787×960　16开本　27.5印张　　505千字
2008年9月第1版　2008年9月第1次印刷
ISBN 978-7-5620-3279-3/D·3239
定　价: 36.00元

社　　址	北京市海淀区西土城路25号
电　　话	(010)58908325（发行部）　58908285（总编室）　58908334（邮购部）
通信地址	北京100088信箱8034分箱　邮政编码 100088
电子信箱	zf5620@263.net
网　　址	http://www.cuplpress.com　（网络实名：中国政法大学出版社）
声　　明	1. 版权所有，侵权必究。
	2. 如有缺页、倒装问题，由本社发行部负责退换。

本社法律顾问　北京地平线律师事务所